身心障礙教育的革新與展望
開發潛能再創新機

中華民國特殊教育學會主編

序

中華民國特殊教育學會創立迄今將近三十年。民國七十年，本會與台灣師大特殊教育中心聯合發行「特殊教育季刊」及「資優教育季刊」兩種刊物，成爲國內特殊教育夥伴共享的園地，十餘年來發表於兩刊的文章已將近千篇。十年前，本會在前理事長吳武典教授主持下，將第一期至第二十二期中的精華，彙編爲特教叢書六冊，委請心理出版社發行，廣受各界歡迎與重視。迄今兩刊已發行至六十四期，本會一秉服務讀者的宗旨，將近年發表的重要文章彙整，並取得作者同意，每刊各編爲一冊，仍委請心理出版社發行，作爲我國特教十年來的見證。

我國特殊教育法於今年五月修訂公布，兩刊作者所倡議的許多重要理念多已見諸法令之中，然則徒法不足以自行，學會秉持推展學術研究與實務工作的宗旨，一則積極參與法規的修訂工作，二則亦盼結合更多力量，尋求各種積極落實法令的途徑。在此重要時刻，兩刊更有繼續編輯與發行的必要性，以進一步溝通家長、教師、專業人員、乃至一般社區人士的特殊教育理念，擴大參與層面，朝向特殊教育普及化的目標邁進。

本書的編輯工作，係由本會編譯組張正芬教授、蔡崇建教授、陳昭儀老師、胡致芬老師、胡梅老師等負責，從籌劃到出版，備極辛勞，台灣師大特教系、中心的同仁及

同學協助校對，均一併致謝，而原作者的智慧更是本書最重要的貢獻，尤應感謝作者同意將其大作刊載。茲值兩冊叢書付印之際，特誌數語以爲序。

中華民國特殊教育學會理事長
林幸台　民國八十六年十二月

目—錄

一、教育理念與制度

二、評量與安置

三、課程與教學

一／教育理念與制度

殘障朋友潛在人力資源開發與配合措施

◆吳武典◆

壹、殘障者人力「低度開發」不容忽視

　　自從民國七十九年一月殘障福利法修訂公布，並於八十一年七月加強執行以後，由於殘障福利及其宣導加強，且殘障等級放寬，領有殘障手冊者人數迅速增加。根據最近內政部（民 83）資料，截至八十二年九月底，臺灣地區領有殘障手冊之殘障人口數為 253,962 人，約佔人口總數的 1.2％。其中以肢體殘障者最多，有 123,772 人，幾佔半數（48.74％）；其餘依次為智能障礙者 43,788 人（17.24％），多重障礙者 34,350 人（13.53％），視覺障礙者 20,426 人（8.04％），聽覺障礙者 12,206 人（4.81％），重要器官失去功能者 9,717 人（3.83％），聲音或語言障礙者 7,359 人（2.90％），植物人 655 人（0.26％），其他障礙者 535 人（0.21％），顏面傷殘者 430 人（0.17％），老人癡呆症患者 407 人（0.16％），自閉症者 317 人（0.12％）相較於七十八年六月底之領有殘障手冊者人數 14,427 人（約佔人口總數的 0.7％）（內政部，民 79），四年之間，足足增加了將近十一萬人。預計到八十五年時，領有殘障手冊的「法定殘障」人數將達四十萬人（施教裕，民 82），佔人口總數的 5％，距推估的比

率（8〜10％），逐漸接近。

　　如所周知，殘障朋友是社會中的「少數」且「弱勢」的族群，其教育程度低、工作機會少，生存與發展條件遠遜於一般人。先進國家如美國，亦不免如此。美國於 1986 年所完成的一次全國性殘障人士調查（Hill, 1986）顯示：美國約有二千七百萬年齡介於 16〜64 歲的殘障國民，雖然 72％表示過去十年來其生活已有改善，且有 69％滿意於目前的生活，但與一般人相較，仍然處於較不利地位。例如：一般人滿意於目前生活的比率達到 90％；有殘障者的家庭，有 50％其年收入在美金 15,000 元以下，一般家庭則只有 25％；40％的殘障者不具有高中（含）以上學歷，一般人只有 15％；殘障者有專任或部分時間工作者只有 34％，一般人則在 90％以上。我國殘障者人權的保障及福利不如美國，殘障者之「少數」且「弱勢」地位更為明顯。例如：領有殘障手冊者具有高中（含）以上學歷者僅約 11％（內政部，民 79）；成年殘障者只有 51.55％擁有專職工作（蔡宏昭，民 75），而我國成人的整體失業率多年來一直在 2％以下；某些類殘障者（如智障、視障、多障）受僱機會微乎其微（吳武典，民 79；吳武典等，民 79），新進殘障員工月薪未達勞動基準法規定之最低工資者達 39％，而已就業的殘障者近半數之薪給低於同工性質的同事（吳武典等，民 79），40％的就業殘障者不滿意所從事的工作（陳榮華等，民 72）。

　　美國勞工部委託哈德森機構（Hudson Institute, 1987）所作的一項「2000 年人力，廿一世紀的工作與勞工」研究，發現美國的雇主需求及人力的性質正朝下列趨勢改變：①未來的人力可能包括年紀大一點的人、更多的女性、更多的社會、經濟、教育條件不利者及更多的少數民族；②服務業激增，製造業下降；③需要更多受過高等教育，具有較高技術的勞工（黃淑芬，民 80）。

　　天下雜誌（民 79）曾對我國一千家大製造業與三百家大服務業的負責人進行問卷調查，結果顯示：企業界最重視的人才特質，主要是忠誠於組織，包括對公司忠誠、向心力強、團隊精神及積極樂觀等；然而，他們發現這一代年青人（25 歲至 35 歲）普遍追尋的都是個人的價值，包括重視金錢，追求個人突破與學習及工作成就感等；以致於絕大部分企業界負責人對人力素質不滿意，覺得目前學校進入企業的人力素質比十年前惡化，他們尤其指責目前人才欠缺團隊合作精神與敬業精神。

　　根據最近推出的「台灣人力發展五年計畫」（經建會，民 83），未來五年，臺灣地區人力供不應求的情形將持續惡化，全台灣人力供需將短缺 28 萬 3 千人，其中基層人力將不足 27 萬人，高級人力不足 2 萬 2 千人，惟中級人力則多餘 1 萬 5 千人；就工作性質而言，將以服務業、售貨、農林漁牧、機械操作及體力工的短缺最為嚴重。

　　在邁向二十一世紀之際，以上資料顯示：①殘障者的人力資源仍處於低度開發狀態；②企業界的人力需求，極為殷切，然而對於現有人力資源，無論量與質，均不滿意；③以目前殘障者的教育程度與工作技能而言，似乎很難滿足工作市場的需求。這些事實，對於提昇企業界競爭力也好，對於提高殘障者就業機會也好，都是一大挑戰，而兩者有互動的關係。企業界必須面對挑戰，另闢新機，包括組訓人才及開拓更寬廣的人力資源；殘障者及其關愛者也應利用人力市場資源不足的契機，開展新機，以創造一個雙利或雙贏的新世紀。

　　就我國而言，當國內雇主對人才需求殷切，但人力素質低落，企業倫理、敬業精神有待重整的現在，下列現象應有利於殘障者的就業與生涯發展：

　　•由於人口出生率下降、國民所得提高，產業結構的轉變，加上金錢遊戲盛行，就業意願低落的因素，而造成勞動力供需失

調、勞力短缺。

● 行業及產職業結構的變化，服務業快速的發展，勞動力的本質，腦力的需求迅速超過體力的需求，對殘障者（尤其身障者）來說，心力智慧的開發相當有利。

● 為因應市場勞力短缺的困境及降低生產，業者在面臨勞力短缺壓力下，已體認生產自動化之重要性與必要性。殘障就業如能提升技術能力，當可改善就業的困難（盤治郎，民78）。

● 修訂殘障福利法及其施行細則及相關法令已相當周全並正求強化，對殘障者之保障及雇主之獎助，均有規可循。

由國內職業復健專業人員在雇主及殘障者之間，扮演協調、催化的角色，以因應社會變遷帶來的新挑戰，應是刻不容緩的課題。

貳、影響殘障者人力資源開發的因素

殘障者人力資源的低度開發，一方面是社會的損失，一方面也是個人的缺憾。造成這種現象的原因甚多，有的屬於個人因素（如傷殘本身的限制、教育程度的限制、工作技能的限制、自我態度不當等），有的屬於環境因素（如對殘障缺乏了解、社會態度不當、物理環境的障礙、制度與法令的不當或不全等）。茲分述如下：

一、傷殘本身的限制

傷殘（disability）的客觀事實，雖不是必然會產生主觀的障礙（handicap）。但兩者之關係密切，卻不容諱言。例如視障者在需實驗的工作上，語障及聽障者在需溝通的工作上，肢障者在

需運動或操作的工作上，智障者在需高度思考力的工作上，必然受到比常人更多的限制，至於像多重障礙，乃至於植物人，其所受的限制就更多了。

二、教育程度的限制

吳武典（民79）調查239個公民營企業機構，發現工商企業員工中，82.4％的學歷在高中、職（含）以上，而根據內政部（民79）資料，領有殘障手冊者中具有高中、職（含）以上學歷者僅約11％。因此可知，不具高中以上學歷者，很難進入工商企業界；此對一般人士已是如此，對殘障者而言，更是如此。至於公家機構，用人制度更為刻板（如必須具備公務人員資格，此往往需經過考試），且講求學歷，故對學歷偏低殘障者之僱用，極為不利，這也就是為什麼在僱用殘障者方面，公家機構反而不如民間企業之故（吳武典，民79；吳武典等，民79）。這是就形式條件的限制而言，若考慮到學歷實質上也相當地代表人力素質，則殘障者在競爭性的就業市場上，自然居於下風了。民國七十八年的抽樣調查結果顯示，公民營企業機構殘障員工佔全體員工的比率，平均僅為0.81％，有64％之機構未僱用任何殘障員工（吳武典，民79。民國八十一年台北市的抽樣調查結果，民營企業機構僱用殘障員工佔全體員工的比率也僅達到0.9％，只有24.7％依法僱足殘障員工（吳武典等，民82）。

三、工作技能的限制

吳武典（民79）的研究指出，工商企業機構僱用殘障者的主要理由是「職能足以勝任某項工作，與常人無異」（82％），而不願僱用的主要理由是「具備的職能不符合要求」（54.8

％）。可見職能的條件是公民營事業機構考慮僱用殘障者與否的主要因素。然而，殘障者普遍由於學歷不高，所能接受的職能訓練種類也相當有限。加上職訓與就業並不能完全配合，以致於接受職訓的殘障者中，有 36％ 結訓後仍然找不到工作，有 11％ 結訓後因找不到工作而轉科受訓二、三次（陳榮華等，民 72）。由於學歷偏低、職能缺乏、失業率自然偏高；即使就業，也僅能從事非技術性、低報酬的工作了。

四、自我態度不當

傷殘發生以後，有些人會無法接受這既成的事實與傷殘本身，因而否認它的存在，採取各種心理防衛機轉，因而影響到他們與外在環境的接觸與了解。例如：過分敏感與憂慮；退縮、被動；過度認同一般人的團體而排斥同類殘障團體；常落入於「你應該（會）……」或「你不應該（不會）……」的自我應驗的預言（黃淑芬，民 70）。Whitmore & Maker（1985）曾對各類傑出資優殘障人士進行深度訪談，發現在生涯歷程中，他們的自我概念有如下的共同特點：①自我概念有些脆弱，但仍然經常努力維持自尊；②常掙扎在社交的不安、尷尬、羞愧中；③由於不斷地遭受挫折及憤怒，亟需一個適當的疏通管道；④懷才不遇的心情，亟需不斷地給予回饋來排解（引自李翠玲，民 79）。一般殘障人之中，自我貶值或不當補償的情形，自然比傑出殘障人士嚴重，從而影響其社交生活及職業適應。

伍、對殘障缺乏了解

一般人對殘障者常持有一些錯誤的觀念，例如：①認為傷殘本身是個一直存在令人受挫的悲劇；②所有傷殘者都是障礙者；

③身心健全者有義務去照顧殘障者；④殘障者和一般人有完全不同的生活（黃淑芬，民70）。筆者歸納社會上對殘障人士常有的一些誤解（迷思）如下：①「殘障」是一個無法改變的「悲劇」；②一般人不願意與殘障人士在一起；③殘障人士不能適應社會，應將他們隔離；④障礙兒童智力遲鈍；⑤多數殘障兒童有攻擊傾向；⑥殘障是會傳染的；⑦殘障兒童都很孤僻；⑧殘障兒童依賴性很深；⑨障礙人士的工作能力比常人差；⑩殘障兒童註定是家庭的包袱（吳武典、林寶貴，民81）。這些誤解或偏見如同一道無形的牆，阻礙了一般人與殘障人士的彼此了解與溝通。

六、社會態度不當

　　缺乏對殘障的正確了解，在態度上便容易發生偏差，例如在家庭裡，父母對殘障子女的態度往往不是拒斥，便是過度寵溺；在學校裡，教師或同學有意無意間對殘障學生表示輕視、厭惡的態度；在社會上，人們對殘障者或是冷漠、排斥，或是過度同情、憐憫……凡此均不利於其人格的發展和社會適應。

　　在僱用殘障者方面，以殘障為由拒絕僱用，或以同情的理由加以僱用，均非適當態度。當強制性的定額僱用辦法實施以後，有些人以為這是製造殘障者特權，甚至刻薄地批評：「難道要把正常人趕走，把這職位留給殘障者嗎？」報上有一幅漫畫更惡劣，畫面上一位雇主對員工說：「那一位把手砍斷變成殘障者，以增加我們的殘障者僱用率？」這種態度的障礙，實在是最根本的障礙！

七、物理環境的障礙

　　有形的物理環境的障礙，直接影響到殘障者的就學、就業與正常社會生活的融入。我們的道路交通、社區建築、教育設施和工作器具的設計乃以一般人為優先考慮，很少為殘障者設想。若從殘障者的角度來看，目前的道路交通，可說處處障礙，甚至寸步難行；社區建築則橫生阻隔，往往可望而不可及；校園內之課程教材及生活空間，也多不適合殘障學生使用；工廠（場）內之機器、設備，往往無法適應殘障者之特殊生理狀況。凡此，使得殘障者的生涯發展，倍感艱辛，也常遭挫折。

八、制度與法令的不當或不全

　　對於殘障者的照顧，無論採取「平等主義」（如美國）或保護主義（如日本），必須有健全的法律、合理的制度及有效的策略為後盾。但大多數開發中國家（包括我國），以經濟發展為優先，對於殘障福利往往缺乏健全的法律與制度，以致於淪為救急式、點綴性的措施，對於殘障者獨立生活訓練、職業復健服務、生涯規劃與輔導等，缺乏整套作法。有些法令，已不合時宜，仍未修改，形成「法令障礙」；甚至因執行偏差，形成「行政障礙」，均不利於殘障者人力的開發。目前，我國重視殘障福利，法令與制度已大幅改善，在策略與執行方面，則仍有待加強。

叁、開發殘障者人力資源之道

　　天下雜誌在民國七十九年十一月，以「人力即國力」為題出

版教育特刊，強調迎接二十一世紀唯有大刀闊斧的教育改革才能挽回臺灣漸失的競爭力，培育出迎接新世紀挑戰，有創造力、能調適、能獨立思考、獨立判斷、能自主實踐而又會團隊合作的人才。文中指出 IBM 這位藍色巨人之成功，乃是堅信「公司品質來自人的品質，人的品質來自再教育與再訓練。」相信殘障者透過教育與訓練，亦可成為寶貴的人力資源。然而，不同於一般人的是，除了再教育與再訓練之外，殘障者的潛在人力資源之開發，尚需許多條件的配合。

今日殘障朋友在就業上所浮現的困境，事實上涉及了上游的教育與復健、中游的職業訓練，及周遭的環境，它只不過是下游的現象罷了。因此，殘障人士潛在人力資源的開發，必須有整體性的策略，這可以圖一表示如下：

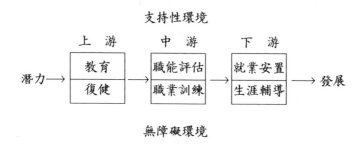

圖一　殘障者人力資源開發整體策略示意圖

在實際做法上，可從下列幾方面著手：①釐清觀念，加強宣導；②加強適性教育；③加強身心復健及輔具配備④加強職能評估與職業訓練；⑤加強無障礙環境的規劃。⑥貫徹僱用殘障之法制；⑦推展支持性就業措施。茲分述如下：

一、釐清觀念，加強宣導

　　首先要釐清的是：什麼是「殘障」？「殘障」常摻雜著主觀的情緒反應在內。例如一個盲人無法開飛機，可是他可以是個好接線生，或其他職業的好職員；一位肢障者可能無法成為田徑名將，但他仍可能在其他的工作領域中表現傑出。在這種能做、且做得不錯的狀態下，此時他就不是殘障者了。從另一個角度來說，一個人沒有一付好嗓子，缺乏音感的話，要想成為歌王歌后，乃是不可能的事；以這一個願望來說，也可說是一種殘障。因此「殘障」一詞或許稱之為「特定的傷殘」（specific disability）更為恰當，因為它只是限定個人對某一種生涯的表現或對某一種興趣與價值的追求而已（Whitmore & Maker，1985）；這個世界上，應沒有絕對的殘障或絕對的不殘障！

　　傳統上，我們對資優兒童強調發揮其長處，實施充實性教育；對殘障兒童強調補救其缺點，實施補償性教育。事實上，資優兒童因情緒困擾、經驗不當或環境不利，亦可能產生學習障礙，需要實施補救教學；殘障兒童亦可能在普通智能或特殊才能方面，稟賦優良，而需要接受充實教學。特殊兒童之優點與短處並非是絕對的，優異與障礙並存是可能的事實，充實教學與補救教學並進，也是必要而可行的，只是在程度上容或有輕重之別而已。如果只見其長不見其短，或只見其短不見其長，便難免使特殊教育發生偏頗，無法使兒童獲得真正適性的發展（吳武典，民75）。

　　根據推測（Maker，1977），殘障者中資優的出現率應與非殘障者接近（即3-5%），然而資優殘障者能有卓越成就的比率則遠低於非殘障的資優者。其原因一方面固然是殘障的本身會影響潛能的發揮，一方面也由於環境設下了太多的限制。資優的殘

障者能夠卓然有成，似乎是「奇蹟」，「奇蹟」有賴「奇遇」。
「奇遇」多半是名門（家世）、貴人（良師、名師）和個人無比
毅力的結合，是可遇而不可求的。如果資優的殘障者之成長發展
純賴奇蹟，則對個人而言，有抑鬱之恨；對社會而言，亦有遺珠
之憾。特殊教育應致力於發掘此種隱藏的才華，並以人為的力量
創造更多的「奇蹟」（吳武典，民 75）。

　　歷史上不乏資優與殘障集於一身的人物，如：又盲又聾的海
倫凱勒（Helen Keller）是位傑出的教育家，她一生致力於社會
福利事業，呼籲世人關懷盲人，強調盲人教育的重要，被稱為
「光明天神」；肢障的羅斯福總統（Franklin Rooseveit）是位
深得人心的領袖；愛迪生（Thomas Edison）、愛因斯坦（Al-
bert Einstein）有書寫的困難，但在發明與科學研究上均有卓越
的成就。國際青商會中華民國總會於民國五十二年至七十八年
間，二十七年來所選出的 270 人次的十大傑出青年中，亦有六位
屬殘障人士（李翠玲，民 79）。民國八十二年十大傑出青年更
有三位是殘障者（李翠玲，民 79）。以我國二十位傑出肢障人
士為對象探討其生涯歷程及其影響因素，發掘了許多可歌可泣的
事實；他們的價值觀大致已達到己立立人、己達達人和自我實現
的境界，即使一般人也不容易達到。因此，我們要加強宣導這樣
的理念（吳武典，民 76，頁 65）：①成功的人生，不是任何人
的專利品，殘障人士一樣可以奮鬥成功；②社會人士的關懷與愛
心，是殘障者成功人生的滋養劑和催化劑。

　　許多對殘障者的刻板印象或迷思，係由於缺乏對殘障的正確
了解。今後宜在學校課程中及大眾傳播媒體裡，多設計了解與關
懷殘障的教材或節目。有關這方面的方案，政府與財團應予大力
支持（吳武典等，民 82）。根據僱用殘障者的經驗，事實證
明：僱用殘障員工的機構，絕大多數表示滿意其工作態度與表現
（吳武典，民 79；吳武典等，民 82）；欲破除一般企業機構對

僱用殘障者之疑慮，最好的方法是親自去看看或實際試用。今後
似可經常舉行雇主經驗座談會。

二、加強適性教育

　　根據第二次全國特殊兒童普查結果顯示，6-15 歲學齡兒童中
共有 76,026 名特殊兒童（佔學齡兒童總人數的 2.135％），其中
接受教育的 71,261 人中，有 84.44％是在普通班就讀，未接受任
何形式的特殊教育。（吳武典、林寶貴，民 81）。如所周知，
普通教育之特色是「大鍋飯」（課程上）、「齊步走」（教學
上），不能符合個別差異特別顯著的殘障兒童之身心特質與需
要。因此，身心殘障兒童失學狀況雖不嚴重，但其教育品質令人
擔心。目前正試辦的「自願就學方案」，強調「常態編班」（忽
視班內個別差異）、「五等第計分法」（強調人際比較），完全
違背適性教育的基本原理，自不適於特殊兒童。在有教無類之
外，要「因材施教」，勢必要加強適性教育或特殊教育。

　　本文前述資料提到，殘障者之學歷偏低，其接受職業訓練的
職類與就業市場上的競爭力自然就受到極大的限制。對於成年殘
障者提供再教育、再訓練的機會（如辦理成年殘障者的國民補習
教育），也是很有必要的。

三、加強身心復健及輔具配合

　　殘障者生理的「傷殘」，透過醫學的矯治與適當輔具的裝
配，其衍生的障礙往往可獲得減輕或消除。因此，綜合性復健
（comprehensive rehabilitation）的第一步，通常是醫學檢查與
物理治療、語言治療、職能治療及心理—社會復健，並配置輔具
（如盲人安全杖、眼鏡、點字書刊用具、義肢、支架、輪椅、助

聽器、甚至盲用電腦等高科技輔具），以改善其外觀，增進其獨
立生活能力與學習能力。

　　根據吳武典等（民79）的調查研究，殘障者對政府提供輔
助器具措施，覺得太嚴、手續太繁、品質欠佳，均有待改善。此
外，建議實施定期健康檢查、設置區域性復健中心、增加復健醫
（技）師人力、辦理醫療復健講座、成立復健聯絡網等，均值得
重視。特教科技（special education technology）與復健工程
學（rehabilitation engineering）日益發達，將有助於這一方面
服務品質的提昇，將來依法成立全國殘障復健研究發展中心及實
施全民健保，在這方面應有完整之規劃。

四、加強職能評估與職業訓練

　　根據研究（吳武典等，民82），工商企業機構僱用殘障員
工之主要理由為職能足以勝任，且認為藉此可提高企業形象，甚
至其工作態度較常人為佳；因此，多數企業機構表示願意比照常
人僱用殘障者，甚至優先僱用。可見只要殘障職者職能符合工作
要求，其就業機會就大為增加。在企業界人力需求殷切，且雇主
對殘障者的刻版印象逐漸消除之際，如何使殘障者有一技之長，
是改善殘胞生活的主要關鍵。在這方面，職訓局多年來的努力與
成果，可以肯定（吳武典，民79），但受限於殘障者基本學歷
偏低及就業安置不能配合，致效果大打折扣。今後似可以朝下列
方向改進：①加強職能評估，以使殘障者能接受適性的職訓，並
對雇主提出職能檢定的具體保證；②和雇主簽約，由雇主代訓；
③訓練職種方面，要多樣化、現代化，並具實用價值，如自動化
技術、企業管理、商業與秘書工作、工程、電子、電腦程式設計
等。

五、加強無障礙環境規劃

聯合國本於人權宣言之精神，在 1975 年通過「殘障者權利宣言」，揭示殘障者「機會均等與全面參與」、回歸社會主流的權利。因此，提供殘障者最少限制的環境和公平發展的機會，成為世界各國努力的目標，各先進國家也莫不透過教育與立法，以進一步保障殘障者的生存權、教育權、工作權及人格權，希望為殘障者締造一個「無障礙的生活環境」。

所謂「無障礙的生活環境」，包括交通、建築、學習、工作、社區等各方面，強調「可及性」（accessibility），包括「可達」、「可進」、「可用」。基本上含涉的範圍有兩個層面，一是有形的物理環境，如交通、建築、休閒、教育場所等設施設備；另一是無形的人文環境，如接納的、尊重的心理態度等。為增進殘障者的福祉，吾人亟應兼及物理及人文環境兩方面，做全面性、階段性的改進改善，以提供殘障者最適宜的生活環境，使殘障者也能出入自得、安身立命、進而充分自我實現其生命的極致（吳武典等，民 80）。

「無障礙的生活環境」對殘障者而言，不僅是一種理念，亦是一種行動。例如在建築方面：①每棟建築之一樓至少應設有一個可自由進出的入出口；②每棟建築物應該設置坡道，以替代輪椅；③門道應有足夠的寬度，以利輪椅通行；④盥洗室應有足夠容納輪椅的空間；⑤設置安全方便的停車場。又如在學習環境方面固然要做到「不以殘障為理由而拒絕入學」，以達到「有教無類」的理念；另一方面也要排除校園內各種有形與無形的障礙，使殘障學生能夠像一般學生一樣享用各種教育資源，進而接受「適性的教育」，以達到「因材施教」的目的。

六、貫徹僱用殘障之法制

根據研究（民武典，民 79）在殘障福利法修訂之前，強制僱用比率之規定，多數用人機構傾向「有條件之支持」；在修訂之後的研究（吳武典等，民 82）則顯示，台北市絕大多數工商企業機構已了解並支持「定額僱用」之規定，並表示願依規定執行。因此，我們覺得政府應：

(一)繼續貫徹執行法律規定

台北市在執行修訂殘障福利法第十七條之規定上，堅持原則，使得觀望者數量明顯減少，工商企業機構配合之意願日益增強，可見立法方向正確，行政執行有魄力，殊堪讚許，今後仍宜繼續貫徹此一規定。

(二)加強宣導，雙管齊下

一方面使少數不支持、不了解定額僱用殘障規定者，調整認知，改變態度；一方面依法賞罰並進。對於有實際困難者，一方面助其改進用人制度與改善環境，一方面請其體諒法無例外之原則，不得已時繳交差額補助費，作為推動僱用殘障者之「善款」。

(三)政府機關應樹立典範

根據各項資料顯示，政府機關或因用人制度所限，或因偏差態度所致，僱用殘障者之成績，反不如民間機構，甚至有要求「例外」者，亟需設法改善，一體強制執行。（吳武典等，民 82）

至於雇主在僱用殘障者時易有的疑慮與成見，亦可能造成殘

障者之就業障礙，亦應設法溝通排解。最常有的疑慮與成見是：①僱用殘障者，會增加意外，而使其保險費率增高；②萬一殘障者未能做好工作且需將其辭退時，一定會面臨不愉快的局面；③擔心因殘障雇員之出現而使其失去一些主顧；④有些雇主會問：為什麼當我能用正常人時，必須去僱用殘障者，而自找麻煩？面對這樣的問題，可以作如下的回應：①為什麼不能僱用一位能力優異又紀錄良好的人呢？②以平常心來看殘障員工，相信殘障員工也不會要求「特權」（除非是工作上必須做的調整）；③殘障員工穩定性高，流動率低，未嘗不是一個優點；④僱用殘障者，正顯示雇主的愛心，只會博得更多的美譽；⑤僱用足額殘障者，可獲得政府獎助與協助，且免繳差額補助費，反可減低成本並提高生產力。此外，政府應採取下列積極性的配合措施（吳武典等，民82）：

1.妥善運用殘障福利金：應專款專用於促進殘障者就業之一切有關措施上，並使其有公信力又有彈性，而不宜列為政府公共經常門收支項目。欲突破殘障者就業之困境，需大量財源，此一依法徵收之經費來自「差額補助費」，必須妥為運用，以發揮最大效益。

2.儘速建立職能鑑定制度與就業資訊網路：此兩者為雇主之最迫切且合理之願望，亟需政府儘速編列預算，培訓人才，並設置專責單位，以貫徹執行。此亦為政府幫助雇主之重要途徑。

3.提供具體措施、協助工商企業機構改善工作環境：「無障礙環境」為目前我國國家建設政策上之要求，包括各項硬體與軟體設備與措施，亟需政府與企業界攜手合作，改善工作環境，此亦應視為「產業升級」或「生活品質升級」之必要措施。

七、推展支持性就業措施

　　過去對殘障者的就業輔導常常只是：①短時間的特別輔導；②片面的只對殘障者輔導；③自足式（庇護式）的工作環境；④點綴性的工作酬勞。從生涯發展及「全面參與」的觀點來看，不無缺失。支持性就業（supported employment）威認為是改進殘障者就業輔導的有效方案，值得提倡。美國 1984 年通過的發展障礙法案（Developmental disabilities Act），便特別強調這個方案。

　　所謂「支持性就業」，包括四個要素：①有薪水的工作；②持續的支持；③統合的工作環境；④彈性化的服務方案。事實上，它所服務的不止是殘障者本身，亦包括符合強制僱用規定的企業或單位—協助其找到合格的殘障員工，提供在職訓練、改善工作環境、促進溝通與接納、申請獎助等。因此，現代的殘障職業輔導員扮演著愈來愈強的協調與催化的角色。

　　殘障者之工作適應性絕不止於一般人之想像。肢障與聽障者之工作能力較被肯定，但亦往往被低估；至於智障、視障、多障等之工作機會窘境，則亟待突破。一方面宜加強殘障者職能訓練，一方面則應透過社工員與職業輔導員和雇主多多接觸，使其嘗試僱用殘障者，並依法予以補助，派員追蹤輔導。試用期滿，進行評估，以決定是否續聘（根據外國經驗，多數會續僱）；如未能續僱，則再訓練、再安置。此一支持性就業措施，可增進殘障者之工作機會，也可解除雇主之疑慮。而殘障者亦應以充實本身職能為爭取工作權之第一要務。

肆、結語

　　國父說：「教養有道，則天無枉生之材。」殘障者被拒絕、歧視，是社會的罪惡；其人力長期被忽視，則是社會的損失。今日，為了殘障者的自我實現與社會的人力資源需求，我們應加強發掘與培養殘障者的才華，並使之為國所用，則殘障者幸甚！國家幸甚！

參考文獻

內政部（民 79）：**兒童、老人、殘障福利促進委員會第十次委員會議資料**。1 月 10 日。

內政部（民 83）：**殘障福利法執行現況暨修法建議資料**。83 年 1 月。

天下雜誌社編輯部（民 79）：一千大、三百大企業調查—願助學校一臂之力。**天下雜誌，11** 月，27-29。

李翠玲（民 79）：**傑出肢體障礙人士生涯歷程及其影響因素之探討**。臺灣師大特殊教育研究所碩士論文。

吳武典（民 75）：重視資優的殘障者之教育。**資優教育季刊，21，**1。

吳武典（民 76）：**特殊教育的理念與做法**。台北市：心理。

吳武典（民 79）：工商企業機構對殘障者職業訓練及就學輔導之意見調查研究。**特殊教育研究學刊，6，**39-64。

吳武典、陳榮華、張訓誥、許澤銘、蔡崇建、張正芬（民 79）：我國殘障福利法執行之現況與檢討。**特殊教育研究學刊，5，**1-30。

吳武典、張正芬、盧台華、蔡崇建（民 80）：殘障學生對無障礙校園環境之需求評估研究。**特殊教育研究學刊，7，**23-41。

吳武典、林寶貴（民 81）：**特殊兒童綜合輔導手冊—第二次全國特殊兒童普查結果之應用**。台北市：臺灣師大特殊教育研究所。

吳武典、蔡崇建、黃淑芬、王華沛、廖永堃（民 82）：**台北市工商企業機構僱用殘障者意願調查研究**。台北市，臺灣師

大特殊教育研究所。（未發表）

施教裕（民82）：**殘障者就業適應之研究**。嘉義：中正大學社會福利研究所。

陳榮華、施金池、毛連塭、林美和（民72）：**臺灣地區殘障福利措施之研究**。台北市：行政院研考會。

黃淑芬（民70）：看不見的障礙—讓我們攜手來突破。載於台北市社會局：**「博愛、自強」—國際殘障者年的獻禮**（97-103頁）。台北市：台北社會局。

黃淑芬（民80）：從二十一世紀的人力觀點，談復健諮商專業的新挑戰。**特殊教育季刊，38，1-10。**

經濟建設委員會（民83）：**臺灣地區人力發展五年計畫。**

蔡宏昭（民75）：**臺灣地區殘障者職業重建與就學問題之研究**。台北市：內政部與明德基金會。

盤治郎（民78）：從勞力市場需求現況談今後殘障者就業環境談。載於：**「有真情、有活力、促進殘障者無障礙就業方向的開拓」**。中央日報、台北市政府社會局、財團法人富邦慈善基金會。

Hill, N. M. (1986). *Disabled Americans: Self preception 1986.* New York: International Center for the Disabled.

Maker, C. J. (1997). *Providing programs for the gifted handicapped* Reston, VA: Council for Exceptional Children.

Whitmore, J. R., & Maker, C. J. (1985). *Intellectual giftedness in disabled persons.* Rockville, MD: Aspen Systems.

2

殘障者的人力發展

◆林寶貴◆

壹、前言

　　眾所周知，由於社會結構的變遷，在現今的社會中，貧困、失業、疾病等問題，已經由個人與家庭的責任，變成社會的責任；殘障者的問題，變成社會的問題；殘障者的福利與就業問題，變成社會福利工作的重要措施；而殘障福利措施則被認為是評估一個國家的社會、經濟、政治、文化發展的指標。

　　一般將「殘障福利」列為評估社會福利工作成效的重要措施是晚近之事。而從歧視到接受殘障者的權益，則經歷了相當艱辛坎坷的歷程。如今，世界上社會福利先進國家，基於法律應維護少數弱者權益的理念，已紛紛制定完備的法規，並賦予政府行政部門較多的責任，以建立殘障者就醫、就學、就業的福利體制。我國亦於民國六十九年頒布「殘障福利法」，以推動殘障福利工作。

　　過去國內的殘障福利觀念，常流於逢年過節發放救濟金的階段；但事實上，殘障福利措施，不應只停留在殘障者的保護與福利措施上，應從教育的立場，積極地幫助殘障者復健與就業，讓他靠自己的能力養活自己，直接提昇殘障者的人性尊嚴，間接增

進社會、國家的經濟利益。因為一個身心障礙者如果無法自立，則不僅個人沒收入，需要靠家庭扶養或社會救濟，連照顧他的人也被牽絆不能生產。根據美國 1975 年的研究，一位殘障者如能過正常的生活，一年可節省七十五萬美元（林寶貴，民 76）。有鑑於殘障者人力發展與自立的重要性，筆者乃不揣簡陋，特藉「特教季刊」一隅，從特殊教育的觀點，討論我國當前殘障者人力發展的問題。

貳、殘障者的人力發展與職業訓練的重要性

殘障者人力發展的基礎在職業訓練與就業輔導。先民有一句話：「日出而作，日落而息」。這是形容在遠古時代，一切經驗均由實際生活中獲得，社會有如一個大學校，家庭、山川、田野、曠野都是學習與教學的場所，狩獵、捕魚、畜牧、耕種就是教學的內容，父母及年長有經驗者就是教師，在自然的情境中進行著生聚教訓的活動。這種自然生成的教育，其目的在培養年幼的一代，適應生活環境的能力；其內容以實際生活中所需的知識技能與道德意義為主；其方法則注重實際的觀察、操作與演練，生活與教育合一的特徵極其顯著（林幸台，民 70）。

由此可見從遠古時代開始，職業訓練已經是教育的主要重點。教育內容演變成「非職業功能」（nonvocational function）的時代，是在希臘產生「七種學藝、教養科目」（Seven liberal arts，即中世紀時所指的文法、倫理、修辭、算數、幾何、音樂、天文七件，現代則指語文學、科學、哲學、歷史等）的觀念以後的事（Culinan, D. & Epetein, M. H., 1979）。

1968 年美國的「職業教育修正案」（The Vocational Education Amendments of 1968）開始明文規定，要為特殊需

要的學生辦理職業教育。所謂「特殊需要」（special needs）是指由於身心障礙或文化不利而需要特殊的教學服務者。一九七六年的「職業教育修正案」（PL 94-482）更進一步規定每州至少要為文化不利者花 20%，為殘障者花 10% 的經費於職業教育或職業訓練上（Conaway, C.A., 1981）。有了立法的保障，使美國身心障礙者的職業教育與人力發展能大力推展。

　我國的殘障特殊教育與福利措施發展水準，雖與先進國家相比，尚有相當距離，但最近數年來，由於政府與民間資源的大力投入，現階段我國特殊教育與殘障福利的發展，與昔日相比，不可同日而語。殘障者的職業教育與復健之逐漸受到重視，可從民國五十九年公布的「特殊教育推行辦法」第一條、六十九年公布的「殘障福利法實施細則」第二十二條，與七十三年公布的「特殊教育法」第二條等的規定，窺其梗概。

　根據「特殊教育推行辦法」第一條的規定，特殊教育的目的「在使特殊兒童與青少年接受適合其能力之教育，發展健全人格，傳習實用技藝、培養社會生活之適應能力」（教育部，民 70 年）。「殘障福利法」第一條規定：政府維護殘障者之生活，舉辦各種福利措施，並扶助其自立更生，特制定本法（台灣師大特教中心，民 76）。「殘障福利法施行細則」第二十二條規定：直轄市社會局或縣（市）政府依本法第十四條規定輔導殘障者就業，得依照下列方式辦理——輔導職業訓練機構或委託相關技能工廠舉辦殘障者專業訓練（台灣師大特教中心，民 77）。「特殊教育法」第二條規定：特殊教育之內容，除以民族精神教育、國民生活教育為中心外，對資賦優異者應加強啟發其思考與創造之教學，對身心障礙者應加強其身心復健及職業教育與生活教育（台灣師大特教中心，民 77）。上述諸條文及以職業復健為目標的政策性宣示，顯示我國對殘障者的特殊教育與福利措施，乃以殘障者的職業訓練與就業輔導為手段，以殘障者的

人力發展為其終極鵠的。

在殘障者人力資源的開發上，殘障就業能力的培養與職業訓練，無疑的居於一個十分重要的角色。美國的斐恩與斐頓（Payne and Patton, 1981）曾將「工作導向」（work-oriented）的殘障者教育課程之實施，分為「職業試探」（vocational exploration）、「職業評估（vocational evaluation）、「職業訓練」（vocational training）、「職業安置」（vocational placement）與「追蹤輔導」（follow-up）五個階段（Payne, J. S. & Patton, J. R., 1981）。貝恩史密斯等人（Beirne-Smith et al., 1986）把這五個階段進一步概念化為「工作─學習方案」（work-study programs）。把輕度智能不足者安置在社區中，以該方案教導他們的社會性、職業性、過渡性技能，輔以工作經驗上所需的基本學科技能（Beirne-Smith, M. 等 1986）。可是「職業訓練」與「就業輔導」在殘障者的職業復健中具有「承先啟後」的地位，並與殘障者人力資源的開發與職業能力的養成息息相關（林寶貴，民 78）。

叁、我國殘障者的人力發展與就業方面的問題

我國殘障福利思想起源於數千年前，但對殘障者的人力發展施予有計畫的技能訓練則始於民國六十二年推行小康計畫之時（黃組耀，民 76）。近年來在社會殘障福利機構及政府大力輔導下，殘障復健與技藝訓練等工作頗見成長，但依據內政部發表之統計，截至民國七十三年底，十五歲以上殘障者只有 4% 曾參與職業訓練，其中獲得輔導就業只有 45.6%（劉華園，民 76）。再根據台灣省七十五年所編印的「殘障福利」（肢體殘障）調查報告發現，全省抽樣調查結果，台灣盲人失業者佔 85.5

％（此乃因超過四十五歲無能力受職訓練者佔三分之二的緣故），已往盲人從事的職業以相卜及按摩為多（曾文雄，民59）。

在所有殘障者中，聽覺障礙者的生產力及人力資源應該是最值得開發與發展的領域，因為他們四肢發達，身手矯健，聰明活潑（除了聽覺障礙所引起的溝通困難以外）。但是據 1973 年「台北市聾啞福利協進會十五周年紀念特刊」的報告，儘管全省三所公立啟聰學校集中精力加強國中、高職學生的職業訓練，但從 1850 名聽障者的職業調查中，發現 80％的聽障者是失業的，3％從事農業，1％從商，1％從事服務業，2％製鞋，8％為勞動者，3％理髮業，2％裁縫業（台北聾啞協進會，民 61）。再根據國立台灣教育學院特殊教育中心調查民國七十一年至七十三年度所輔導的就讀大專聽障畢業生的就業狀況，發現就業率佔 41％，未就業者佔 59％；視障畢業生就業率佔 31％，未就業率佔 69％（許澤銘、林寶貴等，民 73）。大專畢業的殘障者就業率尚且如此低落，何況特殊學校高職部以下的畢業生或根本未接受特殊教育者，其人力發展與就業問題更為嚴重。在許天威、林寶貴、徐享良的研究中發現，國中啟聰班畢業生中 76.29％升學，23.71％就業，其中就業的 91.67％是由家長自謀解決者；而啟聰學校國中部畢業生中 81.14％升學，16.31％就業，2.55％賦閒在家，其中就業者由家長自謀解決者佔 57.5％，由建教合作或社會單位安排者僅佔 5.6％；高職部畢業生升學者佔 13.4％，就業者 70.26％，其他（賦閒或遷居）佔 19.34％，而就業大多從事染織工、美工設計、電工、印刷、零件裝配、成衣加工、鞋廠作業、木器加工、食品加工等工作，即使就了業，離職率也偏高（許天威、林寶貴、徐享良，民 77）。

反觀殘障福利的先進國家，殘障者的雇用率受到法律的保障，失業率較我國為低：根據美國仙恩與帝爾克（Schein and

Celk, 1974）的研究發現，男性聾人的失業者在3％以下，而全國男性失業的一般比率是4.9％；全國女性失業總人數的66％中，女性聾人的失業率是10％（Schein, I.D. & Jr. Delk, M.T., 1974）。再根據日本川口博的報告，日本聽障者的失業率只有2.7％，但英國聽障者的失業率有13％（川口博，1984）。日本全國有一一〇所啟聰學校（含分校），其中設有高中部之啟聰學校有七十五校。每年聾校高中部畢業的聽覺障礙者千餘人，平均95％就業，其餘5％繼續升學（日本全國聾學校校長會，1982）。德國則由於職業教育與職業訓練的品質很高，聽障者畢業後，幾乎沒有失業者（今井秀雄，1984）。從先進國家殘障者的低失業率，不禁令我們羨慕他們殘障者的幸運，同時也啟示我們應如何開發殘障者人力資源，如何幫助殘障者自立，也就是如何加強辦理殘障者職業訓練及就業輔導，使他們有一個無障礙的工作環境，是今後我國殘障福利措施的最重要課題。

肆、殘障人力發展對策

一、修訂並落實「殘障福利法」對殘障者就業的保障措施：我國自民國六十九年公布「殘障福利法」以來，對殘障者的就業保障，雖有下列若干條文，但因非強制性的規定，對殘障者的人力發展難以落實，對就業安置難以發揮實質的保障功能：

㈠、需要職業重建者轉介重建機構；需要就業者由就業輔導機構轉介（第十四條）。

㈡、殘障者參加職業訓練，政府酌予補助職業重建費（第十五條）。

㈢、各機構雇用殘障人員人數超過其員工總人數3％以上者，予以獎勵（第十七條）。

（四）、特定職業之保護：非視覺殘障者不得從事按摩業（第十八條）。

（五）、殘障者申請在公共場所開設零售商店或攤販，得視需要優先核准（第十九條）。

（六）、殘障福利機構所生產之物品，各公民營機構得優先採購（第二十一條）。

（七）、提供殘障者小本創業貸款（其他殘障福利措施）。

因此，從特殊教育的觀點，筆者認為殘障福利之目標，積極方面在為殘障者提倡優生學，加強健康教育、預防教育、特殊教育、職業訓練與重建、就業安置、醫療復健、人力發展規劃；消極方面才是實施生活與失業的保護或救助措施；防止就業歧視；對僱主因殘障者工作環境上、交通上需要修改生產、建築、膳宿設備者給予經費補助；制定公民營機構僱用殘障者的明確獎、懲辦法。

二、利用電腦建立適合殘障者就業之職種、願意雇用殘障者之公私立事業機構、殘障者本身之基本資料資訊網，以利殘障者之就業安置工作。

三、結合政府與民間力量，增設殘障者「職業訓練中心」、「國民就業輔導中心」、「公私立殘障福利機構」、「殘障者技藝訓練機構」、「殘障福利工廠」、「博愛商店」、「庇護工場」等，並加強殘障福利機構與社政單位、就業輔導機構的連繫，以提高殘障者的工作能力與就業機會，促進殘障者的人力發展。

四、獎助僱用殘障者：政府應讓殘障者參與殘障事務之決策、規劃與評鑑工作，各級殘障事務有關行政單位宜率先進用殘障者加入工作陣容。台北市政府迄今已錄用 4％的殘障人士（白秀雄，民 76），行政院人事行政局錄用 20％的殘障人士，值得嘉勉。

　　五、鼓勵、宣導社會大眾、企業界，關心、接納殘障者，參與殘障者的特殊教育與職業訓練，提供就業機會，肯定殘障者能力，給予工作上、學習上、生活上、交通上之方便。

　　六、鼓勵電腦資訊、科技人員設計、開發適用於殘障者的電腦硬體設備與軟體特殊設計，以方便殘障者的學習、溝通、行動、閱讀與就業。如盲人用中文電腦、視觸轉換器、發聲讀書機、自動轉換點字裝置、輸出聲音溝通輔助器、字幕化系統、傳真機、聾人電傳電話、電子手、人工電子耳、輕型輪椅、超音波眼鏡等科技產品與輔具（林寶貴，民 77）。

　　七、殘障者從事教學工作時，最好能提供助理人員、隨護人員、手語翻譯員等服務，並支付工作津貼、交通補助費、或享受半價之優待。

　　八、建議「勞動基準法」增列殘障者之工作時間、最低待遇、工作環境最低設備標準、意外事故之賠償、勞保等福利措施之規定，以改進、保障殘障者工作待遇與工作環境，提高殘障者就業意願。

　　九、建立系統化的職業復健專責機構，以便統籌殘障者申請就業之登記、殘障鑑定、性向評估、擬定訓練計畫、復健服務、就業安置、職業輔導等一貫作業。負責主辦殘障福利工作人員，應該接受復健諮詢、職業輔導、職能治療等專業訓練（何華國，民 73）。

　　十、對殘障者實施職業訓練時，應依職業評量結果及其性向，給予適當的復健方案，提供多元化的職業訓練方案（如庇護性訓練方案、工作學習方案、職業學校、在職訓練、合作式訓練方案、職業專門科目之訓練、成人教育方案、職業訓練中心、學徒式訓練、延教班方案、第十年技藝教育方案）（林寶貴，民78），劃分就業安置與職業訓練等級，以發展殘障者不同的人力資源與職業潛能。

　　十一、提高各級政府社會福利經費所佔之比率，以充實殘障者職業復健專業人員素質，研究開發高科技輔助器，增設職業訓練與就業輔導機構，加強殘障福利宣導工作，以鼓勵殘障者參加職業訓練，改善工作環境、工作品質，發揮其工作潛能。

　　十二、各縣市應廣設習藝中心或殘障者職業技能訓練中心。目前行政院勞委會職訓局、台灣省社會處、北、高兩市社會局已委託多處訓練機構對殘障者實施技藝訓練（行政院勞委會職訓局，民79），但報名者並不踴躍，且大部份以肢障與智障者為招生對象，建議今後亦應多辦理適合聽障者、視障者、腦性麻痺者、自閉症者、顏面傷殘者、語障者等類之技藝訓練，因應社會變遷，配合社會需要，廣闢多樣化新職種，利用社會福利基金、愛心彩券福利金等辦理殘障者庇護工場、習藝中心、福利工廠、博愛商店，充分利用殘障人力資源，以增進國家經濟建設。

　　十三、取消殘障者報考大學聯招、高考、普考、特考、汽機車駕駛考、國中小學教師甄試等限制；增加殘障者保送甄試名額與報考大專院校科系，以提高殘障者的教育權與工作權。如果殘障者各方面受到不平等的待遇與限制，則減少教育投資，可能加深殘障者謀職的劣勢，直接可能影響殘障者人力發展機會，間接可能增加殘障者犯罪或製造更多社會問題。

　　十四、宣導工會與僱主採用有效的安全措施，以防止工作時意外或公害的發生，並減少員工受傷可能。殘障者的問題大部份是由於環境的污染、醫藥氾濫、交通紊亂、工廠安全、社會因素、家庭因素等社會問題所引起，這個包袱也應由整個社會每一份子一起來承擔。

　　十五、建議各勞保機構與勞保醫院設立醫學復健部與職能復健部，以協助因工作致病或受傷的工作人員接受適當的醫療與復健，儘快再投入適當的工作行列，重新發揮工作潛能。

　　十六、早日實現全民健康保險或殘障健康保險，以減輕殘障

者龐大醫藥費用的負擔，並達到早期診斷、早期發現、早期療育、早期訓練或教育的效果。

十七、獎助推展殘障福利或職業復健有關之專業研究工作，編製、修訂職業評量、鑑定工具，以了解殘障者的性向、興趣、職業潛能，並據以設計職業訓練方案，安排復健服務，規劃人力發展計畫。

十八、各縣市成立殘障就職諮詢、職能鑑定、就業安置與輔導、長期追蹤等服務之人力發展中心。

十九、培養各類殘障者之職業訓練師資，延長殘障者義務教育受教年限，增設國中階段後職業訓練課程，以充實殘障者就業技能，增進殘障者就業率。

二十、加強殘障者生計教育、生計發展、生計輔導，以提高殘障者工作的心理適應、職業適應、社會適應能力。成功就業的關鍵一方面在僱主或社會提供平等的就業機會與公平的待遇。另一方面，殘障者本身也需要自立自強、自助人助，擺脫無知、迷信、孤癖、依賴、自卑、自憐、好逸惡勞、好高鶩遠等心理障礙，養成奮發圖強、敬業樂業、勤勞節儉的習慣，積極學習謀生技能，加強溝通能力、社會適應、心理適應、職業適應、基本學科知能，才能獲得社會的肯定與認同。

伍、結語

國父說：「天無枉生之材」，只要給殘障者工作機會，讓每個殘障者殘餘的身體機能發揮至極致，相信我們的殘障者也有能力像美國羅斯福總統、貝多芬、莫札特、海倫凱勒，日本的山下清白痴博士，我國的劉俠女士、鄭豐喜先生、李序僧教授、陳明哲博士、葉祖慈先生、許倬雲博士、陳江山博士等一樣成為傑出

的律師、國會議員、大學教授、作家、畫家、音樂家、企業家等具有生產力的工作者（林寶貴，民78）。但首先需讓殘障者接受良好而適當的特殊教育，而且必須愈早愈好。

以上為殘障者人力發展所提之拋磚引玉的建議，雖涉及龐大的經費預算與人力支援，但若一時的投資，能使所有的殘障者獲得自立更生的技能而參與就業與生產的行列，減少家庭、社會、國家永久的負擔，這種教育投資是合算的。另一方面，從人道主義與特殊教育的觀點來說，身心障礙者本身有要求生活、工作、接受教育等基本權利，保障殘障者的生活、就業、教育機會是社會、國家應負的責任。願一百多萬的身心障礙者在安和樂利的社會中，在大有為政府的領導下，人人都能適時、適當地接受就醫、就學、就業、就養的服務與照顧後，也能盡己所能，加入國家、社會建設的行列，成為生產線上重要的人力資源。

參考文獻

台北市聾啞協進會（民 61）：**台北市聾啞協進會十五周年紀念特刊**，P.29～31。台北市

白秀雄（民 76）：無障礙的工作環境評論人，「**無障礙者的生活環境研討會**」會議紀錄，P.53。台北市。

何華國（民 73）：殘障者職業復健。**殘障福利學術研究會專輯**，P.30。中興新村，台灣省政府社會處。

行政院勞工委員會職業訓練局（民 78）：**七十八年度殘障者職業訓練業務研討會議**，P.8～10。台北市。

行政院勞工委員會職業訓練局（民 79）：**辦理殘障者職業訓練招訓簡介**，P～台北市。

林幸台（民 70）：**民生主義社會中實施生計教育的意義與方法**，P.3。台中縣，台灣省政府教育廳。

林寶貴（民 76）：無障礙的工作環境。「**無障礙的生活環境**」**研討會紀錄**，P.37。台北市，行政院發展考核委員會、中華民國特殊教育學會。

林寶貴（民 77）：從特殊教育觀點談殘障福利措施。**研考月刊，第 12 卷，第 6 期**，P.53。台北市，行政院研考會。

林寶貴（民 78）：殘障者的就業問題。**研考月刊，第 13 卷，第 12 期**，P.2～11。台北市，行政院研究發展考核委員會。

林寶貴（民 78）：**七十八年全國殘障福利會議聽障及語障組資料**，P.12～13。台北市，全國殘障福利會議籌備小組。

教育部社會教育司（民 70）：中華民國特殊教育概況，P.343。台北市。

許澤銘、林寶貴等（民 73）：**大專院校盲聾學生輔導制度成效**

之研究，P.39～49。彰化市，國立彰化師範大學特殊教育中心。

黃祖耀（民76）：**高雄市政府社會局博愛職業技能訓練中心工作現況與未來發展方向**，P.1～15。高雄市。

國立台灣師範大學特殊教育中心（民76）：**台灣區特殊教育暨殘障福利機構簡介**，P.290～291。台北市。

國立台灣師範大學特殊教育中心（民77）：**中華民國特殊教育法規彙編**，P.19～23，65～76。台北市。

許天威、林寶貴、徐享良（民77）：我國身心障礙學生職業教育現況與改進之研究報告。**特殊教育學報，第3期**，P.217～298。彰化市，國立彰化師範大學特殊教育研究所。

林寶貴（民78）：為殘障者開啟另一扇門。**就業與訓練，第7卷，第1期**，P.66～71。台北市，行政院勞工委員會。

劉華園（民76）：**工作環境的融合與參與**，P.18～20。台北市，內政部社會司。

Beirne-Smith, M., Coleman, L. J., & Payne, J. S. (1986). *Career and vocational planning.* in Patton, J. R., Pange, J. S. & Beirne-Smith, Mental retardation. 2nd Edition. Columbus Ohio: Charles E. Merrill, PP.384～407.

Conaway, C.A. (1981). *Vecational education serves the handicapped. Vol.* 59, Voc. Ed. p233.

Cullinan, D. and Epetein, M.H. (1979). *Special education for adolescents: Issues, and perspectives.* Charles E. Merrill Publishing Company, pp.123～125.

Payne, J.S. & Patton, J.R. (1981). *Mental retardation. Columbus* Ohio: Charles E. Merrill.

Schein, J. D. & Jr. Delk, M.T. (1974). *The deaf popula-*

tion of the United States Silver Spring, Md: National Associaion of the Deaf.

川口博（ 1984 ）：聽覺障害者の職業生活に關する調查研究，**聽覺障害，29 卷 4 號**，P.19-32;5 號 P35～36。日本。

日本全國聾學校校長會（ 1982 ）：全國聾學校高等部卒業生の進路の實態。**聽覺障害 37 卷 3 號**，P.20，日本。

今井秀雄（ 1984 ）：西德の聽覺障害兒教育に學ぶ。**聽覺障害兒の理解の為**。**第 12 集**，P11. 日本，心身障害兒福祉財團。

3

啟智工作的省思
——朝向人性化‧本土化的發展

◆王天苗◆

　　依據教育部民國六十五年完成的台灣區六歲至十二歲特殊兒童普查，34,001 名特殊兒童中，鑑定為智能不足的有 14,212 人，所占比例為 41.8％。民國八十一年完成的第二次全國特殊兒童普查結果則發現：七十九學年度 6-15 歲學齡兒童中有 75,562 人為身心障礙兒童，其中智能不足學童有 31,440 人，占總身心障礙學齡人口 41.61％（吳武典、林寶貴，民 81）。姑且不論普查所使用的工具和實施鑑定的程序可能對身心障礙人口出現率的影響，但是由這兩次的全國特殊兒童普查的結果，可以明顯地看出普查所得學齡階段身心障礙兒童中，都以智障兒童的出現率最高。正因為智障學童人口出現最多，而智障者又甚少為自己爭取就學權或教學品質，可見辦好啟智教育的重要。

　　台灣地區啟智教育實施至今，一方面有長足的發展；另一方面也確實存在著若干問題有待解決、甚至於在觀念上有待突破。前者可能最主要受到近幾年來特教及社會福利經費大幅擴充和特教與其他相關專業領域的人力資源增加等條件的影響。後者則可能因為相關行政體系的各自為政、對智障者仍存在著「無能」的刻板印象、決策過程太過草率或不尊重專業、制度尚未建立完善、或執行過於僵化等因素所造成。

　　基於對啟智教育的關心，更因為在即將步入 2000 年的今天，當世界各國政府或各專業領域紛紛回顧過去及展望未來的時候，身為啟智教育工作人員的一份子，感念過去前輩的胼胝耕耘之餘，藉機在此抒發心事、分享同好。因為世界正逐漸朝著一個「國際村」的方向發展，各國、各地區之間將愈來愈息息相關，因此本文將從先進國家對心智障礙者及其家庭的根本理念及服務措施發展趨勢談起，進而探討國內啟智教育及相關服務本土化的課題。

壹、先進國家心智障礙者服務措施人性化的發展

　　回顧國外特殊教育發展的歷史，先進國家在規畫智障者服務措施所根據的重要理念中，歸納起來，可能最重要的只有兩大原則，即「個別化原則」和「正常化原則」（normalization principle）。尤其是後一原則深深影響了近二、三十年來智障者及其家庭各種服務決策的導向，是目前，也可能是未來二、三十年據以實施的最重要理念。

　　「正常化原則」自從由丹麥 Bank-Mikkelsen 提出後，再經瑞典 Nirje 及美國的 Wolfensberger 兩位大師的極力倡導，特別強調智障者的「個別性」（individuality）和「公民權」（citizenship）。自此，世界各國無不受到「正常化原則」的影響，尤其使西方國家在本世紀前三、四十年的「優生」運動下所強調對心智障礙者的「隔離」安置原則起了革命性的改變，轉而推動「混合」（intergration）安置的做法，即儘可能地使心智障礙者過正常的生活。Wolfensberger（1972）強調「增進障礙者參與社會的角色」是提供障礙者服務的最終目標，要達到這目

標，一方面要「增進智障者獨立的能力」，另一方面還需要「修正環境，以適應智障者的狀況」。因此，在「正常化原則」之下，提供各種服務使智障者不但與非智障者有「相處」（physical intergration）的機會，更使他們能在社會接納下參與社會，達到「社會性參與」（social intergration）的目標。值得注意的是：「正常化」指的不只是參與的「機會」，還包括正向的「社會態度」和「社會期望」（Vitello & Soskin, 1985）。

　　受「正常化」理念的影響，聯合國訂 1981 年為「國際殘障者年」（International Year of Disabled Persons），強調的主題是：「機會均等和全面參與」（Equality and Full Participation），建議世界各國在提供障礙者特教、復健、或社會福利等服務時，考量此一重要目標。因此，使得西方「正常化」的理念遍及世界各地。聯合國這十年來極力倡導並以具體行動協助各個國家（尤其是未開發和開發中國家），提昇殘障者服務的品質，使殘障者在社會一般人接納下，不但享有生存、教育、就業、參與社會的平等權利，並能使殘障者在無障礙的環境下達到真正的社會參與。十多年後，聯合國訂 1993 年 12 月 3 日為「國際殘障者日」（The International Day of Disabled Persons），再次提醒世界各國重視殘障者的權利與參與。

　　以美國為例，Bradley（1992）歸納出美國社會支援身心障礙者的發展大致可以分為三個階段：①機構化的時代（1960 年代以前）：採信醫學模式，即認為「障礙」是「病」、是「永久性缺陷」；強調住宿式教養院安置或居家照顧和治療。②去機構化時代（1970 年代至 1980 年代中期）：採信「發展模式」，即認為治療、教育、訓練有助於障礙者的成長發展；社會投入更多努力並擴大提供各項特殊教育及相關服務措施。③社會成員（social member）的時代（1980 年代中期至今）：採信「功能模式」，即認為各種社會支援的目的在協助身心障礙者得以在其

所處生活環境內發揮功能，因此強調「個別化」、「社會參與」、和「生活品質」；社會不再只針對障礙者本人提供「全人」（whole person）的服務，而是建立一個以「整個家庭」（whole family）為核心的社會支援體系。

以上所述趨勢可以從美國兩項法案中明顯而具體看出：1990「美國障礙者法案」（Americans with Disabilities Act，簡稱ADA）和「障礙個人教育法案」1991 修正案（Individuals with Disabilities Education Act，簡稱 IDEA）。ADA 主要規定所有美國身心障礙者受保障享有就業、公共設施、交通、政府機構和大眾通訊系統的無障礙。IDEA 則再度強調「零拒絕」、「去歧視評量」、「適當教育」、「最少限制環境」、「法律保障程序」、和「父母參與」。此法案和 1975 年的 94-142 公法最不相同的地方在於：為保障障礙學生獲得「適當教育」的規定增加實施銜接服務（transition services）、科技輔助工具使用的評估與服務、提供相關服務、和學前階段設計個別化家庭服務計畫（individualized family service plan，簡稱 IFSP）。

綜合美國最近公布的這兩項法案內容，可以看出身心障礙者（包括智障者在內）在法律保障下，除了得以享有生存、教育、就業、和社會參與的平等權利外，並期望在「最小限制的環境」內，獲得：①無障礙的「態度」；②無障礙的「硬體環境」；和③無障礙的「參與機會」。「參與機會」歸納起來包括：(i)障礙學生「入學」（如零拒絕、無歧視的評量）、「學習」（以 IEP 或 IFSP、銜接服務、科技輔助工具、和相關服務等措施保障障礙學生接受適當的教育）、「工作」、和「社區」參與的機會；和(ii)父母參與的機會。因此，可以說這兩項法案充分將「正常化」原則的理念具體實現在提供障礙者的各種服務措施之中。

若分析國外文獻及比較先進國家過去和現在提供身心障礙者（包括智障者在內）及其家庭的各種服務措施實施的變化，可以

歸納出以下幾點明顯而重要的發展：

一、特殊教育與普通教育重整

　　過去強調特殊教育是分離於普通教育之外，所以無論經費、人員、經營管理等可以有別於普通教育，因而造成特殊教育逐漸和普通教育越離越遠，這種現象不但發生在一般公立學校，連學術界也明顯感受到這種分離（Reynolds, Wang, & Walberg, 1987）。因此在美有學者主張應進行「統合學校運動」（inclusive schools movement）或「普通教育改革」（regular education initiative，簡稱 REI）。前者主張根本廢除特殊教育、標記、特殊班，後者則主張特殊教育應包含在普通教育之內（inclusive education），在大部分障礙學生回歸安置下，特殊教育與普通教育教師分享責任（Fuchs & Fuchs, 1994）。

　　無論如何，普通教育有必要進行改革，因此有人建議實施教師群（包括特殊教育教師在內）的共同指導、教師運用有效的教學策略、不標記學童但區分各項教育安排、不斷督導學生學習進度、學校與衛生或社會福利相關機構合作、相互運用有效資源等，使特殊教育對象內絕大多數屬輕微學習問題者（包括輕度智障、學習障礙、行為及情緒異常、語言障礙、感官障礙、肢體障礙、或身體病弱者），能在普通教育內更適應學校的學習活動（Wang, Walberg, & Reynolds, 1992）。因此教育改革受惠最大的，應屬占特教人口比例最多的輕度障礙學生，這些也就是當「回歸」口號最盛時，回到普通班但是沒獲得支援的政策下的犧牲者。普通教育改革將使 2000 年的特殊教育更「平民化」、更符合大多數特殊學習問題學生學習、生活、及未來適應的需要。

二、科際整合

在過去，各專業領域各自提供身心障礙者專業服務而不互通，但是隨著「科際整合」的需要，使各專業領域工作人員逐漸共同合作。對智障程度愈嚴重或兼有多重障礙的障礙兒童而言，特殊教育教師經常需要與醫療、復健（物理治療、職能治療、或語言治療）、或社工相關領域的專業人員合作，才能對個案的問題與需要做最綜合性的評估，並提供個案所需要的指導。專業合作的模式包括「多專業」（multidisciplinary）、「科際間」（interdisciplinary）、和「貫科際」（transdisciplinary）。「多專業」合作方式強調不同專業人員的共同「參與」、但各自就個案狀況進行處理；「科際間」合作模式則強調專業人員之間的「溝通」，在「會診」之後，大家共同討論處理方式或內容，再各自處理。「貫科際」合作模式則強調「個案管理」（case manager）方式，由個案最主要需要的某一專業人員為主，其他專業人員為輔，雖然共同決定提供專業介入計畫的設計、實施、和評鑑內容，但由主要專業人員（即個案管理員）負責執行。這三種合作模式中，目前以「貫科際」方式最被認好（Woodruff & McGonigel, 1988）。三者最大的不同，除了合作互動的方式上的不同，另外就是：①前兩者是「專業導向」的專業合作，後者則是「個案導向」的專業合作；②除第一種模式父母不參與外，後兩者均強調父母的參與。

三、學前與銜接服務措施

過去，特殊教育全力發展學齡階段身心障礙兒童教育的實施，如今則重視學前和學後銜接的措施。學前部分包括幼教階段

提供 3-5 歲發展遲緩幼兒的特殊教育和 0-3 歲階段提供發展遲緩或高危險群嬰幼兒的早期介入（early intervention）（IDEA, 1991）。學前的服務措施強調的是：以「發展遲緩」通稱取代學齡階段的障礙類別、「家庭中心式」（family-centered）早期介入服務、各專業領域合作提供「綜合性」的服務、「多元及彈性」的服務措施。

　　至於「銜接服務」，則是使障礙學生學習階段的學習活動能夠順利銜接上學習完成後的社區生活，達到最大可能的社會適應。「銜接服務」強調「結果導向過程」（outcome-oriented process），考量障礙學生的需要、選擇、和興趣等條件，藉教學、提供社區參與經驗、進行獨立生活技能和功能性職能評估、規劃成人生活及就業目標等方法，提供「中等教育後之教育、職業訓練、就業安置、成人教育、成人服務措施、獨立生活、和社區參與」等服務措施，使中學階段教育內容能銜接上障礙學生學習階段完成後的社會生活，達到最大可能的社會適應。照美國 IDEA 的規定：學校須在學生 16 歲前制定「個別銜接計畫（individualized transition plan，簡稱 ITP）」，而且規定課程重點在：指導學生未來社區適應的技能、鑑定學生進入成人服務的途徑、和規劃利用現有資源及服務措施。由於銜接服務包括：教導學生社會能力及工作能力、父母參與、和進行學生能力與工作間的配適等，會使障礙學生出校門後有最大「獨立自主」的可能。

四、功能性模式在評量與課程的應用

　　近十多年來，功能性模式普遍應用在對心智障礙者的評量與教學。就評量而言，聯合國對身心障礙的分類系統和美國智障學會對智障的新定義都可以明顯看出這種趨勢。世界衛生組織 1980 年採納 Bury（1979）對身心障礙的觀點，提出「損傷」

（impairments）、「殘障」（disabilities）、和「障礙」（han-dicaps）的分類系統：「損傷」指心智、語言、聽力、視力、肢體、或顏面等的缺損；「殘障」指顯現在行為、溝通、自理、動作、手靈巧度、學科等能力的異常；「障礙」則指在社會生活環境狀況下，在行動、社會參與、職業、經濟獨立等能力的困難。傳統分類制度內身心障礙的類別是這分類系統的前二者，但假若以社會適應功能發揮的角度來說，無法適應社會生活者才是真正的「障礙」。因此，這個分類系統闡明的是個人在社會生活功能性發揮的重要性。

　　至於，美國智障學會 1992 年公布的「智障」新定義也是從功能性的模式著眼起。新舊定義最大的不同就是：新定義特別強調評估個人在智力、適應能力的「能力」條件之外，同時考量個人在其所處不同「環境」（如家庭、工作／學校、社區）適應狀況下所能發揮的「功能」情形，再決定該提供的專業支援（AAMR, 1992）。此外，新定義中闡明去除過去輕、中、重度等智障程度上的分類，而改以兒童所需要的「支援需求程度」加以區分。這項改革可以說是功能性模式在智障兒童評量與教學應用上最好的例子。

　　此外，70 年代末期特殊教育受生態理論的影響，過去「教師本位」或只考量「兒童能力」的課程廣受批評，所以目前特別強調提供障礙學生「功能性課程」。對於能力受限的智障學生而言，更有必要提供使其達到「獨立自主」最終教育目標的功能性課程及功能性能力的評量（Brown, Branston, Hamre-Nietupski, Pumpion, Certo, & Gruenwald, 1979）。

五、「跨」或「不」分類制度

　　傳統上，「類別」、「程度」總伴隨著身心障礙兒童及其家

庭。分類制度就成了特殊教育界掌握大部分障礙學生人口的途徑，但是「標記」（labeling）卻帶給障礙者及其家庭莫大的傷害。西方先進國家這二十多年來，從對「標記」負面效果的討論，到以具體行動去除分類。以英國為例，英國 1981 年教育法（British 1981 Education Act）中，規定統稱特殊兒童為「特殊教育需要兒童」（children with special educational needs），即指有「學習困難」（learning difficulty）且需要特殊教育服務的兒童，其界定為：「①和大多數同齡兒童比較之下，有明顯的學習困難；②因障礙情形，使這些學生無法利用一般學校的教育設施；③特殊教育需要兒童還包括那些若無特殊教育之協助，很可能於入學後被列入前述兩項學習困難的五歲前兒童」。此法案強調教育人員應該關心，因為各種障礙引起的學習困難，而不刻意強調「類別」，如此大大減輕或根本去除分類制度引起的標記負效果（Gulliford & Upton, 1992）。

　　又以美國為例，雖然依據最近公布實施的「障礙個人教育法案」修正案（IDEA），學齡階段障礙兒童分智能障礙、聽覺障礙、語言障礙、視覺障礙、嚴重情緒障礙、肢體障礙、身體病弱、特殊學習障礙、盲聾、多重障礙、自閉症、外傷性腦傷等十二類別。但是甚多學者質疑分類意義、執行、和教學效果，而極力倡導障礙者及其家庭應享有「無標記權利」（Rights Without Lables），並建議在重整特殊教育時，考量「跨分類」或「不分類」的做法。將學習障礙、輕度智障、情緒及行為障礙、或輕微感官、肢體障礙等合稱為「輕度障礙」（mild handicaps）就是最典型的例子（Morsink, Thomas, Smith-Davis, 1987; Reynolds, Wang, & Walberg, 1987）。另在 IDEA 法案內有關 3-5 歲幼稚教育階段和 0-2 歲階段需要學前特殊教育和早期介入的嬰幼兒則以「發展遲緩」或「高危險群」稱之，確定此階段不分類的原則和做法。

六、教育、工作、生活的社區安置

先進國家和我國啟智教育發展的開端，最早都是以輕度智障學生為對象，然後才逐漸接納中重度智障及多重障礙的學生。這種趨勢除了受西方國家在 60 年代人權運動的影響，更因為法令的制定，使智障程度較嚴重的兒童、青少年、或成人逐漸獲得更多受教、就業、和社會參與的機會。法令特別強調保障的對象「不論嚴重程度」（regardless of the severity of handicaps），自然獲益最多的是智障程度較嚴重或多重障礙的人。

影響所及，重度及多重障礙兒童獲得就讀公立學校的「教育」安置，享受義務教育；小型社區學校（普通、資源、啟智班）普及、大型住宿機構（啟智學校、教養院）式微；支持性就業安置取代過去庇護性就業安置；障礙程度愈嚴重的智障及多重障礙者得以與家人同住或居住於社區家園（group home）。這些變化無非是使智障者盡可能地獲得更接近正常的生活環境，保障其生活品質或滿足個人需求（Lakin, White, Hill, Bruininks, & Wright, 1991; Hayden, Lakin, Hill, Bruininks, & Chen, 1992）。以支持性就業為例，其用意即在提供「嚴重障礙者」社區就業的機會，使他們如一般人一樣獲得有薪資、具生產力的工作，並在持續性的「現場」專業支援與訓練下，維持就業狀況（Sinnott-Oswald, Gliner, & Spencer, 1991）。

最近於 1992 年所做的一項報導指出：全美對智障者服務經費幾乎全花在「擴充社區服務費用」上，而 1988 到 1992 年之間「社區支援服務」（community-support services）（如家庭支援、支持性就業、支持性居住、及早期介入等）急速擴充、大型機構數急速下降，有三州（New Hampshire、District of Columbia、Vermont）甚至已經關閉所有州立的智障訓練中心、啟智

學校，達到「無隔離式機構」（institution-free）的水準（引自
Braddock, 1994）。

　　再以歐洲國家為例，在提供智障者的特教、復健、社會福利
服務的時候，也特別強調實施「社區為主式復健」（Com-
munity-Based Rehabilitation，簡稱 CBR）。日本則是自 1972-1978
年間智障養護學校由 122 校擴增為 282 校，1978-1979 年一年間
增加了 118 校，但是在 1979-1989 年的十年間僅增設 75 校而已
（引自陳榮華，民 83 年）。由此可見隔離式的機構型態將逐漸
式微或消失。

七、家庭支援（family support）服務

　　如前所述，Bradley（1992）將美國 1980 年代中期至今的時
間歸納為「社會成員」的時代，社會即是一個以「整個家庭」
（whole family）為核心的社會支援體系。因此，70 年代強調
的「父母參與」（parent involvement）的重要性（Bronfenbren-
ner, 1974）和 94-142 公法強調父母的實質參與，逐漸被 80 年代
末強調的具積極意義的「家庭支援」名稱及做法取代。「家庭支
援」更改變了過去「意義較狹窄且較強調專業權威」「親職教
育」（parent education）下專業人員與父母的關係。依據美國
的情形，家庭支援服務措施包括：臨時托育、個別與家庭諮商、
居家照顧、經濟補助、休閒服務、提供相關資訊、協助利用社會
資源、提供親職課程、父母或手足成長團體、健康保險等
（Knoll, Covert, Osuch, O'Connor, Agosta, & Blaney, 1992）。
這些服務措施使專業人員與父母在合作的（collaborative）關係
下，專業人員一方面提供發展遲緩嬰幼兒或障礙兒童所需要的個
別化教育、醫療、復健、社會福利，並且使這些家庭有強烈的主
控感和具備應對危機的能力，以處理家庭可能因為生養障礙兒所

引起的適應或養育問題。

綜合以上歸納出的七項重要的發展趨勢，可以發現：針對障礙者及其家庭的服務措施均趨向於朝「人性化」的發展。對智障者而言，教育或其他相關服務都在考量「個別狀況」下，讓他們能發揮在其生活環境內盡其可能的「功能」。

貳、國內啟智教育工作本土化的課題

這幾年，臺灣社會受政治和經濟巨大的變化影響，社會無論在那一方面都似乎正處於一個重要的轉型階段，啟智教育自然也如此。依觀察，特殊教育法通過後至今的這十年間，啟智教育的變化最大，其中轉變最大者莫過於：①教育安置型態下收容對象的轉變—如啟智班收容對象由過去的輕度智障學童轉為中重度智障學童、資源班補救教學對象屬輕度智障者漸多、啟智學校學生智障程度有愈嚴重趨勢等；②大型啟智學校大量成立—依據特教五年發展計畫的規劃，臺灣地區將陸續設立二十幾所大規模啟智學校（非社區式小型學校）；③學前特教或國中後安置漸受重視等。至於在殘障福利系統下，內政部近幾年無視於申請機構的辦理績效，以百分之百的整地、建築等硬體費用鉅額補助收容所謂「重殘者」的大型教養院，這些都與障礙者家庭需求、及世界重視人權、社區安置的趨勢背道而馳。

最近，教育部幾項重大的特殊教育規劃案和行政單位的政策公告中，也在在顯示了「隔離」、「特殊」的傳統刻板想法和做法。例如，教育部「學齡前特殊兒童通報、篩檢及安置模式試驗工作計畫」專案，規劃各縣市建立三至五歲特殊兒童通報系統，並預計將通報資料結果，作為規劃增設學前「特殊教育班」的參考（教育部，民 83 年）。又，為使障礙學生接受第十年技藝教

育，教育部成立中重度智障及障礙學生接受第十年技藝教育規劃小組，共分為六組，分別為：中重度智障組、視障組、聽障組、肢障組、性別及行為異常組、行政組等，「分別」規劃「各類殘障國中學生接受第十年技藝教育的辦理方式、開設科別、班級數、及容量、課程內容等」（教育部，民83年）。近日報載教育廳表示：「為落實特殊教育，未來各類特殊學生的安置方式，將比照先進國家的做法，10％安置在特殊學校，36％安置在特殊班，54％安置在資源班或普通班」。又，「特殊學童的安置將視其障礙類別及程度，選擇較合適的安置模式，只要適應良好，將盡量讓他們回歸主流。因此，輕度障礙學童較適合在普通班就讀，中重度學童宜安置在特殊班或特殊學校，而極重度學童則應安置於教養機構」（聯合報，83.5.14.）。由前述的例子中，可以發現主事者並未考量標記傷害（如學前的標記）、各類障礙之間的共通需求（如不分類的技藝教育）、偏頗資訊（安置比例）、家庭需求（就近入學）的因素，僅朝「障礙類別」和「程度」的思考方向規劃或決定「隔離」的處置。

　　因此，以臺灣地區啟智教育目前的狀況看來，一方面智障程度較嚴重的兒童在法規的保障和其家長醒悟及爭取其智障子女的教育權之下，逐漸走進了國中小，卻也使得原來安置在啟智班的輕度智障學生「埋沒」於普通班裏。無論如何，啟智教育人員可以明顯地觀察到智障兒童普遍「回歸」一般學校或普通班的可喜現象。但是，另一方面卻顯出國內反世界潮流的「隔離」做法。就個人分析，所以會有這種兩極的做法，可能是在轉型過程中的必然短路現象，但是主要關鍵更可能因為「決策者」無視於專業的存在或專業理念不足、或決策者之間達不到共識的結果。從先進國家特教的發展，我們原可以記取教訓而不重蹈覆轍，但是卻眼見歷史的重演。「理念」與「實現」之間果真如此難求得一致？

　　雖然說國內文化經濟背景和社會資源等條件均與國外不同，但是，似乎政策的決定不在經費、人力等的不足，而在於受「理念的引導」。先進國家朝人性化的發展過程中有的理念，正好可以引導我們思考的方向。但是，我們又不能將國外做法直接、不變地移轉到這片土地上，依然要考量本土的需要、條件，再決定可行的做法。國內教育及社會福利的走向到底何去何從，實在需要相關行政人員、專業人員、和智障者家長共同的研商。

　　此處，作者將拋磚引玉，提出一些現階段啟智教育朝人性化及本土化發展的課題，並提出個人的看法。依個人之見，要突破現階段啟智教育的困境，最根本地，還是在於普通教育的改革。這幾年，教育部積極地進行教育的改革，除了重視小學紮根教育，並以具體辦法均衡城鄉教育差距、及改革國中升學體制和國中小教育（如制訂國中小新課程、減少班級人數等）等。最近民間發起的 410 教育改革訴求，將更加速政府教育改革的步伐。這種教育大環境（普通教育）的改革，將會對特殊兒童的教育安排和教育品質很有助益，例如，如輕度智障的學生能在小班級內更加適應，而沒有必要如過去一般被安置在特殊班內。

　　但是，普通教育的改革假若不能將特殊教育包含在內，則兩者之間的「分離」現象將無法解除，自然使啟智教育在目前的轉型階段無法有重大的突破，對特殊學生的學習和生活適應更少有幫助。如何打破普通教育與特殊教育之間的隔閡？如何使特殊教育融入（integrate）普通教育之中？依個人之見，除了需要減少普通班班級人數、能力分組教學、提供選讀機會、彈性課程、自主教學外，更重要的是使一般教師具有特殊兒童的概念，並了解如何以正確態度和適當教學策略指導有學習困難的學生，而不必以排斥的方法將這些學生摒除在外。因此，欲從事教育工作的人本所修習的教育基本學分內應該包括特教概論課程。尤其，對將從事學校輔導工作的學生，更應該必修如特教概論和特殊兒童診

斷等特教學分。這樣，才能針對全校學生中有特殊學習困難的學生進行輔導工作所強調的「學習輔導」。以近程目標而言，似乎可以運用「種子老師」的在職研習方式，建立一般教師對特殊兒童正確的觀念和能具有更好的教學技巧。此外，學校行政人員有責任搭起普通班教師與特殊教育教師之間的合作橋樑，使啟智班學生與特教老師不致於處於「學校的角落」、只用屬於特殊班的教室與設備而不與普通班混用、或上下課時間和普通班不同等。

　　除了普通教育的改革，目前的啟智教育更有必要進行改革。依個人之見，現階段啟智教育面臨轉型上的兩大重要課題：①重新建立新的鑑定與分類制度；②混合式的教育安置。以下分別加以說明：

一、重新建立新的鑑定與分類制度

　　一般來說，因為不同專業領域對智障的分類有所不同，醫學、心理社會、及教育的分類分別有其作用：醫學分類有助於對病因的了解，心理分類有助於智障的鑑定及對智障者能力的了解，而教育的分類則有助於教育的安置（如 EMR 或 TMR 班）。近年，先進國家多朝「去標記」、「不（或跨）分類」的做法努力，以避免標記帶給智障兒童可能的負面效果，或解決輕度智障、學障、或行為異常等分類混淆、不易區分的問題。另一方面，三種分類中以「教育分類」對啟智工作者來說具有比較重要的意義，因此作者建議建立新的鑑定與分類制度：

　　㈠應該採取「教育分類」來鑑定障礙（不只限定智障一類）；

　　㈡鑑定及分類的標準：鑑定及教育分類的「切截點」是兒童適合的「學習環境」（指以「普通班」作為分界線）。教師以專業判斷取代由測驗結果做安置的決定。當然判定前，也可以參考

由個別測驗測得的兒童心智功能和學校適應狀況的結果。但若運用測驗工具，應該特別考量測量標準誤，並輔以專業判斷。

　　㈢教育分類：包括「輕微學習困難」和「嚴重學習困難」兩類。其界定分別是：

　　1.輕微學習困難：「可就讀於普通班，但是需要特殊的輔導」；

　　2.嚴重學習困難：「完全無法就讀於普通班，必須安置於特殊班或特殊學校」。

　　特別要提醒的是：作者建議學校鑑定人員（希望未來是輔導教師）在進行鑑定工作的時候，會同特教老師及普通班教師共同以「教育專業判斷」及「教育良知」判斷學生是否足以勝任「普通班」（學習環境）的學習，假若答案為「絕對不可能」，則考慮將學生安置於「特殊班」內，這些學生則可歸為「嚴重學習困難」；假若學生一些科目（如藝能科等）還可以在普通班上課、沒有必要被編入特殊班，則考慮將之安置在不同「資源」方式的教育型態內接受特殊的學科輔導，這些學生則可以歸為「輕微學習困難」。

　　這種鑑定和分類制度除了可以達到去除「標記」、解決「類別混淆」的目的，還可以使學校教師充分發揮「教育專業」而不過分依賴測驗工具（尤其是一些品質不良的測驗工具）或太過於僵化地解釋測驗所得的分數，同時減少繁瑣的鑑定工作。又，這種模式因為強調「專業判斷」、不一定需要仰賴標準化的測驗工具，所以可以解決在 612 大限後無法使用大部分測驗的問題。當然，作者所提的這種新的鑑定與分類制度仍有需要經過廣泛的討論，但是至少提供一個思想方向，並期望結合大家智慧，尋求可行之道。

二、混合式的教育安置

由第二次全國特殊兒童普查結果可得知：雖然在普查出的31,440 名智障學童中，絕大多數（約占 96.1％，n＝30,196）能有學籍地在國中小、特殊學校、社福機構內特殊班、或由巡迴輔導員到家輔導，享有義務教育的權利，但仍有近五成的智障兒童未受義務教育而需要有關教育行政單位的入學安置。在這五成失學的智障兒童中，絕大多數屬於重度障礙，失學的原因主要是：「嚴重病殘」和「無適當就學管道」。因此目前國內迫切地需要安置這些中重度（尤其是重度）智障兒童入學就讀。然而目前要安置這一批入學有困難的智障者，可能會面臨兩方面的問題：

(一)重度或多重障礙學生（以目前類別稱之）的教育安置

如前所述，這十年來國中小啟智班和啟智學校收取的對象智障程度愈趨嚴重或有多重問題，因此特教老師常比較需要復健專業人員的協助，才能使學生獲得所需要完整的學習內容。但是由於國內目前教育、衛生、和社會福利三大領域各自為政，使得智障兒童家長分頭尋求「救兵」而疲於奔命，各領域服務內容又有重疊、片段、或不銜接的問題存在。目前僅啟智學校有專業復健人員的編制，普通學校的啟智班則無任何教育外的支援，因此在孤軍奮戰的條件下，只有以「學校沒有人員和設備」說詞拒收智障程度嚴重的兒童。

然而，要使這些嚴重智障的兒童獲得較人性的教育安排，可能最要思索的問題就是：先進國家強調的「社區安置」式（或混合式）的教育安置是否也是我們的重要決策原則？假若我們持國際觀或顧及障礙兒童及其家庭的教育需要，則似乎應該以現代

化、或人性化的發展趨勢為政策，則這些學齡兒童才會有更多的
生活和學習的空間。但是假若提供智障程度嚴重的兒童混合式的
教育安置，以目前國內專業人員及大眾的態度、特教缺乏復健及
其他相關領域支援的體系下實施，相信阻力及困難會很大。但這
是不是意味著我們要遷就現狀而安，不必尋求突破？或認定「美
日等進步國家尚難停辦特殊學校，甚至認定特殊學校仍然有存在
之價值，我國自然也無法排斥特殊學校之增設」的看法而依然朝
「隔離」大步邁進。

　　個人相信任何事都不可能一蹴可及，就如同美國逐漸走向
「無隔離式機構」的目前狀況，也是美國政府 1980 年初決定
「關閉」政策後，經過十多年後的結果（引自 Braddock, 1994）。
因此，「起而行」要比「坐等」更能突破現況、更能朝人性化的
發展。但是，要有前瞻性的做法，似乎非要有對「專業的承諾」
及具備「社區服務支援體系」兩個條件才行，缺一不可。

　　就長程目標而言，解決之道應該還是在：逐步將復健治療師
納編入學校體系（如各縣市聘任專任復健治療師擔任巡迴輔導員
或學校內聘任所需復健人員），建立特教教師的周邊專業支援體
系。唯有如此，才能使失學在家或在社會福利機構就讀的重度智
障兒童能不受拒絕地進入一般學校的教育系統內就讀，享有無障
礙的就學機會和學習環境。學校體系要納編復健人員的先決條件
是：義務教育階段內國中小內收取的學生包括嚴重心智障礙、需
要復健的兒童。

　　就短程目標而言，各縣市特教輔導團可聘請復健人員為顧
問，依智障學生分散就學情形，參與巡迴輔導，提供學校啟智老
師所需要的專業諮詢或輔導。當然，要做到以上的兩種建議，一
定要打破目前專業領域間的隔閡，即需要結合相關行政體系才
行。其次，再考量國內復健人員培育情形進行逐步的規畫。

　　除了前述理想的發展，現階段臺灣地區大量設立大型、位於

郊區、住宿式的啟智學校這種「開倒車」的做法，實在有重新評估的需要。同時，期望還未開始規畫的啟智學校朝小型、社區的學校規模設立。

(二)輕度障礙學生的教育安置

因為智障程度較嚴重的兒童進入啟智班，使得原本還有特殊教師指導的輕度智障「混」入普通班，成為班上的「客人」，反而對其學習造成很大的限制。因此，似乎有必要在普通班和特殊班之間設立不同教育安排的「資源」方式教學，才能真正達到「限制最小、最大學習」的效果。這些資源方式可以包括：

1. 所有時間都在普通班上課，但有特殊教育或學校輔導老師給予課後學習輔導。

2. 學生大部分時間仍在普通班上課，少數如國語、數學等基本學科到資源班學習。

3. 學生基本學科到特殊班上課，其他科目則到資源班學習。

要選擇以上任何一種方式，最重要的決定關鍵在於：學生需要「支持的程度」和校內的資源情形。總而言之，這些學生的學習潛力最大，人數比例又最多，假若因為「回歸主流」反而受不到學習上的協助，成為口號下的犧牲者，則枉費正常化原則的美意。

除了以上兩大課題外，國內啟智教育自然還有其他具挑戰的課題，有待探討與解決，例如：啟智教育的教學品質、學前特教的規劃與實施、國中教育與技職教育或就業安置的銜接、家庭支援網路的建立等。尤其教學品質問題近日頗受智障學童家長交相指責。但個人仍以為此問題還是在於理念和支援體系的不足所造成。因限於篇幅，在此將不進一步討論這些課題。

叁、結語

在「正常化原則」引導之下，先進國家透過法令的制定或政策的革新，朝著「機會均等與全面參與」的目標，不但保障智障者的生存、教育、工作、和社會參與的權利，並提供富人性化的教育、生活、與工作的安置和服務內容，自然改進了身心障礙者及其家庭的生活品質。先進國家在普通教育和特殊教育重整、科際整合、學前與銜接服務、功能性評量與教學應用、分類制度改革、社區安置、與家庭支援服務等的一些重要發展趨勢，可以提供國內決策與實務人員的參考。

臺灣地區的啟智教育發展雖然也受到西方「正常化」理念的衝擊，努力將「正常化」理念化為實際的行動。但若是以 Bradley（1992）所歸納出美國社會支援身心障礙者的三個發展階段而論，國內目前應該只處於「去機構化時代」的階段。大家似乎仍然掙扎於不同智障程度的教育安置和智障兒童父母的意願之間，無法取得一致。但是，唯有決策者（行政人員、專家學者）、服務提供者、和消費者（智障者及其家庭）三者之間能取得共識之下，並且大家共同肩負「面對未來」的責任，才能使重要理念轉換成行動。

以個人在國內特教界十多年的經歷，欣見啟智教育的茁壯成長，也憂心於啟智教育的何去何從，特為文分享個人心得，更盼望從事啟智教育及相關服務的專業人員及行政人員具有現代「人性化」的國際觀，更能考量目前台灣地區的文化、經濟、政治、及社會背景的條件，融會出「本土化」的做法，使這塊土地上所有智障者及其家庭在「專業智慧」的引導下，獲得更適性、更人性的服務。

願以本文獻給當初和作者同在特教中心苦心起創「特教季刊」的
吳武典主任、王振德、和蔡崇建等工作老伙伴。更願以一戲劇的
台詞與所有啟智教育工作同仁分享與共勉：

「You see things and you say, "Why?" But I dream of
things that never were; and I say, "Why not?" 」（你看到
一件東西或一件事情，你會問「為什麼？」；但是我會夢一些還
不存在的東西或還沒發生的事情，然後說：「為什麼不能？」）

參考文獻

吳武典、林寶貴（民81）：**特殊兒童綜合輔導手冊─第二次全
國特殊兒童普查結果之應用**。臺北市：臺灣師大特殊教育
研究所編印。

陳榮華（民83）：**當前國內特殊教育發展的困境及其因應之策
略**。八十二學年度特殊教育學生鑑定、安置、輔導工作研
討會暨業務協調會專題演講講詞。金門，民83年1月
19-21日。

教育部（民83）：**中重度智障暨障礙學生接受第十年技藝教育
規畫研究計畫**。

教育部（民83）：**學齡前特殊兒童通報、篩檢、及安置模式試
驗工作計畫工作手冊**。

American Association on Mental Retardation （1992）. *Mental retardation: Definition, classification, and systems of supports.*

Braddock, D. （1994）. The adaptive behavior of the Association V: Emerging national trends. *AAMR News & Notes, 7*(1), 2.

Bradley, V.J. （1992）. Overview of the family support movement. In V.J. Bradley, J. Knoll, & J.M. Agosta （Eds.）, *Emerging issues in family support.* Monographs of the America Association on Mental Retardation.

Bronfenbrenner, U. （1974）. Is early intervention effective? *A report on longitudinal evaluations of preschool programs*（Vol. 2）. Washington, DC: Department of Health, Education, and Welfare, Office of Child Development.

Brown, L., Branston, M., Hamre-Nietupski, S., Pumpion, I., Certo, N., & Gruenwald, L.（1979）. A strategy for developing chronological age appropriate functional curriculum for severely handicapped adolescents and adults. *Journal of Special Education, 13,* 81-90.

Bury, M.（1979）. Perspectives in disablement. *International Journal of Rehabilitation Research, 2,* Suppl. 1, 31-35.

Fuchs, D., & Fuchs, L.S.（1994）. Inclusive schools movement and the radicalization of special education reform. *Exceptional Children, 60*(4), 294-309.

Gulliford, R., & Upton, G.（Eds.）.（1992）. *Special educational needs.* New York: Routledge.

Hayden, M.F., Lakin, K.C., Hill, B.K., Bruininks, R.H., & Chen, T.H.（1992）. Placement practices in specialized foster homes and small group homes for persons with mental retardation. *Mental Retardation, 30*(2), 53-61.

Individuals with Disabilities Education Act: Part B Regulations. Horsham, PA: LRP Publications.

Knoll, J., Covert, S., Osuch, R., O'Connor, S., Agosta, J., & Blaney, B.（1992）. Supporting families: State family support efforts. In J. Bradley, J. Knoll, & J.M. Agosta（Eds.）, *Emerging issues in family support.* American Association on Mental Retardation.

Lakin, K.C., White, C.C., Hill, B.K., Bruininks, R.H., &

Wright, E.A. （1990）. Longitudinal change and interstate variability in the size of residential facilities for persons with mental retardation. *Mental Retardation, 28*(6), 343-351.

Morsink, C.V., Thomas, C.C., & Smith-Davis, J. （1987）. Noncategorical special education programs: Process and outcomes. In M.C. Wang, M.C. Reynolds, & H.J. Walberg （Eds.）, *The handbook of special education: Research and practice.* Oxford, England: Pergamon.

Reynolds, M.C., Wang, M.C., & Walberg, H.J. （1987）. The necessary restructuring of special and regular education. *Exceptional Children, 53*(5), 391-398.

Vitello, S.J., & Soskin, R.M. （1985）. Mental retardation: *Its social and legal context.* Englewood Cliffs, NJ: Prentice-Hall.

Wang, M.C., Walberg, H.J., & Reynolds, M.C. （1992）. A scenario for better--not separate--special education. *Educational Leadership, 50*(2), 235-238.

Wolfensberger, W. （1972）. *The principle of normalization in human services.* Toronto: National Institute on Mental Retardation.

Woodruff, G., & McGonigel, M.J. （1988）. Early intervention team approaches: The transdisciplinary model. In J.B. Jordan, J.J. Gallagher, P.L. Hutinger, & M.B. Karnes, *Early childhood special education: Brith to three.* Reston, Virginia: The Council for Exceptional Children.

特殊教育相關服務的問題與趨勢

◆周天賜◆

壹、前言

　　在美國個別化教育方案中，相關服務（reated services）與特殊教育、參與普通班並列為提供障礙兒童三大主要服務項目。但在我國的特殊教育法中並未提及「相關服務」一詞；民國八十一年初步研擬的「特殊教育法」條文修正草案第六條中，將相關服務」列入（特教新知通訊，民 83），這是進步的喜訊。基於拋磚引玉，本文擬探討「相關服務」的問題與趨勢，以為規劃與實施特殊教育相關服務之參考。

貳、相關服務在法律上的定義

　　殘障兒童教育法（Education for All Handicapped Children Act of 1975: EAHCA）又稱 94-142 公法（PL 94-142），是美國特殊教育的基本大法。雖經多次修正，但其精神要義仍脫離不了此法。該法規定公立學校必須提供所有殘障兒童免費適當的公共教育（a free appropriate public education,

FAPE），強調特殊教育及相關服務必須滿足殘障兒童的需求，並保障殘障兒童及其家長或監護人之權益，使殘障兒童有效地接受教育。

　　該法對「免費適當的公共教育」、「特殊教育」、「相關服務」等三個名詞詳加定義。摘述如下：

一、免費適當的公共教育

　　意指特殊教育及相關服務須是：①公開督導及指導下實施，由公家付費，家長不需付費；②合於州教育廳的標準；③包含適當的學前、小學、中學等教育；④依照合於規定的個別化教育方案實施。

二、特殊教育

　　意指為滿足某一殘障兒童的獨特需求，而特別設計的教學。不需家長或監護人付費，包括：班級教學、體育教學、在家教學及在醫院及機構教學。

三、「相關服務」

　　意指交通，及如發展性、矯正性及其他支援性服務。乃協助殘障兒童從特殊教育受益之所需，包括語言病理、聽力學、心理學服務、物理治療、職能治療、休閒活動、殘障兒童之早期篩檢及評量、諮商、以診斷及鑑定為目的之醫學服務、學校健康服務、學校社會工作服務、家長諮商與訓練等。這些項目並未窮盡，有些州另提供藝術及文化方案、美術治療、音樂治療、舞蹈治療等（Office of Education （DHEW）, 1977）。

　　94-142 公法及有關法令，對兒童在不同教育安置的基本條件要求，缺乏明確的定義；尤其是相關服務的內容與範圍、經費負擔、各項服務的定義與範圍、與特殊教育的關係、使用資格、實施的方式與步驟等缺乏明確的規定，因而滋生許多問題與困擾待釐清（ Romereim, 1989 ）。我國特殊教育法中，除了第十七條規定：「……。醫療及社會福利有關機構……；必要時，並應提供交通工具及有關復健服務」外，並未提及「相關服務」；民國八十一年研擬的「特殊教育法」條文修正草案第六條規定：「特殊教育之設施及設置，應適合個別化教學，並提供適當的相關服務。其辦法由教育部定之」（ 特教新知通訊，民 83 ）。在我國學校提供特殊教育的相關服務將屬新措施。對此宜詳加探討這方面的文獻、法案判例，以了解其問題與趨勢。

叁、相關服務的範圍與指導原則

　　94-142 公法的基本原則有二，首先是必須給障礙兒童就學機會，不因其障礙而剝奪其學習機會；其次殘障兒童應於最少限制的環境中接受教育，儘可能讓其與非障礙學生最大量相處，儘可能安置於普通班。因此個別化教學計畫除了針對該生提供特定的特殊教育外，尚需提供相關服務協助該生克服因缺陷而引起的學習上的障礙，並儘可能提供該生參與普通班活動。亦即完整的服務必須包括特殊教育、相關服務、普通班教育等三項。

　　根據調查，美國五十一州教育廳提供的二十七項相關服務中，最多州提供的前十六項依序為：心理學服務、社會工作服務、物理治療、職能治療、交通、手語翻譯員、語言治療、醫學鑑定、行動訓練、學校健康服務、閱讀機、休閒治療、早期篩檢等（ Romereim, 1989 ）。

　　在上述調查中，三十七州有十七州（46.0％）至少列一項的相關服務指導原則。指導原則是該項相關服務的執行依據。主要內容有該項相關服務的法令依據、定義、服務對象、服務方式、配合 IEP 的實施程序等之規定（Esterson & Bluth, 1987; Lornell, 1980）。目前五十一州共有十三項相關服務有其指導原則。其中語言治療有十二州訂有指導原則為最多。其次職能治療及物理治療各有十一州訂定，其他相關服務約四州或更少訂有指導原則。

　　每位殘障兒童所需的相關服務項目不一。由多科鑑定小組的鑑定結果研判及建議，經 IEP 委員會決定提供該生所需的相關服務項目、內容、服務方式等，並列入 IEP 內執行（Strickland & Turnbull, 1990）。

　　十三項主要的相關服務，其定義分別列舉如下（Esteron & Bluth, 1987; Office of Education（DHEW）, 1977）：

一、聽力學

- 聽力損失兒童的篩檢。
- 決定聽力損失的範圍、性質、程序，含對醫學或其他專業聽力發展訓練之轉介。
- 提供發展活動，例如：語言發展、聽力訓練、讀唇、聽力鑑定、語言保存等。
- 規劃及實施預防聽力損失之方案。
- 對學生、家長、教師提供有關聽力損失的諮商與輔導。
- 決定兒童團體及個人擴音的需求，選用、調整適當的輔助器，評估擴音的成效。

二、諮商服務

由合格的社工人員、心理學者、輔導諮商員、或其他合格人員提供的服務，目的在藉由校園諮商改善兒童行為適應及處理能力，使兒童能從特殊教育學習中獲益。

三、早期篩檢

指實施正式計畫，儘早在兒童早期即篩檢出傷殘狀況，並提供服務，以減少這些狀況的影響。

四、醫學服務

由有執照的醫師提供服務，主要決定兒童醫學方面的障礙狀況，而這些狀況造成兒童對特殊教育及相關服務之需求，即限於以診斷為目的。

五、職能治療

• 改善、發展、恢復因疾病、傷害、剝奪而受損或失去之諸功能。

• 對受損或失去之諸功能，改善其表現，使其具自立的工作能力。

• 藉早期介入，避免功能繼續受損或喪失。

六、家長諮詢與訓練

協助家長了解其子女的特殊需求，並提供家長有關兒童發展的資訊。這項服務由合格的社工人員、心理學者、輔導諮商員等提供。

七、物理治療

由合格的物理治療師提供服務。主要對象：腦性麻痺、脊柱裂、肌肉萎縮、畸形足、腦外傷、脊髓傷害、少年類風濕性關節炎、輕微腦傷等兒童。

八、心理學服務

- 實施心理及教育測驗及其他評量方法。
- 解釋評量結果。
- 蒐集、統整、解釋兒童行為及與學習有關之狀況等資訊。
- 提供學校同仁諮詢服務。針對心理測驗、晤談、行為評量等顯示兒童的特殊需求，擬訂教學方案。
- 規劃及管理心理學服務方案，含對兒童及其家長的心理諮商。

九、休閒活動

- 評量休閒功能。
- 治療的休閒服務。
- 學校及社區的休閒娛樂方案。

- 休閒教育。

十、學校健康服務

由合格學校護士及其他人員提供服務。

十一、學校社會工作人員

- 準備該殘障兒童社會或發展史。
- 與該童及其家人進行團體及個人諮商。
- 處理兒童在家庭、學校、社區的問題，以免影響其學校適應。
- 運用學校及社區資源，以增進該童從其教育方案獲得最大受益。

十二、語言病理學服務

- 語言或語文異常兒童之篩檢。
- 特定語言或語文異常之診斷及評鑑。
- 轉介給醫學或其他專業人員，做必須的語言或語文異常的發展訓練。
- 提供語言及語文服務，以發展訓練或預防溝通障礙。
- 提供家長、兒童、教師有關語言及語文異常的諮商及輔導。

十三、交通服務

- 上下學及校際間的接送。

- 校內建築物的進出行動。
- 特殊設備（如特殊或經調整的公車、升降梯及坡道）以供障礙兒童交通所需。

肆、相關服務與特殊教育的關係

根據 94-142 法規定，相關服務的提供，以支援障礙兒童在學校有效地從特殊教育學習獲益為範圍。因此，若該兒童不需接受特殊教育，則無提供相關服務之需要。或雖沒有相關服務，但已可於特殊教育中學習獲益，則亦不需提供相關服務（Esterson & Bluth, 1987; Special Education Programs, 1983; Strickland & Turneull, 1990）。

如上述，相關服務的提供與否的關鍵之一：何謂特殊教育？誰合於接受特殊教育？如前述特殊教育的定義，特殊教育不限於自足式特殊班。不論在那裡施教，凡是為減低障礙學習負面影響，做必須的特殊調整與設計的教學，即是特殊教育。並非每一有缺陷或障礙的兒童都需接受特殊教育，亦並非每一接受特殊教育的兒童均需相關服務之提供。

在某些州，有些相關服務可以當做特殊教育服務。例如：對純語障兒童，語言治療屬特殊教育而非相關服務；肢障生做物理治療，屬特殊教育而非相關服務（Strickland & Turnbull, 1990）。

由此可知，相關服務的提供限於與特殊教育有關者。但又是曾必須限於與學業成就有關者？在法庭，教育人員辯稱：物理治療在提升學生的發展成長，而非教育成就。導尿（CIC）是生活支援所需而非教育所需，心理治療在協助學生情緒進步，而非教育進步。將教育限定於課業學習的進步。但法官認為：一般兒童輕而易舉的基本功能，如走路、說話、最低程序的自我照顧等，

都可能是某些障礙兒童要追求的高度成就。因此某些障礙兒童的教育目標可以是「生活自理」、甚或「部分的生活自理」，而非限於一般兒童的課業學習而已。因此，相關服務的提供不限於與學業成就有關者（Special Education Programs, 1983）。

伍、相關服務的爭論與法院判例

根據調查（Romereim, 1989），相關服務的主要問題依序有：①所需經費的來源與分擔；②相關服務人員的來源與素質；③各單位間的溝通合作；④與提供相關服務的其他單位協調經費分攤；⑤協調各單位間對提供相關服務之配合與一致；⑥嚴訂條件標準以降低合於接受相關服務之人數；⑦以訟案決定相關服務適當與否等七項。

其中經費來源是最大的問題。問題的根本在：障礙兒童所需的發展性、矯正性、其他支援性等服務，那些屬學校必須提供的特殊教育相關服務？家長希望服務愈多、愈完整愈好；教育行政當局苦於經費來源，則對相關服務多方設限，雙方爭執不下，只有訴諸法院判決。

有關特殊教育相關服務法案判例，最有名的當屬 Irving Independent School District v. Tatro（簡稱 Irving v. Tatro）。案中的主角 Amber Tatro 是一女孩，1979 年時為三歲，因患脊柱裂而致肢體及語言受損。因神經性膀胱功能障礙而無法自由排尿，須每隔三或四小時導尿一次以免傷及腎臟。間歇導尿（clear intermittent catheterization: CIC）乃是將導管插入尿道排尿，很簡單，即使是一般人稍加指導即會做。Amber 的父母、奶媽、弟弟、她本人都會插入導管導尿。

Amber 於 1979 年三歲入學前班，由於學校未將 CIC 服務

列入個別化教育方案中，其父母於 1979 年 10 月開始向法院訴求，由學校提供 CIC 服務及有關的傷害費、律師費等。1979 年德州的地方法院拒絕其父母的請求。認為 CIC 屬生活補助，不是學校必須提供的相關服務。醫學方面僅限於診斷及研判所需之服務項目，否則龐大的醫藥及生活補助等服務費用非學區所能負擔。但於 1980 年及 1983 年，兩度經美國第五巡迴上訴法院認為：CIC 在本案裡是學校必須提供的相關服務，少了 CIC 的服務，該生無法上學接受特殊教育。本案 1984 年 7 月經美國最高法院復審，仍認為 CIC　是使學生能上學所必須的相關服務。因 CIC 是不需醫生即可執行的項目，可列為學校健康服務的一個項目，可由學校護士或經訓練的一般人來執行。若是必須由醫生始可執行的項目，則不屬相關服務（National Association of Secondary School Principals, 1985; Supreme Court of the U.S., 1984）。

最高法院同時並對相關服務提出下列四項限制（Supreme Court of the U.S., 1984）：

㈠相關服務僅提供需特殊教育的障礙兒童；若需要特殊教育的障礙狀況消失了，則不合於要求提供相關服務。

㈡服務僅協助障礙兒童從特殊教育受益之所需而提供；若不在學校上課期間，則學校無須提供。

㈢學校建立服務僅限於由護士或其他合格人員所能提供的項目；若必須由醫師執行的則不含在相關服務內。

㈣家長（原告）只要求學校（被告）提供 CIC 的服務，而非 CIC 有關設備，因此僅在學校由合格人員提供服務即可。

可見 94-142 公法所揭櫫的「免費適當的公共教育」中，所謂「適當的」是指提供障礙兒童「合理的」機會，參與學校特殊教育學習並受益，而非最好的、最理想的之保證（Strickland, & Turnbull, 1990）。

陸、相關服務與個別化教育方案

　　個別化教育是特殊教育的精華要義，但並非是特殊教育的專利。意即各級學校各科教學均應以個別化教學為理想目標。94-142 公法更規定，學校必須為每位特殊兒童研擬一份其專有的個別化教育方案，以落實特殊教育個別化教學的特徵與理想——學習能力的個別診斷、教材的個別設計與提供個別的成績評鑑。其目的在：①明確提示針對該生個別需求的教育計畫與方案內容；②表明提供服務的項目、方式、次數、起訖日期、提供者、績效責任等；③增進各項服務提供者間的溝通與合作；④促進家長的參與及學校之間溝通；⑤確保本教育方案之連續、持續等。

　　相關服務與特殊教育、參與普通班活動並列為個別化教育方案所列的三大類服務。相關服務是因協助障礙兒童減少障礙，有效從特殊教育學習受益而提供的。被篩檢出的障礙兒童，經一段時間的「轉介前的輔導」（ prereferral intervention ）後，仍未有顯著改善，乃進一步由多科專家組成的鑑定小組，多方面鑑定該生智力功能與適應技能、心理—情緒、生理—健康的疾病、環境等方面的需求層次。個別化教育委員會乃替這些資料中，有關該生的優缺點，決定該生的個別化教育方案的目標及三大類服務項目。有關相關服務將所需的項目、方式、次數、起訖期間、提供者等列入個別化教育方案中。因此，個別化教育方案可看作相關服務及其他服務之管理工具、執行工具、檢視工具（ Esterson & Bluth, 1987 ）。

柒、相關服務的服務方式

　　前面列述十三項主要相關服務，意即提供障礙兒童個別化教育方案服務，除了特殊教育外，還可提供至多十三項相關服務。問題是如何聯絡、溝通、結合這些人員，有效滿足該生之所需，以免造成相關服務缺乏、不足、分散、閒散、重疊等不合理現象，使家長苦無支援，或疲於奔走取資源。根據相關服務小組成員間的互動層次（聯絡層次），相關服務的模式有下列四類：（Orelove & Dick Sobsey, 1991; Strickland & Turnbull, 1990）：

一、單科個別模式

　　是傳統常用的模式。不需花時間或精力與其他服務人員溝通聯絡。適用於某些特定單項服務需求之兒童，不屬小組模式的服務。

二、多科小組模式

　　由多科人員分別對該童實施診斷，提處方。雖有小組之名，但仍如單科個別模式一般，成員各做各的，少有關聯或互動。易流於小組不同科的成員愈多，對該童的需求愈難完整了解。所提建議多而雜，甚或衝突，難以執行。

三、科際小組模式

小組成員分享各科自行發展的計劃，提供計劃中與本科有關部分之服務。若可能再與其他科人員合作。但仍與多科模式一樣，將該童從教育方案中抽出，接受直接服務，隔離於自然環境之外。只是較有系統地分享評鑑結果，使該童的教育方案資料較完整。

四、跨科小組模式

是小組成員最高的互動層次，其特徵為服務完全統整。此模式較不易達成，但是對障礙兒童而言是理想的模式，尤其對高危險嬰幼兒及重度多障兒童，更是如此。本模式與多科及科際兩種模式的主要差別有二：

㈠多科、科際兩模式採直接服務，由治療師自行直接提供服務；而跨科模式採間接服務。治療師主要針對教師、家長等小組其他成員，提供示範、諮詢、檢視等服務。例如隨發展遲緩嬰幼兒的個別化家庭服務計畫（ individualized family service plan: IFSP ）中的個案經理（ case manager ），其功能便是如此。

㈡多科或科際兩模式屬「科目參照」模式，以專業為導向，將該童抽出在隔離的環境中提供服務；而跨科模式屬「個案參照模式」，以個案的需求為導向，在日常生活環境中提供功能性服務。

跨科模式的小組功能主要有三：

1. 小組成員共同執行各項服務。
2. 利用小組成員個別的經驗來訓練小組的其他成員。
3. 一位以上的小組成員共同承擔責任。

　　跨科際模式雖有上述理想與優點，但提供各項相關服務的諸多人員，尚缺乏這方面的教育訓練致使本模式的推行困難甚多。例如：實施跨科小組模式的基本理念、自我觀念、症候群、行政管理等問題與處理，均應在相關人員的職前或在職教育中養成。而且，服務的提供在滿足該童的個別需求，協助其克服障礙，能有效接受特殊教育而受益；因此，所需的小組互動層次會因個體需求的不同而異。問題在那一種小組模式最能滿足該童的需求，不可一概而論。

　　合作提供相關服務，可分人員間合作與單位間合作。學校提供的合作方式。學校提供合作方式可有下列幾種（Strickland & Turnbull, 1990 ）：

　　㈠本校提供服務。

　　1. 直接服務：如單科個別、多科小組、科際小組等模式。

　　2. 間接服務：如跨科小組模式。

　　3. 諮詢：該童不再需例行的治療介入時，可變由治療師提供該童教師或家長追蹤、諮詢服務。

　　㈡學區內服務人員巡迴各校，或將各校障礙兒童送至有相關服務設施的學校接受集中服務。

　　㈢無法在本校或學區提供服務時，則需接送學童至校外公家機構，如衛生健康、復健、社會福利等單位接受相關服務，學校須負居間聯繫的任務。

　　㈣當無法提供上述三種方式的服務，但卻有少數或個別兒童有此項需求時，可由個別化教育方案委員會許可後，經簽契約由私人單位提供服務。減少僱用專職人員或購置專用設備，避免因使用率不高而徒增浪費。

捌、相關服務的經費問題

　　前述所需經費的來源與分擔，在服務的主要問題中列為第一。美國 94-142 公法規定，障礙兒童若合於接受特殊教育及相關服務，家長不必付費。其支出頗鉅，無法全由州及地方政府教育經費支付，尚需聯邦、州、地方、私人等其他單位補助。若有保險亦可由保險公司支付。並規定不得以經費短缺或無法僱用人員等為理由，延緩或拒不提供服務（Esterson & Bluth, 1987; Special Education Programs, 1983）。若是由私立機構提供服務，則付款責任有下列情況：①若家長不照個別化教育方案委員會的建議，自行另外找私立機構提供相關服務，則家長須自行付費。②若事前經個別化教育方案委員會同意，且認為是協助該童接受特殊教育所必須的相關服務，則學校必須負擔全額經費，含交通費。③由保險公司付費。例如該童因意外傷害造成需物理、職能、語言等治療，若涵蓋在保險範圍，則可由保險公司付費。但這些項目是否事先涵蓋在保險內，則由家長的意願而定，不可勉強（Strickland & Turnbull, 1990）。

玖、結語

　　本文分別從七方面探討特殊教育相關服務的問題與趨勢。茲摘述其要點於下：

　　1. 我國新研擬的「特殊教育法」條文修正草案，將「相關服務」列入其中，這是進步的喜訊。

　　2. 確定相關服務的項目外，擬定各項相關服務的指導原則是

必須的。因為指導原則是該項服務的執行依據，含法令依據、定義、服務對象、服務方式、實施程序等等之規定。

3. 相關服務的提供，以支援障礙兒童在學校有效從特殊教育學習獲益為範圍。

4. 當相關服務的範圍、項目、原則逐漸確定一致時，有勞法院判決的也漸減少。

4. 個別化教育方案列述的服務項目必須從特殊教育、相關服務、參與普通班等三大類考慮。需求量可因個別差異而不同，但不可或缺。

6. 本文列述相關服務的七項主要問題，關鍵在經費與人員。若欲在我國推行，可先指定縣市或學校實驗，結合教育、衛生、醫療、復健、社政、福利等單位共同規劃推行試驗。

參考文獻

特教新知通訊（民 83 ）：教育部持續修正特殊教育法。**特教新知通訊**，1(10)，21。

Esterson, M. M., & Bluth, L. F. (Eds.). (1987). *Related services for handicapped children.* London: Taylor & Francis.

Lornell, W. M. (1980). *Counseling as a related service.* (ERIC No. ED 203248)

National Association of Secondary School Principals. (1985). *The supreme court on special education: An update.* (ERIC No. ED 265723)

Office of Education (DHEW). (1977). Education of handicapped children. Implementation of Part B of the Education of the Handicapped Act. *Federal Register, 42* (163), part Ⅱ, 42474-42518.

Orelove, F. P., & Dick Sobsey, R. N. (1991). *Educating children with multiple disabilities: A transdisciplinary approach* (2nd ed.). Baltimore, MA: Paul H. Brookes.

Romereim, L. D. (1989). *Federally mandated special education related services: Present and projected trends.* (ERIC No. ED 330699)

Strickland, B. B., & Turnbull, A. P. (1990). *Developing and implementing individualized education programs* (3rd ed.) Columbus, OH: Merrill.

Special Education Programs (ED/OSERS). (1983). Related services for handicapped students: Legal considerations. *Research & resources on special education: Issue* II. (ERIC No. ED 249722)

Supreme Court of the U.S. (1984). *Irving independent School District, Petitioner V. Henri Tatro, et Ux., Individually and as next Friend of Amber Tatro, a Minor. On Writ of Certiorari to the United States Court of Appeals for the Fifth Circuit No. 83-558.* (ERIC No. ED 249755)

5

重度障礙者之統合教育

◆胡致芬◆

壹、前言

在 1960 年代中期以前，人們還無法想像，有一天，重度障礙者也可以像我們一樣生活在社區中，讀鄰近的學校，儘可能接近人群，過一般人的生活。

在美國，由於法規的訴訟及判例，加上家長及專家們的大力鼓吹，重度障礙者和一般人的統合（integration）已被接受，這可說是拜「回歸主流」思潮興起之賜，及 94-142 公法的制定。

但反觀國內，對重度障礙者的教育方式仍停留在以「在家教育」為主，甚至在台灣省各縣都將設立特殊學校之際，台灣省教育廳仍堅持「……特殊學校不是養護學校，不能收無基本自理能力的學生……」，因此本文願將美國對重度障礙者之統合教育實施方式做一簡單的文獻探討，希望能提供國內參考，讓我們的重度障礙者也能逐步走向和一般人統合的境界。

貳、觀念篇

本節將從統合的基本概念、統合的優缺點及常用的社區為基礎的統合方式，作一概略性介紹。

一、統合的基本概念

重障者應該是正常人一樣的，可以儘可能享受到一般人可享受到的權利，例如住在社區中或家中求學、工作，且充分利用社區的休閒、購物資源。這是設計任何重障者統合方案前應有的認識。

能在社區統合中，並不是單純只有物理上的接近而已，還包括許多複雜的文化上、社區意識上的統合。因此，重度障礙者要學會一些功能性技巧，以便能在社區中獨立活動，以達社交及互動目的（Schutz, Vogelsberg, Rusch, 1980）。這個世界本來就是由各種不同的人所並存分享的。這個「真實世界」也成為教育的目標及考驗教育成功與否的標準。

在 1980 年代至 1990 年代，統合的觀念甚至已被「完全包含」（full inclusion）所取代，完全包含意指對普通班的所有學生提供支持性的教育服務，包括班級內所有相同年齡、住在附近的重障學生。這需要更周全的設計，才能讓同處普通班的重障生與一般生同受其利。這是把統合觀念發揮得更極致的表現。

二、統合的優點及其困難

這樣的統合其實對有或沒有障礙的雙方，都是難得的經驗。

統合的優點應是多於缺點的：

　　㈠障礙者在此互動中，獲得與同儕相處的滿足。

　　㈡障礙者在此互動中，也學到一些社會能接受的行為。

　　㈢更多的刺激促使障礙者產生更多的進步。

　　㈣對一般人來說，他們學會了接納和他們不一樣的人。這種習慣及價值觀將會影響他所有離開學校以後的日子。（Brimer, 1990）

　　最大的困難就是向現存的教育體制及社區生活挑戰，教育工作者要花更多的時間重新思考制度、課程如何調整，以迎接新時代的到來；社區工作者也要重新思考接納重障者的方法。

三、以社區為基礎的統合方式

　　以社區為基礎的教育方案（Community-Based Instruction）目前在美國已被廣泛地接受，而成為重障學生教育方案的重要素（Brown, Nietupski, Hamre-Nietupski,1976; Brown, Nisbert, Ford, Sweet Shiraga, York, Loomis, 1983; Falvery, 1989; Sailor, Andersonb, Halvorsen, 1989; Sailor, Halvorsen, Andersonb, Goetz, Gee, Doering, Hunt, 1986; Snell & Browder, 1986）。

　　總而言之，有下列幾個理由支持這種以社區為基礎的教育：

　　㈠學生需要在真實環境中學習他日後用得著的技巧。

　　㈡因為重障學生有類化的困難，他必須直接學習真實情境必須的技巧，而毋需再經過自學校轉換到社區這一道手續。

　　㈢因為重障學生要花比別人更多時間來學會一種技巧，所以他必須及早從學校時代即開始學習社區生活技巧，以便步入社區後即能立即應用。

　　㈣這其中所包含的社區中一般人相處的技巧，是重障生未來

身處社區中非常必要的技能。

㈤它也提供一般人學習如何與重障者相處的技巧，這能促進未來整個社區正常發展、雙方良性互動。（Meyer, Peck, & Brown, 1990）

所以，適應社區生活是重障者教育內容之依歸。

叁、方法篇

一、統合教育的要件

前面提到以社區為基礎的教育方案是重障者教育內容之依歸；相對的，要在學校成功的實行統合教育，就需要社區中有一支援網來做學校教育的後盾。

這個支援網最好能持續到整個人生各個不同階段，支持他面對壓力，得到正向的心理調適，得到有意義的人際關係，如友誼、親情、同事、同志等。若沒有這樣的支持網很有可能：

㈠家庭必須負擔起如此龐大的責任、壓力。

㈡學校方案無法反應社區需要，也將無法設定課程重點。

㈢學生少有機會參加課外活動。

㈣社區中其他成員將無法經驗到重障人士交往的態度與技巧。（Hardman, McDonnell, & McDonnell, 1989）

所以學校方案如何設計、如何執行，將會和有沒有這個社區支援網、社區的人口密度、傳統、資源等因素習習相關。附帶一提，這個支援網最好就是一個在社區中較自然形成的自然支援（natural suport）。

此外，還有兩個問題必須慎重考慮，並將在本文後段支持篇

中一一介紹：
　　㈠學校的教育課程需要。
　　㈡達成教育目的的支持系統。

二、統合教育的途徑

　　有系統、有計畫地安排重度障礙者和一般學生統合，可擴大彼此的機會，Schutz, Williams, Iverson 及 Duncan（1984）建議將這些途徑由最限制性到最正常化來分，可分成五等級：

㈠物理性的統合（physical integration）

　　讓他們各自在自己的班，但教室儘可能相鄰或相近，所以他們仍有機會在餐廳、校車等地碰面，這是一種最低層次、無實質互動的方式。

㈡系統性的統合（systematic integration）

　　讓一般生對重障生提供直接的指導或協助，這些學校助手負有協助及示範社交技巧的責任。因此，這兩個團體的互動是有限的、人為的、教育目的性的。

㈢參與式的統合（participatory integration）

　　讓一般生服務重障生，例如送他們去自助餐廳，陪他們去旅行，或幫他推輪椅送他們上車等，在這過程中他們同時也擔任示範社交技巧的責任。這種統合是一種經過設計的依賴情境的模式。

㈣互惠的統合（reciprocal integration）

　　一般生和重障生在學校裡能有社會性的互動。重障生在一個

由一般生組成的班級中學習。這種互動是基於兩種學校都能同等獲利的基礎。

㈤同事式的統合（associative integration）

這是一種強調二者能充分互動，不管在上學前、學校中或放學後，他們被一視同仁地對待且共同組成這個學校。例如，重障生也可被朋友邀請於放學後到家中玩。

三、同儕互動的方法

學校通常會設計一些策略以促進重障者和一般生統合，其中最常用的就是利用「學生助手」（student assistants）。這是設計來增加一般生和重障者互動的一個方法。Brimer（1990）將同儕互動的方法分為四個層次。㈠同儕指導（peer tutors）；㈡同儕夥伴（peer buddies）；㈢特殊朋友（special friends）；㈣角色互換的指導（reverse-role tutors）。以下分別進一步敘述：

㈠同儕指導

徵求志願服務者來協助專業的工作人員，特別是擔任教師助理。老師通常會請同儕指導者指導重障生做作業、學特殊技巧或改變行為。為了維持這個方案，教師必須設法使同儕指導者覺得這是一項愉快的工作，且能由工作中獲得增強。

㈡同儕夥伴

徵求志願者和重障者於課後或課中社會性的互動。比較常做的事有：帶他們進出建築物、餐廳、上下交通或陪伴校外旅行。這是一個比前者更強調真實情境中的互動，而不是像前者讓重障

生單方面成為接受者。

(三)特殊朋友

這是強調真正「友誼」，共同休閒的一種社會互動模式。比前二者更植基於二者對等、平等的關係上，且希望這種關係能延續到校外、畢業後。有許多「同儕指導者」及「同儕夥伴者」後來都成了重障生的一個特殊朋友。

(四)角色互換的指導

讓重障者教一般生一些技巧，如手語。讓二者易地而處，那怕只是很短的時間。在此過程中，重障生在自尊、自信及社會接受度上都獲益匪淺。

肆、支持篇

早期對重障生的統合教育大概只侷限在部分時間參與一般生的部分課外活動、或部分課程（如體育、美術、音樂、工藝課等），縱然如此，它仍然帶給自足式的特殊學校及機構很大的衝擊，因此需要再發展一個更可行的統合模式及支援系統，包括課程設計、教學方法、學校人事、資源運用及同儕關係上都得重新安排調整，才能讓同處普通班的重障生與一般生同受其利。以下將分別敘述：

一、教學方法的改變

對於習慣以年齡分級、以教材為中心的普通班教師來說，要接受班上有個重障學生是個很大的挑戰，也有許多東西要重新學

習，才能引領學生互動，達到真正的互動。其實，孩子不是天生懂得合作的，需要在大人的鼓勵與指導下學會一些有意義的互動技巧，他們才能有效地與他人合作。結構化的教室活動、教師指引及鼓勵可以增強學生在學習及人際互動上的表現（Ballard, Corman, Gottlieb & Kaufman, 1977; Stainback & Stainback, 1985）。

在這種異質團體中，合作學習（cooperative learing）（Johnson, Johnson & Holubec, 1986）及適應性的教學性（adaptive instruction）（Wang, Reynolds & Schwartz, 1988）是值得參考的教學法。

(一)合作學習

合作學習包含五個基本的因素：

1. 積極的互相依賴——意指團體目標的達成有賴於每一成員一起工作。有些方法可促進成員間彼此的互相依賴。

2. 面對面的口語溝通（或其他的溝通方式）。

3. 每一學生都要承擔不同的、個別的、能計量的工作，以完成團體的共同任務。

4. 學生要利用積極正向的一些人際技巧或是小組技巧。此時老師就要負責監控學生小組討論之進行及小組互動的情形。

5. 在小組中能自我評鑑並了解整個小組運作是否具功能性，小組的目標是否達成。

合作學習不僅促成異質團體共同學習，也使得學生彼此間更友善、較有團體意識、也較能相互學習。

(二)適應性的教學法

所謂適應性的教學法是一種更周全的教學法，以便讓相異的學生在普通班中，經由更實際而有效的方法能彼此共存。這種方

法的基本假定是「每一個學生的學習方式、學習速率都不一致，因此，學校的基本工作就是要提供各種不同的教育經驗以讓每個學生都能發揮最大潛能。」

進一步說，這種教學法的主要特色有以下幾點：

1.教學法植基於每一個學生的能力都被正確評量過。

2.提供的材料及指示步驟都可讓每個學生依自己的能力來學習。

3.階段性的評鑑強調給學生回饋以幫助成長。

4.每個學生在評量個別能力、計劃學習活動及評鑑自己專長上負有責任。

5.替代活動或其他可選擇的材料都是必備的，以提供學生更大選擇自由。

6.學生有權選擇自己的教育目標、表現及活動。

除此之外，精熟學習（mastery learning）、增加學科學習時間、應用行為分析法及協同教學也都是值得參考。

二、課程的調整

在普通班中同時教一般生及重障生，課程的調整是一個關鍵性的策略，由於重障生的學習速率可能非常非常緩慢，因此對他們的期望水準自然也應有所調整，以因應重障生之能力水準，也有實徵研究（Gickling & Armstrong, 1978）證實這樣的調整對重障生長期成就是很有成效的。

以下將介紹兩種因應個別需要的課程調整方式：

㈠多重水準的課程選擇

多重水準課程的選擇意指在同一課程領域內確認每一個學生不同的學習目標，並可在同一課或同一活動中一起教他們

（Campbell, Campbell, Collicott, Perner & Stone 1988）。
具體來說，多重水準的課程選擇在普通教育實施時，可參考
Bloom 的目標分類方法，將課程內容分為：知識、理解、應
用、分析、綜合及評鑑等六大領域，以適應不同學生。

同時，還可配合「部分參與」（partial participation）一併
實施，即指重障生至少可以得到部分技巧讓他們在最少限制的學
校或社區中發揮功能。

(二)課程的重疊

課程的重疊其實是多重水準的課程選擇的一種變化，當個別
的教育目標在團體教育活動進行中，必須從不同的課程領域中產
生時，就出現了課程的重疊的現象（Giangreco & Meyer, 1988）。
多重水準的課程選擇是在同一課程中選取不同水準的材料，而課
程的重疊則是在不同的課程中選取性質相近或相關的材料，這在
學科技能上尤其適用，因為有些學科技能遠超過重障生的認知水
準，且對重障生社區生活適應沒有什麼幫助，因此，當一般生在
學習較艱深的學科技能時，重障生可以在此時練習社會溝通或動
作能力，以共同達成學習的目的。

三、結構化的社會接觸

如何在普通班中讓一般生與重障生友善地互動，也是統合的
一個重要課題。正如前文所述，學生不是天生會與人合作，不指
導他如何與人合作，他是不懂得如何與人「合作學習」的，同樣
的，不在教室中安排結構化的社會接觸的情境，或不教他社會化
的技巧，他們是無法真正互動的。有研究證實，重障生會因此比
一般生更孤立，或者更難被接受。（Asher & Taylor, 1981;
Gresham, 1982），也會因此只偏限在和同樣重障生間之互動而

缺少和一般生之互動。

　　相反的，Meyer & Putnam（1988）的研究發現，在教室中安排結構化的情境，並鼓勵一般生和重障生正向的互動，再加上指導他們互動的社交技巧，結果，雙方不管在社會接受度還是學業成就的表現上都有進步。

　　如果只是讓雙方同處在一個校園中或同處在一個班級中，而不教他們互動的方式與技巧，結果，反而讓一般生留下對重障生負面的印象（Johnson & Johnson, 1989）。因此，營造一個自然而有利於二者互動的情境、教導彼此互動的技巧，是實施重障生統合教育的第一步。

四、人力資源

　　一個實施重障生統合教育的學校，需要更多的人力資源。和重障生及其班級有關的人員包括教師、教師助理、行政人員、其他相關人員及同學等，都是必要的資源。

(一)教師

　　教師是整個班級的靈魂人物，他要在班級中扮演合作者、諮詢者及催化者等多重角色。

　　要面對一個異質性的班級，還要能滿足每一個人的需求，實在不是一件很容易的事，因此，教師需要支援與合作。協同教學是很能免除教師孤軍奮戰的一個方法。一個有效的協同教學成員間應該有一種在團體中共同成長的意識，促成小組成功的主要因素包括：直接互動、交相依賴、善用衝突處理技術、溝通、信任感的建立及仍能展現自我能力等。

(二)教師助理

教師助理可支援教師及普通班中的重障生，採用教師助理的方式。有下列幾種：

1. 一個助理全時制幫助一個重障生。

2. 一個助理幫助同一校或同一班中一小組重障生（約2-4人）。

3. 兩個或更多個助理輪流負責幫助重障生或協助處理學校其他事務。

(三)行政人員

行政人員在統合教育的發展與持續上，扮演一個重要的角色。因為只有他能鼓勵團隊工作之進行、重新分配工作、創造一個和諧的支持網。

(四)其他相關人員

學校應視重障生之狀況，另聘或和他校共聘相關人員，包括：職能、物理治療師、心理諮商師、社工人員、定向與行動訓練師等等。這些相關人員的服務，應該是和普通班級之課程同步進行，而不是獨立、抽離出來進行的。

(五)同學

同學對於重障生而言，常扮演社會互動者與學業指導者的角色。但最近同學的角色越來越重要，他們也參與 IEP 的擬定、提供學生為中心的觀點、被訓練成有創造性的問題解決者。

以上列舉這五種人員都是實施統合教育時必須考慮到的重要資源。若能在社區中先有一個支持網，在學校中能妥善運用各種資源，調整課程及教學法，安排有意義的同儕互動機會，最重要

的，還是先要能肯定重度障礙者有統合的權利，大家願意為此理想而共同努力，這樣重度障礙者的統合教育才能真正落實。

參考文獻

Asher, S. R., & Taylor, A. R. （1981）, The Social Out-
comes of Mainstreaming: Sociometric Assessment and
Beyond. *Exceptional Education Quarterly, 1,* 13-30.

Ballard, M., Corman, L., Gottlieb, J., & Kaufman, M. J.
（1977）. Improving the Social status of Mainstreamed
Retarded Children. *J. of Educational Psychology, 69,*
6005-611.

Brimer, R. W. （1990）. *Students with Severe Disabilities:
Current Perspectives and Practices.* California:
Mayfield.

Brown, L., Nietupski, J., & Hamre-Nietupski, S. （1976）.
The Criterion of Ultimate Functioning and Public School
Services for Severely Handicapped Students. In M. A.
Thomas（ed.）. *Hey Don't Forget About Me:Educa-
tion's Investment in the Severely, Profoundly and
Multiply Handicapped* （pp.2-15）. Reston, VA: Coun-
cil for Exceptional Children.

Campbell, C., Campbell, S., Collicott, J., Perner, D., & Stone,
J. （1988）. Individualized Instruction. *Education New
Brunswick--Journal Education, 3,* 17-20.

Deno, E. （1970）. Special Education as Developmental Capi-
tal. *Exceptional Children, 37,* 229-237.

Felvey, M. A. （1989）. *Community-Based Curriculum:
Instructional Strategies for Students with Severe*

Handicaps （2nd ed.）. Baltimore: Paul H. Brookes.

Gickling, E., & Armstrong, D. L. （1978）. Levels of Instructional Difficulty as Related to on-task Behavior, Task Completion and Comprehension. *Journal of Learning Disabilities, 11,* 559-566.

Gresham, F. M. （1982）. Misguided Mainstreaming: The Case for Social Skills Training with Handicapped Children. *Exceptional Children, 48.* 422-433.

Hardman, M. L., McDonnell, J., & McDonnell, A. （1989）. *The Inclusive Neighborhood School: Educating Students with Severe Disabilities in the Least Restrictive Environment.*

Johnson, D. W. & Johnson, R. T., & Holubec, E. J. （1986）. *Circles of Learning: Cooperation in the Classroom* （ed.）. Edina, MN: Interation Books.

Meyer, L. H., Peck, C. A., & Brown, L. （1991）. *Critical Issues in the Lives of People with Severe Disabilities.* Baltimore: Paul H. Brookes.

Meyer, L. H., & Putnam, J. （1988）. Social Integration. In V. B. Van Hasselt, P. S. Strain, & M. Hersen （eds.）. *Handbook of Developmental and Physical Disabilities* （pp.107-133）. New York: Pergamon Press.

Sailor, W., Anderson, J. L., Halvorsen, A. T., Doering, K., Goetz, L., & Gee, K. （1986）. Community Intensive Instruction. In R. H. Horner, L. H. Meyer, & H. D. B. Fredericks （eds.）. *Education of learners with Severe Handicaps: Exemplary Service Strategies* （pp.251-288）. Baltimore: Paul H. Brookes.

Schutz, R., Vogelsberg, T., & Rusch, F. （1980）. A Behavioral Approach to Integrating In dividuals in the Community. In A. Novak & L. Heal（eds.）. *Integration of Developmentally Disabled Individuals in the Community.* Baltimore: Paul H. Brookes.

Schutz, R., Williams, W., Iverson, G., & Duncan, D. （1984）. Social Integration of Severely Handicapped Students. In N. Certo, N. Haring, & R. York（eds.）. *Public School Integration of Severely Handicapped Students.* Baltimore: Paul H. Brookes.

Snell, M. E. & Browder, D. M. （1986）. Community Referenced Instruction: Research and Issues. *J. of the Association for Persons with Severe Handicaps.* 11.1-11.

Stainback, S. & Stainback, W. （1985）. *Integration of Students with Severe Handicaps into Regular Schools.* Reston, VA: Council for Exceptional Children.

Wang, M., C., & Birch, J. W. （1984）. Effective Special Education in Regular Classes. *Exceptional Children,* **50,** 391-398.

Wang, M., Reynolds, M., & Schwartz, L. （1988）. Adaptive Instruction: An Alternative Educational Approach for Students With Special Needs. In J. Graden, J. Zins & M. Curtis（eds.）. *Alternative Educational Delivery System: Enhancing Instructional Options for All Students* (pp.199-220). Washington, DC: National Association of School Psychologists.

6

資源敎室功能之探討

◆高令秋◆

壹、資源敎室的意義

　　自從 Dunn 在 1968 年發表「設立輕度智能不足兒童特殊班之商榷」（Dunn, 1968）一文後，使特敎界有明顯的改變（MacMillan, Semmel, & Gerber, 1994）。自足式特殊班（學校）的制度受到質疑，大眾開始轉向普、特敎育的混合。除了希望學生在以普通敎育為主的環境下能提高學習成效外，也藉此提供學生與普通社會接觸、互動的機會，以便利學生的學習（林美如，民 83）。在此情況下，資源敎室方案再度成為倍受關注的特敎實施方式。國內的資源敎室發展，最早應為民國五十六年時以巡迴輔導方式協助就讀於普通學校的視障學生。民國六十四年台北市新興國中成立啟聰資源班，為普通學校成立資源敎室方案的嚆矢（張蓓莉，民 80）。時至今日，其設置更是日趨普及。

　　由於資源敎室方案是在一間敎室進行服務，所以通常也被稱為「資源班」，因之常有將之視為一個「班級」的誤解。其實正確來說，它是一個服務的方案（英文名詞有 pull-out program, resource room program 或簡稱 resource program, resource room）（張蓓莉，民 78）。而非如全校有 64 班加上「1 班資源

班」，共有 65 班的誤解；或者將以往的集中式資優班改成資源班一詞。這在名詞使用上是不當的，筆者在認識資源方案時應予以釐清。

此方案所標榜的是，其中有受過特殊教育專業訓練的教師（即資源教師）為學生及普通教師提供資源性且教育性的服務（張蓓莉，民 78），但對學生提供的相關服務並不限於與學業成就有關者（周天賜，民 83）。另外，接受本服務的學生在校的全部時間不須都留在資源教室，可有部分的時間留在原班級中，能減少「標記」的困擾（王振德，民 77；林美如，民 83；張蓓莉，民 80；黃瑞珍，民 82）。這也是特點之一。

此外，資源方案應用的對象可以包括所有學生。由學前階段到大專院校，由普通到特殊，均可以接受它的服務。主要因為它具有相當大的彈性，依學生所反應的需求不同，提供的服務形式、強度也不同（張倍莉，民 80；黃瑞珍，民 82）。好比聽障的學前兒童需要的可能是基礎的聽能、說話訓練，而一個在大學就讀的聽障大學生需要的可能是一位上課的協助記筆記者（notetaker），以幫助其充分記下課堂的講述內容，方便其回家的復習。而資源教室便可直接提供或尋覓這樣的人材來協助之。隨著學生的障礙類別與程度、年齡、身處環境的不同，反應在就學、就業、就養……的需求便有差異。資源教師可應用資源對其不足處加以協助，使其能獲得個別的滿足。事實上，這也一較合理，符合現代教學原理的教育方式（林美和，民 83）。

資源方案是一個運作的團體，由該團體的每一份子（即每一位資源教師）共同合作完成所有的業務，而非個人單打獨鬥。當然，他們也絕對是學校的一員，平等的與其他人員盡義務與享福利，不因其工作項目特別而有不同（Harris & Schutz, 1986）。因為平等，所以其擁有的設備也應供全校師生使用，非侷限資源班學生能使用。如：資優資源班也許擁有更好的設備，應可斟酌

在其使用時段外適度開放，以充分發揮物盡其用的美意。

貳、資源教室方案的功能

　　資源教室主要目的在協助學生順利在普通班中進行學習活動。因此所提供的教學與服務應符合以下四特質（王振德，民77；張倍莉，民80）：①支持性：指學生所學能有助於其回到普通班的學習與適應；②個別性：指所提供的任何服務應能符合個別化的需求；③統整性：指對學生的服務應以整體需求為考量，非僅著眼其殘障部分而已；④暫時性：當學生的能力已能在普通環境中表現穩定的學習或適應之後，則應退出本方案的服務。即如阮祖里所提的「旋轉門」理念一樣，非絕對整學年或整個學程均安置其中（高令秋，民84）。

　　理想的資源方案應具有評量、教學、諮詢及在職訓練四項功能（Harris & Schutz, 1986）。前二項的功能是針對學生進行的，所以稱為直接服務；後二項的工作對象是學校教師，稱為間接服務（張蓓莉，民80）。以下針對該四項功能及各應具有的理念予以說明：

一、評量

　　當學生轉介到資源教室後，首先要進行教育評量。完整的評量過程應為收集資料、分析及綜合資料、提出建議（Harris & Schutz,1986）。

　　收集學生資料的目的在於解答下列二問題：①此重要問題是否真的存在？②該問題的本質及影響層面如何？而收集方式很多，如標準化測驗、量表、晤談、觀察……等均是一般教師所熟

悉的（Harris & Schutz, 1986）。若須進行其他項目的施測，以測驗的使用而言，除了選擇測驗的適切性外，尚須學生目前該測驗是否仍能合法使用。得到學生的資料後，必須將所有的資料進行綜合、分析，以求充分了解學生的表現。分析時應並重學生的優缺點，再針對學生需要特殊教育服務的項目，以利擬定並執行個別化教育方案。

教育評量應是一整體性的工作，所有資源教師都應具有此能力，並鼓勵普通教師及相關專業人員參與。透過彼此合作，不只能以正確、多元且整體的角度來看待學生，以學生的需求為前題，作成最佳的決定，提供高品質的特殊教育服務（高令秋，民84；黃瑞珍，民82），更可藉此使同仁從工作團體的互動中獲益而有所成長（Ferguson, 1994）。

二、教學

在個別化教育方案確定後，則應開始實施，此即資源方案中的教學部分。此教學具有三個目標：①評選教材與教學策略；②補救教學；③及學習進步的保持（張蓓莉，民78）。

當資源教師為學生進行教材選擇時，除針對學生的評量結果外，也須依實際教學情況而修正。一般教材除普通教材外，尚有教師自編或到書局選購現成的教材（Harris & Schutz,1986）等方式，但為配合普通班的學習，可能在此要略做斟酌，以符合上述支持性的原則。

補救教學通常是資源教室的重點項目。依學生的不同而有差異，可能是重要的學習技能與策略的指導，如聽障學生的溝通能力、視障學生的點字與摸讀；也可能是某學科上的加強，如智能障礙者或學習困難者的學科補救。在補救教學部分曾有應重視其能力訓練或技巧訓練的爭議。前者重在加強學生學科的基礎；後

者則為學習策略的訓練。其實二者並無明顯的界線，可以折衷進行（Harris & Schutz, 1986），即利用學科教材進行策略的教導。且平時當學生前來接受資源方案服務時，雙方教師便應做好該生與原班間的聯繫工作，使學生在回原班時不致有脫節的困擾。如：離班時的作業規定或其他的交代事項均需有人（同學或教師）再轉告之。尤其在學生結束資源服務回到普通班之前，資源教師更應審慎評估其學習進步是否穩定。或該回歸環境中的支持系統是否充分，方使之轉出資源方案；或仍適度提供必要的支持服務，幫助學生的適應，並繼續保持其學習的穩定（Lazzari & Wood, 1993）。

另外，IEP(Individualized Education Program）應為廣義個別化教育方案。其內容範圍除一般認為的學業成就外，應尚包含其它如情意、技能、職業訓練、復健⋯⋯等整體發展的範疇。至於學業上的個別化教學計畫，則可以 HP(Individualized Instructional Plan）代表之（Harris & Schutz, 1986）。具有以上觀念後我們便可了解，資源方案中所服務的領域並非只有學業部分，也包含了學生所有的需求。具體而言，教學方面可包括了學科、職業技能訓練及情意上的輔導⋯⋯等。甚至若學生具有普通教師無法處理的行為問題時，資源教師也可介入。但更重要的觀念是：資源教師的介入不代表一定由其親自全權做到底，而是他仍具有轉介及應用其他資源的功能，可將學生轉介給相關教師或具有更佳處理能力的單位（如輔導室、醫療機構⋯⋯）。藉由各資源間的相互合作，使學生的問題得以獲得適性的處理。還有，既然資源方案應用了這麼多的資源（人力、設備、單位），所以不只要求責任分擔，也應做到成果分享。學生的困擾不應只是資源教師的責任；相對的，當學生有優秀的表現時，也該是全體參與人員的功勞。

三、諮詢

此部分是資源方案中較難達成的功能。王振德（民77）在其研究中也指出我國普、特教師間的溝通仍顯不足。這確實是資源方案亟待推展的一環。

一般來說，資源教師可能進行諮詢的對象有普通教師、學生家長、學校其他人員……等。其目的除了使他們能更了解、支持、接納這些有特殊需求的學生外，也可減少過多的轉介（張蓓莉，民80），增加普通教師處理特殊學生問題的能力，降低對資源方案等特殊服務的需求程序（Huefner, 1988）。在採用的諮詢模式上，近來以合作諮詢模式最受重視。

合作諮詢的目的有三：防止學習和行為問題的發生、對學習和行為問題進行補救、協調教學計畫（West & Idol, 1990）。此模式強調諮詢與被諮詢二者之間居於平等地位而相互合作支持，無所謂「等級」的高低。不代表前來要求協助、接受諮詢者即為差的人員，或者能提供建議的就高人一等。此模式期望打破這種刻板印象，建立彼此平等的觀念。且這種觀念不只存在於同事之間，甚至擴及師生之間。即師生間存有互相幫助的意義，非教師以上對下的姿態要求學生達到某種程度上的改進。當然，最終則是希望經諮詢的協助支持及合作，達到問題解決的目的。

再者，「協調者」也是資源教師的重要角色。國外學者（Huefner, 1988）表示，資源教師的重要訓練趨勢之一是「協調普通與特殊教育對學生提供的服務」。即能具有在相關單位中進行協調的能力。如：建議普通教師在教學上或行政單位在措施上為特殊學生做些調整，或課表的協調、必要服務的介入……，均是需透過其協調方能適切落實的。

四、在職訓練

　　資源教師為普通教師提供在職訓練，幫助其了解特殊學生亦是重要的工作之一，且為支持回歸主流的必要工作。因為間接服務有助於安排一個接納特殊學生的學習環境。以目前的趨勢而言，間接服務應是資源方案的主要工作，至少應花五分之一的時間進行之，且所佔的時間比例將會越來越重（張蓓莉，民80）。國內一向把重點任務放在直接教學上，隨著推行時間越久，應準備轉型至間接服務的方向。

　　我們承認僅有職前教育是不足以維持專業地位的（Powers. 1983），這突顯出在職訓練的重要性。優良的在職訓練應包含態度、知識、技能上的訓練。而如何設計優良、有效的在職訓練計畫似未有定論（Powers, 1983）。因此在此擬提供進行設計在職訓練時的一些原則，或許不足以代表絕對的條件，但至少可供資源教師做為參考。

　　國外學者曾將進行在職訓練步驟以流程表的形式呈現如下（Harris & Schutz, 1986）：

調查需求→設計計畫→實施在職訓練→獎勵→評鑑效果

　　依據該流程圖可發現，設計在職訓練計畫的過程應詳細考慮下列要素：

(一)需求的評估

　　此為進行訓練計畫的第一步。主要目的在明白究竟教師最迫切需要或最有興趣的是什麼，以保證所提供的訓練能更符合教師

教學或行管理之需，並儘量將之與訓練計畫配合
（Jonse, 1993）。進行需求調查時，應將學校有關人員（包括
普通教師、行政人員……等）的意見均列入。搜集意見的方式可
有問卷、晤談……等，並應將真正需要的主題做一釐清。譬如對
特殊學生的了解，是指其身心特質、教學方法或輔導、鑑定呢？
應是設計問卷或晤談等收集資料時需確定清楚的。

(二)設計計畫

在確定進行的主題後，便應著手開始計畫。籌備這一步驟是
一項複雜的工作，需考慮的環節較多，如：

1.內容的選擇：此方面牽涉所欲達到的目標，及參加研習者
的背景知識基礎，必須尋找一平衡點。在主題的確定後做難度、
深度的考量，以確定這內容是適合他們的（Harris & Schutz,
1986）。

2.實施方式：實施時以演講、教學演示（含實際進行或觀賞
錄影帶之方式）或其他方式進行是應考慮的。為因應教師不同的
需求，或可考慮小組進行，如同年級、同學科教師或導師進行。
除可切合需求外，人數少亦可增加討論機會，且不致使學校人
力、時間調配受到太大影響。

3.研習時間：選擇適當的時間比決定研習時間的多寡更為重
要（Powers, 1983）。對於研習時間的問題，國外學者 Jensen
等人主張在學期中的上課時間為佳（Jensen, 1978，引自
Powers, 1983）。以國內學校而言，在不妨礙正常教學的情況
下，可利用朝會或自習、聯課活動等，教師可有較大彈性的時
間。上面所提的分組方式也是在時間安排上可考慮的方式。

4.場地問題：場地的選擇至少應考慮參與人數的多寡、所需
設備的因素，以尋找適合的環境。視聽教室、會議室是最常被採
用的地方。另外，也應顧及研習進行的方式是否需額外的分組教

室。

　　5.尋找資源：在進行主題的前題之下，若發現有些資源無法
在校內獲得，則可從校外著手。如師範院校的教授、醫護、輔導
機構人員或他校此方面頗有心得的教師，均是可應用的資源。當
然，所需的資源也許不只是「人」，但重點是：亦可由校外取得
資源。

　　當然整個計畫的設計並非僅能校內進行，若有必要也不妨考
慮數校合辦，以嘉惠更多老師。只是因此事務在協調上增加較多
困難，一般除教育局委託外，似較少採用。

(三)正式實施

　　在充分的籌畫後正式實施更是不容忽視。資源教師應隨時了
解進行情況，若非個人親自上場教學或演講，亦應在旁協助
（ Harris & Schutz, 1986 ），並了解研習者對概念、資訊吸收
的情形（ Jonse, 1993 ），除做為形成性評量外，也應反應給主
講或示範者。

(四)獎勵

　　對於參加研習活動者，可給予適當的獎勵以提高動機。列入
教師進修的時數或給予結業證書……等，均是目前用以鼓勵進修
的方法。若能提供適當時間、機會使教師得以實際嘗試所學，從
中獲得的回饋，也是不錯的增強方式（ Harris & Schutz, 1986 ）。

(五)追蹤與評鑑

　　在職訓練應是一連續的過程（ Powers, 1983 ）。研習結束並
不表示一切活動結束，而是在已鬆口氣的之後應進行效果的追
蹤、評鑑。即對本次活動進行意見及效果調查。除明白教師、行
政人員在知識、態度、技能上的改變、所學的使用情形及有多少

的幫助外，也可做為日後再舉辦相關活動時的參考（Harris & Schutz, 1986）。

除了正式的在職訓練外，資源教師也應善用其他非正式的管道、場合介紹特教方面的知識。如一般同事聊到相關話題或遇到相關事件的處理時，也許這種非正式的學習成效會比正式進修時為佳或更具時效性。若特教知識或技巧上的推廣成功時，不只普通教師可感覺到在管理及教導輕度障礙學生時較能掌握（Huefner, 1988），也可分擔學生的教育責任，抒解資源教師的工作分量。

叁、結語

由上述說明可以看出，所謂資源方案的功能是非常廣泛的。同時，這也代表了資源教師必須是能直接教學、診斷，能與一般教師溝通、協調，能尋求社會資源、辦理在職訓練……的全方位人材（黃瑞珍，民 82；張蓓莉，民 78）。我們無意塑造超人般的資源教師或要求每位資源教師均能負擔這所有的工作。這也是為什麼我們強調資源教師應是以一個「team」的形式來運作，且應尋找、應用周遭的資源，並與他人維持良好關係以奠定充分合作基礎的原因。這也正是未來廿一世紀的特教人員應具有的重要能力（Simpson, Whelan & Zabel, 1993）。由此可看出，資源教師絕非一般所認為輕鬆的工作或者是不適任教師的安置場所。

當然，更重要的是，當您對資源教室的功能有更清楚的認識之後，也應在有需要時予以充分應用，使之真正發揮功能，才是推行資源教室方案的用意。

參考文獻

王振德（民77）：我國資源教室方案實施現況及其成效評鑑。**特殊教育研究學刊，4，**1-20。

周天賜（民83）：特殊教育相關服務的問題與趨勢。**特殊教育季刊，53，**1-7。

林美和（民83）：**智能不足研究**。台北：師大書苑。

高令秋（民84）：資源教室設計之探討。**研習資訊，11**(6)，51-54。

黃瑞珍（民82）：**資源教室的經營與管理**。台北：心理。

張蓓莉（民78）：創造無障礙的學習環境—簡介資源教室方案的理念。**敎與愛，28，**9-12。

張倍莉（編）（民80）：**國民中學資源班實施手冊**。國立台灣師範大學特殊教育中心。

Dunn, L. M. (1968). Special education for the mildly retarted: Is much of it justifiable? *Exceptional Children, 35,* 5-22.

Jones, T. W. (1993). International special education inservice training: Challenges and solutions. *Teacher Education and Special Education, 16*(4), 297-302.

Ferguson, D. L. (1994). Magic for teacher work group. *The Council for Exceptional Children, 43,* 42-47.

Harris, w. J., & Schutz, P. M. B. (1986). *The special education resource program.* Columbus: Merrill.

Huefner, D. S. (1988). The consulting teacher model: Risks and opportunities. *Exceptional Children, 54*(5), 403-414.

Lazzari, A. M., & Wood, J. W. (1993). Reentry to the regular classroom from pull-out programs: Reorientation strategies. *Theaching Exceptional Children, 25* (3), 62-65.

MacMillan, D. L., Semmel, M. I. & Gerber M. M. (1994). The social context of Dunn: Then and now. *The Journal of Special Education, 27* (4), 466-480.

Powers, D. A. (1983). Mainstreaming and the inservice education of teachers. *Exceptional Children, 49* (5), 432-439.

Simpson, R. L., Whelan, R. J., & Zabel, R. H. (1993). Special education presonnel preparation in the 21th ecntury: Issues and strategies. *Remedial and Special Education, 14* (2), 7-22.

West, J. F & Idol, L. (1990). Collaborative consultation in the education of mildly handicapped and atrisk students. *Remedial and Special Education. 11* (1), 22-31.

障礙幼兒融合式教育之探討

◆郭秀鳳◆

　　隨著特殊教育與幼兒教育的發展，特殊幼兒教育越來越受到重視。家長、教育家、心理學家以及政府機構都了解幼兒時期是人生發展的重要階段，對於特殊幼兒的發展尤是如此（毛連塭，民 77）。基於法令、社會道德、以及教育心理等因素，當前特殊教育特別強調早期介入的重要性，並主張在最少限制的環境中為特殊幼兒提供適當的教育服務。學前特殊兒童回歸主流方案與混合式教育即是因應特殊教育「反隔離」、「最少限制的環境」、「正常化」之原則與要求，漸受重視及推展。因此，本文將探討障礙幼兒融合教育及回歸主流之實施，冀能對國內此刻正如火如荼推展學前特殊教育的相關單位有所助益。

壹、學前融合教育發展背景

　　回歸主流的概念在 1950 年代左右即被提出討論，近一、二十年來已成為特殊教育學者努力追求的目標（王振德，民 74）。回歸主流或融合教育是學前特殊教育一種很重要的模式，此一模式主要是讓障礙兒童與無障礙兒童一起活動、學習，以激發幼兒潛能達到最佳學習效果（周寧馨、連明剛，民 79）。就其發展背景，可歸納如下：

一、法院的判例與立法

透過法院的訴求，以要求應得的權益，在美國已有很長的歷史。且有關提供障礙幼兒服務之法規也不斷地訂定與修正，在1975 年通過的 94-142 公法，規定障礙兒童要在最少限制環境下接受免費、適當之公立學校教育。1986 年的 99-457 公法更明確的規定三至五歲兒童於 1991 年前要被納入最少限制的環境中，將障礙兒接受免費且合適的教育擴展至學前階段，增加開始接受早期介入服務的障礙幼兒人數（Diamond, Hestenes &O'Connor, 1994 ），也促使特殊幼兒融合教育的快速發展。

二、倫理道德觀點

由於對殘障者態度的改變，及對於不當分類與標記的反彈，融合教育被認為是最自然、最適合的教育方法，提供障礙幼兒最大的機會，以達成個人的自我實現及成功發展其潛能。除非障礙的性質及程度使孩子在另外提供補充協助與服務的普通教育系統尚不能達滿意的成就，否則不採用其他安置。（ Rose & Smith, 1993 ）。

三、教育心理觀點

就發展或心理的觀點而言，同儕關係對社會發展很重要。限制同儕互動可能讓幼兒的認知、語言及社會技能的發展處於遲緩的危機狀態。對學前障礙兒童而言，隔離的環境確實限制了與正常發展幼兒互動的機會，限制障礙兒童從同儕互動過程中自然發展學習技能的機會。透過同儕社會引導、社會性增強、及適當的

模仿反應可有效增進各種不同的行為，且有愈來愈多的佐證支持同儕中介比教師中介的介入反應更能產生快速且持久的行為改變（Thurman & Widerstrom, 1985）。障礙幼兒在混合的自然教室情境中，藉著與同年齡的兒童接近與互動，觀察模仿發展較佳的同儕，學習適合其年齡發展的技能（Jenkins, Odom & Spelt, 1989）。正常發展的幼兒可為障礙幼兒重要發展及社會能力之楷模，融合教育對障礙兒童及普通兒童皆有長期的社會方面之助益。

貳、影響融合教育的因素

影響學前融合教育發展的相關因素有很多，舉凡家長、教師、障礙學童、無障礙學童、教育方案的品質、建築與教室環境的設計佈置等變項皆可能交互影響計畫的結果及兒童的發展（Green & Stoneman, 1989; Thurman, Widerstrom, 1985）。根據 Esposito（1987，摘自孫淑柔，民 82）分析 1970～1986 年之間學者探討學前階段非障礙幼兒在融合教育情境的發展及相關因素的影響，發現影響因素很多，如障礙兒童與非障礙兒童的年齡、殘障的類型和程度、以及障礙幼童與普通兒童的比例等等皆可能產生影響。以下將分別就教師、家長、兒童及教學計畫等四方面加以探討：

一、教師因素

教師在回歸主流方案扮演一個重要的角色，他們的知識與態度都很重要。教師的態度、能力、準備度及持續的支援是影響幼兒混合教育安置成功的重要因素（McLean &Fanline, 1990;

Yanito, Quintero, Killoran & Striefel, 1987 ）。

(一)態度

研究發現即使計畫的結構、學生年齡及研究方法不同，教師對回歸主流及對特殊兒童的態度是決定回歸主流方案成功與否的一個主要因素。教師的態度影響他們對學生的期望及行為表現，這些態度、期望與行為影響學生的自我印象及學業表現，也影響到普通學童對障礙兒童的接受情形。

Wagner（1989）調查教師與家長對幼兒混合式教育的態度，結果顯示家長與教師對融合教育的態度贊成多於批評。二者皆同意特殊兒童與一般兒童相同之處多於不同之處，且願意讓自己的孩子參加融合式教育。

缺乏對法律與障礙情況的認識、獲得的支持性服務與專業協助不足、以及缺乏專業訓練等因素使部分老師不願接受特殊學生。而透過正式的訓練與發展活動，可以改變教師對回歸主流及對障礙學生的態度與信念（Yanito et al., 1987）。

(二)能力與經驗

教師對自身能力能否契合回歸主流學生的需求之感受是影響計劃的一個重要關鍵。個人對工作的無力感及負面的態度經常伴隨著悲傷、害怕、生氣、與罪惡感等感受。教師必須有嚴密的專業訓練，才能促使學前回歸主流方案成功。專業人員的準備與經驗不足，對融合教育方案的實施，是一個不利的因素。研究也發現缺乏準備的老師對融合式教育的態度較差（McLean & Fan-line, 1990）。

Adams 等人（1987）歸納分析指出有效地回歸主流，教師必須具備知識及實務工作方面的能力。前者係指有關教學的知識與理論；後者包括老師的行為與技巧，如：教室規劃與管理、評

估需求設定目標、了解障礙情況、人際溝通能力、適當的教學技巧、了解法規、熟悉並運用有關資源及支援系統等（Asams et al., 1987）。

　　與特殊幼兒接觸的經驗，也將有所影響。Diamond, Hestenes 與 O'Connor（1994）研究發現特殊兒童剛入班時，大部分的老師對班上的障礙兒童都小心謹慎的反應或持負面的態度，且常質疑這樣的安置是否明智。幾個月後教師們的態度有了改善，且教師在教學活動上表現得更有信心且更具彈性。

(三)專業學理之差異與角色的衝突、轉變

　　幼兒教育與特殊教育哲學理念與教學實施過程的差異，影響學前教育與特殊教育的融合及障礙幼兒回歸主流計畫。傳統上，幼兒教育採用 Rosseau, Froebel, Oberlin,Owen, Montessori, Piaget, Vygotsky，及 Erickson 的哲學理論，重視幼兒的自主性。相對的，特殊幼兒教育則遵循模仿一般的特教模式，這樣的模式通常結合了 Watson,Thorndike, Skinner, 及 Pavlov 的行為理論學派以及教育心理學的精熟學習理論（mastery learning）。老師要為學生發展個別的目標，並針對特別的目標設計活動（Odom & McEvoy, 1990; Stanford & Green, 1993）。綜言之，學前特殊班的教學比普通班更行為取向、老師主導（Diamond, Hestenes, & O'Connor, 1994）。

　　傳統的特殊教育與幼兒教育皆須經過調整，才適於實施融合式教育。然而，各專業間對時間的分配、教室活動形態、及介入策略的意見分歧與衝突，反而常導致兒童的再隔離。不同專業領域人員知識、能力、經驗的差異，使教師在推行新的教育方案時，面臨角色轉變與衝突的問題，不容易產生統合。因此，要有效且愉悅地混合幼兒教育及特殊幼兒教育，普通教師及特教人員皆需透過職前訓練與在職訓練，彼此間有良好的溝通並協力合

作，始能提供有價值的服務（Beckoff, 1989; Quintero, Killoran & Striefel, 1987）。

㈣專業訓練與持續的支援

　　教師所受的訓練及所獲得的支持係影響融合教育安置成功最重要的因素（Galant & Hanline, 1993）。缺乏訓練的老師不知如何調整環境、修改教學計畫以契合特殊幼兒的需求，並讓所有的孩子皆能從中受益（Stoddard, Pike & Thomas, 1994）。

　　當「最少限制的環境」、「融合式教育」、「回歸主流」的要求愈來愈普通之際，了解教師、學生、家長的態度與行為，並調整負面的態度與表現越來越重要。教育訓練的目的在改善教師的態度並增加教師對特殊學生的接受性。藉著提供所需的知識與技能和必要的支持與資源，可協助老師對障礙幼兒混合教育或回歸主流做準備、因應與處理（Green, Rock & Weisenstein, 1983; Warger & Trippe, 1982）。

　　雖然師資問題為推行學前融合式教育最令教師、家長及行政人員關心的問題，然就 Wolery, Holcombe-Ligon, et al.（1993）研究發現，大專院校幼教師資養成過程中，只有很少數的學校要求學生修習有關學前回歸主流的課程或提供相關經驗。可見在師資訓練上仍有許多問題存在。而缺乏專業師資與經費，以及原有的課程已超過負荷等，為大專院校相關科系難以提供學前回歸主流訓練的原因。

二、家長因素

　　家長的態度影響融合式教育的成效。因為父母不僅在孩子發展與教育活動中扮演著重要的角色，他們更站在障礙兒童服務系統的第一線，特別是在幼兒階段，家長正值調適面對子女障礙的

事實。家長的感受影響兒童與家庭將來的調適，了解家長對幼兒回歸主流的看法係一重要關鍵。許多的研究調查參與或未參與回歸主流障礙幼兒及無障礙幼兒家長的態度（Galant & Haline, 1993; Green & Stoneman, 1989; Guralnick, 1994; Miller, Strain, Boyd, Hunsicker, McKinley & Wu, 1992; Riechart, Lynch, Anderson, Svobondny, Dicola & Mercury, 1989）。研究發現家長常提及希望兒童在早期介入經驗中與同齡的普通幼兒發展友誼（Strain, 1990）。且大部分的研究資料顯示不論障礙幼兒或無障礙幼兒的家長對融合教育多持正向支持的態度，覺得融合的教育安置對孩子有許多助益。也有報告指出回歸主流障礙幼兒母親之滿意度低於無障礙幼兒母親（McLean & Fanline, 1990）。擔心孩子受到輕視與嘲弄或學習不適當的行為影響家長對幼兒融合教育安置或回歸主流的看法。

　　Green & Stomeman（1989）調查研究無障礙幼兒的父母親對學前融合教育的態度研究發現，子女有融合教育經驗的父母對此種教育的態度顯著地比沒參加過此方案的父母正向。接觸障礙人士的經驗、家庭收入、教育、年齡、及子女年齡等因素影響母親的態度。收入、教育水準愈低，年紀較長的母親對回歸主流的態度比較不樂觀。而這些因素幾乎都不能有效地預測父親的態度。Guralnick（1994）研究也發現家庭組型、兒童特質及計畫的模式會影響母親對回歸主流的感受。

　　至於不同教育安置型態幼兒家長對融合教育的態度方面，發展遲緩的幼兒不論是融合或隔離的安置，家長對融合教育都非常支持；而安置於融合環境普通幼兒的家長對融合教育的態度比非融合教育安置的家長更正向（Miller et al., 1992）。可見融合教育的經驗對一般家長的態度有正向的影響。

三、學生因素

　　障礙幼兒、普通幼兒的年齡與其他特質可能影響融合教育方案的施行。表現不適當的行為是障礙學生在回歸主流環境失敗的主要原因。當教師尚未準備好如何處理一些特殊問題，學生有自理能力、認知及溝通技能缺陷等問題對在普通班的適應是很不利的（Yanito et al., 1987）。

　　影響融合情境兒童互動的因素包括障礙學生與無障礙學生的比率、兒童在一起時間的長短、物理環境特徵以及發展年齡的差距等（Beh-Pajooh, 1991）。障礙幼兒的發展水準與其社會互動困難有關（Guralnick, 1990）。障礙學生的比例以及融合教育中障礙兒童與普通兒童的年齡也是影響學前回歸主流的重要因素（Guralnick & Groom, 1987; Guralnick & Groom, 1988）。許多融合方案係配合發展年齡，普通兒童的實齡通常比障礙兒童少一歲。而在 Guralnick 與 Groom（1988）的研究中卻發現輕度障礙幼兒選擇與相同年齡兒童一起互動的情形比較多。相同年齡的融合教育安置，由於普通兒童發展能力較高，可擔負起引導增加輕度障礙兒童社會互動的責任，障礙幼兒所表現的遊戲層次也較高。

　　Stoodard 等人（1994）提出障礙幼兒在教室中的比例，以每十五個普通幼兒有一個特殊幼兒的安排，可增加障礙兒童與普通兒童的接觸頻率，達到最大互動的機會。如果特殊兒童的比例過高，就不像在實際的生活情境。許多融合教育安置學生的比例則不一定，Guralnick（1990）認為對於障礙學生與無障礙學生的比例不應太僵化不能變通。不同的幼兒比例可能對教育計劃的執行有不同的成效。在考量學童比例時應同時考慮幼兒特質、教師、環境等相關因素。

　　障礙類別也影響安置的型態。學前回歸主流安置有逐年增加的趨勢，然所收的兒童以語言障礙、發展遲緩及行為異常等類別較多；而中重度智障、感官障礙及自閉症兒童則較少回歸主流（Wolery, Holcombe-Ligom, Brookfield et al., 1993; Wolery, ol-combe, Venn et al., 1993）。

四、教育計畫與其他因素

　　低品質的融合教育計畫可能對幼兒的發展沒有幫助，反而造成傷害，會導致社會大眾不願支持回歸主流方案（Green & Stoneman, 1989）。只是單純的將障礙兒童與無障礙兒童融合在一起，而沒有給予必須的協助或做一些處置，對於兒童動作、語言、社會能力的發展，效果很小甚或毫無效果，社會融合（social integration）的情況也不會自然發生（Jekins et al., 1989; Souweine, Crimmins, & Mazel, 1989）。

　　課程與教學策略等係影響介入方案效果的重要因素。成人較有反應、兒童取向的模式，兒童比較會主動與同伴遊戲、溝通，障礙幼兒在以兒童為主的教學策略比直接教學的模式中更容易獲得溝通技能（Diamond, Hestenes, & O'Connor, 1994; File & Kontos, 1993）。

　　師生人數比率、環境的規劃與安排、活動的設計與組織等也都可能影響教育方案的執行。發展彈性化、統整化的課程與活動，以期適合所有不同發展階段的孩子，運用同儕指導的策略，也可增加幼兒間的互動與了解（Wolery et al., 1994）。Martin等人（1991）提出社會性玩具（如：球、碗盤、娃娃等）促使較多社會性行為的發生，環境中的其他變項如時間、空間的安排、及可取得材料的形式等也與統合的程度有關。另外，DeKlyen與 Odom（1989）研究指出，障礙兒與無障礙兒互動的頻率與

活動的組織性有關，在較有組織的遊戲活動中會產生較多的同儕社會互動。

　　缺乏諮詢與訓練、師生比例過高、經費不足、僅有少數方案聘雇不同專業領域的人員、幼教老師先前無接受特殊教育及回歸主流的相關訓練與經驗等，皆可能對融合教育產生負面的影響。為有效施行融合教育，必須為兒童、家長及教師做審慎的計畫。教室活動以及空間都必須調整，保持相當之彈性，使其更適於障礙兒童及一般兒童。適宜的陳列材料與工具更勝於購買複雜、昂貴、特別設計的用具。並且要雇用其他不同領域的專業人員，提供重要的諮詢服務（Souweine, Crimmis & Mazel, 1989; Wolery, Holcomber, Venn, et al., 1993）。

叁、學前融合式教育的成效

　　學前幼兒的融合式教育提供許多學習有關個別差異的機會，有關此種教育方案的優缺點及可能產生的影響，僅提供將來學前特殊教育融合案推展或修正之參考。

一、對障礙兒童的影響

　　同儕關係的發展係幼兒發展一重要任務。它有助於語言及溝通能力、社會行為、社會認知的發展，且對社會化有重要的影響。甚者，未來適應環境與解決困難的能力也與早期建立的同儕關係有關聯。因此，社會能力的發展為早期介入方案重要的目標（Guralnick, 1990; Jenkin, Odom & Speltz, 1989; Strain, 1990）。隨著融合教育服務的增加，有關障礙兒童與一般兒童是否達到實質的社會統合，或僅是表面的或名義上的混合特別受到

重視（Guralnick, 1990; File, 1994 ）。

　　研究資料顯示參加回歸主流方案的障礙兒童所達之成就與發展至少與在自足式特殊班時之表現相仿或更好，在融合早期教育計畫的障礙幼兒有較高層次的社會遊戲、更合適的社會互動、且更容易與其他幼兒互動，需要老師個別處置的時間也顯著的減少（ Guralnick & Groom, 1987; Killoran, Quintero & Striefel, 1987 ）。Jenkins, Odom 及 Speltz（ 1989 ）研究發現，參與學前融合教育安置的障礙兒童比隔離安置的特殊幼兒有更多的互動遊戲、較高層次的語言發展、以及比較好的社會能力。Guralnick 及 Groom（ 1988 ）研究報告也提出，回歸主流的幼兒比在特殊班的幼兒表現出更多的同儕互動及個別的社會行為，且回歸主流的障礙幼兒所進行的遊戲更結構化。

　　相對的，McKinley, Miller 及 Strain（ 1992 ）報告中，比較融合教育和非融合教育安置對發展遲緩幼兒及普通幼兒在發展、認知及社會互動的情形，指出兩種不同的安置下，兒童發展與表現並無顯著差異。Beh-Pajooh（ 1991 ）觀察混合遊戲群體中，重度障礙與無障礙兒童互動情形，發現重度障礙兒童多獨自玩，與其他障礙兒童的互動也很少。

　　綜之，障礙幼兒融合教育具有下列優點：①促進社會大眾對特殊兒童的接受度；②促進兒童間的社會互動及友誼的發展；③增進障礙兒童的自我概念；④增加障礙幼兒向普通幼兒觀察、學習的機會；⑤增加孩子參加不同活動的機會；⑥讓障礙幼兒在最少限制的環境中學習（ 賴美智，民 77; Guralnick, 1994 ）。

　　而障礙幼兒回歸主流可能之缺失包括障礙兒童所受的教學品質，無法接受特別的協助與服務，教職員素質與能力，以及同伴的拒絕與嘲笑等。障礙幼兒家長希望在融合教育情境中，孩子可以得到與特殊安置，相同品質與頻率的治療服務，且由特殊教育人員提供適當的設備、材料與介入。

二、對一般兒童的影響

有些父母擔心融合式教育因障礙兒童的加入對普通孩子的發展或技能的學習有負面的影響，子女不能從教師那兒獲得足夠的注意。但是許多研究指出無障礙幼兒在融合教育安置下不會受到負面的影響，表現出較幼稚或不適當的行為（Riechart, et al., 1989），反而可以從課程與教學策略上得到實質的助益，至少其發展與在普通幼稚園中相同。正常發展的孩子藉由觀察以及和障礙同學的相處使他們對障礙更了解，願意對有障礙的友伴提供幫助，且會因應障礙幼兒的情況，調整語言表達及溝通方式（杞昭安，民82; Diamond, Hestenes & O'Connor, 1994）。家長也表示融合教育的普通兒童受到適當的注意且有令人滿意的發展，與障礙兒童相處的經驗可促進孩子的接受度、容忍度及敏感性（Galant & Hanline, 1993）。

融合教育對一般兒童的社會認知、情感及道德發展的幫助大於學業與認知層面。有融合教育經驗的孩子對人比較沒有偏見，且較願意幫助他人。Peck, Carlson & Helmstetter（1992）調查參加融合教育方案無障礙幼兒的家長與老師，結果發現兩者皆提到混合教育方案對幼兒有重要的助益。家長表示孩子表現得更能接受人與人的差異，覺察到其他幼兒的需求，對障礙者或行為表現與常人不同的人，較少產生成見或不愉悅的感覺，對其他障礙兒童較有反應且較願意幫助他們。班上加入一個重度障礙兒童時，無障礙兒童變得較能感受到其他人的需要。家長和教師都表示融合的經驗沒有帶來負面的結果，兒童受到老師充分的注意且表現適當的社會行為（Giangreco, Dennis, Coninger, Edelman, & Schattman, 1993）。

綜合前面所述，在回歸主流的環境中，孩子比較能學習到有

關人類成長與發展的差異，敏於感受並接受個別差異的存在，且能了解有關障礙的限制與需求，促進對障礙者正向的態度，以為將來的社會經驗做準備。

三、對家庭的影響

　　兒童參加融合教育對父母的態度有正面的影響（Diamond, Hestenes & O'Connor, 1994; Green & Stoneman, 1989）。融合式教育可提供正向的、支持性的互動關係。障礙兒童的父母可了解他們所關心的，也是一般孩子的教養問題；無障礙兒童的父母也有機會學習有關障礙的常識以及融合的重要性（Galant & Hanline, 1993）。然而，研究也發現無障礙兒的父母比較常與其他無障礙兒的父母互動，較少與障礙兒的父母互動。在對其他父母解釋孩子的特別需求時，會感到孤立不安。有些父母覺得雖然孩子在融合教育安置下獲益較多，但特殊計畫對家庭的幫助較大。

　　Bailey 與 Winton（1987）歸納回歸主流對家庭正面及負面的影響。發現對有障礙兒童的家庭有以下的影響。在優點方面：①若兒童在一般的環境中能發揮其功能，將促使家長對其障礙兒童發展更正向的態度；②以比較實際的觀點解釋兒童的成就與失敗；③增進對一般兒童發展的了解；④增進自我認知；⑤增加與其他障礙兒或非障礙兒之家長接觸的機會，減少孤立感。缺點方面：①不斷地刺激、提醒兒童發展上的差異與遲緩；②遭受無障礙兒家庭的非難或拒絕；③擔心子女是否接受到充分的、適當的特別服務；④須自行花費接受特別的醫療；⑤產生壓力的回歸主流環境，影響將來對障礙子女安置的選擇。

　　對非障礙兒童的家庭可能產生的優點：①教導孩子了解有關成長與發展的差異的經驗；②增加對障礙者的認識；③更容易了

解特殊兒童及其家庭的需求；④透過對障礙兒的家庭觀察與認識，激勵無障礙兒童的家庭努力去處理孩子的教養問題。對非障礙兒童家庭負面影響：①擔心孩子學到不適當的行為；②憂慮老師必須花費太多的時間照顧障礙兒，而不能為無障礙兒提供適當的刺激及情緒溫暖的經驗；③無障礙兒與障礙兒發展不適當的互動模式。

四、對社會的影響

　　從社會及道德觀點來看，置身於實際的生活環境中，可促使社會群眾接受有障礙的人。若早期的教養經驗被視為將來在社會生活的準備，融合教育的經驗可增進對人的了解、接受及欣賞。Miller 等人（1992）研究發現，參與學前回歸主流的障礙及無障礙兒童的父母比其他父母對學齡階段的融合教育機會表現更歡迎（接受）的態度。此結果顯示，置身於回歸主流的環境，增加父母對障礙兒童的接受程度，且影響未來對統合的支持。

肆、結語

　　融合的、反隔離的學前教育方案，已是當今世界特殊教育發展的潮流。先進國家莫不朝著回歸主流、融合教育的方向發展，且不斷地研究革新，以求對幼兒及其家庭有最大的幫助。從國外的文獻中，我們不難發現融合式的學前特殊教育對兒童、家庭及社會都有許多助益，雖然難免在推行過程中引發一些憂思，整體而言利多於弊。然而國內目前的學前特殊教育模式仍以隔離式的特殊班為主。殊不知學前幼兒的特質及遊戲化、生活化的教學方式最適於進行融合教育。與其學前接受隔離教育，學齡後再回歸

主流，不如儘早在學前階段回歸主流。如此不僅有助於孩童的發展，且減少他們將來適應上的困難。回歸主流並非只是將障礙幼兒安置於普通班，就置之不理。安置後的處置尤其是重要，否則任何一種安置方式都將失去其意義。因此，國內各相關機構在致力推展學前特殊教育之前，是否應先考量採取融合教育方式。以現有的能力與資源，逐步實驗推展，並改善、充實相關之條件，以減少家長、教師及其他專業人員或社會人士的不安與憂慮，進而促進特殊幼兒融合教育的施行。

　　「向隔離說不」係推展特殊幼兒教育的最終目標。在今年（民 84 ）六月的「全國身心障礙教育會議」中，教育部長允諾五歲身心障礙幼童兩年內可享受免費學前教育。學前特殊教育在國內漸受重視之際，衷心期盼採行的方式是跟得上世界潮流，走在時代先端，符合人道精神與教育發展理論之正常化融合式教育。

參考文獻

毛連塭（民 77）：特殊幼兒教育的基本理念。**幼教天地，6，**1-8。

王振德（民 74）：回歸主流──其發展、涵意及相關的問題。**特殊教育季刊，17，**1-7。

杞昭安（民 82）：學前特殊兒童，載於特教園丁雜誌社（主編），**特殊教育通論──特殊兒童的心理與教育**。台北：五南。

周寧馨、連明剛：（民 79）幼兒特殊教育需求與成效之探討。**特殊教育季刊，37，**27-31。

孫淑柔（民 82）：談特殊兒童的早期介入與回歸主流，載於中華民國特殊教育學會（編），**學前特殊教育的發展，**35-54。中華民國特殊教育學會。

賴美智（民 77）：混合式的殘障幼兒教育在國內實施的可能性。**幼教天地，6，**148-157。

Adams, P. R., Quintero, M., Killoran, J., Striefel, S., & Frede, E. (1987). *A review and synthesis of teacher competencies necessary for effective mainstreaming.* (ED290289）

Allen, K. E. (1992), *The exceptional child: Mainstreaming in early childhood education* (2nd ed.). N. Y.:Delmar.

Bailey, D. B., & Winton, P. J. (1987). Stability and change in parents' expectations about mainstreaming. *Topics in Early Childhood Special Education, 7* (1), 73-88.

Beckoff, A. G. (1989). Programming for mainstream kinder-
garten success in preschool: Teachers' perceptions of
necessary prerequisite skills. *Journal of Early Inter-
vention, 13* (2), 269-280.

Beh-Pajooh, A. (1991). Social interactions among severely
handicapped children, nonhandicapped children and their
mothers in an integrated playgroup. *Early Child
Development and Care, 74,* 83-94.

Brophy, K., & Hancock, S. (1985). Adult-child interaction in
an integrated preschool programme: Implications for
teacher training. *Early Child Development and Care,
22,* 275-194.

DeKlyen, M., & Odom, S. L. (1989). Activity structure and
social interactions with peers in developmentally integ-
rated play groups. *Journal of Early Intervention, 13,*
342-352.

Diamond, K. E., Hestenes, L.L., & O'Connor, C. E. (1994)
Integrating young children with disabilities in pre-
school: Problems and promise. *Young Children, 49* (2),
68-75.

File, N. (1994). Children's play, teacher-child interactions, and
teacher beliefs in integrated early childhood program.
Early Childhood Research Quarterly, 9, 223- 240.

File, N. & Kontos, S. (1993). The relationship of program
quality to children's play in integrated early interven-
tion settings. *Topics in Early Childhood Special
Education, 13* (1), 1-18.

Galant, K., & Hanline, M. F. (1993). Parental attitudes toward mainstreaming young children with disabilities. *Childhood Education, 69* (5), 293-297.

Giangreco, M., Dennis, R., Coninger, C., Edelman, S., & Schattman, R. (1993). I've counted Jon: Transformational experience of teachers educating students with disa- bilities. *Exceptional Children, 59* (4), 359-372.

Green, A. L., & Stoneman, Z. (1989). Attitudes of mothers and fathers of nonhandicapped children. *Journal of Early Intervention, 13* (4), 292-304.

Green, K., Rock, D. L., & Weisentein, G. R. (1983). Validity and reliability of Scale Assessing Attitudes Toward Mainstreaming. *Exceptional Children, 50* (2), 182-183.

Guralnick, M. J. (1990). Major accomplishments and future directions in early childhood mainstreaming. *Topics in Early Childhood Special Education, 10* (2), 1-17.

Guralnick, M. J. (1994). Mothers' perceptions of the benefits and drawbacks of early childhood mainstreaming. *Journal of Early Intervention, 18* (2), 168-183.

Jenkins, J. R., Odom, S. L., & Speltz, M.L. (1989). Effects of social integration on preschool children with handicaps. *Exceptional Children, 55* (5), 420-428.

Guralnick, M. J., & Groom, J. M. (1987). The peer relations of mildly delayed and nonhandicapped preschool children in mainstreamed play groups. *Child Development, 58,* 1156-1172.

Guralnick, M. J., & Groom, J. M. (1988). Peer interactions in mainstreamed and specialized classrooms: A comparative analysis. *Exceptional Children, 54* (5), 415-425.

Killoran, J., Quintero, M., & Striefel, S. (1987). *A model for integrated preschool classroom services delivery.* (ED290292)

Martin, S. S., Brady, M. P., & Williams, R. E. (1991). Effects of toys on the social behavior of preschool children in integrated and nonitegrated groups: Investigation of a setting event. *Journal of Early Intervention, 15* (2), 153-161.

McKinley, J., Miller, L.J., Strain, P. S., Boyd, K. (1992). *The longitudinal project: A component of the research institute on preschool mainstreaming.* (ED356605)

McLean, M., & Fanline, M. F.(1990). Providing early intervention services in integrated environments: Challenges and opportunities for the future. *Topics in Early Childhood Special Education, 10* (2), 61-77.

Miller, L. J., Strain, P. S., Boyd, K., Hunsicker, S., McKinley, J., & Wu, A. (1992). Parental attitudes toward integration. *Topics in Early Childhood Special Education, 12* (2), 230-246.

Odom, S. L., & McEvoy, M. A. (1990). Mainstreaming at the preschool level: Potential barriers and tasks for the field. *Topics in Early Childhood Special Education, 10* (2), 48-61.

Peck, C. A., Carlson, P., & Helmstetter, E. (1992). Parent and teacher perceptions of outcomes for nonhandicapped children enrolled in integrated early childhood programs: A statewide study. *Journal of Early Intervention, 16,* 53-63.

Quintero, M., Killoran, J., & Striefel, S. (1987). *Mainstreaming: A new role for the special educator.* (ED290191)

Riechart, D. C., Lynch, E. C., Anderson, B. C., Svobondny, L.A., Dicola, J. M., & Mercury, M. C. (1989). Parental perspectives on integrated preschool opportunities for children with handicaps and children without handicaps. *Journal of Early Intervention, 13* (1), 6-13.

Rose, D. F., & Smith, B. J. (1993). Preschool mainstreaming: Attitude barriers and strategies for addressing them. *Young Children, 48* (4), 59-62.

Souweine, J., Crimmins, S., & Mazel, C. (1989). *Mainstreaming ideas for teaching young children.* Washington D. C.: N AEYC.

Stanford, S. H., & Green, V. P. (1993). Facilitating preschool mainstreaming: Classroom strategies and teacher attitude. *Early Child Development and Care, 91,* 93-98.

Stoddard, K., Pike, C., & Thomas, D. (1994). Integrating special-needs children into a preschool setting. *Day Care and Early Education, 22* (2), 30-33.

Strain, P. S. (1990). LRE for preschool children with handicaps: What we know, what we should be doing. *Journal of Early Intervention, 14,* 291-296.

Thurman, S. K., & Widerstrom, A. H. (1985). *Young children with special needs: A developmental and ecological approach.* Boston: Allyn and Bacon.

Warger, C. L., & Trippe, M. (1982). Preservice teacher attitudes toward mainstreamed students with emotional impairments. *Exceptional Children, 49* (3), 246-252.

Wagner, D. L. (1989). *Preschool integration from teacher and parent perseptive.* (ED364314)

Wolery, M., Brookfield, J., Huffman, K., Schroeder, C.,Martin, C. G., Venn, M. L., & Holcombe, A. (1993). Preparation in preschool mainstreaming as reported by general early education factuality. *Journal of Early Intervention, 17* (3), 298-308.

Wolery, M., Holcombe-Ligon, A., Brookfield, J., Huffman, K., Schroeder, C., Martin, C. G., Missouri, J., Venn, M. L., Werts, M. G., & Fleming, L. A. (1993). The extent and nature of preschool mainstreaming: A survey of general early educators. *The Journal of Special Education, 27* (2), 222-234.

Wolery, M., Holcomber, A., Venn, M. L., Brookfield, J.,Huffman, K., Schroeder, C., Martin, C. G., & Fleming, L. A. (1993). Mainstreaming in early childhood programs: Current status and relevant issues. *Young Children, 49* (1), 78-84.

Wolery, M., Martin, c. G., Schroeder, C., Huffman, K., Venn, M. L., Holcombe, A., Brookfield, J., & Fleming, L. A. (1994). Employment of educators in preschool mainstreaming: A survey of general early educators. *Journal of Early Intervention, 18* (1), 64-77.

Yanito, T., Quintero, M. c., Killoran, J., & Striefel, S. (1987). *Teacher attitudes toward mainstreaming: A literature review.* (ED290290)

8

情緒／行爲異常學生的融合教育

◆毛連塭・許素彬◆

壹、敎師的最痛

在班級經營中，班級老師最感到頭痛的，不是智能不足兒童或學習障礙兒童，而是行為異常兒童。幾乎所有的老師都曾經碰過一兩個所謂的「嚴重情緒困擾」，或「情緒／行為異常」的學生。這類的學生或許有極端的反社會、侵略及擾亂行為；或許被社會所排拒、孤立、退縮、缺乏反應；或許表現出焦躁、抑鬱、甚至病態的情緒；或許在畏縮與侵略的兩極行為中遊走。除了這些情緒行為困擾之外，他們都有嚴重的學業困難。這些學生的問題都很嚴重，但長期地普遍存在。當老師面對這群學生時，常有手足無措的無力感與挫折感。

在連聲的特教改革請願中，人們要求將所有的特殊學生，不分類別地容納進學校的系統中，於是，所有的情緒／行為異常學生都將回歸到普通學校的普通班級中。

根據美國 1994 年的一項全國統計調查（ U.S. Department of Education, 1994 ），公立學校中只有少於 1% 的學生被鑑定為情緒／行為異常，大多數的情緒行為異常學生被放置於特殊班級或機構中。顯然地，當這些學生回歸到普通班級時，普通老師

不僅要教導班上現有的情緒／行為異常學生，同時也要面臨另外
一群對課程、行為管理難以適應的學生。雖然我們希望普通教育
更能容納殘障學生，但我們懷疑，普通學校及班級是否能提供適
當的教育給這些情緒／行為異常的學生。

貳、問題的關鍵

　　過去三十年來的研究指出，美國大約 6％至 10％的學生因為
情緒或行為問題而嚴重妨礙了他們的發展，這些學生需要接受治
療以幫助他們在學校及社會裡正常運作（Brandenberg, Fried-
man, & Silver, 1990）。美國一份有關兒童心理健康與服務的
研究（U.S. Office of Technology Assessment, 1986）顯示，
70％至 80％需要心理健康服務的學童沒有接受到適當的照顧。
其它的報告指出，許多學童直到問題嚴重到需要養護治療時才會
被注意到。台灣沒有專為情緒／行為異常學童所設置的特殊學
校，也僅有少數的學校設有情障特殊班與資源班。內政部七十九
年人口統計要覽中指出，情障學童佔總學童數 0.8％，但接受特
殊教育的僅有 15 人（教育部教研會，民 81）。許多在普通班級
中，有重度情緒／行為異常的學生很少接受過，甚至沒有接受過
特殊輔導。他們的問題嚴重到需要全面、密集性的介入時，才會
被鑑定為特殊教育學生。因此，只有那些情緒或行為最為異常的
學生才會被轉到特殊班級中，而他們的融合無異加重老師的負
擔。下面兩位學童的例子是由我們所認識的老師所提供，說明了
許多普通班級老師在學生被鑑定為特殊學生之前，所面臨的嚴重
問題。

　　小強是一名學業成績非常不好的三年級生。他對所有教過他
的老師都有過嚴重的行為問題。一年級時，他在教室裡，或其它

一些不適當的場所小便，或跟同學打架。現在，他不僅更具侵略性，也偷老師及同學的東西，被同學認為是個十足的小偷。他的母親不認為偷竊是一種嚴重的問題，他的父親在監獄裡服刑。他以及他的母親都沒有接受過任何輔導及心理健康服務。學校裡的鑑定小組找不出方法可以控制他的侵略行為。三年級的學期中，他被排給一位很強壯的男老師，這位老師發現他無法同時約束小強的行為並正常教學。他要小強接受特殊教育鑑定。

　　惠美是一名五年級生。成績中上等，但自幼稚園起，對所有的老師都很反抗叛逆。她長得很高大強壯，常推打、要脅同學，同學都很怕她，不敢跟她接觸。有時，她用頭撞桌子或地板，叫著，「我很壞」，或是「我不想活了」。有一次，當她把教室裡百葉窗的繩子綁在脖子上，從桌子上跳下來企圖自殺時，將整個百葉窗扯下來。她嚇壞了她的同學及代課老師，也被鑑定為特殊學生。

　　在預期這些學生所帶來的挑戰與需求時，我們有兩個問題：①從研究及經驗中，什麼是教導這些學生最有效的策略？②這些策略能被有效並持續地應用在普通學校及班級中嗎？

叁、有效的策略

　　情緒／行為異常的教學課程常被批評過於強調外控行為。然而，一個無法控制學生擾亂行為的課程，將會使老師們無法正常教學。有效的情緒／行為異常教學課程不僅能適當地控制學生侵略、擾亂的行為，也能透過豐富的課程設計來幫助學生學習自我控制、維持學業能力，及就業方面的相關技能，並促進生活品質的技巧。情緒／行為異常兒童的特殊教育與心理健康服務已行之有年，許多不同的課程也頗見成效。雖然這些課程在哲學及概念

上略有差異，但它們都有以下的特質（Kauffman, Lloyd, Baker, & Riedel, 1995）：

一、系統式的介入

介入策略的選擇主要基於何種方式對學生的某項行為最為有效。這些策略可以相互運用。

二、持續的進步評量與監督

學生的進步幾乎每天都會被評估。介入策略的改變就基於進步程度的考量。同時，學生另一方面也進行自我監督。

三、治療能切實符合學生問題的嚴重性及本質

同一種課程不見得能符合全部學生的需要。甚而，介入策略會因學生不同的情緒及行為特質而有異。課程設計者需了解多種不同的介入策略才能切合學生不同的需要。

四、多元性的治療

課程需包含能夠回應需求的所有服務，如學業與社交技巧、社交與家庭服務、輔導或心理治療。

五、提供經常性的學業與社交技巧練習

情緒、行為及學業技巧並不是光說就能學會的，而是需經由不停的練習與指導。行為教導與練習應該在一個「安全」的環境

裡進行，在這個環境裡，學生不會有挫折感，課程難度逐漸加深，以確定學生的學習成果。老師設計課程時需要很小心，避免學生無法成功運用這些技巧時所會引起的一些負面結果。

六、轉介與能力維持的課程

　　不同的情境介入能普遍提昇學生的進步程度，並保持一些已學得的技巧。進步不是只靠著自己就能永遠維持的。某種環境之下的進步並不代表在另一種環境之下也能有同樣的表現。設計課程時，需提供情境讓學生有機會運用適當的社交與學習技巧。

七、維持介入的承諾

　　設計課程時，必須了解重度的情緒或行為異常是一種發展性的障礙，不是短暫性的問題，這些學生通常需要長期的幫助與輔導。

　　如果這些策略能有效地幫助那些情緒行為異常兒童，那同樣的策略也能用在其它學生的身上。這些策略的共同點是，精確、持續、密集。許多沒有被鑑定為特殊學生的情緒行為異常學生仍留在普通班級中，而導致嚴重的後果。或許有些學生能自普通班級裡，已做過修改的課程中得到適當的教育；或許原先在特殊學校或班級，要轉到普通班級裡的學生已經能充分地運用學得的行為及學業技巧。然而，觀察研究報告指出，大部分的普通班級仍然欠缺用以教導這些學生的有效策略。在教師能為情緒／行為異常學生與正常學生營造適當的教學環境前，老師的意識與行為都需有大幅度的改變。

　　知道學生所需與能夠提供學生所需是兩回事。許多老師、行政人員、與心理健康工作者都苦於缺乏資源去幫助他們做應該要

做的事。人力資源是現今最缺乏的：沒有足夠受過訓練的人員來有效地回應學生所需。同時，也缺乏適當的場所來提供密集的與高度的個人服務。

許多教師、行政人員、與情緒／行為異常的教育、心理專家都共同指出下列的需要性：①大量受過訓練、有經驗、能相互支援、又性質相近的工作人員；②低學生／職員比例（對教養治療的學生為 5:1，重度障礙學生為 1:1）（Kauffman et al., 1995）。這種目標不易達成，且很少有老師已做好準備且願意接受這些情緒／行為異常學生。想想看下面這些實際教學情況，在一邊教學，一邊照顧這些學生的需要時，所會面臨的困難。

阿雄，一個被放置在二年級普通班中的情緒行為異常學生。上學的第一天，就踢散一個女生正在玩的組合圖戲，然後不聽老師的話，拿了另一個男生的紙，繞著教室邊撕邊笑。老師要他到一旁罰站，他就躺在地板上，又搥、又打、又哭。他拒絕停止這種行為，老師叫所有其它 22 名學生進行 A 計畫—馬上停止活動，回到座位上去自修，並請隔壁班老師幫她看著班級，讓她陪著阿雄去辦公室。但阿雄拒絕離開教室，於是老師請校長過來。阿雄也拒絕聽校長的話到辦公室，老師和校長只好強押著他走，他又哭、又叫、又踢著。

建國，一個初一生。他被置在一個為情緒／行為異常學生所設的資源班，也回歸到正常班級。在正常班級裡，他喜歡跳到桌子上。別人要他下來時，他就從這張桌子跳到另一張，大聲叫：「你抓不到我。」有一次，他把電線裝在投影機裡，讓別人一碰到就觸電。又一次，他拆掉洗手間裡的天花板，弄壞裡面的設備，又放了一把火。雖然他在資源班裡行為良好，但無法適應普通班級裡缺乏組織的上課時間，也無法處理學校裡其它未被監督的活動。

肆、普通學校所面臨的問題

　　我們知道了什麼課程對情緒／行為異常的學生較為有效、公立學校的資源、及融合所有特殊學生的行動，我們必須評估融合所能產生正面結果的可能性。融合情緒行為異常學生是件艱難的工作，惟有謹慎的個案處理才是負責的態度。

　　如果我們認真考慮普通學校及班級的安置方式，就必須先回答下面幾個問題：

　　一、為了情緒／行為異常學生，課程需做些變更。這些變更對正常學生會造成什麼樣的影響？特別是對那些只需要少量約束及組織的學生的教育及社會發展？

　　二、學校如何向家長證明，融合那些反覆無常、搗亂、甚至有暴力傾向的學生，是件正確的措施？那不會破壞掉一個秩序井然的學習環境所帶來的安全感嗎？融合後，學校的法律責任有那些？

　　三、如果特殊學校（班級）不再是安置的選擇，有什麼其它的方法可以安置這些學生？如果學校被迫將這些特殊學生留在普通學校及班級裡，或乾脆不要鑑定他們，好讓他們可以被學校停學或退學時，這些學生如何接受適當的教育呢？

　　四、情緒／行為學生融合到普通班級裡，對學生有什麼益處？如果這些學生先前未能從普通班級中學得適當的同儕行為或受益於教學課程，那現在又如何保證他們能在普通班級中能學到正面的行為模式？

　　五、普通老師需要什麼訓練來教導這些學生？誰能提供這些訓練？訓練的內容是什麼？什麼時候提供訓練？

　　六、什麼老師會被要求接受更多情緒／行為異常學生？難道

能力強的老師就該接受更多的責任嗎？

　　七、普通老師能有什麼額外的資源嗎？在融合之前，就能提供這麼多必備人員嗎？

　　八、如何評估這些融合課程？什麼樣的標準可以用來衡量融合課程對普通學生及特殊學生的教育成果？如果這些標準未達到，又將採取什麼措施呢？

伍、人性化的融合教育

　　融合的狹義解釋為，每個學生都被安置在一個共同的地方，不論這個地方是否能應和他們的需要。另一個對融合學校較適當且人性化的定義為，一個包含不同安置方式的學校，這些教育安置能讓學生有安全感，被接受、被尊重，且能得到適當的協助以發展其情意與智能。這種定義指出不同的人因其特殊需求，能有不同的安置選擇。

　　融合不是一個新觀念，它只是美國 1990 年特殊教育法的另一個名詞。許多有關情障的研究及工作人員指出，普通學校及班級目前絕無法提供給學生上述的需求。普通老師的時間有限，缺少集中式的人力資源，及學生問題的嚴重度都減少了普通學校及班級對某些學生的教育成效。如果這些學生無法在普通班級裡得到更多的學習機會，和同學們有正面性的互動關係，與最適性的教育，那融合就可能在只為遷就法令的情況下失去了原本的意義與精神（毛連塭，民 83 ）。另一方面，我們知道，特殊學校及班級能提供給這些學生一個安全、認同、被尊重、及豐富的學習環境。

　　一個世紀以前，將特殊機構視為殘障者唯一的安置抉擇，使許多學生被不公平地排除於普通學校的系統以外。將普通學校及

班級視為殘障學童的唯一安置方式或許也會造成類似的假平等問題。當我們想要使普通學校及班級能以最合理的方式去融合學生，我們就不應該將所有學生的需要泛化，或脫離實際的教學情況。

參考文獻

教育部研究委員會（民 81）。**台灣地區未未未來六年（八十至八十五學年度）國小特殊教育師資供需情形之推估研究**。台北市：中華民國教育部。

毛連塭（民 83）。當前特殊教育的兩個重要理念。**特教新知通訊，2**(3)，1-2。

Brandenberg, N.A., Friedman, R.M., & Silver, S.T.（1990）. The epidemiology of childhood psychiatric disorders: Prevalence findings form recent studies. *Journal of the American Academy of Child and Adolescent Psychiatry, 29,* 76-83.

Kauffman, J.M., Lloyd, J.W., Baker, J., & Riedel, T.M.（1995）. Inclusion of all students with emotional or behavioral disorders? Let's think again. *Phi Delta Kappan, 76*(7), 542-546.

U.S. Department of Education（1994）. *To assure the free appropriate public education of all children with disabilities: Sixteenth annual report to Congres on the implementation of the Individuals With Disabilities Education Act.* Washington, D.C.: U.S. Government Printing Office.

U.S. Office of Technology Assessment（1986）. *Children's mental health problems and services-A background paper.* Washington, D.C.

9

自閉症療育之回顧與前瞻

◆倪志琳◆

壹、前言

　　自閉症是一種兼具社會人際互動、語言溝通障礙及出現重複同一性（Sameness）行為之廣泛性發展障礙（PDD, Pervasive Developmental Disorders）。

　　近年來，由於特殊教育知識及資訊之推廣與普及，自閉症對許多人而言，不再是陌生的名詞，然而，對於自閉症形成之原因及其行為特徵之普遍認識則尚不足，尤其在自閉症之療育方面，仍待有心人之開發及推廣。有鑑於此，本文將摘要介紹過去四十餘年來有關自閉症之療育方式，並嘗試展望未來可能發展之方向。

　　在回顧有關自閉症療育之不同學說前，將先介紹關於自閉症病因之各派學說，及其對自閉症療育之影響。

貳、自閉症之病因

一、心因說

　　早自堪納醫師（Leo Kanner）開始，便視自閉症為一種社會人際及情感方面之障礙，認為此種障礙主要是因嚴重的社會退縮（Social Withdrawl）行為所引起，並和自閉症兒童家長之冷漠態度有關。雖然堪納醫師後來也開始質疑是家長態度造成自閉症之論點，然而在 1950 及 1960 年代，普遍之看法仍視自閉症為對不利環境作出不適應反應之一種社會人際方面之障礙，代表的學者如 Bettelthim（1967）、Boatman & Szurek（1960）及 Q'Gorman（1970）等人，均認為自閉症是由於缺乏環境刺激、父母之排拒，缺乏父母的溫暖或因家庭中偏差互動關係，造成患者內心衝突不適等因素所引起。

　　事實上，在後來的研究分析中，發現自閉症的父母並無共通的特殊人格特質，也沒有異常的環境壓力或家庭互動模式；而若將自閉症兒童改變安置在不同的環境，其行為特徵亦可見顯著差異，凡此種種，均漸漸否定了心因論之說法。

二、精神分裂說

　　視自閉症為精神分裂症之早發型，則是與心因說同時被提出之另一學說。精神分裂症患者之特徵為思考以自我為中心，不合邏輯而難為一般人所了解，而自閉症的早期行為特徵不理人、不看人、自己玩自己的，使人覺得他不願與人溝通，而被懷疑是精

神分裂症的早發型。然而，後來許多研究發現，此種說法並不正確，英國的 Rutter（1972）則摘要提出此二種病症之不同處如下：

(一)發病年齡不同

一般而言，精神分裂症要到青春期或青年早期才會出現明顯症狀，而自閉症之發病年齡依定義是在 30 個月之前。

(二)病症不同

精神分裂症是經常相當正常之發展過程後，才出現異常思考之現象，而自閉症病患者則是在發展過程中即出現障礙；此外，精神分裂症會有的妄想、幻覺等現象，也極少出現在自閉症身上。

(三)病程不同

就精神分裂症而言，顯著症狀之減輕、痊癒或再復發均常見，只有一部分會持續惡化，而自閉症患者，除偶而在青春期可能出現退化情形外，病況發展較穩定。

(四)智能顯著差異

大部分自閉症患者兼具智能不足，而精神分裂患者則較少。

(五)性別分布不同

一般而言，精神分裂患者男女比例相當，而自閉症患者則男多於女四倍以上。

(六)家族病史不同

精神分裂患者約有五分之一具精神病家族史，自閉症患者則

約有五分之一具語言發展遲緩、智能不足或學習障礙之家族病史。

三、認知及發展異常說

　　雖然早期關於自閉症因學說之主要重心在於強調社會人際關係之異常，而語言及認知能力方面之異常則被視為較次要的。然而，自 1960 年代中期起，亦有學者開始重視自閉症認知方面之問題。如 Rutter 與 Lockyer（1967）及 DeMyer, et al.（1973）等人的追蹤報告即指出此一課題之重要性。

　　在智力方面，大多數的自閉症兼具智能不足，且智商在五十以上者佔半數以上，而智力程度及是否具有語言不只是最佳之預後指標，同時也是日後自閉症心理及社會性發展之有效指標。除了智力上的特徵外，和相同發展程度的普通或智障兒童比較，自閉症患者在認知方面之特徵還包括排序能力、抽象能力、語義了解等方面之缺陷。

　　以上種種，均顯示出自閉症患者在發展之早期，認知方面便出現異常及缺陷，而這同時也影響到他們社會人際關係上推理及運用線索之能力。

四、神經系統障礙說

　　目前自閉症被認為是因種種不同醫學方面之病因，引起神經系統損傷所造成，以行為特徵為診斷依據之症候群。表一中所列為和自閉症病因相關神經生物學方面之各種因素，而這些因素和自閉症之產生都不只是巧合而已。

表一　和自閉症相關之神經生物學研究

神經生物學研究	重要參考
1.男、女比率	Wing （1981）
2.智能障礙	Rutter（1983）
3.癲癇	Olsson et al.（1988）
4.幼兒痙攣	Riikonen & Amnell （1981）
5.青春期退化	Gillberg & Steffenburg （1987）
6.X 染色體脆弱症	Wahlstrom et al.（1986）
7.其他性染色體異常	Gillberg & Wahlstrom （1985）
8.結節性硬化症	Lotter （1984）
9.纖維性神經瘤症	Gillberg & Forsell （1984）
10.苯酮尿症	Friedman （1969）. Lowe et al.（1980）
11.酸血症	Coleman & Blass （1985）
12.嘌呤異常	Coleman et al.（1976）
13.先天性德國麻疹	Chess et al.（1971）
14.出生後泡疹感染	Delong et al.（1981）, Gillberg （1986）
15.雷特症候群	Wiff-Engerstrom & Gillberg （1987）
16.水腦	Schain & Yannet （1960） Fernell et al.（1990）
17.Ito 氏黑色素不足症	Gillberg & Akefeldt （1990）
18.同卵雙胞胎研究	Folstein & Rutter （1977） Steffenburg et al.（1989）
19.威康氏症候群	Reiss et al.（1985）

叁、自閉症之療育

一、心理治療法（Psychotherapeutic Approaches to Treatment）

　　在早期，由於心因論學說之盛行，因此也直接影響到自閉症兒童及其家長所接受之治療；在此時期，無論是直接針對兒童或間接針對家長，最普遍之治療方式均為心理治療法。然而，後續之研究並無法支持心因論之觀點，及與其相關之治療方式，例如Cantwell, et al.（1978）之研究報告指出：①自閉症兒童之家長不比對照組的家長有更多情感或人格上的問題；②家人互動並無異常；③環境壓力大致和對照組家庭相當；此外，Rutter, Lord（1987）及 Skuse（1984）等人之研究亦顯示，自閉症兒童之行為特徵和受到生理、情感虐待或忽視兒童之行為明顯不同。

二、醫藥療法（Physical Approaches to Treatment）

　　由於受到主張自閉症和精神分裂症有關學說之影響，使得曾有一段時間，治療精神分裂症之療法也常被應用在自閉症患者之治療。

　　自 1950 年代起，傳統上用來治療精神分裂症和自閉症之心理治療法，開始被其他的醫藥療法取代，例如痙攣療法（Convulsive Therapy）便曾在過短時期之盛行。此外，許多治療精神分裂症之藥物，也被用在自閉症之治療上，雖然自閉症和精神分裂症患者對藥物之反應相當不同，但仍有許多人不斷地試驗和

研究，多種藥物如Hypnotics Hallucinogens, Lithium, Fenfluranine, Haloperidol, Naltrexene 等，但其效果仍有限，大多對自閉症根本的病理特徵無太大幫助。

綜合言之，由於自閉症病因之複雜性，難有一種藥物對自閉症之所有症狀都有效，因此，現階段藥物療法主要是處理自閉症患者之生理問題（如癲癇）、某些行為問題（如過動）之控制，或經由遺傳諮商防範自閉症之發生等方面。此外，亦有研究指出，藥物治療可視為自閉症整體療育之一環，經由評估、用藥分析、診斷及多元之效果評量，對某些自閉症患者而言，藥物療法將是安全療效之方法之一。

三、教育療法

在 1960 年代末期及 1970 年代初期，由於自閉症不再只被視為精神分裂症的一種或是肇因於心理社會方面之因素，因而自閉症的療育也有重大改變。以英國為例，藥物及心理治療均因療效不佳而越來越不被採用，取而代之的，為重視有助自閉症社會人際、語言能力，及認知功能方面發展之方法。

在教育界，則開始強調自閉症適性教育之重要，在學校設施方面，亦擴大因應而涵蓋了學前教育，通學或住校、畢業後之輔導措施。而相關的研究，則肯定自閉症兒童症狀之改善和其在校是否受到良好教育相關；如 Mittler, et al.（1966），DeMyer, et al.（1973），Lotter（1974）及 Kanner（1973）等人之追蹤研究均顯示，自閉症受教育時間之長短和其日後之發展相關；之外，Schopler, et al.（1971），Egel（1981），Rutter & Bartak（1973），及 Goldfarb（1974）等人之研究證明對自閉症而言，結構化教學之效果遠優於放任式教學法。

四、行為治療法

　　適當教育設施漸受重視的同時，行為學說為基礎之治療方式亦開始發展，早期的代表人物有 Eysenck（1960）、Wolpe（1958）等人，到了 1960 年代中期，制約理論已被廣泛運用在多種兒童問題之治療，包括患精神病之兒童。

　　早期與自閉症相關之研究，多為狹隘之實驗模式，此時期之研究著重制約技巧及實驗之精確，而非這些實驗結果會帶給自閉症患者那些實質的助益；然而逐漸地，從學習理論衍生的技巧，也慢慢被運用在臨床治療上。

　　在一開始，針對自閉症兒童之行為治療法較重視次要領域，如不適當行為之減少，此時的研究代表有 Lovaas, et al.（1965），Walf, et al.（1964 & 1967），Wetzel, et al.（1966），Jensen & Womack（1967）等人，而經由行為治療之隔離、消弱、懲罰、差別增強等方式而獲改善之不當行為包括自傷、自我刺激、過動、攻擊行為等。

　　後來，操作制約技巧開始運用在自閉症患者其他能力之增進，如生活自理、職能訓練等，甚至更進一步被應用在社會人際互動及語言溝通能力之訓練上，此方面之研究代表有 Marshall（1966），Koegel & Rincover（1974），Martin, et al.（1968），Lovaas（1966），Kisley & Wolf（1967），Marshall & Hegrenes（1970），Stark, et al.（1968）等人。

　　隨著操作制約技巧被廣泛運用在許多行為及發展障礙之治療上，到了 1960 年代末期，其在有效解決此類問題之效果上，幾乎已經無庸置疑。然而，到 1970 年代初期，仍有 Pawlicki（1970），McDonagh & McNamara（1973），Yule & Borger（1972）等人就此方面研究之有限性，提出論點如下：

㈠幾乎所有自稱有療效的行為治療研究都是基於單一個案報告，在缺乏對照的情況下，常難以比較用他種治療法之療效如何，同時，無法區分個案行為之改善是屬治療效果，或是隨個案年齡增長，成熟而造成之自然變化。

㈡治療常只評量某些特定行為之變化，如所習得文法規則之量，或不良行為（如撞頭）之減少案，而非針對兒童整體、長期發展之影響考量。

㈢很少考慮到兒童之個別差異或不同發展階段之需要。

㈣行為變化之評量幾乎都在治療之場所進行，未考慮能否類化到非治療的其他場所。

㈤大多數的研究無繼續追蹤（follow-up），即使有，也是短期的，由於自閉症是慢性、長期的病症，長期的追蹤評量相當需要。

因此，未來在進行研究設計時，應針對上述五方面予以改善。

五、其他療法

過去二十多年來，曾出現過不少和自閉症相關的特殊治療或教育方面之技巧，美國學者 Schopler, E.（1989）即曾加以彙整，除本文前述之療法外，尚有其他多種方式如下列：

表二　自閉症之特殊治療法

嫌惡治療法	物理治療法
舞蹈治療法	語言治療法
發展治療法	遊戲治療法
擁抱治療法	音樂治療法
互動治療法	感覺統合

| 綜合維他命治療法
回歸主流 | 非療養院安置方式 |

肆、未來之展望

　　多年來，在不同領域專家學者之不斷實驗及研究下，使我們對自閉症之成因及特徵得有更進一步之認識與了解，至於未來自閉症之療育方式，將朝早期發現、早期療育、全面及長期性之方向發展。

一、早期發現與療育

　　雖然自閉症和其他易由外觀辨認之障礙不同，不易在孩子出生後數月至一、二歲間被發現。然而，家長仍能自孩子的某些行為（如語言發展遲滯，對人、事、物之異常關係，特殊遊戲方式等）表現，懷疑孩子可能有發展上的問題，當家長有這種懷疑時，應儘快帶孩子就近至提供自閉症診斷治療的醫療院所鑑定，若確定孩子為自閉症，則應儘早展開早期介入及療育的工作。

　　根據 Michael D. Powers（1992）彙整 Anderson, et al.（1987），Dunlap, et al.（1988）. Egel & Powers（1992），Harris（1991），Louaas（1987），McGee（1991），Simeonsson, et al.（1987）⋯⋯等多人之研究結果，提出自閉症兒童早期介入計畫之八項要素如下：

　　㈠結構化之治療，運用行為分析之原則。

　　㈡家長在學校、社區、家庭之參與及配合。

　　㈢儘早展開介入及療育。

　　㈣密集治療。

㈤課程設計強調類化原理。

㈥課程強調社會人際互動及溝通技巧。

㈦教學者需具專業素養並定期接受評鑑。

㈧安置方式應和一般兒童一起而非隔離。

二、醫療研究

　　自從 Kanner 醫師在約半世紀前發表了第一篇有關自閉症的文章以來，目前許多研究之結果已顯示，神經生物學方面之因素，對於自閉症的產生有重大影響，這些研究之領域包括遺傳學、免疫學、神經病理學及同位素顯影等。雖然，對於自閉症產生病因目前尚未有一致的定論，但可確定的是，自閉症症狀之異質性相當高，其本身可再區分為彼此相當具差異性之次類別。因此，未來有關自閉症之研究，應探討如何更進一步來區分次類別，如此，將有助從事研究者獲取同質性較高之研究對象，也惟有如此，才可能自各種不同之研究中，進一步釐清不同因素對產生自閉症之影響。

三、特殊教育

　　自 1960 年代起，便零星開始有專門提供自閉症療育及相關服務之措拖，到了 1980 年代，除了早期療育之效果受到肯定外（ Simeonsson, Olley & Rosenthal, 1987 ），其他如適當的鑑定及教育安置，個別化教育計畫之建立，師資培訓之加強、親職教育之配合案，均為重要課題。

　　茲以 Schopler 在其所主持著名之美國北卡羅萊納大學 TEACCH（ Treatment and Education of Autistic and re-lated Communication Handicapped Children ）方案中，所運

用之基本療育原則分述如下：

(一)增進適應能力

自閉症兒童之適應能力可藉：①其本身能力之提昇；及②相關環境之改善、補足等二方面來達到。

(二)家長之參與及合作

經由家長之共同合作，孩子才能獲得最佳之療育效果。

(三)個別化療育評量

個別化教育計劃及治療均基於合乎發展之診斷與評量。

(四)實施結構化教學

(五)提昇其技能

強調提昇孩子及家長之技能，並接納其弱點。

(六)運用認知及行為治療理論之原理原則

(七)採通才培訓

師資及專業人員之培訓採通才訓練模式，以增進對自閉症全面性認識。

除上述之課題外，相關法令之制定，亦為自閉症兒童獲得適性教育及其他必要服務不可缺乏基礎。我國自特殊教育法（民73）及其施行細則（民76）相繼公布實施以來，各類特殊兒童受教育之權利及保障獲確立；而殘障福利法之修訂（民79），於對象中增列入自閉症，及第二次全國特殊兒童普查（民80）中，亦列入自閉症等，均顯示自閉症之教育及福利，已於國內受

到廣泛之重視。

伍、結語

　　隨著各領域有關自閉症病因及療育方式知識與技巧之進步，將有助於自閉症各項能力及行為之改善，進而增進其適應社會及獨立生活之能力。

　　筆者不揣淺陋，收集整理國內外關於自閉症病因及療育之相關資料，撰寫此文，疏陋處尚祈各方指正。此外，亦希望藉此拋磚引玉，使更多有心人投入關心自閉症療育之行列。

參考文獻

林貴美、劉賢璟（民 77）：**自閉症的病因、診斷與治療**。台灣省立台北師範學院特殊教育中心。

宋維村（民 80）：**幼兒自閉症的行為與教育矯治**。財團法人中華民國自閉症基金會。

宋維村（民 81）：**自閉症兒童輔導手冊**。國立台灣師範大學，教育部第二次全國特殊兒童普查工作執行小組印行。

張正芬（民 81）：自閉症學生。**載於如何發現及協助特殊學生**。國立台灣師範大學特殊教育中心印行。

Gillberg, C.（1990）. Autism and Pervasive Development Disorders. *Jounal of Child Psychology and Psychiatry,* Vol. 31, 99-119.

Howlin P., & Rutter, M.（1987）, Changing Theories and Styles of Treatment in Autism. *In Treatment of Autistic Children*（pp. 10-21）. New York: John Wiley & Sons.

Olley, J.G.（1992）. Autism: Historical Overview, Definition, and Characteristics. In D.E. Berkell（Ed.）, *Autism: Identification, Education, and Treatment*（pp. 3-20）. Lawrence Erlbraum Associates.

Powers, M.D.（1992）. Early Intervention for Children with Autism. in D. E. Berkell（Ed.）, **Autism: Identification, Education, and Treatment**（pp. 225-252）. Lawrence Erlbraum Associates.

Schopler, E.（1989）. Principles for Directing Both Educational Treatment and Research. In C. Gillberg（Ed.）,

Diagnosis and Treatment of Autism（pp 167-183）. New York: Plenum Publishing Corporation.

Tsai, L.Y.（1992）. Biomedical Research in Autism. In D.E. Berkell（Ed.）, **Autism: Identification, Education, and Treatment**（pp. 53-74）. Lawrence Erlbravm Associates

Tsai, L.Y.（1992）. Medical Treatment, In D.E. Berkell（Ed.）, **Autism: Identification, Education, and Treatment**（pp. 151-184）. Lawrence Erlbraum Associates.

二／評量與安置

必也正其名乎──行為異常、性格異常、情緒障礙或嚴重情緒困擾？

◆洪儷瑜◆

　　行為異常、性格異常、情緒障礙或嚴重情緒困擾等詞指「青少年或兒童時期由於體質、生理或長期外在因素之影響，造成人格發展之缺陷，導致其生活內容、思考方法或行為表現僵滯或偏差，而在生活中出現明顯異於生活常規，或與同年齡學童有明顯差異的行為，進而造成學業、生活、人際關係、及情緒等方面的困難」（林幸台，民 81，P1）。這些名詞都曾在國內的特殊教育界出現，但鮮為人察覺這些名詞的確實意義。筆者前年因參與台北市國中特殊教育學區規劃的工作，直接接觸學校教師、行政人員和其他特教同仁對這名詞的反感，令筆者興起念頭重新探討國內對這類障礙學生的名詞使用。美國行為異常兒童學會（Council for Children with Behavioral Disorders, CCBD）也曾為了不滿意公法 94-142 法中所使用的名詞，發表多次聲明。筆者期藉此文引起大家對這問題的重視。

壹、美國相關名詞使用之沿革

　　美國文獻上代表行為問題的名詞很多，Kauffman （ 1993 ）

曾綜合整理，發現名詞不外是「情緒、行為、社會、或個人」等
方面加上「困擾、異常、適應不良、障礙、衝突、或缺失」等兩
組名詞的組合。但在特殊教育異常引用的名詞則為「情緒困擾」
或「嚴重情緒困擾」、「情緒障礙」、「行為異常」、「性格異
常」或「情緒或行為異常」名詞。各名詞出處詳見表1。

表1　特殊教育對「情緒障礙」名詞的使用

年　代	名　　詞	提出的學者單位或法令
1957	emotional disturbance 情緒困擾	E. Bower 等人提出
1964	emotional handicap 情緒障礙	W. Morse 等人提出
*1970	「性格及行為異常」	臺灣省特殊教育推行辦法
1975	seriously emotional disturbance 嚴重情緒困擾	公法 94-142
*1984	「性格異常」「行為異常」	特殊教育法
1985	behavioral disorders 行為異常	行為異常兒童學會
1987	emotional or behavioral disorders 情緒或行為異常	心理衛生和特殊教育聯合組織
*1991	「性格及行為異常」	全國第二次特殊兒童普查
*1994	行為異常	特殊教育法修訂法案草案

* 為我國名詞創用之年代

一、從「情緒困擾」到「嚴重情緒困擾」

「情緒困擾」（emotionally disturbed）是 E. Bower 和他的同事在 1957 年於加州有系統地進行情緒困擾兒童的鑑定研究中所提出來的（Bower, 1982）。當時所用的鑑定方法曾被國內徐澄清引用為台北市國小適應困難學生的檢出工具（徐澄清，民67）。Bower 提出來的「情緒困擾」的定義也被公法 94-142 所延用，只是公法 94-142 對於 Bower 等人的名詞更嚴格地訂名為「嚴重情緒困擾」（seriously emotional disturbance, SED）。Bower 曾批評公法 94-142 的名詞。他質疑為什麼法令不一致地限制各障礙的程度，如嚴重智障、嚴重聽障、或嚴重視障等，反而只在情緒困擾一項限制嚴重的程度。而且限制嚴重程度並不表示不嚴重的情緒困擾就不需要特殊的服務（Bower, 1982）。可惜，Bower 的抗議並未被美國聯邦政府接受，1990 年修訂的「身心障礙者教育法案」（Individuals with Disabilities Education Act, IDEA）仍繼續採用「嚴重情緒困擾」一詞。

二、「情緒障礙」的使用

大家慣稱的「情緒障礙」（emotional handicap）則是 W. Morse 等人於 1964 年所出版的「公立學校的情緒障礙班」（Public School Classes for the Emotionally Handicapped）一書中所提出的（引自 Kauffman, 1993, p.94）。後來這名詞在美國的文獻並不常見，可是在臺灣「情緒障礙」一詞卻相當普遍，甚至有很多特教教師仍以為「情緒障礙」是特殊教育法的法定用語，而且在部分縣市也仍看到設有「情緒障礙班」。

三、「行為異常」的主張

美國特殊教育學界對於公法 94-142 的「嚴重情緒困擾」（SED）一詞也相當不滿意。在 1985 年提出正式聲明，反對使用「嚴重情緒困擾」一詞（Huntze, 1985），而提出「行為異常」（behavioral disorders, BD）。美國行為異常兒童學會（CCBD）提出反對「SED」的理由包括：①SED 對情緒的重視反應出心理動力學派的影響，且意涵著處理的重點在情緒，因此會限制了其他學派技術的運用；②SED 的重點強調傳統人格的評量，只重視內在的情緒、感覺的評量，忽略了外在行為的表現；③SED 引涉了童年發展的問題，負面標籤效果比 BD 大；④SED 無法代表目前在公法 94-142 經費下服務的學生，多數學生是行為問題，情緒問題的學生少；⑤SED 的重點非特殊教育專業的重點，無法代表特殊教育專業的重點和趨勢。相對的 CCBD 認為 BD 具有下列優點：

㈠未指明成因，也未限制處置模式。

㈡可以促進較廣闊和客觀的評量。

㈢較不具負面的標記效果。

㈣較能代表有公法 94-142 所服務的該類學生。

㈤較能代表特殊教育工作的重點（Huntze, 1985）。

因此，BD 就成為美國特殊教育專業人員通用的名詞，很多著名的教科書也多使用 BD（Kauffman, 1985, 1989; Rosenberg, et al., 1992），反而少見 SED 的使用，而 SED 在行政單位使用較多。

四、跨專業的聯合命名「情緒或行為異常」

　　鑑於「行為異常」（BD）易造成教師忽略內向性行為問題，以及「行為異常」在其他心理衛生專業的概念中，並未包括情緒或性格的問題，1980 年代末，美國成立全國心理衛生和特殊教育聯合組織（National Health and Special Education Coalition）共同討論這類特殊兒童的名稱和定義於 1987 年，該聯合組織發表初步同意。「情緒或行為異常」（emotional or behavioral disorders, E/BD），這個包括三十幾個專業團體的聯合組織正在努力推銷他們的主張。他們期待取代聯邦政府所訂的 IDEA 中的名詞和定義，以讓各州行政部門能採用。

貳、國內相關名詞使用之沿革

　　國內在民國五十九年「臺灣省特殊教育推行辦法」即將「性格及行為異常」列為特殊教育服務對象的七類之一。一直到民國七十三年的「特殊教育法」中將這類分列出「性格異常」和「行為異常」為特殊教育服務對象這兩類。民國八十一年二月教育部提出這兩類的定義和鑑定要點（教育部，民 81）。雖然這兩類的定義不同，而且在精神科的診斷上略有不同，但事實上區分這兩類型的問題並不容易。一個有焦慮情緒問題的孩子也會出現攻擊、破壞的行為，而具違規問題行為的學生也可能有憂鬱或焦慮的情緒；而且這兩類的區分是否具有教育措施的意義，這兩項問題曾被美國特殊教育學者討論過；他們因而決定將二者合併。不謀而合的是國內第二次特殊兒童普查工作也將這兩類合併，稱之為「性格及行為異常」（教育部，民 80）。一直至民國八十三

年教育部特殊教育法修訂草案中擬將原文的「性格異常」和「行為異常」合併，並稱「行為異常」（特教新知編輯室，民83）。從國內法令上對這名詞的變化，由合又分再合，但在名詞上卻去掉了「性格」這一部分，不知這是否反應國內正在追隨著美國名詞的變化，或是我們還未注意到美國1991年對這類障礙名詞的改變。

巧合的是，我國與美國情況相同，國內的學界和特殊教育實務工作界與政府法令的用詞也不相同。「情緒障礙」自民國六十七年在文獻上出現（陳騰祥，民67），自民國七十四年台北市立師院附小成立「情緒障礙」班，特殊教育文獻上出現情緒障礙的頻率頗多，負責師資培育的三所師大課程也多仍使用「情緒障礙」，如高師大的「情緒障礙導論」、彰師大的「情緒障礙者教育」，和台灣師大的「情緒障礙論題與趨勢」。只是國內特殊教育學界在名詞用法上仍相當紛歧，未如美國那麼一致。以國內現有的特殊兒童教育概論之教科書中使用的名詞而言，仍採美國特教學界所用的名詞為多，有「性格或行為異常」（郭為藩，民82）、「行為異常」（何華國，民67；特教園丁雜誌社，民82）以及「情緒／行為異常」（王文科，民83）等用法。由國內文獻、實務界、和師資訓練課程反應出國內對這類障礙名詞使用的紛歧，難怪國內特殊教師對這類障礙的認識仍這麼模糊。

叁、國內特教教師對這類障礙的態度

一、特教教師對名詞的態度

面對國內使用名詞的不一致，以及學校教師對「行為異常」

或「性格異常」等法定名詞的排斥，筆者曾非正式的調查了解國內特教教師對國內各名詞使用的偏好情形。因為 Huntze（1985）曾表示教師對使用名詞的態度是決定名詞的考慮因素之一，筆者就進一步調查，擬初步了解教師對各名詞的態度做為決定名詞的參考。調查的對象包括在台灣師大接受特教師資訓練的教師以及將擔任特教教師的特教系學生，調查的問題是：「如果你是這類的學生或學生家長，在進入特殊教育服務時，您必須選擇一個名詞來稱呼你自己或你的孩子，你會選擇『嚴重情緒困擾』、『情緒障礙』、『行為異常』或『性格及行為異常』？」，結果如表 2 所示。

表 2　特教教師在有關名詞的選擇次數和百分比

名詞選項 / 受試來源	嚴重情緒困擾		情緒障礙		行為異常		性格及行為異常		合計
	N	%	N	%	N	%	N	%	
啟智師資班	31	55.3	25	44.7	0	0	0	0	56
啟聰師資班	16	25.8	37	59.7	8	12.9	1	1.6	62
特教系	11	30.6	20	55.6	2	5.5	3	8.3	36
合　　計	58	37.7	82	53.3	10	6.5	4	2.6	154

　　表 2 結果顯示最多現任或準特教教師選擇「情緒障礙」一詞，半數以上（53.3％）的受試都願意被稱為「情緒障礙」；次多選擇的「嚴重情緒困擾」佔 37.7％；不到一成（9.1％）的受試選擇「行為異常」和「性格及行為異常」。其中啟聰班受訓教師和特教系學生都以選「情緒障礙」為最多，而啟智班受訓教師則選「嚴重情緒困擾」為最多。筆者進一步詢問各選項的受試選擇的理由。選擇「嚴重情緒困擾」者表示每人都會有情緒困擾，所以嚴重情緒困擾較不教人起反感；選擇「情緒障礙」一詞者認

為所有身心障礙類別都有「障礙」兩字，而且「嚴重情緒困擾」過度重視「嚴重」，讓人覺得比「情緒障礙」負面些。由於本調查受試都是與特殊教育有關人士，因此無法排除受試可能因對「障礙」的稱呼習以為常，反而對「嚴重」較敏感之疑慮。少數選擇「行為異常」者表示符合法令、符合教育工作的方向、或明確指出教育的目標等理由。「性格及行為異常」是多數人認為四名詞中最負向的稱呼，不過選擇這項的極少數受試表示這是最能指出這類障礙內容的名詞。這理由也正是 1987 年美國全國心理衛生和特殊教育聯合組織對他們所提的新名詞之主要理由。

二、特教教師對教育障礙中三種類別的態度

美國有些州將輕度的「智能不足」、「學習障礙」和「嚴重情緒困擾」三類統稱為教育障礙（educational handicap），而以跨類別的方式安置（洪儷瑜，民 79）。筆者為了解特教教師對教育障礙的三類別之偏好程度是否有差異，調查中，另一問題是「如果你或你的孩子有特殊學習需要，想接受特殊教育，可是在進入特殊教育服務時，您必須讓你或孩子符合特殊教育法所規定的類別。在這三個法定名詞中，你會選擇那一個來稱呼你自己或你的孩子：『行為異常』、『學習障礙』、或『智能不足』？」為配合法定名詞，調查中則採用特殊教育法修訂草案中的「行為異常」一詞。結果如表 3 所示。

表 3 結果很明白地顯示受試對「學習障礙」的選擇，幾乎百分之百的受試在三者問題選擇「學習障礙」（98％），這種偏好和美國情形類似。值得注意的是極少數的受試選擇「行為異常」（1％），受試對「行為異常」的選擇和對「智能不足」類竟差不多，可見「行為異常」一詞令人反感的程度。難怪台北市學校對「行為異常」稱呼的迴避。

表3　特教教師對教育障礙三類別的選擇次數和百分比

名詞選項 受試來源	行為異常		學習障礙		智能不足		合計
	N	%	N	%	N	%	
啟智師資班	1	3.9	25	96.1	0	0	26
啟聰師資班	0	0	36	100.0	0	0	36
特教系	0	0	35	97.2	1	2.8	36
合計	1	1.0	96	98.0	1	1.0	98

註：本調查和表2的受試來源相同，但人數略有差異。

肆、正名之—「性格或行為障礙」或「情緒或行為失調」

一、障礙名詞的選擇和決定

綜合上述美國在數度名詞的改變中，所提出的理由，筆者認為特殊教育中障礙類別名詞的選擇應有下列原則：

㈠表現出障礙的內涵以達溝通的效果

能讓人望詞就能知道這類障礙的內容和重點。「情緒困擾」在中文的涵義太過於廣泛，可自一般因環境或短暫事件而情緒困擾的到嚴重情緒困擾到無法正常的生活者。如上述表2結果表示，「嚴重情緒困擾」仍受特教教師相當程度的喜好；另外，筆者也曾被學校輔導工作者詢問「嚴重情緒困擾」的學生和輔導的對象有何差異。這些事件足以反應「嚴重情緒困擾」一詞容易造

成混淆，因此名詞選擇也不宜為了免於標籤而造成混淆。若以上述調查結果，名詞中包括「性格」或「情緒」與「行為」二者較能達溝通的效果。

(二)最少的負面標籤效果

特殊教育的標籤作用一向為人詬病，因此如何選擇最少負向標記的稱呼就顯得格外重要。1980 年代末筆者在美國唸書時，系上教授 M. Snell 是美國重度障礙教育著名的學者。她一再禁止我們使用「the handicapped」或「the mentally retarded」之用法。她常呼籲改用「individual with mental retardation」。1990 年的 IDEA 就正式提出希望稱呼障礙人士以「people with……」或「individual with……」。雖然在中文使用上很難響應美國這種減少障礙的負面標籤之做法，但其精神是值得國內特殊教育界人士效法的。在上述調查的四個名詞，「異常」兩字確實違反了這項原則，「情緒障礙」在本調查結果中是最不負向的名詞了。

(三)表現出專業工作重點，以區分不同專業工作的重點

美國學者 S. Huntze 曾指出「在法規使用的名詞（terminology）要能讓州立和地方教育機構有一致的看法和決定是很重要的」（Huntze, 1985; p.168）。因此名詞的訂定最好能反應專業工作的重點，以讓實務工作者可以望詞生義，知道工作的重點。上述調查也有受試表示名詞包括「行為」可以反應特殊教育的工作重點和方向；相較之下「情緒」兩字就不具此效果。在筆者之調查中，也有人反應「行為」比「情緒」容易觀察，教師也較容易設定目標和教學計畫。

二、我國名詞訂定之建議

㈠名詞中仍應保留內在和外顯兩部分

　　雖然「性格及行為異常」因太負向而不合適，「行為異常」和「性格異常」分開也不合適，而以其中之一的「行為異常」代表全部也非理想的名詞。基於上述名詞所背負之溝通目的，筆者認為名詞應明白指出這類障礙包括內在和外在兩方面的問題，內在問題可以用「情緒」、「性格」或其他名詞表示，外在問題則以行為恰當。

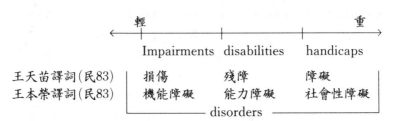

	輕		重
	Impairments	disabilities	handicaps
王天苗譯詞(民83)	損傷	殘障	障礙
王本榮譯詞(民83)	機能障礙	能力障礙	社會性障礙
		disorders	

圖1　世界衛生組織提出「disorders」和損傷、殘障、障礙之關係。修訂自石耀堂（民83）。

㈡重新翻譯「disorder」或改用障礙

　　「行為異常」、「情緒及行為異常」都是英文 BD 或 E/BD 的翻譯，在英文中「BD」比「SED」較為人接受，可是在中文翻譯後卻恰好相反。令筆者懷疑的是「disorder」翻譯為「異常」是否恰當。在國內相關文獻「disorder」曾被翻譯為「疾患」（孔繁鐘，民80），或是「……症」或「異常」二者皆用（張春興，1989）。世界衛生組織提出「disorder」與「impairments」、「disabilities」和「handicaps」三者的關係，由圖1可看出「disorders」是這三種障礙層次結果的一種狀況。由此系統可了解「疾病」或「疾患」可能比「異常」更能代表「disorders」的意義。

由字典上的翻譯探討，梁實秋編的遠東英漢字典與吳奚真編的牛津英漢字典都譯為「（身心）不適、疾病」；大陸英漢字典譯成「（身心）失調」或「疾病」；在英文解釋上，「disorder」牛津字典解釋為「正常身或心功能的混亂（disturbance of the normal working of the body or mind）；在美國傳統英文字典（the American Heritage Dictionary of the English Language）則解釋為「影響心或身功能的病痛」（an ailment that affects the function of mind or body）。因此「疾病」和「失調」都合適的翻譯，在意義上，「異常」反而是不太恰當的翻譯。「疾病」和「失調」兩者比較之下，「失調」又比「疾病」正向一些了。

如不拘泥於英文的翻譯，改用「障礙」也是一種辦法。有人表示身心障礙的類別中都用「障礙」，為何單獨在「行為異常」使用「異常」？更何況目前特殊教育法修訂草案中也將「智能不足」改為「智能障礙」，這一來就更顯出「行為異常」更異常了。基於上述原則目前修訂案中的「行為異常」實非理想之名詞。

法令中名詞的決定旨在規範民眾使用，因此使用者的反應是立法時不得不考慮的。綜合前文所述，筆者認為未來對這類的名詞最好明白指出內外在的問題，同時也避免「異常」兩字。因此，「性格及行為失調」、「情緒或行為障礙」、或類似的組合都是可以考慮的名詞。此外，為了解教師、家長、或民眾等不同對象對中文名詞的態度，基於慎重起見，相關單位應在立法前進行具代表性的正式調查，收集一般大眾意見供名詞選擇之參考。

本調查只針對特殊圈內人的態度，未包括一般大眾，樣本上的偏差也可能會有如上述的問題，不同受試可能會對「障礙」一詞的敏感度有異。最後，在慎重決定名詞後，有關單位也應努力宣導和鼓勵統一使用，以免造成混淆，徒增溝通困難。

參考文獻

王天苗（民83）：啟智工作的省思。**特殊教育季刊，50，**
　　5-14。

王文科（編）（民83）：**特殊教育導論**。台北市：心理。

王本榮（民83）：日本早期發現及早期療育制度之介紹。載於
　　發展遲緩兒童早期發現、早期療育國際研討會大會手冊
　　（19-23頁）。台北市：中華民國智障家長總會、台北市智
　　障者家長協會。

孔繁鐘譯（民80）：**DSM-Ⅲ-R 診斷準則手冊**。台北市：合記
　　圖書。

石耀堂（民83）：從兒童福利法談我國的早療制度。載於**發展
　　遲緩兒童早期發現、早期療育國際研討會大會手冊**（27-31
　　頁）。台北市：中華民國智障家長總會、台北市智障者家
　　長協會。

何華國（民67）：**特殊兒童心理與教育**。台北市：五南。

林幸台（民81）：**性格及行為異常兒童輔導手冊**。台北市：教
　　育部全國第二次特殊兒童普查工作執行小組。

洪儷瑜（民79）：談跨類別特殊教育。**特殊教育季刊，34，**
　　16-31。

徐澄清（民67）：**怎樣早期發現適應欠佳學生**。台北市：幼獅
　　文化。

郭為藩（民82）：**特殊兒童心理與教育（三版）**。台北市：文
　　景。

特教新知通訊編輯室（民83）：行政動態。**特教新知通訊，1**
　　⑽，10-11。

特教園丁雜誌社編（民82）：**特殊教育通論—特殊兒童心理與教育**。台北市：五南。

教育部第二次特殊兒童普查工作執行小組（民80）：**全國第二次特殊兒童普查工作初查手冊**。台北市：第二次特殊兒童普查工作執行小組。

教育部（民81）：**語言障礙、身體病弱、性格異常、行為異常、學習障礙暨多重障礙學生鑑定標準及就學輔導原則要點**。台北市：教育部。

陳騰祥（民67）：情緒障礙兒童的成因與對策。**師友，129，**8-12。

張春興（1989）：**張氏心理學詞典**。台北市：東華。

Bower, E. （1982）. Defining emotional disturbance: Public policy and research. *Psychology in Schools, 19,* 55-60.

Huntze, S. （1985）. A position paper of the Council for Children Behavioral Disorders. *Behavioral Disorders, 10,* 167-174.

Kauffman, J. M. （1985）. *Characteristics of children's behavioral disorders* （3rd ed）. New York: MacMillan.

Kauffman, J. M. （1989）. *Characteristics of behavioral disorders of children and youth* （4th ed）. New York: MacMillan.

Kauffman, J. M. （1993）. *Characteristics of emotional and behavioral disorders of children and youth* （5th ed）. Colunbus, OH: Merrill.（台北市：雙葉代理）

Morse, W.C., Cutler, R.L., & Fink, A.H. （1964）. *Public school classes for the emotionally handicapped: A research analysis.* Washington, DC: Council for Exceptional Children.

Rosenberg, M., Wilson, R., Maheady, L., & Sindelar, P.T.（1992）. *Educating students with behavioral disorders.* Needham Heights, MA: Allyn & Bacon.

自閉症診斷標準的演變

◆張正芬◆

壹、前言

　　「自閉症」，自 1943 年 Dr. Kanner 發表第一篇文獻迄今，正好歷經半個世紀。在這半個世紀中，對自閉症一詞，可謂由陌生轉而熟悉，由含糊不清的概念轉而有較具體而清楚的界定。其中，原因論由原來以父母教養態度、性格偏差為主的心因論（環境論）改為以自閉症中樞神經系統異常導致的發展障礙。治療方法也由早期父母進行心理分析、輔導，對兒童實施接受性的遊戲治療，到目前以結構性課程配合行為改變的策略加上父母的參與為重點，其間變化不可謂不大。而診斷標準在這五十年間，經過數度修正，對臨床診斷與學術研究造成相當的影響與困擾。所幸近年來診斷標準漸趨一致，爭議日減，此種塵埃落定的結果，有助於自閉症的了解、掌握與服務的提供，也有助於教育的推動與研究工作的進行。本文擬以年代為區分，略述診斷標準的演變，並配合學術與臨床所見，為診斷標準的改變做輔助說明。

貳、一九四三年至一九七九年間

1943 年 Kanner 提出診斷標準如下：

一、沒有器質性異常。

二、發病在早期（1-2 歲）。

三、具有特殊的精神症狀。

　㈠極端的孤立、自閉。

　㈡特有的語言症狀。

　㈢有強烈的欲望將事物保持於固定狀態。

　㈣對某些事物顯得非常熟練而有能力。

　㈤具有聰明的容貌。

四、過程中沒有幻覺、妄想等現象。

五、家族中有特殊的心理結構。

Kanner 的診斷標準中，有幾個主要重點及含意，對當時及往後一、二十年間（約 1943-1965 年左右）的研究產生幾個重大的影響：

• 排除腦部器質性障礙。顯示自閉症非器質性病因所導致，可能原因為心理、環境因素。

• 強調此障礙之症狀出現於出生後 24 個月內，且過程中沒有幻覺、妄想等現象。由於精神分裂症的早發型約出現在七歲以後，且發病過程中伴有幻覺、妄想等現象，顯示自閉症不同於小兒精神分裂症。

• 明確指出主要障礙所在，即社會性、語言的障礙及對環境的特殊反應（如固執性）等。

• 有聰明容貌及特殊的能力。此項標準強調自閉症有良好潛

在的認知能力及聰慧的外貌，顯示自閉症不同於智能不足。

　　• 強調家族有特殊的心理結構。此項標準與第一項標準相呼應，更強化自閉係心理因素而非生理因素的推論。

　　1975 年代前後，累積二十餘年自閉症研究及臨床實務經驗的結果，上述重點與研究方向有了戲劇性的改變。這幾個重點在以後的研究中，有的被保留，有的被修正，也有的被刪除。

一、原因論的改變

　　由 Kanner1943 年的定義開始，心理醫師、學者紛紛提出「環境養育論」、「心因論」的說法，企圖解釋自閉症的成因，一時之間，家長成為研究的焦點，「冰箱父母」成了家有自閉兒父母的代名詞。之後，由於研究方法的改善、醫學科技的進步、及對治療效果不彰的檢討等多重因素的影響，自閉症的成因由上述說法改為中樞神經系統的障礙。換言之，自閉症係由腦部器質性或機能性異常所導致（張正芬，民 70）而非直接由心理、環境因素所造成。

二、智力的澄清

　　DeMeyer et al.（1974）有關自閉症智力的研究指出，75％的自閉症者有智能障礙，50％智商低於 50。往後的許多研究也都支持 75％到 80％的自閉症者兼有智能障礙。而探討智力結構的研究結果顯示，自閉症的作業智商顯著高於語文智商，作業智商中，又以視覺空間最好，顯示其內在差異很大（Ohta, 1987）。因此，自閉症都是「聰明的」診斷標準不再存在，相反地，大多數自閉症者兼有智能障礙的事實得到研究上的證實。

三、發生年齡的肯定

　　Kanner（1943）指出，自閉症兒的症狀出現在嬰幼兒期，
且最少在二歲半前出現。此項診斷標準在以後的研究中，雖時而
為 30 個月前，時而為 36 個月前，但症狀出現在早期的立論陸續
得到支持（Rutter, 1968; DSM-Ⅲ, 1980；宋維村，民 72）。
「年齡」的診斷標準在 DSM-Ⅲ-R（1987）雖一度被擴大至三歲
以上，但 DSM-Ⅳ（1994）又恢復至三歲，顯示此一標準在診斷
自閉症時的重要性。

四、主要障礙的肯定

　　Kanner 當初所提的三大主要障礙，經無數臨床觀察與研究
分析結果，均被保留下來。

　　1978 年，Rutter 綜合百餘篇的相關文獻後，歸納出四大診
斷標準（張正芬，民 71）：

　　㈠30 個月以前有症狀出現。

　　㈡有顯著的社會性發展障礙，但與智力水準無關。

　　㈢具有某種特殊的語言發展遲緩及異常，但和智力水準無
關。

　　㈣固定化的遊戲形式與異常的沉迷，但和智力水準無關。

　　此標準中強調的重點有二，一為發病年齡在 30 個月前，一
為自閉症的三大主要障礙─社會性障礙、語言障礙、對環境的反
應異常三項。在不同智力水準的自閉症者身上都會出現。換言
之，自閉症的智商範圍分布廣泛，可能為正常、正常以上的智
力，也可能為輕度、中度、重度的智能障礙。

叁、一九八〇年至目前

　　1980 年代，自閉症的定義與診斷標準在眾多研究的立論佐證下日趨一致。其中以美國精神醫學會（American Psychiatric Association, APA）所主編的精神疾病診斷及統計手冊（Diagnostic and Statistical Manual of Mental Disorder, DSM）及世界衛生組織（World Health Organization, WHO）所主編的疾病國際分類典（International Classsification of Diseases, ICD）二大系統的定義與診斷標準最受重視及支持。而此二大系統在敘述上雖略有差異，實質上則重點相當一致，如 DSM-Ⅲ 版（APA, 1980）與 ICD-9 版（WHO, 1978）相似，DSM-Ⅲ-R 版（APA, 1987）、DSM-Ⅳ 版（APA, 1994）與 ICD-10 版（1990）內容相當，且 DSM-Ⅳ 有沿襲 ICD-10 之勢。為使診斷標準之演變有清楚之脈絡可循，並避免二大系統間相互混淆，本文擬以 APA 之系統為主加以介紹。

一、DSM-Ⅲ（1980）的診斷標準

　　DSM-Ⅲ 首度將自閉症列為廣泛性發展障礙（Pervasive Developmental Disorder, PDD），診斷標準如表 1 所示。此標準明顯的受到 Rutter（1978）所提標準的影響。此外，由臨床報告或實證研究得知，自閉症兒童到六歲以後，大多會在症狀上出現較大的變化。除少數症狀變得不明顯外，多數有症狀減輕或適應好轉的現象，因此 DSM-Ⅲ 版中增列殘餘狀態的診斷標準（infantile autism, residual state）。DSM-Ⅲ 的診斷標準有幾個特點：

(一)將自閉症歸類於廣泛性發展障礙

在此之前，自閉症多被歸類於情緒障礙或性格異常（94-142
公法，1975；Bettleheim, 1967）。DSM-Ⅲ的PDD包括三類：
①幼兒自閉症（症狀出現在30個月前者）；②症狀出現於兒童
期（30個月到12歲）的廣泛性發展障礙（Childhood onset
pervasive developmental disorder, COPDD）；③非典型PDD
（Atypical pervasive developmental disorder, APDD）。

表1　DSM-Ⅲ的自閉症診斷標準

299.0 X 幼兒自閉症（infantile autism）

鑑別診斷──聽力障礙，智能障礙，小兒期發病的全面性發展障礙

診斷標準

　A.30個月前發病（有症狀出現）。

　B.對人普遍缺乏反應。

　C.語言發展有顯著缺陷。

　D.有語言者，有特殊的語言模式，如鸚鵡式語言、隱喻性語
　　言、代名詞反轉等。

　E.對環境各方面的奇特反應，如拒絕變化，對無生物、生物的
　　特殊興趣或依附等。

　F.無精神分裂所具有的妄想、幻覺、語無倫次等現象。

**299.0　幼兒自閉症，完全症候群（infantile autism, full syn-
drome present）。**

診斷標準──符合「幼兒自閉症」的診斷標準。

299.01　幼兒自閉症，殘餘狀態（infantile autism, residual state）。

診斷標準──符合「幼兒自閉症」的診斷標準。

　A.曾符合「幼兒自閉症」的診斷標準。

B. 目前臨床症狀雖無法完全滿足「幼兒自閉症」診斷標準，但
仍持續存在溝通及社會性等障礙。

資料來源：American Psychiatric Association (1980). DSM-Ⅲ, pp. 89-90

㈡釐清與精神分裂症之關係

早期，自閉症常被與精神分裂症（兒童、成人）混為一談，
但後來研究陸續發現二者在許多方面均有不同（倪志琳，民82）。

㈢明訂自閉症需符合 A-F 的診斷標準，並增列殘餘狀態的診斷標準

殘餘狀態包含曾符合自閉症診斷標準，而目前不符合，但仍
殘餘有溝通、社會性障礙等特殊症候的兒童。

此標準問世後，廣為大家採用。但臨床工作者及學術界也指
出其缺點如下：①對嬰幼兒自閉症有過度嚴格之慮，且不足以涵
蓋不同發展水準的行為。因此，此標準較適用於年幼且障礙程度
較重的自閉症兒（Volkmar, Cohen, & Paul, 1986）；②診斷
標準不夠明確等。因此，蘊釀出 DSM-Ⅲ-R 的修訂。

二、DSM-Ⅲ-R（1987）的診斷標準

1987 年修訂版的 DSM-Ⅲ-R，有關於自閉症的診斷標準如
表2所示。

表 2　DSM-Ⅲ-R 的自閉症診斷標準

299.00　自閉性障礙（autisitc disorder）

　　在下 ABC 三大項十六小項中，至少具有八小項以上，其中至少需同時具有 A 中的二小項、B 中的一小項、C 中的一小項。

A. 與他人交往的社會互動中有質的缺陷，並表現在下列方面：

　1.明顯的缺乏對他人存在或情感的覺知（如：視他人為傢俱的一部分；對他人的悲傷無動於衷；沒有需要他人協助的概念。）

　2.有困難時不會或以不當的方式尋求慰藉（如：生病、受傷、疲倦時也不會尋求慰藉，而可能只會說「起司，起司」）。

　3.不當的模仿或缺乏模仿（不會揮手說 bye-bye；不模仿媽媽的居家活動；機械性地模仿與該情況無關的活動等）。

　4.不當或缺乏社會性遊戲（例如，不參與簡單的遊戲；較喜歡獨自玩的活動；偶而參加其他兒童的活動，也只是機械性的參與而已）。

　5.難以維持同儕友誼（例如，對同儕友誼不感興趣；雖然對交友有興趣，但不易了解社會互動的規則，如對毫無關係的友伴大唸通訊錄等）。

B. 語言、非語言的溝通能力和想像的活動方面有質的缺陷

　1.沒有溝通的模式。如沒有溝通性的語言（如牙牙學語），面部表情、姿態、模仿動作等。

　2.相當不正常的非語言溝通。如對於眼神注視、臉部表情、身體語言的運用，或以姿態表示或調整社會互動（例如，不願被人抱，被人抱時顯得不自然；受到稱讚時，不會看人也不會微笑；不會對父母或訪客打招呼）。

3. 不會參加想像力的活動（例如，扮演大人、有趣的角色、動物；對於想像的故事不感興趣）。

4. 明顯的發出不正常的語言，包括音量、音質、重音、速度、節律和音調（例如，單調的音，高音）。

5. 相當不當的語文內容或形式，包括刻板反覆的語言，如立即仿說或延遲仿說電視廣告；代名詞使用困難；隱喻的語詞；或不相干的反應（在談運動時背火車時刻表）。

6. 欠缺與他人正常會話的能力。雖然有足夠的語言卻不能妥切地運用，如不能從別人的表達中做適當的反應。

C. 表現出對某些活動或能力的固執性

1. 刻板的身體運動。如重複做出揮動手臂，轉圈，點頭或複雜的全身動作。

2. 堅持對物品某部分的把玩（如以鼻子嗅聞東西；固執某一種質地的材料；旋轉玩具車的輪子）或過度依附某種不尋常的物品（如總是帶著一段繩子）。

3. 對環境中某些佈置的改變表現極不適應，例如一個花瓶被換了位置。

4. 毫無理由地對日常生活細節極為堅持。例如，逛街購物一定要走固定的路線。

5. 興趣狹窄且堅持同一興趣。例如，只對於把東西排成一列感興趣；只蒐集有關氣象的資料

D. 發病於幼兒或兒童期

* 若發生於兒童期（ 36 個月以後），需詳加敍述。

資料來源：1. American Psychiatric Association (1987). DSM-Ⅲ-R, pp. 49-52.

2. 高橋三郎（譯）（1988）。DSM-Ⅲ-R 精神障害の診斷，統計アニュアル，pp. 40-41。

　　DSM-Ⅲ-R 的診斷標準有幾個主要特點，以下針對上述特點逐一加以說明：

(一)明確標示三個核心障礙，並列出不同發展階段的行為標準

　　Wing 與 Spitzer 在 DSM-Ⅲ-R 修訂過程中，提出七領域 21 項標準的草案，後經討論歸併後，成為三大項 16 小項的診斷標準，此三大領域包括社會性能力缺陷、社會性溝通缺陷（含語言及非語言，並強調社會性的應用而非單純有無語言而已）、及刻板性、重複性行為，頗能反應回歸 Kanner（1943）診斷標準之勢（Waterhouse, Wing, Spitzer, & Siegel, 1992）。由於在三大項之下加列可觀察的、能反應不同發展階段的行為敘述，使得診斷標準變得明確可行。

　　DSM-Ⅲ 的診斷標準對幼兒自閉症過度嚴格且無法涵蓋不同發展水準變化的指摘已如前述，尤其是診斷標準中所列對人的反應缺乏、語言障礙、對環境的反應異常等行為特徵的描述，易讓人誤以為自閉症兒童的障礙是一成不變的。事實上，自閉症兒童和一般兒童一樣，在不同發展階段，其行為表現亦有所不同（DeMyer, Hingtgen, & Jackson, 1981）。故 DSM-Ⅲ-R 增列發展性之行為敘述，以反應不同發展階段自閉症兒童之行為表現。

(二)強調「質」的缺陷

　　在以往的診斷標準中，都只強調自閉症有那些行為障礙（異常）與行為特徵，而較少針對行為的性質與發展過程做描述，因此往往易使人誤以為他們的行為表現很少或幾乎沒有社會性行為或語言能力。事實上，近一、二十年來研究自閉症兒童情緒反應、社會互動、溝通行為等的報告，紛紛證實自閉症有各種的行

為表現，只是在質（本質、性質或品質）上與正常兒童有明顯的差異而已（Loveland & Landry, 1986., Sigman & Ungerer, 1984, Sigman, Mundy, Pherman, & Ungerer, 1986）。這種質的差異，在臨床上也經常可觀察得到：如有些自閉症兒童常常口中唸唸有詞，但不用來和人溝通，經常喜歡找人講話，但在內容和時機上卻極為不當等。DSM-Ⅲ-R 為反應研究與臨床所見，故強調「質」的缺陷。

(三)廣大「發生年齡」的範圍

雖然先前的研究大都支持自閉症兒童的發生年齡至遲在 30 個月到三歲間，但仍有一些個案是在此之後才發病的（Short & Schopler, 1988），加之，1980 年以後的資料顯示幼兒自閉症和症狀出現於兒童期的 PDD 和 COPDD 二類間，除發生年齡一項不同外，並沒有其他顯著差異存在。這種分類法，在臨床鑑別診斷上相當困難（Rescoria, 1986），且實際被診斷為 COPDD 者極少（Cohen, Paul, & Volkmar, 1986; Waterhouse, et al., 1992）的情況下，DSM-Ⅲ-R 因其意義不大而將 COPDD 去除，同時，在「發生年齡」的標準一項，放寬至兒童期（12 歲），以涵蓋二者的年齡範圍，並加入「若超過 36 個月，需詳加敘述」的規定。

(四)名稱與範圍的改變

因「發生年齡」診斷標準的擴大，故在用語上由「幼兒自閉症（infantile autism）」改為「自閉性障礙（Autistic Disorder）」，此種改變同時也反應自閉症這種障礙是持續性的、終生性的障礙。

由於 DSM-Ⅲ-R 將 COPDD 歸併於自閉性障礙內，而非典型 PDD 及殘餘症狀的幼兒自閉症間又相當難於區別，因此，

DSM-Ⅲ-R 將原 PDD 的三種重新歸類成二大類：自閉性障礙
（Autistic disorder）和無其他特殊性的廣泛性發展障礙（Per-
vasive Developmental disorder not otherwise specified,
PDDNOS）（Tsai, 1992）。如此一來，頗能包含臨床上所強
調的較廣的範圍。

三、DSM-Ⅳ（1994）的診斷標準

1994 年修訂版的 DSM-Ⅳ，有關於自閉症的診斷標準如表 3
所示。DSM-Ⅳ的診斷標準有幾個特點：

(一)沿用 1987 年版之三大領域

但將小項由 16 項歸併成 12 項。

(二)恢復「三歲以前」的標準

強調雖有少數個案初期的發展是正常的，但期間不可超過三
歲。換言之，如果兒童在出生到三歲（或三歲以上）後仍有正常
發展，之後才出現類似自閉症的特徵，不宜診斷為自閉症。

之所以會重新恢復此標準，除受到年齡放寬後過度診斷的影
響外，自閉症和後來才發病的精神病之間的鑑別診斷變得模糊也
是原因之一。

(三)繼續強調社會性互動及溝通方面「質」的缺陷

(四)重新界定包含的、與不包含的對象

由於 1987 年之後的研究結果顯示，DSM-Ⅲ-R 的診斷標準
較之於 DSM-Ⅲ 或臨床診斷有過度診斷之嫌，使得原先不被認為
是自閉症的個案都被含括進來（Volkmar et al, 1988; Hertzig,

Snow, New, & Shapiro, 1990）。Factor, Freeman, & Kardash（1989）的調查也顯示，用 DSM-Ⅲ 和 DSM-Ⅲ-R 的診斷標準診斷自閉症時，前者的出現率為 64％，後者的出現率為 92％。另外，Hertzig 等人（1990）的調查也出現後者（58 位）幾乎是前者 31 位）的二倍的結果。

　　Szatmari（1992）以文獻探討方式分析五篇以討論 DSM-Ⅲ 及 DSM-Ⅲ-R 診斷標準為主的文獻，結果如下：以 DSM-Ⅲ-R 為診斷標準時，會出現：①較多的孩子被診斷為自閉症；②較多的孩子被誤診為自閉症；③自閉症的樣本中有較大的異質性。因此，Szatmari 建議應將 DSM-Ⅲ-R 的標準視為篩選項目，而非診斷性標準。

表 3　DSM-Ⅳ（1994）的自閉症診斷標準

A. 具有下列(1)(2)(3)項中六個（或以上）項目，其中至少具有(1)中二項，(2)、(3)中各一項：

　1.在社會性互動方面有質的缺陷，並至少具有下列二項：

　　(a)非口語行為，如視線接觸、面部表情、身體姿勢、以姿勢規範社會性互動等的使用上有顯著的障礙。

　　(b)無法發出符合其發展水準的同儕關係。

　　(c)缺乏主動尋求他人分享喜悅、興趣、或活動的行為（如很少拿自己感興趣的東西給別人看或指出來）。

　　(d)缺乏社會或情緒的互動關係。

　2.在溝通方面有質的缺陷，並至少具有下列一項：

　　(a)完全沒有口語或口語發展遲緩。

　　(b)有語言能力者，在開始或持續會話的能力上有顯著的缺陷。

　　(c)使用刻板的、重覆的語言或隱喻式的語言。

(d)缺乏符合其發展年齡的、富變化的、自發的假裝性遊戲或社會性模仿遊戲。

3.在行為、興趣、活動方面有拘限的、刻板的、重覆的型式，並至少具有下列一項：

(a)在興趣方面，有一種或一種以上的刻板的、有限的型式，其強度與焦點均迥異於常。

(b)明顯地對特別的、非功能的常規或儀式有異常的堅持。

(c)有刻板而重複的動作（如晃動手或手指、拍手，擺動身體等。

(d)經常沉迷於東西的某一部分。

B.三歲以前有下列領域中至少一種的發展遲緩或功能上的異常：

1.社會互動；

2.社會性溝通時的語言使用；

3.象徵性或想像性遊戲。

C.此障礙無法以雷特症候群或兒童期解離障礙加以說明。

資料來源：American Psychiatric Association (1994). DSM-Ⅳ, pp. 70-71.

　　由於上述的研究結果及臨床上的反應，因此 DSM-Ⅳ 重新界定包含的對象。在 PDD 的大類下，分成五類：①自閉性障礙（Autistic Disorder）；②雷特障礙（Rett's Disorder）；③兒童期解離障礙（Childhood Disintegrative Disorder）；④亞斯柏格障礙（Asperger's Disorder）；⑤無其他特殊性的廣泛性發展障礙（PDDNOS）（APA, 1994）。在手冊中對此五類的診斷標準與行為特徵均有簡要的說明，有意了解者請參考 DSM-Ⅳ 或自閉症兒童輔導手冊（宋維村，民 81）。

肆、DSM-Ⅲ、DSM-Ⅲ-R 與 DSM-Ⅳ的異同比較

　　為使 DSM-Ⅲ、DSM-Ⅲ-R 與 DSM-Ⅳ對自閉症診斷標準的改變或異同之處更形清楚與一目了然起見，茲將前面已敘述過的內容重新依使用名稱、發生年齡、發展觀點、包含的對象範圍、行為標準、診斷時的敏感性敏銳度，即診斷出來的 AD 中真正是 AD 的比率 ）、特殊性（鑑別度）臚列成表 4 供參考。

表 4　DSM-Ⅲ、DSM-Ⅲ-R 與 DSM-Ⅳ自閉症診斷標準的異同比較

	DSM-Ⅲ	DSM-Ⅲ-R	DSM-Ⅳ
名稱	幼兒自閉症(IA)	自閉性障礙(AD)	自閉性障礙(AD)
發生年齡	30 個月前	嬰幼兒或兒童期	三歲以前
發展的觀點	無特別描述	1.強調配合發展水準 2.增加不同發展水準的行為描述	同左
範圍	不包含兒童期出現的廣泛性發展障礙(COPDD)及非典型發展障礙（APDD）	不包含 PDDNOS	不包含： 1.雷特障礙 2.兒童期解離障礙 3.亞斯柏格障礙 4.無其他特殊性的廣泛性發展障礙（PDDNOS）

標準	提供六領域的單一標準	提供三領域16項目的發展性標準（8/16） 1.社會互動質的缺陷（2/5） 2.溝通上質的缺陷（1/5） 3.有限的刻板的行為模式、興趣、活動（1/6） *（　）中為最低標準	提供三領域12項目的發展性標準（6/12） 1.社會互動質的缺陷（2/4） 2.溝通上質的缺陷（1/4） 3.有限的刻板的行為模式、興趣、活動（1/4） 4.三領域中至少一項在三歲前出現障礙 *（　）中為最低標準
敏感性（和臨床診斷相較）	較低的敏感性（過少檢出）	較高的敏感性（過度檢出）	尚無文獻討論
特殊性（和臨床診斷相較）	較高的特殊性（檢出非自閉症的比率較低）	較低的特殊性（檢出非自閉症的比率較高）	尚無文獻討論

伍、結語

由於上述診斷標準的改變，可以看出五十餘年來自閉症相關研究的軌跡與成果，並可因此而推知未來的研究方向與重點如下：

一、繼續探究造成自閉症成因的神經生物學、神經心理學的研究，並開發有效的教育訓練、治療方法（包括藥物治療）

二、加強對自閉症三大主要障礙的研究

　　此部分的研究除仍然持續與正常者或其他障礙者間的比較研究外，對自閉症三大主要障礙間相互關連的闡明也將成為重點。此外，DSM-Ⅲ-R 及 DSM-Ⅳ 所強調的「質」的差異與「社會性功能」的重點也將是研究的核心，由此衍生出的符合功能性、社會性的教育訓練與類化、維持問題的探討與課程的開發也將持續是重點之一。

三、加強自閉症與其他相關障礙之間的研究

　　如鑑別方法、評量工具的開發，以加強相近障礙間的區別診斷；加強自閉症與 PDD 中其他障礙類別間行為特徵與發展過程的比較等，以闡明彼此間的異同。此外，近年自閉症兼具其他精神疾病如特雷特症候群（Tourette Syndrome）（Stahl, 1980），或到成人時罹患精神分裂症的報告陸續被發表，此部分亦值得關切（宋維村，民 83），以確保正確診斷、治療、復健與相關服務的提供。

四、加強自閉症組群內異質性的研究

　　如不同年齡自閉症的診斷標準與發展水準的縱貫研究；不同

功能水準自閉症兒童的行為表現、學習特質、發展的可能性、與
追蹤研究等。

　　國外對於自閉症的研究成果豐碩，並因而累積許多寶貴資料
供教育、醫療、福利等相關單位參考使用。國內則研究資料相當
缺少，在近年研究人口激增的良機下，期盼有更多人投注於自閉
症的研究行列。謹以本文拋磚引玉。

參考文獻

宋維村（民 72）：自閉症患者的成長過程。**特殊教育季刊，11**，5-9。

宋維村（民 81）：**自閉症兒童輔導手冊**。台北市：台灣師大特研所。

宋維村（民 83）：**中華民國自閉症基金會會訊，77**，封面裏。

倪志琳（民 82）：自閉症療育之回顧與前瞻。**特殊教育季刊，48**，8-12。

高橋三鎮（譯）（1988）。**DSM-Ⅲ-R 精神障害の診斷，統計アニュアル**。東京：醫學書院。

張正芬（民 70）：淺談自閉症㈠。**特殊教育季刊，3**，13-18。

張正芬（民 71）：淺談自閉症㈡。**特殊教育季刊，4**，5-9。

American Psychiatric Association. (1980). *Diagnostic and statistical manual of mental disorders* (3rd ed.). Washington, DC: Author.

American Psychiatric Association. (1987). *Diagnostic and statistical manual of mental disorders* (3rd ed. Revised). Washington, DC: Author.

American Psychiatric Association. (1994). *Diagnostic and statistical manual of mental disorders* (4th ed.). Washington, DC: Author.

Bettelheim, B. (1967). *The empty fortress.* New York: The Free.

Cohen, D. J., Paul, R., & Volkmar, F. R. (1986). Issues in the classification of pervasive developmental disorders and associated conditions: History and current status of nosology. *Journal of American Academy of Child Psychiatry, 25,* 158-161.

DeMeyer, M., Barton, S., Alpern, G. D., Kimberlin, C., Allen, Y., Yang, E., & Steale, R. (1974). The measured intelligence of autistic children. *Journal of Autism and Childhood Schizophrenia, 4,* 42-60.

DeMyer, M. K., Hingtgen, J. N., & Jackson, R. K. (1981). Infantile autism reviewed: A decade of research. *Schizophrenia Bulletin, 7,* 388-451.

Factor, D. C., Freeman, N. L., & Kardash, A. (1989). A comparison of DSM-Ⅲ and DSM-Ⅲ-R criteria for autism. *Journal of Autism and Developmental Disorders, 19,* 637-640.

Hertzig, M. E., Snow, M. E., New, E., & Shapiro, T. (1990). DSM-Ⅲ and DSM-Ⅲ-R diagnosis of autism and pervasive developmental disorder in nursery school children. *Journal of American Academy of Child and Adolesent Psychiatry, 29* (1), 123-126.

Kanner, L. (1943). Autistic disturbances of affective contact. *Nervous Child, 2,* 217-250.

Loveland, K., & Landry, S. (1986). Joint attention in autistic and language delayed children. *Journal of Autism and Developmental Disorders, 16,* 335-350.

Ohta, M. (1987). Cognitive disorders of infantile autism: A study employing the WISC, spatial relationship conceptualization, and gesture imitations. *Journal of Autism and Developmental Disorders, 17*(1), 45-62.

Public Law 94-142 (1975). *The education for all handicapped child act.*

Rescoria, L. (1986). Preschool psychiatric disorders: Diagnostic classification and symptom patterns. *Journal of the American Academy of Child Psychiatry, 26,* 162-169.

Rutter, M. (1968). Concepts of autism: A review of research. *Journal of Child Psychology and Psychiatry, 9,* 1-25.

Rutter, M. (1978). Diagnosis and definition of childhood autism. *Journal of Autism and Childhood Schizophrenia, 8,* 139-161.

Sigman, M., Mundy, P., Pherman, T., & Ungerer, J. (1986). Social interaction of autistic, mentally retarded, and normal children and their caregivers. *Journal of Child Psychology and Psychiatry, 27,* 647-656.

Sigman, M., Ungerer, J. (1984). Attachment behaviors in autistic children. *Journal of Autism and Developmental Disorders, 14,* 231-244.

Short, A., & Schopler, E. (1988). Factors relating to age onset in autism. *Journal of Autism and Developmental Disorder, 18* (2), 207-216.

Stahl, S. M. (1980). Tardive Tourette syndrome in an autistic patient after long-term neuroleptic administration. *American Journal of Psychiatry, 137,* 1267-1269.

Szatmari, P. (1992). A Review of the DSM-Ⅲ-R criteria for autistic disorder. *Journal of Autism and Developmental Disorder, 22* (4), 552-523.

Tsai, L. Y. (1992). Diagnostic issues in high-functioning

autism. In E. Schopler & G. B. Mesibov (Eds.), *High-function individuals with autism* (pp. 11-40). New York: Plenum Press.

Volkmar, F. R., Bregman, J., Cohen, D. J., & cicchetti, D. V. (1988). DSM-Ⅲ and DSM-Ⅲ-R diagnoses of autism. *American Journal of Psychiatry, 145,* 1404-1408.

Volkmar, F. R., Cohen, D., & Paul, R. (1986). An evaluation of DSM-Ⅲ criteria for infantile autism. *Journal of American Academy of Child Psychiatry, 25,* 190-197.

Waterhouse, L., Wing, L., Spitzer, R., & Siegel, B. (1992). Pervasive developmental disorders: From DSM-Ⅲ to DSM-Ⅲ-R. *Journal of Autism and Developmental disorder, 22* (4), 525-549.

World Health Organization (1978). *Glossary and guide to their classification in accordance with the Ninth Revision of the International Classification of Diseases (ICD-9).* Geneva.

World Health Organization (1990). *The International Classification of Diseases. 10th Revision (draft).* Geneva.

適應行爲列入 AAMD/AAMR
定義適切性的爭議

◆黃俊榮◆

壹、前言

其實，適應行為對智能不足而言，並不是個新的概念。在智力測驗發展前，「社會性無能」便是判斷個體是否為智能不足的主要特徵之一（Nihira, 1969 引自 Patton, Payne, & Beirne-Smith, 1986）。即使在智力測驗發展後，適應行為仍在不同的發展階段對確認智能不足兒童，扮演重要的角色。例如：在嬰幼兒及學前階段，當幼童表現出比同年齡兒童更遲緩的感官動作、溝通、自助、及社會互動技能時，便被疑為智能不足；在學齡及青少年早期，除了基本學習、學業成就之外，「社會認知」是判斷是否為智能不足者的指標之一；青少年後期及成人期，則是以個體是否有能力保有工作及負起社會責任為標準（Patton et al., 1986）。

所謂的「適應行為」（adaptive behavior）、「社會能力」（social competence）、或「社會適應」（social adaptation）係指個體是否有能力來適當的應付其所處的社會環境、文

化之要求,或是表現出符合環境、文化對其年齡所期待的行為;並以為要了解這些行為的適當與否,應在考慮個體成熟速率、學習能力後,就個體與環境之互動情形來觀察(張春興,民78;Barnett, 1986; Leland, 1972)。這是由行為與環境、文化間的相對適配性來看待智能不足者。

因此,由確認智能不足的層面來看,適應行為與智力同為重要的指標之一。Bruininks, Thurlow 和 Gilman(1987)便指出,使用適應行為評量,具有下列的功用與目的:①用以鑑定和診斷能力缺陷或障礙;②增進選擇的正確性和安置之判定;③用以發展教育或訓練計畫;④用以設計、評估服務計畫;⑤描述特徵及決定服務需求。

就歷史根源來看,適應行為與智能不足者的訓練也有密切的關係。Horn 和 Fuchs(1987)回顧、整理相關文獻後,以四個歷史分期(1820 年之前、1820 至 1890 年、1890 至 1940 年代、二十世紀中期迄今)。來討論適應行為與智能不足的歷史淵源,認為在不同的歷史發展時期,適應行為受重視與否,可以反應出社會對智能不足者的態度。如果社會能主動關切智能不足者,並積極提出處遇的方式,便同時會重視適應行為,且作為訓練及教育計畫的主體。相對的,社會潮流傾向於蔑視智能不足者時,則很少思考到適應行為在訓練、教育計畫中的角色與貢獻,而且將之排除在評量與分類智能不足者之外。例如以 1882 年到 1890 年這個時期來說,這個時代的精神在強調「幫助每個公民發展其最大潛能,保護其不被剝奪的生存、自由與快樂,同時樂觀的相信智力是可以鍛鍊;預期障礙者可以獲得正常的功能,整合到社區之中」。是以,在 Itard、Seguin 及 Howe 等人的訓練計畫中,適應社會技巧的訓練便佔了極大的部分。而在 1970 年代早期,智商 70 以下的人並不一定有明顯的適應行為損害之看法已被公認;到了 1970 年代晚期,適應行為已成為智能不足的主要結構

之一。

　　雖然，就意義與歷史淵源的角度來看，適應行為對智能不足的鑑定、訓練有極大的幫助。同時也逐漸認知到鑑定智能不足的條件，低智力固然是必要的，但仍不足以為智障的指標，應聯合適應行為做更完整、更多層面的診斷（Horn & Fucks, 1987）。然而，自從 Heber 於 1959／1961 年提出「智能不足為……普通智力功能低劣狀態，伴隨著適應行為的損害……」，及隨後 Grossman 於 1973／1977，以及 1983 年提出之「……同時存在著（existing concurrently with）適應行為的缺陷……」（郭為藩，民 77），和 Luckasson 等人（1992）定義「……同時具有下列各項（十項）適應技能中兩種或兩種以上之相關限制……」等，於「美國智能不足協會」（AAMD/AAMR）的定義中，將「適應行為」一詞與智力同時作為鑑定智能不足兒童的標準以來，一直有許多學者（如 Clausen, 1972; MacMillan, Gresham, & Siperstein, 1993; Zigler, Balla, & Hodapp, 1984）質疑將適應行為放入智能不足定義的適切性。同樣的，也有一批學者（如 Barnett, 1986; Leland, 1972; Reiss, 1994）對這些質疑提出辯駁。以下歸納幾位代表雙方意見學者的觀點，分別陳述他們的主要看法。

貳、適應行為列入智能不足定義中的爭議

一、適應行為是否為一個適切與穩定的指標，適宜放入定義中？

　　由於適應行為是在反映出個體在其所處的特殊環境中的應對

能力，受到環境因子的變動與歧異性，以及年齡發展的影響，連帶的，使適應行為的面貌不易掌握。是以反對列入定義者認為：

（一）雖不否認適應行為在智能不足領域中的重要性，但由於適應行為會隨環境狀況的改變而改變，是個不穩定的指標。其「不穩定」是因為要評量適應行為先要了解社會的期待為何，因而必須先確定社會期待的內容；但不同環境、不同文化的「社會期待」要如何確定，便成為困難所在。如果社會標準不一，又如何建立一個放諸四海皆準的標準於定義之中？更何況隨著個體年齡發展，對其適應行為也會有不同要求。因此，像適應行為這種「不清楚（ill-defined）」「無從捉摸（elusive）」的概念包含入定義中，只會增加混淆，應由定義中去除（Clausen, 1972; Kamphaus, 1987; Zigler et al., 1984）。

（二）再者，定義不同於診斷：定義是用以確定概念，診斷則是依據某些標準決定個體是否落入定義的範圍中。然而與智力相較，適應行為除了遠離了智能不足的基本定義外，在概念上亦不如智力精確，會落入一個循環的矛盾中，需要以適應行為來決定智障；但智障又被使用於決定什麼是適應行為。（Clausen, 1972; Zigler et al., 1984）。

（三）就用以診斷的工具來說，近代對智力測驗研究的結果相當一致，但是適應行為量尺上的效度資料，一直未有令人滿意的結果；是以，如果定義的功能在提供切截的標準，以鑑定個體是否具有智能障礙，則智力比適應行為更適宜作為決定的標準（Kamphaus, 1987; Zigler et al., 1984）。

而支持增列適應行為到智能不足定義中，一方面除了是源自於適應行為本身的價值，及其在維持訓練品質、計畫責任上所扮演的角色外。另一方面也是來自於對智力測驗濫用、誤用的反動：反對智力測驗被用以篩檢、淘汰「不良品種」（Horn & Fucks, 1987）；及避免因智力測驗的文化歧視性，造成許多兒

童被誤評為智力低下，出現所謂的「六小時智能不足」（林寶貴譯，民75）。是以，贊成列入定義的學者認為：

1. 不同的社會、經濟結構、及不同文化對智能不足者的要求不同。是以，判斷一個人是否為智能不足，不能只依靠某些特殊認知能力的強弱，還要看這些能力在社會結構中，是否具有相對的重要性；除了認知能力外，尚要看個體適應能力如何，亦即個體能否成功的應付生理和環境的需求，表現出符合社會對其年齡所期待的行為。二者同為評估個體是否有智能障礙的指標。因為強調文化、社會環境因素對鑑定智障的影響，視適應行為是動態的、相對的；要了解它，最好是去看個體如何與環境互動，並應對其所面臨的環境有更明確的描述（Barnett, 1986）。

2. 對於適應行為不能建立統一的標準，Leland（1972）認為，由於環境的變異性，事實上是不可能建立一個適用於每個個體的定義，也沒有一個行為標準能適用於每個智障兒童。但不能因為這樣就放棄了適應行為，而代之以只有心理計量基礎的診斷，直到適當、可信的評量工具出現。如果凡事必須「存有」才能去實行，則無論是基礎或應用研究都將無法迎向未來，等到解決所有問題才去做，事實將是一事無成。

3. 美國智能障礙協會（AAMR）1992年定義亦認為：「智能障礙」是個體智力及適應能力的限制，在環境需求下，所表現出的功能性限制，著重個體與其所處環境活動間的互動關係（Luckasson et al., 1992）。這種看法代表一種典範的改變（paradigm shift）即由缺陷模式變為功能模式。意即「智能障礙」不是個體呈現的一種絕對特質，是先天或不變的狀態；而只是對社會脈絡中，「現有」功能及能力受限情形的描述。連帶的使診斷的過程，由標記個人變成描述個人所需的支持。因此需要確定個體在特定適應技能領域中，處理環境需求之能力的強弱，以判定所需支持的強度（Schalock et al., 1994）。

　　是以，增加適應行為，旨在描述社會的要求，並透過這個標準來判斷個體哪些行為目前是「不適應」的。更進一步的功用，除了標記行為外，更希望能透過這種對個體與環境互動的行為模式之了解，進一步作為設計訓練與教育計畫的參考（Leland, 1972）。並相信經過適當的支持輔助後，可以改善其生活能力（Luckasson et al., 1992）。

二、加入適應行爲作爲標準，是否造成盛行率難以估計？

　　Zigler 等人（1984）認為，加入適應行為到定義中，將無法正確的估計智障的盛行率（prevalence）。這除了是因為適應行為概念的不穩定性、缺乏具有適當信效度的測量工具、及適當的標準化常模外（Kamphaus, 1987）；由測驗理論來看，併用的測驗越多，測量誤差越大，由不同測驗、不當標準化常模、及臨床判斷所造成的誤差是相加的，將嚴重威脅分類及決定的精確性（Macmillan et al., 1993）。Silverstein（1973，引自 Zigler et al., 1984）指出，如以智力及適應行為做為判定智能不足的標準，此時盛行率將會是「智力測量和所採用的社會適應測量間的相關」，與「二者確定智障的切截分數」所形成的函數；即使二者皆以兩個標準差為切截分數，視兩測量間相關的大小，會使智能障礙的全國盛行率介於 104000 到 4550000 之間，相差約 45 倍；這種情形在臨界上限與疑似智能不足上更為嚴重。而如只以智商做唯一標準，則大約只佔人口的 2.28%（Zigler et al., 1984）。

　　是以反對者認為，盛行率的資料是規劃訓練計畫、服務提供時的主要參考，需要更穩定堅實的統計。使用單一而普通的共同因素，較能得到最大範疇同質群體。加入適應行為只會提高誤

差，不宜列入定義中，只宜保留智力做標準（Clausen, 1972; Zigler et al., 1984）。

　　然而 Barnert（1986）認為，上述以智力做標準較佳的說法，只在：①盛行率可被實證地估計出；②智力的理論分配上可任意給予切截分數下方為真。再者，由智力理論分配上，給一任意切截分數所得之盛行率上，並無法得知個體能力以及其對服務的需求。用它來引導服務的內容，將造成服務資源的浪費或供給不當。

　　Schalock（1994）等人歸納相關研究後亦提出以下三點看法：①盛行率的推估會受到許多因素的影響，包括檢驗程序的嚴密性、母群年齡（隨年齡增加，學齡階段是檢出的高峰期）、標準化工具的精確性、以及診斷的信度等；②流行病學的研究指出，如單以智商做為是否智能障礙之標準時，將得到比組合智商與適應行為做為標準更高的盛行率推估；③近年來以兩個標準定義發展性障礙的研究顯示，所得平均盛行率為 1.26％。是以，增加適應行為做標準，對盛行率的推估並不必然會造成不當影響。

三、適應行為與智力之相關

　　反對將適應行為和智力並列於定義中的學者（Macmillan et al., 1993; Zigler et al., 1984）認為固有智能障礙越嚴重，越容易觀察到所謂的「不良適應行為」，但亦有些天才會在日常生活中表現出許多的不適應。再者，隨著智障程度的降低（或稱心理年齡增長），及其生理年齡的增加，適應行為與智力的相關將會顯著下降。此問題在輕度及臨界兒童身上更為明顯。這些孩子在適應能力上的表現與正常兒童差異不大，雖有臨床及專業判斷可做判定時的協助，仍要有具區辨性的指標做參照，然而專門用以評量輕度或臨界兒童的適應行為量尺仍缺乏且不適當，故不宜將

適應行為與智力並列於定義中。

　　再由心理計量的觀點來看，如果適應行為測量與智力測量結果的相關高於 .5，則要質疑該適應行為量尺的效度—可能是測量適應行為以外的東西，像是在作和智力測驗相同的構念（Kamphaus, 1987）。Reschly（1982，引自 Kamphaus, 1987）便發現，多數的適應行為量尺與智力測驗間相關的範圍介於 .4 至 .6 之間。是以，如果適應行為測量所得到的，是和智力測驗一致的結果，又何必增列適應行為？

　　但是 Barnett（1987）卻認為，Zigler 等人所稱之「智力與適應行為相關過低」的質疑，其問題並不在適應行為而在智力測驗上。以智商做為重要指標，乃是因為智力測驗的設計是用來預測學業成就。但智商並非預測日常行為的堅韌指標，無法預測學校以外社會環境中的行為，測量這些行為是屬於適應行為的範疇。在教育上，如只依賴智商做標準，會過分強調學業成就的重要性，或使少數族群的學校失敗得到「合法」的解釋，需要另外加入適應行為做標準。因此，問題不在於即使二者沒有差異，又何必以兩個標準替代一個標準上。而在智商有其限制，列入適應行為確有必要。

四、適應行為可否被精確的測量

　　反對將適應行為列入智能不足定義者，常是由心理計量的角度，對適應行為測量工具之常模、信度、及效度提出批評，以做為反對列入定義中的理由。

㈠常模的問題

　　Kamphaus（1987）指出，適應行為評量上最大的問題在於多數被廣泛使用的適應行為量表，缺乏符合心理計量基本標準的

常模。Reschly（1982，引自 Kamphaus, 1987）檢視適應行為
量表後發現，除了 1984 年文蘭適應行為量表調查版有全國性常
模外，其餘量表的常模並不恰當。這些不具適當常模的量表雖有
助於方案的設計與評估，但不宜用做安置時的決定依據。因為在
做個體與常模對照時，將無法得知分數誤差量的多寡（Kam-
phaus, 1987; MacMillan er al., 1993）。

(二)效度的問題

在效度方面，Kamphaus（1987）認為，多數的適應行為量
表缺乏強韌的預測效度。他指出，典型的智力測驗在預測學業成
就時，其效度係數在 .5 至 .6 之間，但適應行為量表和成就測驗
間的預測關係並未達顯著的程度。且即使以非學校成就測量做為
效標變項時，適應行為量表可得較高的同時效度，然而能證實適
應行為量表在預測非學業成就變項的效度高於預測學業成就測量
之研究仍闕如。是以，如不能證明此點，則使用適應行為量表來
做安置的決斷依據，就會產生嚴重的問題。

MacMillan（1993）等人亦指出，1992 年定義列出的十個適
應技能領域，在效度方面有下列兩個問題：①在評量不同年齡個
體的適應行為時，忽略了發展上的考量：智障程度與個體被診斷
為智障的年齡有密切的關係。但這十個適應技能不只在不同的年
齡階段上的重要性不同，亦非每個年齡階段皆適用所有十個技能
領域。因此定義中所謂「在十個適應技能中二種或二種以上之相
關限制」，對不同年齡兒童而言，並不相等；②過去以整體適應
行為分數解釋適應行為已受到質疑，如今代之以領域分數來解
釋，將更不真確。因仍未有因素分析的研究可證實這十個技能領
域的存在、獨立性、與內部一致性，無法回答為何選這十種技
能？是否會有部分適應技能，是比其他技能更高階的因素成分？

(三)信度的問題

MacMillan 等人（1993）引用 Kelly（1927）依照施測目的所列舉的最低信度標準，以：①決定兒童是否為智能障礙的信度標準應達 .94 以上；以及②隨著信度降低，測驗分數的誤差會隨之增加，此時信度介於 .7 至 .8 間個體被選入的百分比最大的理由來批評適應行為測量。指出：常用以評估十種適應技能的文蘭適應行為量表，其折半信度未達 .94；且多數的適應行為量表信度卻是介於 .7 至 .8 之間。因此，由於適應行為量表在常模、信度、效度上的限制，很容易造成偽陽性或偽陰性的分類結果，此現象在界定臨界或輕度智能障礙兒童時，將更形嚴重。

對於上述有關適應行為評量的質疑，支持將適應行為列入定義的學者多從適應行為評量的意義、對標準化測驗工具的批評、及主張使用多向度、多元資料來源做「科際間（interdisciplinary）」小組診斷過程等角度來提出辯駁，其觀點如下：

1.評量適應行為的意義

Leland（1972）認為，由於社會對其成員有不同的要求，也沒有人能符合所有要求，加上個體所要面臨的環境變化甚大；是以，在某地所做的診斷結果並不能視為具有普遍性。因此，如果想要以公平、清晰的觀點來看兒童所表現出的行為面貌，則應對兒童所面臨的環境有更明確的描述。再者，一個個體理應留在所生存的社會中，除非其行為與能力確實干擾了社會中他人的生存。如要將其遷移到正常社會之外，應找出使個體無力成為社會一員的「障礙」行為。

是以，正確的行為評量，應能反映出個體行為，在真實環境中所表現出的普遍性與一致性；而非在片段時間、分離於環境脈絡外被觀察到的行為。標準化智力測驗正無法處理此一限制（Barnett, 1986; Leland, 1972）。

2. 多向度、多元資料來源之科際間診斷過程及對標準化測驗工具的批評。

Leland（1972）指出，過分強調標準化評量的結果，將會面臨一種矛盾，「只能評量那些與實際生活現象無關的行為；而那些不能有效評量的行為，卻能直接反映出實際的生活面貌。」Reiss（1994）亦指出，心理計量工具雖有助於評估適應行為及做診斷，但它們並非診斷或決定安置時的唯一資料來源。以為心理計量工具是診斷核心的想法，是一種觀念上的偏誤。尚有晤談、觀察、及臨床專業判斷可為診斷的基礎。是以，雖然加強發展出具有適當信效度之標準化工具來評量適應行為與需求評估，確有其必要性；但透過由各種專業人員組成之診斷小組，對各種有效資料進行分析，以評估個體在環境需求中，因其能力限制而造成的功能性限制，以及所需支持程度的診斷模式，則更能正確的診斷出智能障礙兒童（Luckasson et al., 1992; Schalock et al., 1994）。

相形之下，前述以心理計量觀點，對適應行為評量工具品質所做的質疑，在這種強調「臨床／專業判斷」，以及「多向度」—智力／適應行為、生理／健康／病因、心理／情緒、環境因素；「多元資料來源」—評量者、教師、父母、同儕等；「多種評量方法」—正式、非正式評量工具、晤談、觀察等，由科際間專業人員合作，進行分析、診斷的模式下，其問題就不再那麼嚴重，亦不影響評量適應行為的價值（Reiss, 1994; Schalock et al., 1994）。

五、適應行為是否會成為新的標記

Clausen（1972）認為適應行為分級，是個不當的分類方式。一來在分級時缺乏可辨認的行為，且適應行為不能同智商一

般的分級。二來分級的結果可能產生新標記。而 Leland
（1972）則辯駁說，標記造成的傷害，乃是源自於使用標記者的
偏見與誤用，並不在適應行為本身。診斷後的標記可為服務介
入、治療處遇的參考，但個體如已經協助而獨立，標記便不應再
出現。而 1992 年定義系統已改變過去標記個人（個體有重度智
能障礙）的缺陷模式，為描述個體所需支持（具有智能障礙的個
體，在溝通的領域中有「廣泛的」支持需求；在使用社區上，則
需要「有限的」支持）的功能模式（Schalock et al., 1994）。
是以，此問題在 1992 年定義系統中，將不再出現。

六、增加適應行為，是否容易使智障與其他障礙 類別混淆

　　Clausen（1972）指出，某些與智能障礙相似的障礙者，可
能也有適應行為的問題，如此將易造成是因適應行為損害而被歸
為智能障礙，而影響對其教育的現象。但 Leland（1972）認
為，由教育的觀點來看，將兩位都有適應行為問題的不同類型障
礙兒童，放在一起學習並無不當。重點在於能否學習，某行為問
題應以何種教學型態實施？而非在障礙類別上。

叁、結語

　　就以上分析可發現，反對將適應行為納入 AAMR 定義的學
者，多自適應行為概念本身是否明確，以及適應行為的評量是否
符合心理計量學基本要求，來看適應行為的存在問題。支持適應
行為放入 AAMR 定義者，則以環境生態學、以及考慮文化與社
會體系的觀點來強調適應行為的無歧視性與教育性。不同專業間

有不同的視野，心理計量學取向者關切適應行為評量的精確性（評量精準與否又涉及被評量概念的本質），追尋的，似乎是一種「科學的真實」；另一種取向，似乎是在找尋一種理想，如何將智障、適應行為、與社會體系做最好的連結。由此，對於AAMR 定義，便有兩個不同的要求取向，定義旨在建立、規範明確的切截標準，以決定哪些人應被選取；或者，定義除了鑑定外，應具有指引性。前者會努力的建立量製時最標準的框框；後者自覺應肩負起引導與啟發觀念的責任。不同的思考原點，造就對定義不同的態度。

再者，對適應行為的看法，隨著爭論與時代的演進，有由爭論是否要將其列入 AAMR 定義，走向討論怎樣才能正確評估適應行為的趨勢。未來不應只停留在「主觀判斷」的階段，而應是致力於建立客觀的診斷原則、發展更具信效度的評量工具、及更精確的描述適應行為在環境中扮演的功能，以符合發展的、心理計量的、及實際情境的共同要求。而多向度、多元資料來源之科際間診斷模式，似可為此點指引出一條明路。

上述的爭議如放在時間的序列上來看，許多觀念或作法是在反應時代精神、觀念、與潮流，有時甚至最後一波思潮在對前一波思潮進行反動。然而時代潮流又常要倚靠歷史的回顧與檢視，等待後人的解讀才得窺全貌。因此，有些走在時代前端的觀點常會受到質疑，會被當時社會看成是在對時代價值挑戰。同樣的，也有人會昧於時代趨勢，成為某種運動的「最後掙扎」。由1959 年～1961 年、1973 年～1977 年、1983 年、及 1992 年一路走來的定義內容演變，俯瞰時代潮流中對適應行為支持或反對的看法，誰是先驅？誰是「最後掙扎」？答案已在歷史的驗證中浮現。畢竟，想要改變領域中既有「典範」，使新的「典範」成為該科學族群中的共同想法，是需要時間與辯論的。

回到設立定義的原點來思考，定義的目的在找出需要幫助孩

子的最大極限人數，並給予所需的適當服務。因此才會去考量哪些「名詞」、「形容詞」應放入定義中；怎樣的切截標準才能避免誤差；怎樣的診斷程序才能正確的找出需要幫助的兒童。是以，對適應行為，甚或智力的爭議，不應只侷限在應放入哪些名詞，定多嚴格的切截標準上。而應放回定義的根源，怎樣做才是對智能障礙兒童的學習與未來生活適應有真正的幫助。以及如何突破「非建立一套標準不可」的化約主義迷思—以標準的程序度量面貌各有不同的個體。1992 年定義所揭櫫的「功能性模式」，似為一個可以期待的取向。

　　檢視國外文獻中有關適應行為的爭議，對適應行為在智能障礙中所扮演的角色，已包含了理論層次的探討，以及實際應用層次的研究。反觀國內，在智能不足實務的領域中，我們使用「適應行為」這個概念的情形，已發展到什麼階段？

參考文獻

林寶貴譯（民 75 ）：**特殊兒童心理與教育新論**。臺北：五南。

張春興（民 78 ）：**張氏心理學辭典**。臺北：東華。

郭為藩（民 77 ）：**特殊兒童心理與教育**。臺北：文景。

Barnett, S. W. (1986). Definition and classification of mental retardation: A reply to Zigler, Balla, and Hodapp. *American Journal of Mental Deficiency, 91.* 111-116.

Bruininks, R. H., Thurlow, M., & Gilman, C. J. (1987). Adaptive behavior and mental retardation. *The Journal of Special Ecucation, 21,* 69-88.

Clausen, J. (1972). Quo vadis, AAMD? *The Journal of Special Education, 6,* 50-60.

Horn, E., & Fucks, D. (1987). Using adaptive behavior in assessment and intervention: An overview. *The Journal of Special Education, 21,* 11-26.

Kamphaus, R. W. (1987). Conceptual and psychometric issues in the assessment of adaptive behavior. *The Journal of Special Education, 21,* 27-35.

Leland, H. (1972). Mental retardation and adaptive behavior. *The Journal of Special Education, 6,* 71-80.

Luckasson, R., Coulter, D. L., Polloway, E. A., Reiss, S., Schalock, R. L., Snell. M. E., Spitalnik, D. M., & Stark, J. A. (1992). *Mental retardation: Definition, classification , and system of supports.* Washington, DC: American Association on Mental Retardation.

MacMillan, D. L., Gresham, F. M., & Siperstein, G. N. (1993). Conceptual and psychometric concerns about the 1992 AAMR definition of mental retardation. *American Journal of Mental Retardation, 98,* 325-335.

Patton, J. R., Payne, J. S., & Beirne-Smith, M. (1986). *Mental retardation* (2nd ed.). Columbus, OH: Merrill.

Reiss, S. (1994). Issues in defining mental retardation. *American Journal on Mental Retardation, 99,* 1-7.

Schalock, R. L., Stark, J. A, Snell. M. E., Coulter, D. L., Polloway, E. A., Luckasson, R., Reiss, S., & Spitalnik, D. M. (1994). The changing conception of mental retardation: Implications for the field. *Mental Retardation, 32,* 181-193.

Zigler, E., Balla, D., & Hodapp, R. (1984). On the definition and classification of mental retardation. *American Journal of Mental Deficiency, 89,* 215-230.

評介課程本位測量在特殊教育上的應用

◆邢敏華◆

壹、定義

課程本位測量（Curriculm-based Measurement，CBM）是課程本位評量（Curriculum-based assessment,CBA）的一種方法，但稍有不同。簡言之，CBA 的定義較廣：「CBA 是任何一種用直接觀察和直接紀錄學生在本地課程表現的一套測量過程，並以之作為教師教學決定的依據。」（Deno, 1987）。CBM 是 CBA 的一種，為明州大學 Deno 等人所創。它著重評量熟練度（fluency）（Shinn, 1989），且是一種標準化的系統，用來督導學生的學業成長，並改善教師的教學方案。（Deno, 1985，1986；Shinn, 1989）。CBM 有二種特質：①CBM 包含全年的課程—長程目標；②CBM 為高度診療性及標準化的評量。

如何使用 CBM 呢？Fuchs 等人（1992）以為教師使用 CBM 的過程包含三個步驟：

一、決定某位學生的年度課程目標。

二、先使用一種診療性的測量系統，系統化地採集課程樣本，製成測驗；再定期實施能代表一年課程的短測驗。

三、使用此評量結果，來督導學生的進步，並視需要調整教學方案，以增進學生的學業成就。

CBM 的特色（即為 CBA 的特色）為：①可在教室內直接觀察學生；②施測時間短暫（通常測量一學業行為，一分到三分的時間）；③經常且重覆性的評量（一星期評量一到五次）；④實驗性的過程著重將學生的進步資料做成圖，使之視覺化，以督導學生的進步。

CBM 自 1985 年以後開始能流行的原因，乃在於它能彌補一般傳統評量（如：標準化測驗）的缺失。這些缺失包括：

一、與教學計畫無關：教師無法以標準測驗的結果來作教學計畫。

二、未能考慮熟練度。例如大部分的閱讀測驗不考慮學生的熟練度（Ysseldyke & Marston, 1982；引自 Shinn, 1989），但熟練度卻是閱讀技巧建立的基石。

三、前後測的設計，無法評量學生的改變。例如一般的常模參照測驗常無法敏銳地測出學生的學習成長情形；測驗內容也與真正的教師教學不能配合；而且成就測驗在統計適當性方面，常誤診學生的表現程度，實際上它是一種百分等級，教師很少或無法由此看出任何有關學生能否做的訊息。最後採前後測的學業成就測驗在本質上只是一種形成性的評量，它只能表示學生達到或未達到某一種程度，而無法讓教師用以修正其教學方案。

四、費時、費錢。例如：為一位輕度殘障生施以標準化的測驗，在美國約需 4.5 到 156 個小時，而花費最高每人可達三千美元。（Poland, Thurlow, Ysseldyke, & Mirkin, 1982; 引自 Shinn, 1989）

CBM 的優點則相對地較傳統式標準化評量為優：

一、施測過程短暫（1 至 3 分），因此允許學生重覆性的評量。

二、內容取自學生的課程，因此減少效度問題。

三、由於測量時間短暫，因此可用地區常模來決定兒童是否合於（eligible）接受特殊教育服務。

四、此測量在技術上很適當，而且能省時、省錢。

五、由於以圖示法表示學生的進步情形，因此能有效地用來和父母與特教相關專業人員溝通。

六、比一般的成就測驗更能敏銳地看出學生學業上的進步（Deno, 1985；葉靖雲，民 82）。研究也指出 CBM 能增進教師的教學品質與學生的學業成就（Fuch, Deno, & Mirkin, 1984; Fuchs & Fuchs, 1986; Fuchs, Fuchs, Hamlett, & Stecker, 1990; Jones & Krouse, 1988）。

貳、CBM 的評量形式

CBM 的發展，在技術上有其適切性；它的信度與效度，在閱讀、拼字、數學，及寫作表達方面，都經過實徵性的信、效度研究。

以閱讀方面而言，CBM 的主要評量方法有七：（Fuchs, Fuchs, & Maxwell, 1988; Fuchs. Fuchs, Hamlett, & Ferguson, 1992）

一、復述故事內容：學生讀完文章後，以口語或紙筆依記得之內容再復述一遍。

二、回答問題：即在學生讀完短文後，問他們一些問答題。此法較難計分。

三、口讀朗讀：即讓學生大聲朗讀課文一分鐘。據研究，此法是有效的一種閱讀技巧測量。

四、填字：即每隔數個字，將文內的某字拿掉，畫上填充

線，令學生寫出字詞。

　　五、閱讀字謎：此法是指提供學生一篇約 400 字的文章，第一句完整，但自第二句起，每第七字省略。讓學生三選一，選出合乎文章的字詞。此法類似填字法，但答題方式以選擇題方式呈現。

　　六、朗讀課文的生字表（獨立生字表）。

　　七、朗讀在課文內畫線的文詞。

叁、CBM 在台灣的發展

　　CBM 自 1985 年以後，在美國開始流行於督導輕、中度的學習障礙或情緒障礙學生。它也可以協助教師決定特殊教育服務的成效。Shinn, Habedank, Rodden-Nord, & Kuntson（1993）甚至倡導使用 CBM 來找出能再統合進入普通教育的特殊兒童潛在候選人。

　　CBM 在台灣有葉靖雲（民 82）以國小 152 位學生為樣本，收集 CBM 閱讀測驗四種測驗形式（口語朗讀、故事重述、問題回答和填字）的效度。代表學生實際閱讀成就水準的效標包括：標準化測驗分數、學期成績、以及級任老師的判斷。其結果顯示：在小學低年級階段，這些測驗形式的效度並無顯著差異；但在高年級階段，則以填字法的效標效度最佳。作者推廣填字法與口語朗讀為適當的本土化 CBM 閱讀評量形式。

肆、以電腦化的 CBM 來督導學生的進步情形

　　研究指出，使用 CBM 的教師難作是否須改變教學方案的決

定（Casey, Deno, Marston, & Skiba, 1988）。因此，提供使用 CBM 的教師成功的諮詢服務，是一重要的課題。

　　CBM 近年來已引用電腦科技來減輕教師督導學生進步的紙上作業負擔。Fuchs, Fuchs, & Hamlett（1989）認為 CBM 電腦軟體可以用來協助教師：①判斷教學目標的適當性。使用 CBM 資料庫來發展動態教學目標，可以增進教師做決定的能力，促進學生的學業成就；②評量學生進步的適當性，是否需要修改現有教學方案；③協助教學作圖與學生的技巧分析；④比較不同教學方法的效度。

　　CBM 專家首先發展 basic math、basic reading、basic spelling 的電腦軟體（Fuchs, Hamlett, & Fuchs, 1990），自動產生、執行、施測、計分、保存學生成績及測驗上的反應，並自動分析學生的進展速率，以便與目標線（line of goal）比較。當教師判斷必須拉高目標時，只須告訴電腦新的目標，電腦即自動畫出新階段的垂直線、新目標及新的目標線。之後 Fuchs, Fuchs, Hamlette, & Ferguson（1992）等人又發展出電腦化的「專家系統」，提供電腦化、系統化的教學資訊給老師使用。此系統呈現下列圖示在電腦螢幕上：①學生之學業表現圖（連線）；②預期學生進步的目標線；及③四分法的最佳適合線（quarter-intersect line of progress）。

　　當教師發現學生在目前的教學情境下的進步曲線不當時，可以使用此專家系統求助。此專家系統要求教師提供下列訊息：①學生的 CBM 圖表，呈現學生在一段時間內的閱讀分數；②由教師診斷學生解碼（decoding）、熟練度、及理解技巧的表現；③學生在課堂內的工作表現史；④教師過去使用的教學方案；⑤教師使用課程的優先順序；及⑥可行性問題。當教師提供上述資料後，電腦專家系統會建議：①至多二套理解力、熟練度、解碼、或 sight vocabulary 的教學方法；與②一種增進教室工作表現的

動機技巧。Fuchs 等人（ 1992 ）的實驗研究指出：①使用此套專家系統的教學組，學生在閱讀的「書寫回憶」（ written recall ）表現上，優於不同電腦系統的 CBM 教師組，及控制組；②使用 CBM 的教師組，學生成績優於控制組；③閱讀字謎可能比口語朗讀形式的表現效度更大，能指出學生的閱讀能力層次。

伍、CBM 圖示法及教學決定規則

　　CBM 的特色即在督導學生的進步情形。由重複測量學生的學業表現，作成圖示，並作為修改教學方案或提供高教學目標的決定。

　　Shinn（ 1989 ）指出決定規則的矩陣圖，現簡化摘要此圖如下：

	測量什麼？	如何測量？	如何使用資料？
最有效率之法	1.何種行為？閱讀、拼字、算術、寫字。閱讀分：①回答問題②覆述③填字④口語朗讀等測驗形式。 2.何種材料？長、短程目標。	1.每禮拜二次最佳。 2.1～3 分。 （ 例如：口語朗讀一分鐘。 ）	1.紀錄資料：用等距量尺之紀錄紙。（ 含36～38 個禮拜 ） 2.資料評量法：採「目標取向」（ goal-oriented ）

　　在「決定規則」上，綜合 Fuchs 等人（ Fuch, 1989 ；Fuchs, Fuchs, Hamlett & Ferguson, 1992 ）的 CBM 決定規則如下：

　　一、當學生的真正進展速率超過預期速率時，教師須增加目標。

　　二、㈠當有四個分數連續落在目標線之上，則教師須提高目

標。

　　㈡當有四個分數連續落在目標線之下，則教師須改變教
　　　學策略。

　　三、當二、的情形不存在，而已形成八個分數時，則教師決
定：

　　㈠最佳適合線比目標線高時，須提高目標。

　　㈡最佳適合線比目標線低時，須改變教學。

　　四、修正的目標取向法：如果學生的真正進步率在時間內反
射出將達成或超越目標日期的目標時，教師應提高目標。

　　電腦化的 CBM 專家系統會據此決定規則，提供教師建議
「修改教學方案」或「提高目標」，並在電腦螢幕上解釋作此決
定的理由。

陸、評析 CBM 與建議

　　CBM 的理論很正確，但在實施上也有一些地方值得商榷。
例如它以當地課程為本位；但當地課程是否適合特定的殘障學
生？解決此一問題的方法，可能我們可以問學生、教師、家長、
社區人士，以取得社會效度。

　　有關 CBM 的評析，列舉如下：

一、是紀錄學生成績的圖示格式問題

　　目前在教育界中有二種主要的圖示規格，一是等距尺度的圖
表紙，二是半對數的圖表紙（杜正治譯，民 83）。雖 West
（1984）指出對數圖表紙（持比率量尺）能呈現更寬廣的分數，
Bailey（1984）也指出半對數圖表紙，加上趨向線（即最佳適合

線）更能增進評分者間的一致性，但 Marston（1988）則認為二者無大差異，且認為等距圖表紙更易為教師所了解。目前此二法各有喜好者。CBM 依據實用、便於溝通的理由，採用等距量尺的視覺圖示。然而 Wolery，Baily，Sugai（1988）引用 White 之建議，認為理想的圖示原則是：資料的呈現，應是以一線性形式（直線）呈現，且在經一段時間，資料的變異性仍為相對的同等模式。因此，個人認為 CBM 選擇圖表的形式時，似應以直線性為依據，才不會誤導教師之判斷。

二、「決定規則」的內容問題

CBM 強調以熟練為主，但它似乎較不重視考量學習階段，而此學習階段應為重要的決定原則之一。學習是一種過程，學習階段由獲得、熟練、維持、到類化。教師可能需要視學生的學習階段而決定採用以正確率或比例來評量學生的學業表現。大多數教師只評量學生的正確百分比，以之作為主要的學習證明，但 West（1984）認為正確與否只是測量學生表現的一種「質」的評量，若要獲得學生「量」的表現，教師須使用比率資料。

Hendrickson, Gable, & Wolking（1988）依他人研究結果發展出一套「學習階段測量決定表」。其重點為：①學生在「獲得」階段，目標是正確學習某一技能或知識時，應採用「正確％」的評量單位；②學生在「熟練」階段時，目標是又正確又迅速，應以「比率」為測量單位；③學生是在「維持」階段時，目標是維持速度，應以速率為測量單位；④學生在「類化」階段時，目標是擴增、延伸，可用百分比或比率來測量。

Gable, Mconnell, & Nelson（1985）指出，速率測量是指出學生表現的最佳功能指標。因此，個人建議日後 CBM 的決定規則可以考慮加上學習階段之考量，而依此選擇測量的單位。

CBM 的電腦化科技，似可模仿 Excel 軟體現有的各種圖示表格，將學生的進步情形，以等距或半對數量尺規格呈現，視何種格式符合線性規則而採用最適當的圖示法。

三、如何減輕教師的作業負擔

　　CBM 已朝儘量方便教師收集、紀錄、督導學生進步情形的方向前進。如其發展電腦 CBM 軟體，刻意推薦一至三分的評量，每週只評量二次，並鼓勵教師使用等距量尺的紙呈現……等。但教師仍有時間不夠的作業壓力。Wesson, King, & Deno（1984）指出，有些教師無法使用直接及持續的評量於教室內，皆因缺乏時間。Wesson 等人（1984）指出教師實施 CBM 於每位學生讀、寫、算的平均時間是 12 分 48 秒。此外，也不可能每位教師都能分配到一部電腦及 CBM 軟體。因此 CBM 倡導者若能讓學生評量、紀錄自身的進步情形，更能減輕教師的作業負擔。

　　McCurdy & Shapiro（1992）以實驗法比較 CBM 中的教師督導、同儕督導、和自我督導等三法中，何者最適合評量學障生的閱讀能力。結果顯示三者並無任何差異；且在受過執行、計分、畫圖的訓練後，自我督導組的學生非常喜歡自我紀錄學習進步情形。作者建議同儕督導與自我督導的潛在益處—能減少教師花在教室內為每位學生評量的時間。Yell, Deno, & Marston（1992）亦建議使用半專業人員、義工，或學生助理，來執行、紀錄、並分析 CBM 及其電腦方案的成績，以支持教師。

　　使用 CBM 的教師，似可訓練學生紀錄自己或同儕的資料；教師則不定期地督導學生的進步情形，以節省教師時間，提升教學效率。

四、建議 CBM 與應用行為分析研究結合的可能

　　CBM 的設計結構，含基準線（base line）與介入教學方案（intervention），很像單一受試研究中的 A-B 設計。若要比較不同的教學方法之介入成效，則形成 A-BCD 之「多重處理」設計。這兩種設計都不夠嚴謹，但若教師能小團體實施 CBM，則可形成「多基準線跨越不同受試」的研究。經過複製後，當可擴大 CBM「實驗教學」的成效，結果也能令人信服。

柒、結論

　　CBM 的優點在於以圖示來督導學生的進步情形，以課程為本位，易向家長及專業人員溝通，及引用應用分析中時間序列的觀念見長。它特別適合輕、中度的特殊學生使用。

　　CBM 若要在台灣實施，則首先教師須為每位學生設計個別教學計畫，設定年度目標、短程目標之後，再依學生的實際表現，來作是否改變教學方案的依據。CBM 的倡導者並已在台發展出閱讀測量形式的效度研究（葉靖雲，民 82），然而中文化的閱讀電腦軟體，仍有待發展。此外，適當的示範與訓練在職教師，都是勢在必行的工作。如能加以研究發展，CBM 在特殊教育上，應是督導學生進步的有效教學評量方法之一。

參考文獻

杜正治（譯）（民83）：**單一試研究法**。台北：心理。

葉靖雲（民82）：課程本位閱讀測驗的效度研究。**特殊教育學報，8，**325-344。

Baily, C. B. (1984). Effects of lines of progress and semilogarithmic charts on ratings of charted data. *Journal of Applied Behavior Analysis, 17,* 359-365.

Casey, A., Deno, S., Marston, D., & Skiba, R. (1988). Experimental teaching: Changing teacher beliefs about effective instructional practices. *Teacher Education and Special Education, 11,* 123-132.

Deno, S. L. (1985). Curriculum-based measurement: The emerging alternative. *Excptional Children, 52,* 219-232.

Deno, S. L. (1986). Formative evaluation of individual student programs: A new role for school psychologist. *School Psychology Review, 15,* 358-374.

Fuchs, L. S. (1989). Evaluating solutions monitoring progress and revising intervention plans. In M. R. Shinn, (Ed.), *Curriculum-Based Measurement.* New York: Guilford.

Fuch, L. S., Deno, S. L., & Mirkin, P. K. (1984). Effects of frequent curriculum-based measurement and evaluation on pedagogy, student achievement, and student awareness of learning. *American Educational Research Journal, 21,* 449-460.

Fuchs, L. S., & Fuchs, D. (1986) Effects of systematic formative evaluation on student achievement. *Exceptional Children, 53,* 199-208.

Fuchs, L. S., Fuchs, D., & Hamlett, C. L. (1989). Curriculum-based measurement: A standardized, long-term goal approach to monitoring student progress. *Academic Therapy, 25,* 615-632.

Fuchs, L. S., Fuchs, D. F., Hamlett C. L., & Ferguson, C. (1992). Effects of expert system consultation with curriculum-based measurement, using a reading maze task. *Exceptional Children, 58,* 415-449.

Fuchs, L. S., Fuchs, D., Hamlett, C.L., & Stecker, P. M. (1990). The contribution of skills analysis to curriculum-based measurement in math. *School Psychology Review, 19,* 6-22.

Fuchs, L. S., Fuchs, D., & Maxwell, L. (1988). The validity of informal reading comprehension measures. *Remedial and Special Education, 9* (2), 20-29.

Fuchs, L. S., Hamlett, C. L., & Fuchs, D. (1990). **Monitoring basic skills progress: Basic math.** Computer program. Austin, TX: PRO-ED.

Gable, R., McConnell, S., & Nelson, C. M. (1985). The " learning-to-fall" phenomenon as an obstacle to mainstreaming children with behavior disorders. In Rutherfore, Jr. & M. C. Nelson (Eds.), *Severe behavior disorders of children and youth* (Vol. III, pp. 19-26). Reston, VA: Council for Children with Behavioral Disorders.

Hendrickson, J., Gable, R., & Wolking, W. (1988). *Implementing data based decisions for instruction: A guide to data-based decisions for teaching students with learning disabilities.* (ERIC No. ED 297 530).

Jones, E., & Krouse, J. P. (1988). The effectiveness of data-based instruction by student teachers in classrooms for pupils with mild handicaps. *Techer Education and Special Education, 11* (1), 9-19.

Marston, D. (1988). Measuring academic progress of students with learning difficulties: A comparison of the semi-logarithmic chart and equal interval paper. *Exceptional Children, 54.*

McCurdy, B. L., & Shapiro, E. S. (1992). A comparison of teacher, peer, and self-monitoring with curriculum-based measurement in reading among students with learning disabilities. *Journal of Special Education, 26,* 160-180.

Poland, S., Thurlow, M. L., Ysseldyke, J. E., & Mirkin, P. K. (1982). Current psychoeducational assessment and decision-making practices as reported by directors of special education. *Journal of School Psychology, 20,* 171-179.

Shinn, M. E. (Ed.). (1989). *Curriculum-based measurement: Assessing special children.* New York: Guilford.

Shinn, M., Habedank, L., Rodden-Nord, K., & Knutson, N. (1993). Using curriculum-based measurement to identify potential candidates for reintegration into general education. *Journal of Special Education, 27,* 202-221.

Wesson, C. L., King, R. P., & Deno, S. L. (1984). Direct and frequent measurement of student performance: If it's good for us, why don't we do it? *Learning Disability Quarterly, 7,* 45-48.

West. R. (1984). *Quantifying learning through the use of direct and frequent performance measurement.* Technical Report No. 57. Logan, UR: Utah State University.

Wolery, M., Baily, D., & Sugai, G. (1988). *Effective teaching.* Allyn & Bacon.

Yell, M., Deno, S. L., & Martson, D. (1992). Barries to implementing Curriculum-Based Measurement. *Diagnostique, 18,* 99-112.

Ysseldyke, J. E., & Marston, D. (1982). A critical analysis of standardized reading tests. *School Psychology Review, 11,* 257-266.

動態評量的模式特質與難題省思

◆黃桂君◆

壹、前言

在教育評量的領域中，雖然心理計量取向的傳統測驗方式一直居於主導性的地位，但它的缺失卻已逐漸引起廣泛的討論。這些議論促使各種新評量理論的產生，其中以動態概念為主的評量方式即為其中極受矚目的新興理論。因此，作者於本文中首先闡明以特殊兒童為受測對象，探討在傳統的評量模式中，由於與普通學生在能力特質的差異及障礙本身的影響，所可能遭遇的困難。接著，再從智力概念結構轉變的觀點，以及 Vygotsky 的社會學習論，說明動態評量的理論基礎。並從動態評量的研究設計、評量領域、教學介入、能力估算、結果解釋、預測效度研究等方面剖析各種動態的評量模式。同時，文中對於動態評量目前所面臨的重要難題，諸如。「潛能發展區」的量化、質與量的設計、心理計量以及測驗「極限效應」等問題有許多的探討。希望能夠拋磚引玉，共同為特殊兒童的評量付出更多關心與努力。

貳、傳統評量模式內含假設的反省

　　傳統的標準化測驗一直是心理學家了解個人潛在特質的工具。其前提相信由於測驗情境（環境）的穩定性質，使得個人的受測結果可以和常模資料相互比較，而了解個人在團體中的相對地位，更精確地得知個人的能力狀況，以做為教育安置或補救教學的重要依據（Simeonsson, 1986）。因此，這裡面隱含著幾個重要的假設：

　　一、標準化情境可以增加評量結果解釋的準確性。

　　二、個體在接受評量時會全力以赴。

　　三、測驗結果足以提供教育安置或補救教學的參考。

　　當我的測驗是用來施測普通學生時，也許並不需要特意去考慮傳統評量模式所內含的假設。主要是因為這些以普通學生為標準化樣本而進行標準化程序所修訂出來的測驗，對於絕大多數的普通學生來說，可以說是適用的。在這些假設上，普通學生在回答傳統評量試題時，至少會比有特殊學習困難的學生更符合一些，雖然這些假設並不全然符應於普通學生的特質。但是，當我把這類測驗用在特殊兒童時，就不得不更認真地考慮傳統評量模式內容假設的正確性了。

　　就第一項假設來說，標準化的施測情境固然能排除測驗時的無關因素，使得測驗結果與常模相比較時，可以較有信心地說明比較的結果確實來自於能力的差異，而不是其他隨機因素所產生的。然而，從重視人性化與環境因素的角度看，環境中阻礙個人潛能完全發揮的因素也應該納入評量的重點。在標準化的情境中，顯然無法考慮其他影響個人答題表現的因素：這些包括學習策略、適應性反應、決定歷程、動機、堅持度、個人與社會關係

等個人行為類型（Tzuriel & Haywood, 1992）。在此，我要問的是：「這種將個體自環境中分離出來的評量模式，是否真的可以讓我們更清楚地理解個體的能力？」更重要的是，「能力的發展是否獨立於環境之外？」如果能力的發展與環境有關，那麼「能力的評量是否也要同時納入環境的影響因素？」就更值得深思。

　　前面提過，一般的標準化測驗在修訂時，均以普通兒童為對象進行項目分析，決定要選擇那些試題。因此，這些測驗雖然適合大部分的普通兒童作答，但是對於特殊兒童的適用性卻值得商榷。如果以較高難度的題目加以比擬，我們如何能期望一個國小中年級的兒童在作答數學代數題時，能夠保持高度的動機全力以赴？太難的題目，只會使受試者飽受挫折而缺乏興趣；反之，太容易的試題也會使受試覺得枯燥而索然無味。由於特殊兒童的能力通常最可能位於常態分配的兩極端，在這種情況之下，對於第二項假定，特殊兒童可能也無法像一般能力的普通兒童那樣地符合。

　　另一個促使傳統的標準化評量出現問題的，是測驗結果與教育安置或補救教學間聯結的問題。接續前面兩項假設所衍生出的問題可以發現，傳統標準化評量方式在某些層面可能並不適用於特殊兒童，所產生評量上的偏差會影響結果的解釋與教育上的決定。因此，就標準化測驗的本質而言，其測驗結果對於實際介入、特定教學、診療過程皆較難提供適當的訊息。

　　基本上，傳統的標準化評量在提供個體間的比較上具有不容忽視的重要地位。然而，當受測對象轉變為特殊兒童時，一些內含假設所隱藏的問題就紛紛浮現出來。為了解決這些問題，學者開始構思另一種新的評量模式。以下將接著討論動態評量產生的理論基礎。

叁、動態評量模式的理論基礎

我們可以發現，重視環境影響因素的觀念已明確地反應在智力概念的演變上，同時也影響教育評量模式的發展。其中，最明顯的是動態評量將智力視為發展性的學習過程，例如：Budoff（1969）認為智力是「來自於經驗的能力側面圖」；Feuerstein（1979）則將智力定義為「個人使用先前獲得的經驗，以適應新情境的能力」（Haywood, Eiller, Shifman, & Chatelanat, 1975）。因此，動態評量與傳統的評量方式最大的不同，在於它突破了評量標準化情境的要求，而主動地變化測驗情境來比較個人能力的差異、檢驗學習的過程，據以尋找可以促進個體學習的策略。動態評量雖然因不同的研究取向而有不同的評量模式，然而這些理論卻深受智力結構觀念的改變，尤其是 Vygotsky 的社會認知發展論所影響。

傳統的智力觀念雖然不否認環境對智力發展的影響，卻假定智力是個人與生俱有的能力所表現出來的行為，具有天生、穩定、固定不變的特質。然而，現代的智力發展論逐漸擴展智能的本質，而有智力的「轉化說」（transactional theories）出現。主張智力是個體內的特質與外在環境影響交互作用下所產生的函數（Sternberg, 1985），個人與社會的互動使得個體間的心理運作得以轉化為個體內心理運作，進而發展高層認知思考能力（引自 You & Schallert, 1992）。Vygotsky（1978）的學說可視為智力「轉化說」的重要代表，為動態評量模式的發展提供了極為強勢的基礎。

Vygotsky（1978）強調社會情境在學習中所扮演的地位。他透過內化過程、概念發展、潛能發展區域（zone of proximal development）等觀念描述和解釋概念的發展。說明在社會活動和個人活動中，人類如何利用語言為中介，獲致高層次的心智功能。其中，所謂的「內化」是指「經由個體間活動而產生內在知識重建的結果」（the internal reconstruction of an external operation）（Wertsch, 1991）。由於內化過程須依賴語言與符號系統的協助，語言即社會文化的產物，符號系統得之於工作與經驗，二者均具有社會性的根源（social origin），共同決定個人心智活動的特徵。基於「內化」的發展性觀念，兒童可經由與成人（或同儕）的互動而擴展了對世界的內化。而在學習潛能的詮釋上，Vygotsky 以「潛能發展區域」來說明由個人問題解決能力所表現的實際發展水準，以及在他人引導下所表現的個人問題解決能力所發揮的潛能發展水準，二者間的差距所形成的「距離」來作為學習的指標。這意味著評量不只要觀察過去學習的結果，也要了解知識學習的過程（Das & Conway, 1992）。因此，該觀念將評量的觀念由結果導向轉變為過程導向。不僅改變了傳統測驗的本質以及對測驗結果的解釋，而且對於能力評量也賦予了新的意義（Haywood, Tzuriel, & Vaught, 1992）。

肆、動態評量的模式特質

　　動態評量不在於評量過去既有的知識、技巧或經驗，而在於評量成長、改變以及學習預備度。評量本身即是一種動態的過程（Campione & Brown, 1987）。過去大部分傳統標準化能力測驗，常用來鑑定與分類特殊兒童。然而動態評量的目的則在評量兒童的潛能發展水準，以了解兒童在問題解決情境中能力運作的狀況，為教學方式的決定，提供有用的訊息（Lidz, 1987）。所以，相對於傳統評量的靜態測量性質，動態評量具有幾項重要的

特質（Haywood, Brown, & Wingenfeld, 1990）：
- 著重學習歷程或認知的改變。
- 在評量中進行教學。
- 評量者與被評量者間屬於互動的關係。

一、動態評量的研究設計

　　動態評量模式主要基於「智能是可以自教學中獲益的能力」
（intelligence is the ability to profit from instruction）的假
定而設計。施測方式通常隨著所測量的學習潛能類型、施測過程
和測量目的而變化（Campione, 1989）。一般而言，多採用
「前測─教學─後測」的研究設計，以探知兒童在測量過程中實
際進步的情形（Budoff, 1974, 1987; Carlson & Weidi, 1978,
1979; Embreston, 1987）。而也有加入學習遷移效果的測量，
形成「前測─教學─遷移─後測」的模式設計（Campione &
Brown, 1985）

二、動態評量的評量領域

　　動態評量所評量的範圍，可分為一般能力領域與特殊學科領
域。絕大多數的模式為減少學業學習失敗的經驗對兒童作答動機
的影響，所以特意避開與學科領域相近的內容，而多以評量一般
性的問題解決技能為主。其中，Feuerstein（1979）主要以視覺
─作業組織作業、高層認知歷程和心智運作作業為評量工具；而
瑞文氏圖形補充測驗、熟悉圖形配對測驗也極為常用於動態評量
中（Budoff, 1987; Carlson & Wield, 1978; Campione & Brown,
1985）。然而近年，Campione 和 Brown（1987）一派的學者基
於「學習遷移效果」的考量，認為特殊學科領域技能的評量結

果，比一般能力領域的評量更能遷移至現實的學業學習情境。所
以他們除一般能力中的邏輯推理作業外，更將評量內容擴展至閱
讀或數學等特殊學科領域的評量上。

三、動態評量的教學介入

標準化智力測驗的評量，必須依循特定的指導語與施測步
驟，並不對受試提供額外的協助或答題說明。然而動態評量方式
基於互動的模式，兒童提供諸如「鷹架式」（scaffold）的問題
解決架構或協助，以了解兒童解答問題所需的最大協助量，並不
一定採標準化的施測過程。

有關評量過程中教學介入的部分，有些研究則採用診斷性、
非標準的互動方式進行評量，有些研究則選擇標準化過程以提供
量化的資料。部分學者（Feuerstein, 1979; Vye, Burns, Delclos
& Bransford, 1987）為使評量結果能對未來教育計畫提供豐富
的訊息，採用未標準化的診斷性步驟，允許主試隨兒童的反應給
予不固定的提示。

然而，絕大多數的模式在教學介入設計部分，多採用標準化
的介入模式。例如，Budoff（1974）對於兒童在前後測間所獲得
的改變分數（gain scores）極感興趣，因此教學情境與施測過
程均以標準化方式進行；Campione 和 Brown（1987）則事先設
計好一系列的提示，以計算使兒童習得的能力產生遷移所需的提
示數量與類型；Carlson 和 Weidi（1978）的研究則在比較六種
不同的協助方式，何者最有效率？無論何種方法，在互動的過程
中，兒童均扮演主動搜索與組織訊息的角色，而主試人員則在監
控與塑造（modify）兒童的認知行為，使兒童得以更成功地學
習。

四、動態評量的能力估算

動態評量中學習潛能，一般均利用古典測驗理論來進行能力的估算。常採：①後測分數（Feuerstein, 1979; Carlson & Wield, 1978; Embretson, 1987）；②累加兒童在前測與後測答對的題數（Budoff, 1987a）；③累加兒童答對不熟悉的題目所需的提示量與重複嘗試的次數（Campione & Brown, 1985），以決定其學習潛能。近來，項目反應理論（item response theory）逐漸應用於動態評量中，而更精確地估算兒童的學習潛能（Embretson, 1987）。

五、動態評量的結果解釋

動態評量結果的解釋依各模式而異。例如 Feuerstein（1979）認為，經動態評量中的作業訓練後，個體有較佳的表現，且能將所獲得的技巧運用至新的情境中；Budoff（1987b）依評量結果，將受試兒童區分為獲益者、無獲益者及高分者；Carlson & Wield（1978）認為受試者說明答題原由，主試者給予詳細解說後的測驗表現會較佳；Campione & Brown（1985）則主張從學習與遷移歷程可以了解兒童認知能力的個別差異，而學習與遷移的動態能力量數能較有效預測未來近期的表現。

六、動態評量的預測效度研究

動態評量預測效度的研究指出，經由動態評量程序可以預測最適合個體的教學情境（Carlson & Wield, 1979），對於不同背景要學習經驗的低成就兒童，或具有輕度障礙的兒童的評量均

收到極佳的效果。例如，Budoff（1974）研究發現，經過適當的動態評量歷程後，許多來自環境刺激不足而在傳統標準化智力測驗表現出低智商兒童，其表現和那些社經地位較好的兒童並不相上下（Babad & Budoff, 1974）。

　　接著本文將對這些模式進行進一步的反省與探討。

伍、動態評量模式標準化所面臨的難題

　　雖然動態評量起於對傳統標準化測驗缺失的反動，但其理論與模式設計上，依然有值得探討之處。

一、「潛能發展區」量化的問題

　　Vygotsky 的「潛能發展區域」理論雖是動態評量的重要理論之一，可惜 Vygotsky 並未主動對其理論假設有任何實徵性的研究，也未對其診斷程序提出詳細的教學方案，也因此學術界對於「潛能發展區域」的研究尚存有若干的爭議（Guthke & Wingenfeld, 1992）。其中主要爭論之一即為「潛能發展區域」量化的問題。有學者認為，Vygotsky 理論中所稱的認知發展必須放置於整個社會環境的脈絡中觀看，認知發展並非僅為個人與他人合作學習的產物而已，尚且與社會文化的影響複雜交纏，所以「潛能發展區域」是不可測量的，所觀察計算到的結果只是透過兒童認知發展的稜鏡所反射出的影像而已（引自 Das & Conway, 1992）。

　　由此不難發現，動態評量擷取 Vygotsky 理論中所謂「潛能發展區域」的部分，而設計出測量兒童學習潛能的評量模式。但仔細深究 Vygotsky 的理論可知，探討人類高層次的認知能力發

展，必須要考量生物演進的發展與社會文化歷史。透過整個語言文字等符號與社會互動的體系—「中介」的活動，個人改變了整個心智功能的流程及結構，朝向高層次的認知能力發展（Wertsch, 1991）。而這種心智轉變的過程，僅以標準化或近似標準化的動態評量過程乎不足以捕捉。即使有些學者如 Feuerstein，在模式上以採非標準化臨床介入，希望評量中介教學後的認知改變（Tzuriel & Feuerstein, 1992），然而我們卻發現其所呈現的評量方式，似乎亦無法充分證實兒童的進步真的是認知結構的改變的緣故，或者僅是記憶、教學抑或練習、猜測的結果。

　　所以，我自認為動態評量與 Vygotsky 的想法有若干相背之處。「潛能發展區域」雖然為動態評量模式提供了強勢的理論基礎，然而動態評量無法完整呈現 Vygotsky 理論本身所含蘊的精義。但是，如果脫離 Vygotsky 的理論，或者不在中介教學後強調去評量所謂的「認知的改變」，純就心理計量的精確性的觀點而言，動態評量是否真正能測得「潛能發展區域」這樣的爭議，也許就不再顯得那麼重要。至此可以很清楚的看出，動態評量較諸傳統的評量方式，對於兒童的能力可以獲知更精確的訊息，因此它提供的是一種更精確的測量，在兒童能力評量與診斷的貢獻是不容懷疑的。也許 Vygotsky 的「潛能發展區域」在最初曾引發評量學者某些原創的想法，然而動態評量歷經許久的發展之後，是否依然須將之奉為理論的圖騰，似乎並不必然。

二、動態評量在質化與量化設計的問題

　　在質與量研究典範的對峙下，動態評量的設計同樣躊躇在孰為輕重的遲疑中。動態評量的架構隨著學者所持有的論點，發展了各種不同的模式，也從各自的立場，對動態評量有所評論。例如，Jitendra 和 Kameenui（1993）就指出：①「架構的模糊」

與②「程序的失真」這兩點為動態評量中兩項應用上的限制。換言之，這是批評動態評量模式往往沒有明確的架構，而且在同一模式之中對於不同受試者其評量程序也不完全相同。因此，Feuerstein 的非標準化介入模式最常遭受的批評即是：對於評量的結果並無法使用特定的技術去獲得類似的結論，沒有標準的觀察指標可供作參考，而評量者對學習者個別差異描述的差異，也使其可靠性值得商榷。評量程序產生的施測資料難以解釋樣本與統計顯著性相關的問題，沒有交代訓練前教學者如何將樣本分配至實驗組與控制組等等。我們可以看出，這些批評都是依循著量化研究典範而來，他們關心的是標準化、計量性的問題。

　　然而從另外的觀點，Feuerstein 相信非標準化介入的模式設計更能彰顯動態評量的意義。他認為 Budoff（1987a）、Carlson 和 Wield（1978）、Campion 和 Brown（1985）對兒童提供標準化協助的評量模式，並未根據兒童認知結構個別的需要提供個別的教學介入。其評量的範圍限於探討兒童與特定工作環境互動下，個人功能能夠改變的程序，這樣的功能改變僅屬於「功能性的認知改變」（Functional cognition modifiability）。因此 Feuerstein 的評量採用非標準化的臨床介入模式，認為惟有如此，才能評量兒童認知結構本質的變化，達成改變受試試者「結構性認知」（structural cognition）的目的（Tzuriel & Feuerstein, 1992）。

　　從這些爭議不難反觀出質、量研究派典的不同研究取向，無論偏重於量化或質化的設計，均將犧牲相對的訊息層面。雖然從動態評量的五大模式中可知，動態評量標準化的模式設計，在研究或應用上的頻率遠甚於非標準化的模式設計，除卻標準化數量化有其無可泯滅的優點外，「實證主義」挾其強勢的歷史淵源所產生的影響更是原因之一。或許是學者深受自身訓練與所信仰的研究典範所影響，致使在這方面難有持平之論，這也更是我們今

後應當努力的方向。

三、動態評量的心理計量問題

在追求客觀、數量化的心理計量傳統下，動態評量雖然有絕佳的立論基礎，但仍難以普遍運用於教育評量之中。除了經濟因素外，沒有完整的標準化評量情境，缺乏比較評量結果的常模，均使得動態評量無法符合量化典範下客觀性的要求（Guthke & Wingenfeld, 1992）。

如果我們同意動態評量客觀化有它存在的意義，那麼將會發現，從標準化或接近標準化的教導程序，計量兒童答對不熟悉題目所需的提示量，或作答時從所需嘗試的數量，以評估兒童「學習潛能」優劣的模式，雖然可以達到實施程序標準化的目的，但是基於古典測驗理論的特性，使得受試能力計量上面臨以下的困難：

㈠對個人能力的計算，僅能就評量的結果計算其粗略的總分（raw scores），無法考慮每個題目各有不同的試題難度。

㈡在計算兒童所需的提示量時，無法因應各個提示給予難度的加權。

㈢評分時，僅能給予全對全錯的分數，無法給予部分正確的答案部分的分數。這些問題使得不論對於受試前測能力的估計，或者後測進步的幅度，都無法適當地估計出個人真實的獲益分數（true scores）。

心理計量的難題使得動態評量難以發揮其本身的精蘊。因為如果將所有的題目與提示均當成相同的難度與鑑別度加以處理，而不考慮某些情況下可能產生的答題猜測率，將會嚴重影響標準化動態評量結果與解釋。針對這些問題，已有多篇研究利用項目反應理論來加以處理（例如 Embretson, 1990；林秀娟，民 82；

許家吉，民 83；吳國銘，民 83），其結果均指出項目反應理論確實對於潛能有較佳的估算。本文不再詳細討論項目反應理論對於古典測量理論瓶頸的突破，以及在心理計量上所具有的絕佳特點，然而由於試題反應理論計算複雜且不易解釋，因此常只運用於研究之中，在實際評量推廣與應用上有很大的限制。

四、動態評量的測量「極限效應」問題

　　一般測驗的施測對象通常是能力分散範圍極大的群體，所以試題難度分布也必須相當廣泛，才能有效區別不同群體間受試的能力。但是因為測驗時間與題數的限制，使得編題時只能選擇中間難度的試題，造成這些測驗僅能對於中間能力的受試提供較精確的測量，愈接近兩極端能力則測量不精確（吳裕益，民 80），這個現象即是所謂測驗的「極限效應」。

　　假定在動態評量中每位學生不論其能力的高低，所施測的題目都相同，那麼動態評量也會和傳統的測驗一樣面臨著測驗「極限效應」的難題。因此文獻中「能力極高或能力極低的受試卻往往難以在動態評量過程中表現他們應有的潛能」等類似的研究結論（Budoff, 1987b; Campione & Brown, 1985），極可能是測驗「極限效應」所導致的現象。

　　由於特殊教育的服務對象常為具有特殊學習困難的學生，這些學生多位於常態的能力分布中兩極端能力組，往往使得適合於一般程度學生的試題，難以評量出特殊兒童的能力，因此對特殊兒童進行教育評量時，測驗「極限效應」就更值得注意了。

五、一個值得深思的例子

　　至此，本文已經討論過動態評量所模式的難題，接下來列舉

的是出現於 Budoff 所設計的系列性近標準化教導程序的學習潛能評估模式中的一個案例。

　　如果「有兩位兒童在後測均答對了五題，其中一位在前測答對了一題，因此進步了四題，被歸類為「獲益者」；另一位在前測即答對了四題，只進步了一題，卻被歸類為「未獲益者」。面對這種情形，要如何評估未獲益兒童的學習潛能（Brown & Ferrara, 1983）？我們所質疑的是，未獲益的兒童是否本身的學習潛能真的低於有獲益的兒童嗎？

　　根據前面有關動態評量難題的討論，要回答這樣的問題，首先有下面幾點需要考慮：

㈠是否標準化的系列提示正是未獲益兒童所需要的協助

　　由於量化的動態評量模式無法依兒童施測過程中的反應或者兒童的潛在認知結構隨時調整所給予的提示，如果提示無法符應未獲益兒童的認知需要，那麼兒童進步較少，可能不是兒童潛能較低，而是提示不恰當所致。

㈡是否為心理計量方面的問題

　　有可能未獲益兒童所答對的題目與獲益兒童所答題目其參數值（即難度、鑑別度與猜測概率）並不相同。所以如果只就進步的題數去決定學習潛能的高低，而未考慮不同題目與不同提示本身難度的差異，那麼兒童即使答對較難的題目，但由於進步的題數較少，自然會被歸為「未獲益者」。就心理計量的觀點來說，這樣的能力估計方式並不準確。

㈢是否為測驗「極限效應」的結果

　　本例前測中即答對四題的兒童，顯然能力高於前測中答對一

題的兒童。但是有可能由於測驗「極限效應」的影響，使得極端能力組的兒童進步有限，反而無法表現出其學習潛能，而被歸為「未獲益者」。因此，如果能增加測難度較高的題目，或許可以對該兒童的學習潛能有較精確的估計。

　　以上這些都是設計標準化或接近標準化的動態評量模式所要注意的重點。而不論質或量的動態評量模式，都為兒童的能力提供不同層面的訊息，都值得我們重視。

陸、結論

　　本文試圖藉著從特殊評量的一些問題的反省，來闡明發展動態評量的勢在必行。除介紹各種模式的特質外，更嘗試由四方面反省動態評量所可能面臨的問題。長久以來，Vygotsky 的社會認知發展論中「潛能發展區域」的概念，一直被奉為動態評量的圖騰，強調所謂「認知改變的歷程」的評量。然而如果再重新回到 Vygotsky 的理論，「高層認知能力的發展是個體與社會互動的結果」，僅由動態評量尤其是標準化的動態評量模式，是否足以捕捉到這種歷程，就不無商榷之處。

　　其次，量與質兩大研究典範的爭議，同樣也反應在動態評量的模式設計上。從評量「潛能發展區域」的觀點，我們認為質的設計似乎比量的設計更能符應兒童個別的認知狀況，達成了解兒童能力本質的目的，契合特殊兒童高異質性的評量需求。但是量的設計卻有明確計量標準、架構模式、以及易於解釋的優點。因此兩者所提供的訊息事實上是可以相輔相成的。從各自信仰的研究典範相互做太多的評論與非難，並沒有太大的意義。

　　最後，在評量結果的量化上，以古典的測驗理論估計個人動態評量結果的能力數值，由於無法處理題目與提示個別的難度、

鑑別度、以及猜測度，往往難以精確估算出個人的能力；同時測驗「極限效應」的問題，更使得極端能力組兒童的能力難以估算，這些都是量化設計有待突破之處。

　　本文對於動態評量的理論基礎與模式設計取向，以及量化計量的問題有諸多的評介。因此，基於目前動態評量的模式絕大多數為標準化或近似標準化的模式設計，針對動態評量能力量化的難題，以及特殊兒童評量的需要上，建立電腦化適性的動態評量系統，以及從社會心理語言學的方向，對質化的動態評量模式設計加以思考，都是未來極為值得努力的方向。

參考文獻

吳裕益（民 80）：**國民小學高年級數學能力電腦化適性測驗之研究**。國科會計畫編號：NC 80-0301-H024-02 報告。

吳國銘（民 83）：**國小學童在動態評量中數學解題學習歷程與遷移效益之探討**。台南師範學院初等教育研究所碩士論文。

林秀娟（民 82）：**動態評量結合試題反應理論在空間視覺學習潛能評量之研究**。台灣師範大學教育心理與輔導研究所碩士論文。

許家吉（民 83）：**電腦化動態圖形歸類測驗發展之研究**。台南師範學院初等教育研究所碩士論文。

Babad, E. Y., & Budoff, M. (1974). Sensitivity and validity of learning potential measurement in three levels of ability. *Journal of Educational Psychology, 66*(3), 439-447.

Brown, A. L., & Ferrara, R. A. (1983). Diagnosing zones of proximal development. In J. Wertsch (Ed.), *Cluture, communication, and cognition: Vygotskian perspections.* New York: Academic Press.

Budoff, M. (1969). Learning potential: A supplementary procedure for assessing the ability to reason. *Seminars in psychiatry,* 1.

Budoff, M. (1974). *Learning potential and educability among the educable mentally retarded.* Final Report project No. 312312. Cambridge, MA: Research Institute for Educational Problems. Cambridge Mental Health Association.

Budoff, M. (1987a). The validity of learning potential assessment. In C. S. Liza (Ed.), *Dynamic assessment: An interactional approach to evaluating learning potential* (pp. 52-81). New York: The Guilford Press.

Budoff, M. (1987b). Measures for assessing learning potential. In C. S. Liza (Ed.), *Dynamic assessment: An interactional approach to evaluating learning potential* (pp. 173-195). New York: The Guilford Press.

Campione, J. C., & Brown, A. L. (1985). *Dynamic assessment: One approach and some initial data.* Technical report No. 361. National Inst. of Child Health and Human Development, Washington, DC. (ERIC No. ED 26973).

Campione, J. C., & Brown, A. L. (1987). Linking dynamic assessment with school achievement. In C. S. Liza (Ed.), *Dynamic assessment: An interactional approach to evaluating learning potential.* New York: The Guilford Press.

Carlson, J. S., & Wield, K. H. (1978). The use of testing-the-limits procedures in the assessment of intellectual capabilities in children with learning difficulties. *American Journal of Mental Defficiency, 82,* 559-564.

Carlson, J. S., & Wield, K. H. (1979). Towards a differential testing approach: Testing-the-limits employing the Raven matrices. *Intelligence, 3,* 323-344.

Das, J. P., & Conway, N. F. (1992). Reflections on remediation and transfer: A Vygotskian perspective. In H. C. Haywood & D. Tzuriel (Eds.), *Interactive assessment* (pp. 94-118). Springer-Verlag: New York, Inc.

Embretson, S. (1987). Toward development of a psychometric approach. In C. S. Lidz (Ed.), *Dynamic assessment: An interactional approach to evaluating learning potential* (pp. 141-172.). New York: The Guilford Press.

Embretson, S. (1990). Diagnostic testing by measuring learning processes: Psychometric consideration for dynamic testing. In N. Frederilsen, R. Glaser, A, Lesgold, & M. G. Shafto (Eds.), *Diagnostic monitoring of skill and knowledge acquisition* (pp. 407-432). Hillsdale, NJ: Erlbaum.

Feuerstein, R. (1979). *The dynamic assessment of retarded performers: The learning potential assessment device theory, instruments, and techniques.* Glenview, Il: Scott, Foresman and Company.

Guthke, J., & Wingenfeld, S. (1992). The learning test concept: Origins, state of the art, and trends. In H. C. Haywood, & D. Tzuriel (Eds.), *Interactive assessment* (pp. 64-93). Springer-Verlag: New York, Inc.

Haywood, H. C., Broun, A. L., & Wingenfeld, S. (1990). Dynamic approaches to psychoeducational assessment. *School Psychology Review, 19*(4), 411-422.

Haywood, H. C., Filler, J. W., Shifman, M. A., & Chatelanat, G. (1975). Behavioral assessment in mental retardation. In P. McReynolds (Ed.), *Advances in psychological assessment* (Vol Ⅲ). San Francisco: Jossey Bass.

Haywood, H. C., Tzuriel, D., & Vanught, S. (1992). Psychoeducational assessment from a transactional perspective. In H. C. Haywood & D. Tzuriel (Eds.), *Interactive assessment* (pp. 38-62). Springer-Verlag: New York, Inc.

Jitendra, A. K., & Kameenui, E. J. (1993). Dynamic assessment as a compensatory assessment approach: A description and analysis. *Remedial and Special Education, 14,* 6-18.

Lidz, C. S. (1987). Historical perspectives. In C. S. Lidz (Ed.), *Dynamic assessment: An interactional approach to evaluating learning potential (pp. 3-34). New York:* The Guildford Press.

Simeonsson, R. J. (1986). *Psychological and developmental assessment of special children.* Boston: Allyn and Bacon.

Sternberg, R. J. (1985). *Beyond IQ: A triarchic theory of human intelligence.* Cambridge: Cambridge University Press.

Tzuriel, D., & Feuerstein, R. (1992). Dynamic group assessment for prescriptive teaching: Differential effects of treatments. In H. C. Haywood & D. Tzuriel (Eds.), *Interactive assessment* (pp. 187-206). Springer-Verlag: New York.

Tzuriel, D., & Haywood, C. (1992). The development of interactive-dynamic approaches to assessment of learning potential. In H C. Haywood & D. Tzuriel (Eds.), *Interactive assessment* (pp. 3-27). Springer-Verlag: New

York.

Vye, N. J., Burns, S., Delclos, V. R., & Bransford, J. D. (1987). A comprehensive approach to assessing intellectually handicapped children. In C. S. Lidz (Ed.), *Dynamic assessment An interactional approach to evaluating learning potential* (pp. 141-172). New York: The Guilford Press.

Vygotsky, L. S. (1978). *Mind in society* (M. Cole, V. John-Steiner, S. Scribner, & E. Souberman, Eds.). Cambridge: Harvard University Press.

Wertsch, J. V. (1991). A sociocultural approach to mind. In *Voices of the mind: A sociocultural approach to mediated action* (pp. 18-45). Cambridge, MA: Harvard University Press.

圓圈的概念──社會能力的訓練

◆簡慶哲◆

對智力受損的學生，一種類似腳墊形狀的同心圓，可幫助他們分辨不同親密程度的他人，例如：藍圈代表可以擁抱的親人，黃圈代表握手之交，而橘色圓圈則僅止於揮揮手的關係。Walker-Hirsch 和 Champagne 提出的圓圈概念，可供國人參考。

從事特教的工作者，常會沉痛地看到他們的學生因為缺乏社會（尤其是含有性成分）能力，而無法和正常學生一樣，獲得統整。有些特教學生誤用「性」來達到受歡迎，或者誇張地說些和性有關的語言以博取注意；有些則因為在社會（尤其是含有性成分）事務上，直言不諱，成為笑柄人物。

為了幫助這類學生澄清他們真實生活中的關係，我們發展出一套圓圈的概念（見下圖一）──人際關係的圓圈

1.紫色私人圈

- 你是重要的，你可以決定誰可以碰你。
- 除非你允許，沒有人應該碰你。
- 有時其他圈的人，試圖靠近你，你必須說「停」。
- 你不可隨便碰別人（除非被允許），就如同你不希望別人碰你。

2.藍色擁抱圈

- 可否接吻或靠近是相互間的決定，如果你不想，必須說「停」。

圖一　關係疏密圓圈圖

- 有時你會不喜歡被碰觸，但並不意謂你就不再和你的伴侶親密，只是當時沒有「愛」的感覺。
- 你的伴侶也可以對你說「停」。

3.綠色拍肩圈

- 有時你的朋友想要對你親密，你只要對其解釋並說「停」即可。
- 在某些場合，可允許淺淺的擁抱。
- 對方並不在你的藍色擁抱圈裡。

4.黃色握手圈

- 有時你只知道名字的人要求淺淺的擁抱，你可以說不。
- 除非你允許，沒有人可碰你。

5.橘色揮手圈

- 對關係更遠的人，不適合握手，可用揮手致意。
- 有時小孩子想要擁抱或親吻你，你可以說「不」。

- 對小孩最好用揮手的方式。
- 兒童不像你知道那麼多，因此你必須示範正確的行為。

6.紅色陌生人圈

- 有些人永遠停在陌生人階段。
- 對社區協助者這類陌生人，你可以和他談論有關的事務。
- 其他陌生人，不宜和你談話或碰觸你。

　　為界定我們在社會關係中角色扮演時所呈現的不同親密水準，我們用了六種不同顏色的同心圓做成實物大小的腳墊形狀。

　　每一個親密層級佔有腳墊上一個空間，每個層級一個顏色，一個名稱、一個圖像，並賦予該種親密程序的行為特徵。我們也使用視聽媒體的故事，說明這些社會秩序、原則之應用，並且訓練學生經由觀察別人的表達方式，在自然的情況下運用圓圈的概念。

　　每個學生依其能力用標誌、照片、畫線和寫名字的方式，產生一個小範圍的私人圓圈，為了幫助他們了解相互關係的概念，我們必須告訴他們，在將某人列入某一圓圈範圍時，必須讓對方也同意他自己屬於該範圍。如此學生才能發展出一種友誼、約會、性愛、自我保護、堅定、生物學上的訊息，甚至是社會環境的成熟過程。

• 圓圈的世界

　　依據這個設計，每個學生被安排在中間的圓圈，這一圈稱為「私人紫色圈」，是最少的、僅容一人（即最重要的人），學生將依據社會的相互關係原則，決定誰是親近的人，誰將列入他的其他圓圈中。

　　使用墊子做角色扮演時，同學們輪流站在中間的私人紫色圈，然後告訴其餘同學，為何在自己的圓圈世界裡，自己是最重要的人。有些會說：「我最重要，因為我喜歡我自己」，也有的說：「我是重要的，因為我的皮膚黑」或者說：「我是重要的，

因為我就是我」。此時，我們也鼓勵其他同學支持這些描述。

　　環境小同心圓的外圍是一個稱為「藍色擁抱圈」，此圈空間亦不大，事實上，對同學來說，也不會有很多人親密到夠得上，渴望互相擁抱身體。

　　有些特教班的學生誤用他們的性感以達到受歡迎；或者講一些和性有關的語言以博取注意。

　　老師幫助學生認識在藍色擁抱圈的人，是他們喜歡的人，而且也是他們會等同待之的人。這些人通常是典型的核心家庭之成員，但是他也可能是繼父母、祖父母及重要他人。和這些人在一起，同學們會有這種程度的相互親密感。對年齡稍長的學生「甜心」可能適合這種關係。我們必須幫助這些學生分辨含性成分的愛與交情好的愛之不同，並且要鼓勵他們在實際生活中，對於屬於這一圈的親友，用這種方式去表達他們的情感。不過，如果他沒有這種愛的關係存在，也不必勉強他，只要告訴他，將來他仍是充滿希望，且是可以被愛的。

　　環繞藍色圈的是綠色圈，代表可以淺淺地、友善地擁抱，此圈包括較多的人，如好友及家人外的親戚，這些人多少和他有些情感連繫。這層的關係像是偶爾的擁抱或輕拍背部。大部分的學生在列出他們所有的朋友、親戚時，都很愉快，在觀察他們完成圈時，通常是充滿愉悅、有成就感，且是填得滿滿的，這種填滿的綠圈，可能是增加其自尊的一大力量。而當學生想要將老師們包含在這一圈裡，不管老師喜不喜歡，筆者發現老師會和同學們磋商，因此當學生發展到此圈，我們常會致力於解釋友誼的意義。

　　第四圈是黃色，代表可以握手的圓圈，對於他們僅知道名字，但並不是朋友的人，此圈是適當的區域。建立這種社會距離的層級，只需要手和手的接觸即可，不過握手較適合成人。成人較常用握手的方式，而孩子們可能較習慣高舉手掌和對方輕拍一下，稱此圈為「高舉五指」的圓圈。不管那一種方式，這種距離

和關係仍然一樣，手掌仍是唯一的身體接觸部位，班上每一份子至少都可包括在這一圈，因此在角色扮演時，所有同班同學均可經驗這種被包括在內的感覺。

下一圈是「橘色揮手圈」，此包括他們僅熟悉臉孔的人物，這些人是同學們認識的，但身體的距離較遠（不是那麼親密）、或者是當時太忙而不能去握手致意。當學生對這一圈有所了解，他們就會去觀察一個人何時將應該不被打擾，並且肯定當他們本身太忙時，可以不必抽空握手。

我們建議十幾歲的青少年，和小孩子要保持在橘色圈裡的關係，（對他們來說，揮手是較好的方式）因為可以避免，由於和兒童身體上的接觸，促使其他旁觀者的誤解。有這種觀念，對十幾歲的青少年將來長大成人有所幫助，他們學會猜測年齡、辨別兒童和成人的不同，並且可確定自己在那一個年齡和時間連續的定點上屬於何處。

環繞所有圓圈的最外層是「紅色陌生人」的空間，此圈故意劃波浪線，表示陌生人在我們的生活外圍中，不斷地來來往往，這個空間很大，絕大多數的人是陌生人，而且一直都是。對陌生人通常不需要和其談話或接觸，除非那人是社區的協助者，雖然有些協助者沒有穿著制服、帽子、徽章，供學生辨認，如果必要和陌生人談話和接觸，也僅限於和該社區協助者的事務有關者為限。大部分學生都知道「不要隨便和陌生人談話」，因此允許他們和少數的社區協助者討論事務，令他們覺得很有趣。

• 一個成功的世界

這種簡單的設計，用在特教學生身上，已獲得良好的成效，在控制自己的身體和關係的權利上，他們覺得比較容易，而且在他們畢業後的各種準備，以及對自己社區賣力貢獻方面，都比較好，由此得知，我們已經成功的幫助我們的學生，妥善運用積極的相互關係，達成令人滿意的效果。

參考文獻

Walk-Hirsch, L., & Champagne, M. P. (1991). The circles concept: Social competence in special education. *Educational Leadership,* September, 65-67.

16

「非正式閱讀評量」在教學上的應用

◆張瓊元◆

　　筆者從事啟智教育五年餘，在進行輕度障礙學生國語文教學時，常懊惱標準化診斷工具不易取得，而自編試題又未盡理想，以致難以了解學生之學習基礎，總要花費一段時間才能從教學後學生的反應中找到學生的能力水準；同時，對於學生常犯的錯誤，也必須觀察相當時間方能了解進而改善。如此長時間的摸索和試探，對正常的「教」與「學」耽誤不少，令筆者頗引以為憾。此外，在選取教材的過程也常惶惑，不知有何客觀方法可評估教材是否適宜學生學習，以減少嘗試錯誤、提高教學成效。

　　今（民82）夏在北師大進修，於洪儷瑜教授所授之「特殊兒童教育診斷」課中初聞「非正式閱讀評量」。筆者為求進一步了解「非正式閱讀評量」之實施成效，特以本校啟智班三年級閱讀程度不一之三位輕度障礙學生為對象進行評量，發現此法不僅簡便易行，尚可由施測結果了解施測文章是否適於受測學生學習，亦可知學生的閱讀能力及其閱讀缺陷，更可看出受測學生間的個別差異，優點甚多，令筆者十分驚喜，故為文推介，盼望有更多的特教同仁從中獲益。

壹、「非正式閱讀評量」的內涵

「非正式閱讀評量」包含兩大部分：

一、字彙評量

評量受測學生正確讀出施測文章字彙之能力。

二、閱讀理解評量

評量受測學生閱讀施測文章後對該文理解之程度。

貳、「非正式閱讀評量」的評量方式

一、選取一篇短文

短文字數約 100-200 字，內容宜富吸引力，且適宜學生之經驗背景，以引起學生的學習興趣。（參見附件一範例）

二、字彙評量

由學生朗讀短文，教師將其錯誤反應逐一記錄紙上（記錄紙即為相同之文字，只是其行距加大，以便記錄，請參閱「非正式閱讀評量舉例」部分）。學生朗讀時可能犯的錯誤及其記錄方法

附件一　（非正式閱讀評量短文舉例）

這一節是李老師的英文課，他正在黑板上寫字。
認真的聖輝趕快抄下來。
胖胖的阿智看不懂，趴在桌上呼呼大睡。
頑皮的芳怡對李老師的背影做鬼臉，逗得我們哈哈大笑。
難婆的梁玉賢就瞪我們，還說我們是壞學生。
慈恩聽了很生氣，就罵他：「神經病。」
兩個人罵來罵去，吵得李老師回過頭來，一邊用竹子敲黑板，一邊大叫：「安靜！」就在我們鬧哄哄的時候，
忽然發現張老師站在門口，
把我們嚇了一大跳！
大家趕緊閉上嘴，乖乖聽李老師講課。

介紹如下：

(一)替代

唸錯了音，教師在原字上畫線，並在該字下寫出學生所讀的字。

例如：一陣風吹來。
　　　　陳

(二)省略

學生落了字，教師將學生漏讀的字圈起來或打×。
例如：一隻小⑨狗，或黑狗。

(三)增加

學生自動在原句中加入某字或某詞，以∧表示，並填入所加的字。

例如：嚇了一跳。
　　　　　∧
　　　　　大

㈣停頓

學生遲疑未讀，若超過五秒則須記錄，在停頓處以∧表示。
例如：請給我一把∧梳子。

㈤顛倒

學生唸反了字或將前後詞顛倒，以⌞⌜表示。
例如：小明回過 頭 來。

㈥重複

反覆唸某字或某詞，則在重複的字詞下畫箭頭。
例如：他 走 出教室。（參見附件二範例）

三、閱讀理解評量

閱讀理解評量有數種方式，教師可任擇一種或多種實施。
（葉靖雲，民 82 ）

㈠口語朗讀

與字彙評量一併實施，可由學生所朗讀的內容約略了解學生
是否理解短文。

㈡重述故事

要求學生複述短文內容，教師將其反應詳實記錄。重述故事
需要較好的組織能力及記憶、回憶技巧，層次較高，對學生尤其
是輕障學生較為困難，得分不易。（參見附件三範例）

附件二　（記錄範例）

這一節是李老師的英文課，他正在黑板上寫字。

認真的聖輝(趕)快抄下來，
　　　劉

胖胖的阿智看不懂，趴在桌上(呼)(呼)大睡。

頑皮的芳怡對李老師的背影做鬼臉，(逗)(得)我們哈哈大笑。

雞婆的梁玉賢就(瞪)我們，還說我們是壞學生。

慈恩聽了很生氣，就罵他：「神經病。」

兩個人罵來罵去，吵得李老師回過頭來，

一邊用竹子敲黑板，一邊大叫：「安靜。」
　　　擦

就在我們(鬧)哄哄的時候，
　　　叫叫

忽然發現張老師站在窗口，
　　　　　門

把我們嚇了一跳！
　　　大

大家趕緊閉上嘴，乖乖聽李老師講課。
　緊張

　　　　　　　　　　●觀察記錄：邊唸邊笑
　　　　　　　　　　　10:13:40-10:35:20

附件三（「重述內容」評量結果範例）

重述內容	回答次序	回答內容	成績
1.上英文課	①	李老師在上英文課	√
2.李老師在黑板寫字			×
3.聖輝抄寫			×
4.阿智大睡	③	阿智	×
5.芳怡做鬼臉	②	林芳怡吵來吵去	×
6.梁玉賢罵人	④	梁玉賢插嘴	√
7.慈恩回罵	⑤	詹慈恩就罵他神經病	√
8.兩人吵架			
9.李老師大吼	⑥	李老師就叫我們安靜	√
10.張老師在窗口	⑦	張老師就站在窗口	×
11.大家安靜聽課	⑧	我們就安靜了	√

(三)回答問題

教師根據短文內容設計問題，以明瞭學生是否理解短文的大意、主旨，以能否為該文下結論、作推測……等。回答問題有兩種方式：簡答及選擇。後者因選項中有線索可循，更利於學生回答。

(四)填字

教師於較短的文章每八字設一空格，較長的文章則每十字設一空格，要求學生在空格內填字。所填並無固定答案，只要能使文句通順且符合原意便可。（參見附件四範例）

相較於其他方式，填空更能精確測知學生的閱讀理解能力，因其與閱讀理解之效度分析高於其他方式（葉靖雲，民82

第四件　（填字評量結果範例）

第一節是李老師的英文課，	就（生氣）他：「神經病。」
他正在黑板上（寫）字。	兩個人罵（來）罵去，
認真的聖輝趕快（　）下來，	吵得李老師（　）過頭來，
胖胖的阿智（　）不懂，	一邊用竹子（　）黑板，
趴在桌上呼呼大（　）。	一邊大叫安靜
頑皮的芳怡對李老師的（做）影 做鬼臉，	（　）在我們鬧哄哄的時 （　），
逗得我們（　）大笑。	忽然發現張老師（站）在窗口，
難婆的梁玉賢就（　）我們，	把我們嚇了一（　），
還說我們是壞（　）生。	大家趕緊閉上嘴，
慈恩聽了很生氣，	乖乖聽李老師講課。

結論：以「寫」的方式填充：正確率10％，以「讀」的方式填充：正確率35％

年）。

叄、「非正式閱讀評量」的計分方式

一、字彙部分

　　僅將「替代」及「省略」次數合計為錯字數，依據錯字數與全文字數之比求得錯誤比率，再求字彙正確率。（參考附件五）

附件五 （非正式閱讀評量計分紙）

學生姓名：鄭××　　　　　　性別：☐男 ☑女 年齡：15歲

年級：國中（小）二年級（升三）　　國語文程度：小學三年級

安置類別：☐普通班 ☑特殊班（資優、智障、聽障，＿）

國語文成績：81 學年下學期的成績為＿

　　　　　　☐優 ☐中上 ☐中等 ☑中下 ☐劣

施測者：張瓊元　　　施測日期：82年8月8日

施測文章程度：國中（小）三年級下學期

一、字彙部分：

　　替代　6　　　　　　　總時間：21分40秒（10:13:40-10:35:20）

　　省略　7　　　　　　　閱讀速度：172字／460秒＝22.4字／分

　　停頓

　　……

　　錯誤：

　　錯字共 13 字

　　錯誤率　13／172＝7.6%　　字彙正確率92.4%

二、理解部分　方法：☐重述內容☐填充

　　重述內容　答對：50%

　　填字：　　　　10%

　　平均：　　　　30%

三、綜合結論

	獨立自學水準	教學水準	挫折水準
字彙正確	☐98%	☑90%-95%	☐90%以下
理解正確	☐90%	☐75%-85%	☑50%以下

取材洪儷瑜（民82）非正式閱讀評量授課講義

二、閱讀理解部分

計算各種評量方式所得正確百分比,再予以平均,即得閱讀理解正確率。

肆、「非正式閱讀評量」在教學上的應用

一、選擇施教的教材

了解施測短文作為受測學生學習教材是否合宜。判斷施測短文是否適宜作為教材有幾個指標:

㈠字彙正確

1.98%以上:獨立自學水準,表示學生學習該文在字彙上幾無困難。

2.90%-95%:教學水準,表示該短文之字彙適合受測學生學習,適合為教材。

3.90%以上:挫折水準,表示施測短文之字彙對受測學生而言較難學習,不宜冒然引為教材,以免學生頻生挫折感。

㈡閱讀理解正確

1.90%以上:獨立自學水準,表示受測學生可獨立自學施測短文,幾無理解困難。

2.75%-85%:教學水準,表示施測文章適宜受測學生學習,不至過難。

3.50%以下：挫折水準，表示受測學生對施測文章不甚理解，學習困難，故該文不適於作為該生教材。

教師可就評量所得字彙正確率及閱讀正確率決定施測短文是否可為教材。一般而言，兩者皆屬挫折水準時，施測短文則不宜為教材，但若學生對短文內容深感興趣，樂意學習，教師不妨改善文辭，或提供圖片或實物說明，將難度降低再作為教材。倘若字彙程度為獨立自學水準，而閱讀理解屬挫折水準，教師可利用圖片或其他操作方式幫助學生理解，並且延長教學時間，以利學生學習。

二、分析學生錯誤便於補救教學

「錯誤分析」是「非正式閱讀評量」的重要步驟，學生的錯誤反應可以使教師明瞭學生如何閱讀短文、理解短文，並提供教師教學的方向（McLowghlin & Lewis, 1986）。學生的錯誤有其特殊意義：

(一)替代

學生讀錯了字，教師應分析是否不識該字，或因錯字與原字字形相似、字音相似，抑或文法結構類似，以發掘錯誤原因（Burke, 1973；引自 McLowghlin & Lewis, 1986）。此外學生常因誤解原字而曲解該句文意，以致影響閱讀理解。

(二)省略

學生對不識之字詞常略去不讀。

(三)增加

學生在文句中加入字詞常因其需要所加入之字詞以輔助閱讀

理解。

(四)顛倒

學生將相鄰字順序顛倒，很可能是知其意但不知正確順序。若此類錯誤常出現，教師應留意學生是否常混淆詞彙中字的順序。

(五)停頓

學生不識某字或無把握讀正確音時常停頓。

(六)重複

學生可能重複讀某字或某詞。

一般而言，「替代」及「省略」是教學的重要參考資料，其他類型的錯誤與閱讀理解關聯較小（McLowghlin & Lowis, 1986），所以教師應特別留意「替代」和「省略」的反應。另外學生在簡答、填字方面的反應常常透露出其理解內容及思考、記憶方式。由學生重述故事的內容更可見其組織能力、記憶能力及回憶方式。

三、作爲分組教學之依據

筆者使用自編短文對三位學生進行評量，評量的結果：甲生的字彙程度在自學水準，閱讀理解程度則略低於教學水準；乙生不論字彙和閱讀理解均屬挫折水準；丙生字彙在教學水準，閱讀理解在挫折水準（如附件五）。筆者十分驚異一篇簡易短文的評量竟可看出三人間的差異，同時，三人之間差異甚大，一如三人國語課各在不同組別所顯示的差距，可見其具有鑑別力！

四、作爲「診療教學」之依據

在評量字彙之過程中，筆者發現乙丙生字彙程度不佳，尤以乙生爲最差，竟連「這」字都遲疑許久無法讀出，好不容易唸出來卻是「那」，情況真嚴重。筆者在乙生國一時授其數學課，當時即發現其識字能力與其智慧程度相差甚遠，一年多之後乙生的習字仍有極大困難，連日用字彙亦無法識得，可見國語科教材教法極待檢討改進。而丙生字彙程度差、寫字能力不足，除本身懶散不夠勤學影響之外，教師未考慮其程度及需要，逕自採用對丙生而言較艱深之教材，且未針對其懶散個性嚴加督促亦難辭其咎。

在評量閱讀理解之後，筆者方知三人的程度遠不及筆者預期的水準。乙生的困難或許是字彙能力太差，以致閱讀理解差，甲生和丙生則字彙能力較佳，本應表現較佳之理解水準，但評量結果卻是不然。筆者以爲此與兩人不懂得記憶策略有關。甲生的回憶過程沒有條理，不會依事件發生順序回憶，也不知道藉回想上英文課的情形來回答（施測文章以該班上英文課情形爲內容）。而乙生和丙生雖能依序回憶內容，但細節則記憶不清。可見三人記憶技巧都不甚高明。因此筆者深感指導學生學習方法之重要，教師除指導學生學習教材內容，更應教導閱讀策略，如心像法幫助記憶，則回憶時較易檢索。教師亦可將自身閱讀時所使用的理解、記憶方法教導學生學習。此外，教習「後設認知技巧」，使學生能了解自己的學習過程、檢視自己的閱讀成果、找出自己閱讀時的優缺點、改善學習過程，必可提升其閱讀能力。邱上真（民 78）的「認知研究在輕度障礙者教學上的應用」一文中，提供閱讀策略教學之見解可供參考。

伍、後記

　　「非正式閱讀評量」自尋找短文（或自編）、設計問題前後僅需四十五分鐘，加上施測時間不過一小時餘，實施容易且對教學裨益甚大，特教同仁不妨一試，相信必然收穫良多。

　　本文承洪儷瑜教授之資料提供和指導得以完成，特此致謝。

參考文獻

邱上真（民 78 ）：後設認知研究在輕度障礙者教學上的應用。**特殊教育季刊，30 期**，12-16 頁。

洪儷瑜（民 82 ）：「**特殊兒童教育診斷**」授課講義。

葉靖雲（民 82 ）：課程本位閱讀測驗的效度研究，**特殊教育學報，8 期**，273-324 頁。

McLowghlin, J. A., & Lewis, R. R. (1986). **Assessing Special students** (2nd ed.). Columbus, OH: Merrill.

17

聽障者閱讀困難的可能原因之一

◆曾世杰◆

壹、前言

　　瓊瑤有一部小說（啞妻）改編成電視劇，劇裡女主角生下來就聾了，但她詩詞歌賦無一不精，和別人主要透過筆談和手語溝通。這部戲給大眾的感覺是，天生失聰的孩子，除了學不會說話之外，閱讀寫字都和一般兒童一樣，因為聾童聽覺有問題，但視覺完好無恙，說話聽話有困難，筆談閱讀沒有困難。在真實世界裡，像「啞妻」這樣的例子可說是少之又少，不論中外，聽障教育最難的地方在於聾童閱讀能力的發展，美國幾次大規模的閱讀能力調查，都發現聽障學生的閱讀能力普遍低落，二十歲高中畢業生的閱讀能力平均只有九到十歲（小學三、四年級）的程度，連報紙都看不懂（Trybus & Karchmer, 1997）。國內林寶貴（民 76）和張蓓莉（民 76）的研究也有類似的發現—聽障學生的閱讀能力無法和他的聽人同儕比較。Difrancesca（1972）及Wilson（1979）更進一步指出，聽障學生的閱讀能力平均每年只成長 0.2 年級，閱讀能力達三、四年級時進入「高原期」，要想再進步就很困難了。許多聽障學生的母語是手語，因此有人提出假設，認為聽障學生學習閱讀的歷程和學習外國語言類似，使用

外國語言當然效率降低。這個解釋相當符合一般常識，例如，中國人閱讀英文當然比美國人差。可是這個假設並不能解釋前面提到的「高原期」，剛到美國留學的中國學生是不如美國人，但如果繼續練習，許多年後，兩者的閱讀差距會愈來愈近。這就和聽障學生的閱讀不同了，他們在特殊教育的密集照顧下十幾年，並沒有「差距愈來愈近」的效果，為什麼呢？可能的解釋很多，本文旨在探討這些可能性中的一項—短期記憶（STM）中所用不同的符碼（code）及其影響。

　　讓我們先簡單的介紹「短期記憶」的概念，再談一個似乎不相干的泛文化研究，最後再和聽障學生的閱讀連結起來。

貳、短期記憶與語言

　　從認知心理學中訊息處理論（information-processing approach）的觀點來看，記憶的項目在進入長期記憶（Long-term memory, LTM）之前，必須先在短期記憶（short-term Memory, STM）裡得到足夠的複誦（rehearsal）。如果複誦的量不夠，記憶的項目無從進入長期記憶，就產生遺忘。而最常用來測量短期記憶的方式，該算是所謂的「序列記憶」（serial recall or sequential recall）。而其中數字廣度記憶（digit span）又是序列記憶中最常用的一種。

　　魏氏和比西智力量表中都有「數字廣度」這個分測驗，施測者以每秒鐘一個數字的速度唸 3 到 10 個數字，譬如 5-9-1-7-4-2-8。唸完之後，受試者要將這些順序回憶出來，才算得分。這個過程，就是一個典型的短期記憶過程。根據 Miller（1956）的報告，人類的短期記憶量只有 7±2 個記憶的項目，如果再多一點，就記不住了。當然，這個數字只是平均值，個體之間的差

異性相當大。有趣的是，中國人在數字廣度測驗上的平均表現，居然比美國人好。台灣的大學生數字廣度的平均值大約是 9 到 10，而美國大學生的平均值約為 7 到 8 左右，兩者有顯著差異。有人說這是兩國高中前的教育強調重點不同所致，老中把數字的處理完全自動化了，而老美從小就用計算機，對數字的熟悉度不同，數字記憶廣度的量自然也不同了。照這樣想，兩國剛學會數數兒的幼稚園小朋友數字記憶廣度就應該差不多；可是這方面的研究仍然指出講中文的 4 到 6 歲小朋友還是比同齡的美國兒童記得較長的數字（Chen & Stevenson, 1988）。為什麼呢？理論上來說，所有的人種，都具備相同的認知「硬體」結構（如中樞及周邊神經系統），在這種測驗上的表現應該不會有差異才對。如果不是「結構」的問題，那兩國的受試是不是訊息處理的「過程」有什麼不同呢？Chen 與 Stevenson（1988）提出的解釋是，兩國兒童數字廣度的差異源自於漢語和英語對數字「發音長度」的不同。

　　早在 1973 年，Baddeley 就指出短期記憶中所能保存語文項目的量和所使用材料的語音長度有關，語音愈長，記憶量愈小。根據這個發現，他們便提出「構音迴路」（articulatory loop, AL）的短期記憶模式；構音迴路和一個中央處理器（central processor, CP）一同解釋了短期記憶的量，中央處理器能處理 3 到 4 個記憶項目，若所欲記憶的項目超過此限，記憶材料就得送到 AL 裡進行複誦，複誦夠的話，還可以多記 3 到 4 個。根據這個模型，發音愈長的項目，不會對 CP 的量有影響，影響發生在 AL 的運作上；語音愈長，材料在 AL 中佔了愈多的運作空間，記憶的量自然愈小。舉例來說，拿同一個菜籃子去買芭樂，買的若是土芭樂、籃子可以裝 7、8 個；買的若是泰國芭樂，就只能裝 4、5 個了。再回頭來看 Chen & Stevenson（1988）的研究，他們比較語文間數字語音長度的差異，發現英語每個數字的

平均發音長度較中文長 0.1 秒左右；且進一步的分析也指出，語音愈長的數字的確比語音短的不容易記，這些發現更支持了 Baddeley 的模型。

叁、閱讀與短期記憶的轉錄

Chen & Stevenson（1988）的研究和聽障者的閱讀有什麼關係呢？

要正確地理解一個句子，閱讀者必須把每一個「字」和它們的「順序」暫時存在短期記憶中，才能做進一步的語法分析，（如「我要刷牙」和「我要牙刷」就有不同）。從這裡我們可以合理的推斷，短期記憶不足或困難，會造成閱讀的困難，尤其在語法的處理上。以聽人為受試的研究發現，短期記憶的障礙確實和閱讀能力息息相關（如 Wagner & Torgesen, 1987）。而在前面提的「數字記憶廣度」的實驗中，個體因所使用語言的不同，造成短期記憶量的不同，如果這個觀察正確，那使用手語的聽障者和用口語的聽覺正常者（聽人），照理也應有不同的短期記憶容量，這個容量隨之影響了閱讀歷程的效率，使聾人的閱讀能力遠不如聽人了。

理論上如此，但是否有實證研究支持這樣的理論呢？

在聽人的閱讀歷程中，有一個「聲韻轉錄（phonological recoding）」現象，就是把眼睛看到的「字」，轉錄成「聲韻型式」的內在表徵在心裡過程中出現，譬如把「媽」轉成「ㄇㄚ」等，這個現象中外皆然，中文的研究請參考石瑞宜（民 75）、林宜平（民 72）和謝娜敏（民 71），英文可參考 Conrad（1964）。聽障學生也不例外，研究指出，因著溝通方式不同，聾者受試的記憶廣度使用了不相同的中介語言系統。如口語溝通

的受試使用聲韻型式的內在符碼（internal code）（Hanson,
1982），手語溝通的受試使用手語型式的符碼（Shand, 1982）。
國內聽障學生也有類似的情形，在閱讀字和詞時，接受口語教育
的學生轉錄成「聲韻」，接受手語教育的學生則轉錄成「手語」
（曾世杰，民 77）。值得注意的是，雖然學者們發現有些聽障
者和聽人一樣轉錄成聲韻符碼，他們對這種符碼的運作和掌握顯
然沒有同儕聽人那樣有效率。即使如此，口語的聽障學生在字彙
和閱讀上的表現都要比手語學生來得好。Kyle（1981）認為手
語是一種視覺肌肉的符號系統，它在短期記憶中的效率無法和聽
覺的話語符碼比較。換句話說，手語符碼在短期記憶中所佔的空
間比聲韻符碼大，短期記憶所「載得動」的手語符碼就相對的
小。這造成了聽覺障礙者閱讀的困難。

　　最有趣的，該屬 Hanson（1982）的研究，她所使用的受試
者有三項特色：①他們都是以手語為母語的聾大學生，學習語言
前就失聰了；②閱讀能力在聾人的常模中佔最前面的 5%；③所
受過的口語教育幾乎為零。在這樣的條件下，實驗結果出人意料
之外的指出，這些聾大學生在英文字的序列記憶中，居然不是轉
錄成手語，而是轉錄成話語式的符碼。對學習語言前失聰的人而
言，要獲得和使用聲韻訊息（phonological information）是極
度困難。而且在轉錄過程中，他們除了聲韻符碼外，還有其它的
選擇，譬如可以轉成手語式的符碼。但 Hanson 的報告指出，閱
讀能力最好的聾人，寧願放棄他們最熟悉的手語，而選用聲韻符
碼來做為短期記憶的中介語言系統。Lichtenstein（1983）採用
更多這樣的受試，也有同樣的發現。這兩個人的研究支持了
Kyle（1981）的看法。

肆、結論

以上的討論，可以歸納成如下的三段論證：

1. 不同的內在中介語言系統，會導致不同的短期記憶容量。

2. 閱讀和短期記憶的運作息息相關，短期記憶的困難造成閱讀的困難。

3. 不同的內在符碼，不論是型式或效率上的不同，將導致閱讀效率的差異。

換句話說，聾人與聽人閱讀能力上的差異，從這個角度看，可能來自於（在型式或效率上）與聽人不同的內在符碼。唯以上的推論並不能完全說明聾人的閱讀困難，有兩點限制必須在此說明：第一、短期記憶中所使用的符碼只是造成閱讀困難的原因之一，以上的討論不能排除其它可能的困素，如早期的語言剝奪等；第二、許多這方面的研究都是相關研究（correlational study），相關研究最大的問題是不能提供因果關係的結論，譬如即使冰淇淋的銷售量和青少年的犯罪有顯著的正相關，我們也不能下「吃冰淇淋導致暴力犯罪」的結論。因為這兩個相關可能來自同一個原因—高溫。同樣的道理，雖然在「理論上」，以上的推論既合邏輯，又不違背實際觀察。但在「實證」上，卻仍缺乏直接的證據，未來的研究者，也許可以再精練研究過程，以「真實驗設計（true expermental）」去檢驗這個假說中的因果關係。

在教育上，如果這個假說是真，則聾生的口語訓練和閱讀能力有相互裨益的關係，在口語發音的清晰度上，雖然 Conrad（1979）指出，超過百分之六十全聾的已畢業聾人，他們的口語除了從事聾人教育者或其家人之外，根本無法讓常人聽懂，但其

構音能力對「溝通」及「閱讀的影響」顯然可以分開來觀察，口
語訓練閱讀能力的助益，仍應受肯定。

參考文獻

石瑞宜（民75）：**文字閱讀中，「字形——字音」關係對字彙觸接歷程的影響**。國立台灣大學心理學研究所碩士論文（未出版）。

林宜平（民72）：**漢字形、音、義的比對，一個語音轉錄的模式**。國立台灣大學心理研究所碩士論文（未出版）。

林寶貴（民76）：聽覺障礙學生語文能力之研究。**教育學院學報，12**，13-27。

張蓓莉（民76）：回歸主流聽學障礙學生國語文能力之研究。**特殊教育研究學刊，3**，119-134。

曾世杰（民77）：**聽覺障礙學生中文字或詞辨識之轉錄研究**。國立台灣師範大學特殊教育研究所碩士論文（未出版）。

謝娜敏（民71）：**中文字與詞的閱讀與語音轉錄**。國立台灣大學心理學研究所碩士論文（未出版）。

Baddeley, A. D. & Hitch, G. (1974). Working memory. In G. H. Bower (Ed.). *The psychology of learning and motivation, 8,* 47-90. New York: Academic Press.

Chen, C. & Stevenson, H. (1988). Cross-linguistic differences in digit span of preschool children. *Journal of Experimental Child Psychology, 46* (1), 150-158.

Chen, C., & Stevenson, H. (1988). Cross-linguistic differences in digit span of preschool children. *Journal of Experimental Child Psychology, 46,* 150-158.

Conrad, R. (1964). Acoustic confusion in immediate memory. *British Journal of Psychologh, 55,* 75-84.

Conrad, R. (1979). *The deaf school child.* London: Harper & Row.

Difrancesca, S. (1972) *Academic achievement test results of a national testing program for hearing-impaired students-United States,* Spring (Series D, No.9). Washington, DC: Gallaudet College, Office of Demographic Studies.

Hanson, V. L. (1982). Short-term memory recall be deaf signers of American Sign Language: Implications of encoding strategy for oral recall. *Journal of Experimental Psychology: Learning, Memory and Cognition, 8,* 572-583.

Kyle, J. G. (1981). Signs of speech: Cooperating in deaf education. *Special Education: Forward Trends, 8* (3), 21-28.

Lichtenstein, E. (1983). *The relationships between reading processes and English skills of deaf college students.* Part I. National Technical Institute for the Deaf, New York, Manuscript.

Miller, G. A. (1956). The magical number seven plus or minus two: Some limits on our capacity for processing imformation. *Psychology Review, 63,* 81-97.

Shand, M. A. (1982). Sign-based short-term coding of American Sign Language and printed words by congenitally deaf signers. *Cognitive Psychology, 14,* 1-12.

Trybus, R. & Karchmer, S. P. (1977). School achievement scores of hearing-impaired children: National data on achievement status and growth patterns. *American Annuals of the Deaf, 122,* 35-53.

Wagner, R., & Torgesen, J. K. (1987). The nature of phonological processing and its causal role in the acquisition of reading skills. *Psychological Bulletin, 101,* 192-212.

Wilson, K. (1979). *Inference and language processing in hearing and deaf children.* Unpublished doctoral dissertation, Boston University.

由視知覺歷程探討閱讀障礙學生的學習困難

◆高玉蓉◆

壹、緒論

　　「閱讀」是學生獲取訊息的一項重要管道，學生在剛入學的階段學習如何閱讀，至高年級階段則由閱讀中學習。對學生而言，從小他們由旁人的對話中，獲得閱讀的經驗，而後由符號、文字的接觸漸漸地習得閱讀的能力；然而隨著心智的成長及閱讀材料的更趨複雜，有些學生產生了閱讀上的問題。閱讀障礙的學生在許多科目的學習上會經驗到許多的困擾，因此，閱讀障礙一直被視為學業失敗的主要原因（Strang, 1969；毛連塭，民78）。本文將由視知覺的歷程，探討此歷程中所需具備的視知覺能力，並進而探討閱讀障礙學生所表現出有關視知覺能力的困難。

貳、閱讀障礙學生的定義

　　文獻對閱讀障礙所下的定義非常地多，郭為藩（民 67）對閱讀障礙兒童的描述認為，閱讀障礙學生是智力正常或在一般水

準以上，沒有顯著的感官缺陷，在閱讀方面顯示某些拙劣的行為特徵，使其語文學科的成就遠低於一般學習成就；Roenthal, Border & Callway（1982）的定義：閱讀障礙是無法以普通的精熟程度學習閱讀、拼音及書寫，而且其表現水準在實際年齡及預期成就之間有至少一年的差異（Shapior, Ogden & Lind Blad, 1990; Richardson, 1992）則簡單地陳述閱讀障礙是特殊的語言困難，特別包括在口說語言及書寫語言上的閱讀及其相關的困難。探討閱讀障礙時，可區分為兒童的發展性閱讀障礙及成人的獲得性閱讀障礙，前者較有可能是由遺傳所造成，而後者則由腦傷所造成，一般所說的閱讀障礙，則偏向於發展性閱讀障礙（林俊銘，民 78）。

所獲發展性閱讀障礙，是一種學習困難，最初表現在學習閱讀上的困難，而後出現拼音不穩定及缺乏處理文字的能力，此狀況本質上是認知的，通常是基因所決定的。它並非導因於智力的不全、缺乏社會文化機會、情緒因素或者是已知腦組織缺陷。可能是表現一種特殊成熟的缺陷，減緩兒童的成長，能藉由早期的補教而有相當的進步（Crrtchley and Crichley, 1978; Mercer, 1987）。綜合以上的陳述，閱讀困難的學童即智力正常、無感官缺陷、無情緒困擾，排除文化環境不利的因素，而閱讀表現的水準與其潛在的能力間，有顯著差異存在（林國花，民 79）。

叁、視知覺的歷程

感覺與知覺的區別，在於二者對訊息處理層次上的不同，感覺是察覺到刺激的存在，分辨刺激的屬性，以生理作用為基礎的簡單心理歷程；而知覺不僅察覺到刺激的存在及屬性，而且知道刺激的重要性，屬於複雜的心理歷程（張春興，1992）。

　　Solso（1988）則提出了知覺訊息處理各階段，如圖一所示，借由此圖說明視知覺的歷程（黃希庭等，民 81）：

圖一：訊息處理的階段（參考黃希庭等譯著，民 81，24 頁）

　　知覺的過程可分為三個階段：

　　第一個階段是分析刺激的結構，找出或了解刺激所包含的許多組成因素，在視覺階段，引起視覺的刺激是光，刺激內容則包括了顏色、形狀、大小、遠近、左右、上下等，視覺有一項獨特基本因素是能夠把許多刺激同時整合成為一體的能力，所以正常人能將所看到的物體做全盤的看見。

　　第二個階段是將每一組成因素加以轉錄或綜合，然後試將綜合好的放進一套富於彈性的系統之中，包括了分析、篩選、記憶和整合，這個過程受制於刺激內容和知覺者內在轉錄系統；所謂轉錄系統，它的功能是將受刺激的因素，給予定位或賦予一般性或特殊的類別。

　　第三個階段在於驗證或判斷過程的正確性，而後表現出正確的行為。一般而言，視知覺階段，個體能將感覺訊息結合在一起，使得在整個視野中產生統一聯貫的景物知覺，而且可將網膜上一直變動刺激型態，知覺為靜止不動的外在世界（柯永河，民78；鍾聖校，民 79；林清山，1992）。

肆、由閱讀歷程中的視知覺歷程探討閱讀障礙學生的困難

學者對閱讀歷程有許多不同的假設，包括謂由上而下的歷程、由下而上的歷程、交互歷程等（林清山，民 79），在這些些過程中視知覺歷程中所涉及的視知覺能力對閱讀障礙學生的影響，如下所述：

一、眼球運動

閱讀時個體以連續的動作向前移動，稱作急劇跳動（saccade）。正常的人在閱讀時眼球移動及停駐的韻動是很規律的，有時若遇到理解上的問題時，會出現相反的移動，稱作「返覆」（黃秀瑄、林瑞欽編譯，民 80）。另外還有一種連續、頻率很高的細小運動稱作「震顫」（羅德望譯，民 76）。閱讀障礙者表現不規則的眼球運動包括高頻率由右至左錯誤的掃視，不正確的回視（一行看完，再回頭看下一行）方法（Pirozzolo, 1981）。鄭信雄（民 77）指出眼睛、脖子及頭部缺乏穩定、眼球震顫會造成閱讀上的困難。這個特質除了生理上眼球控制的問題外，潛在地表示空間定向及序列的問題（Rayner, 1983）。

二、視敏度（Visual Discrimination）

眼睛能區分刺激的特徵，如：形狀、大小的能力。閱讀障礙學生不能認出字母間的異同，他們沒有學會與普通小朋友一樣注意字母之間的變化、常出現的現象包括鏡描、轉軸、倒轉，而且

具有視敏度缺陷的學生在知覺動作及學業成就上表現比普通學生不好（林俊銘，民 78；許天威，民 79；Feagans & Merriwether, 1990）。

三、視覺記憶（Visual memory）

能回想事物的主要特徵或視覺呈現刺激的次序。閱讀障礙學生辨認的速度很慢，原因之一在於他們記憶力的短暫，他們花很長時間在辨識一個很長的字，以致於很難再保留之前的字的印象，而且過目即忘，無法將文字再視覺化（郭為藩，民 67；林俊銘，民 78；Kaulgar & Kolson, 1978; Legein & Bouma, 1984）。

四、視覺封閉（Visual closure）

能從片斷的刺激中，辨認出完整的形象。閱讀障礙學生對他們看到的字或句子缺乏封閉或組合的能力，無法得知其意，所以對閱讀及視覺作業缺乏興趣（Kaulgar & Kolson, 1978）。

五、視覺空間關係（Visual spatial relationship）

能察覺物體在空間中的位置。閱讀障礙學生分辨左右、上下、東西南北有困難，對平面圖、地球儀等屬於空間概念等問題產生困難（蘇淑貞、宋維村、徐澄清，民 73；林俊銘，民 78；）。

六、視覺動作統整（Visual moter intergration）

能統整視覺和身體的運動。閱讀障礙學生常出現精細動作

差、姿勢笨拙不穩、手指不夠靈巧、遊戲和運動時表現不佳；視動統整作用功能失常，最主要表現在書寫能力的障礙，書寫障礙學生可以看懂字形亦可理解字義，但是無法寫出正確的字，甚至照抄都有很大的困難。（郭為藩，民 67；林俊銘，民 78；許天威，民 79；Houck，1984）。

七、視覺聯合（Visual Association）

概念與視覺刺激相聯合。閱讀障礙者將字的表面刺激轉換為意碼的過程有困難，而且他們編碼的過程發展比較慢、概念化的過程比普通學生沒有效率（Hardy, Mclntyre, Brown, North, 1989）。

八、形象背景辨別（Figure Ground discrimination）

能在不相關的背景刺激中區別出主體。閱讀障礙學生看到物體的線條，而不是完整的圖案，或者看到分開的字母，這種情況會造成他學習的挫折（Kaulgar & Kolson, 1978）

九、視聽統整（Visual-Auditory intergration）

能將一連串視覺刺激與聽覺相關之部分作配合。閱讀障礙學生主要困難的來源在於將視覺的詞予以解碼，他們比普通的學生花更多的時間在解碼；所謂解碼，意即將印刷的字轉換成聲音的過程。他們可能出現的特質是字形和字音配置不當，相似聲音的字或相似外形的字混淆（郭為藩，民 67；林俊銘，民 78；Timenez & Rumean, 1989; Legein & Bouna, 1981; 林清山，民 78）。

伍、結語

　　閱讀不但是認知的過程，亦可視為是視知覺的過程（Lipa, 1983），閱讀障礙學生的特徵之一即知覺障礙，視知覺歷程在學生的閱讀中扮演很重要的角色，若視知覺功能失常，則表現出以上所述之學習特質。若對閱讀障礙學生的困難有清楚的了解，則可根據其可能涉及的知覺能力予以加強、補救。

參考文獻

毛連塭（民 78）：**學習障礙兒童的成長與教育**。台北市：心理出版社。

林俊銘（民 78）：閱讀障礙。**特殊教育季刊，30 期**，17-25 頁。

林國花（民 79）：**國小閱讀障礙兒童成就與能力差距鑑定方式研究**。國立彰化大學特殊教育研究所士論文。

林清山譯（民 79）：**教育心理學——認知取向**。台北市：遠流出版社。

柯永河（民 78）：**臨床神經心理學概論**。台北市：大洋出版社。

郭為藩（民 67）：我國學童閱讀缺陷問題的初步調查及其檢討。**教育研究所集刊，二十輯**，57-75。

許天威（民 79）：**學習障礙者之教育**。台北市：五南圖公司。

張春興（1992）：**現代心理學**。台北市：東華書局。

黃秀瑄、林瑞欽編譯（民 80）：**認知心理學**。台北市：師大書苑。

黃希庭、李文權、張慶林譯著（民 81）：**認知心理學**。台北市：五南圖書公司。

鄭信雄（民 78）：**如何幫助學習困難的孩子**。台北市：遠流出版公司。

羅德望譯（民 76）：**視覺心理學**。台北市：五洲出版社。

鍾聖校（民 79）：**認知心理學**。台北市：心理出版社。

蘇淑貞、宋維村、徐澄清（民 73）：中國閱讀障礙學童之類型及智力測驗。**中華心理學刊，26 卷 1 期**，41-48 頁。

Feagans, L. V., & Merriwether, A. (1990). Visual discrimination of letter-like forms and its relationship to achievement over time in children with learning disabilities. *Journal of Learning Disabilities, 23*(7), 417-424.

Hardy, B. W., & McIntyre, C.W., & Brown, A.S., & North, A.J.(1989). Visual and auditory coding confusability in students with and without learning disabilities. *Journal of Learning disabilities, 22*(10), 646-651.

Houck, C.K. (1984). *Learning disabilities: understanding concepts, characteristic, and issues.* New Jerssey: Prentice Hall, Inc.

Jimenez, J. E., & Rumeau, M.A. (1989). Writing disorder and their relationship to reading-writing methods: A Longitudinal Study. *Journal of Learning Disabilities, 22* (3), 195-199.

Lipa, S.E. (1983). Reading diability: a new look at an old issue. *Journal of Learning Disability, 16*(8)，453-457.

Kavale, k.(1982). Meta-Analysis of the relationship between visual perceptual skills and reading achievement. *Journal of Learning Disabilities, 15*(1), 42-51.

Kaluger, G. & Kolson, C.J. (1978). *Reading and learning disabilities.* Second Edition. Columbus: Bell & Howell Company.

Legein, C.P & Bouna, H. (1981). Vibal recognition experiments in dyslexia. In Pavlidis, G.T. & Miles, T.R. (ed) *Eyslexia research and its applications to Education.* Chisthoester: John Wiley & vans Ltd.

Mercer, C.D. (1987). *Students with learning disabilities.*

Third Edition. Columbus: Merrill Publishing Company.

Pirozzolo, F. J. (1981). Language and brain: neuropsychological Aspects of Developmental Reading Disability. *School Psychology Review, 10*(3), 350-355.

Rayner, K. (1983). Eye movements, perceptual span, and reading disability. *Annal of Dyslexia, 3*(33), 163-171.

Richardson, S. O. (1992). Historical perspectives on dyslexia. *Journal of Learning Disabilities, 25*(1), 40-47.

Shapiro, K. L., & Ogden, N., & Lind-Blad, F. (1990). Temporal processing in dyslexia. *Journal of Learning Disabilities, 23*(2), 99-106.

性格及行為異常兒童的教育安置探討

◆黃文蔚・洪美連◆

壹、前言

性格及行為異常兒童在學校出現的問題，一般而言，會比普通偏差行為的學生複雜，因為他們除了需要心理輔導外，也需要以特殊教育來協助他們解決學業上的問題；而且，由於他們的問題經常是長期性的，所以他們需要完整的處置方案，除了輔導以外，多半也需要其他相關的心理衛生工作（洪儷瑜，民82）。

協助他們的第一步就是去發現他們，然後施予合適的教育計畫。所以正確的鑑定加上適當的教育安置，將是學校對於性格及行為異常兒童，提供良好特殊教育服務的先決條件。

然鑑於國內對性格及行為異常兒童的特殊教育，尚在起步階段；對於他們的鑑定與教育安置工作，仍未能上軌道。因此，如何幫助這些學生接受適當的特殊教育，應是我國特教工作者需要共同努力的。

本文首先擬就我國與美、日等特殊教育先進國家，對性格及行為異常兒童教育安置的法令依據，做一了解；然後對三國的實施現況加以探討分析，並綜合各文獻與研究發現提出建議，做為改進我國對性格及行為異常兒童教育安置措施的參考。

貳、中、美、日三國對性格及行為異常兒童教育安置的法令依據

一、美國

根據美國「殘障兒童教育法案」實施細則第五三一、五三三、五五一及五五二條，歸納出美國對性格及行為異常兒童安置的重要規定（李序僧、賴美智、王天苗，民 71）：

(一)在為他們安置於特殊教育計劃之前，應蒐集各方資料，並根據兒童的教育需求，做一全面且個別之評量，同時保證由一小組工作人員，詳加考慮蒐集到的資料，以做出適當的教育安置選擇。而且在選擇最少限制之環境時，須考慮任何可能對兒童有潛伏傷害之因素或既有之設施種類及性質。

(二)保證提供具彈性的教育安置（包括有普通班教學、資源教室或巡迴教學、特殊班、特殊學校、家庭教學、及醫院和教養院之教學），以適應他們接受特殊教育和相關服務之需求。同時應每一年決定一次，並以兒童之個別教育計畫為依據，且儘可能地以接近兒童的住家為原則。

美國負責決定鑑定與教育安置的工作人員，通常是由家長、普通班教師、特殊教育教師、心理學者、語言治療師、醫生等，負責下列各項決定（引自李建興、林寶貴，民 80）：

(一)評鑑學生在特殊教育上的安置及相關服務。

(二)擬訂學生的個別化教育方案。

(三)評鑑個別化教育方案的執行情形。

(四)再評鑑特殊教育安置的適當與否。

二、日本

　　就日本文部省於 1978 年實施特殊兒童的教育安置措施與診斷時（於 1988 年時曾加以修訂），針對性格及行為異常兒童應特別注意的事項，歸納出以下二點（引自李建興、林寶貴，民80；林寶貴，民 81）：

　　㈠因智能不足或病弱所伴隨的情緒障礙者，應斟酌其障礙的狀態和程度，在養護學校或智能不足、病弱等特殊班級內教育之。其他的情緒障礙者，在適合其教育的特殊班或普通班級中予以個別輔導。

　　㈡性格異常者中有顯著反社會的行為傾向（包括有反社會行為習癖者、經常有惡性不良行為者、對其他學生有不良之影響者），宜按照「兒童福利法」所規定之措施。至於輕度的反社會性行為之傾向者，或非社會性的行為傾向者，可在普通班級中予以個別輔導。

　　負責鑑定與就學輔導委員會組織：省（市）由五名以上醫師，七名以上教育人員，三名以上行政人員（依兒童福利法所設置兒童福利機構的職員）所組成。縣（市）則由二名以上醫師，七名以上教育人員，一名以上行政人員所組成。

　　至於鑑定與就學的輔導原則是根據各項測驗、檢查、評量、診斷、觀察（五個月以上）、晤談、諮詢結果，決定應有的安置措施。若家長反對就學輔導委員的安置，教育行政單位可以「學籍管制辦法」做為就學輔導的權宜措施。

三、中華民國

　　對性格及行為異常兒童的教育安置，有關的法令依據，敘述

如下（鄭松炎，民 81）：

㈠特殊教育法第十八條明定：「身心障礙學生得依鑑定結果，按身心發展狀況及學習需要，輔導其轉入其他特殊教育學校（班）或普通學校相當班級就讀」。

㈡特殊教育法施行細則第七條明定：「各級主管教育行政機關，應設置特殊教育學生鑑定及就學輔導委員會，聘請有關專家學者及機關、學校人員為委員；必要時，並得商請學術、醫療或社會福利機構協助」。

㈢語言障礙、身體病弱、性格異常、行為異常、學習障礙暨多重障礙學生鑑定標準及就學輔導原則要點第肆部分明定：

1. 性格異常或行為異常，需經教師或輔導人員根據平日之觀察及評估予以初步認定，並得轉請精神科醫師或相關專業人員協助鑑定之。

2. 性格異常或行為異常者之就學輔導，依學生身心特性及需要，於一般學校之普通班、資源班、特殊教育班、特殊教育學校、輔育院或醫院附設特殊教育班就學，並給予適當輔導。

從以上各國對性格及行為異常兒童教育安置的法令依據看來，美國制定的時間最早，並行之多年；日本居次，但法規詳備；我國則較晚，且正逐步規劃實施中。就法令內容看，各國均強調鑑定及就學輔導委員會成立的重要，並重視多科際人員間的整合互助與依學生的身心特性及需要，給予適當的安置及輔導。但國內對性格及行為異常兒童實施鑑定及安置的法令條文，與美、日等國相較，卻顯得不夠週延，且彈性不足，亟待適時的修改及補充。

叁、中、美、日三國對性格及行為異常兒童教育安置的現況檢討

　　Reynolds 於 1962 年，提出特殊教育方案的層級架構，打破傳統普通學校與特殊學校二元分立的體制，呈現彈性且多樣的連續體，使特殊教育的安置措施，配合特殊兒童的個別需要，而非要特殊兒童來適應僵化的教育安置措施。因此，這一革新的架構廣受特殊教育學者的推崇，成為各國推展特殊教育的重要指標（陳榮華、王振德，民 78）。

　　而中、美、日三國對性格及行為異常兒童教育安置的現況，分述如下：

一、美國

　　美國 1975 年公布的 94-142 公法，揭櫫所有兒童（包括性格及行為異常兒童）皆有權利接受相當期限的免費及合適的教育。換言之，每個性格及行為異常兒童需接受個別化教育方案，在本公法中，肯定此一精神（林寶貴，民 78）。而實施教育安置的情形，隨著年代的演進，亦有些變化，茲整理成表 1：

　　從表 1 中可發現，美國對性格及行為異常兒童的教育安置，大體能依兒童的個別狀況及需要，給予適當的教育輔導。但隨著年代的演進，卻逐漸安置在較隔離的教育環境中，且較 MR、LD 及多種障礙的學生在隔離式安置者為多（Kauffman, 1993）。然美國的 National Mental Health Association 於 1989 年就臨床的觀點認為——針對孩童的心理和情緒問題時，以社區為基礎，家庭為本位的服務治療模式，是最適當的（Kauffman, 1993）；

而 Topping 也認為在普通學校內的各項連續服務型態，對性格及行為異常的學生，是最具經濟效益的服務型態，可以滿足學生不同程度的需求，也提供最接近普通環境的學習情境，並提高學生回歸普通環境的機會（洪儷瑜，民82）。然而美國對於性格及行為異常兒童的教育安置，逐漸安置在較隔離式教育環境中的現象，不但與特殊教育應在「最少限制的環境」下進行的理想相違，而且對這類學生的助益也不大。但以社區為基礎，家庭為本位的服務治療模式，常常無法得到適當的專業幫助；而學生的問題，也常被忽略。直到年紀較大，問題已嚴重到無法容忍時，才被重視。迫使他們被安置在較隔離式的教育環境中，但也並未因此受到較多的關心與教育輔導（Kauffman, 1993）。對於這些問題，筆者認為除了增加以社區為基礎，家庭為本位的服務治療模式的經費和專業人員的協助外，對於普通及特殊教師的職業及在職訓練的加強，以早期診斷出需要特別輔導的學生，避免行為問題的惡化，亦屬重要。

表1　美國對性格及行為異常兒童教育安置的情況

年代＼方案別百分比	(1)普通班（％）	(2)資源教室（％）	(3)特殊班（％）	(4)特殊學校（％）	(5)住宿設施（％）	(6)家庭／醫院（％）
a.1984年報告	26.50	37.10	33.60	——	(5)＋(6)＝2.18	
b.1985年報告 1982-1983	(1)＋(2)＝43.00		38.00	16.00	(5)＋(6)＝3.00	
c.1990年報告 1987-1988	12.60	32.90	34.60	14.30	3.50	2.20
d.1991年報告 1988-1989	14.00	30.00	36.00	(4)＋(5)＋(6)＝20.00		

（資料引自a.洪儷瑜，民74；b.洪儷瑜，民82；c.陳榮華，民81；d.Kauffman, 1993）

二、日本

日本對性格及行為異常兒童的教育安置，若因智能不足或病弱或伴隨情緒障礙者，應斟酌其障礙的狀態與程度，在養護學校或智能不足、病弱等特殊班級內教育之；而性格異常者中，有顯著反社會的行為傾向者，宜按照「兒童福利法」所規定之措施。其他則視個體身心狀況及需要，在適合其教育的特殊班或普通班級中予以個別輔導。

就日本目前的實施狀況來看，尚能依據兒童的個別差異，因材施教。雖然安置在較隔離式教育環境的人數不少，與特殊教育應在「最少限制的環境」下進行的理想相悖，而且對學生的助益如何，亦有待研究驗證，但若以附設在普通學校內的特殊教育班的情形來看，班級數與兒童數的比為 3.4：1（見表 2）。換言之，他們在每一特殊教育班級中，平均只安置 3.4 個學生，便可發現他們對性格及行為異常兒童教育安置的用心程度，及所投入的人力與經費，實可作為其他國家學習的榜樣。

表 2　日本性格及行為異常兒童教育安置的情況（普通學校內的特殊教育班）

學校別	小學校	中學校	合計
班級數	2304	1114	3418
兒童數	7515	4028	11543

（引自日本教育年鑑刊行委員會，1991）

三、中華民國

　　民國六十五年實施的第一次全國特殊兒童普查時，對象中並未包括性格及行為異常兒童；而國內在民國七十四年，才由台北市立師範學院附屬小學，成立第一個情緒障礙班。至於目前對性格及行為異常兒童教育安置情況，根據民國八十一年六月底結束的第二次全國特殊兒童普查資料顯示，如表3。

表3　中華民國對性格及行為異常兒童教育安置的情況

方案別 百分比（％） 年代	普通班	資源教室	特殊班	特殊學校	住宿設施	家庭／醫院
民國81年	98.72	0.45	0.64	0	0	0

（引自曾一士，民81）

　　從上表中，可了解到，國內目前對性格及行為異常兒童教育安置的情況，以安置在普通班的情形，佔絕大多數。此一現象，若以雷諾茲的「特殊教育方案層級架構」來衡量，便顯得不夠完備；而與現行法規所訂的條文相較之下，安置的實施不夠彈性，且離實際理想仍有一段差距，有待大家共同的努力。

肆、性格行為異常兒童教育安置的未來展望

　　針對性格及行為異常兒童的教育安置，無論從法令的制定，及實施的現況來看，國內與美、日等特殊教育先進國家相較之

下，猶待共同努力的地方的確不少。「他山之石，可以攻錯」，吸取他人行之多年的經驗及研究發現，並考慮自身文化的獨特性，以期能建立適合國內發展的教育安置措施，誠屬必要。

展望未來對性格及行為異常兒童教育安置的發展，提出以下幾點意見，就教讀者。

一、作安置時的注意事項

㈠評量和安置是不可單獨進行的。做評量和安置決定時，應由訓練良好的專業人員來評量，如此才能敏銳地察覺出各種實施程序、資料蒐集、和評量情境的問題所在，做有利於兒童的安置措施。

㈡Wood, Johnson 和 Jenkins 於 1985 年研究指出，在實行上的效益、鑑定和安置公平性態度的偏見上，有嚴重的理論空談和應用上的問題。這是人為因素，可以克服的。每個學生，都有被安置在適當環境的權利。因此，首先須建立一個正確公平的態度，也就是排除偏見，沒有種族、文化、性別上的歧視（引自 Smith, Wood, & Grimes, 1985 ）。

㈢安置以診斷、評量為基礎。為了避免資料的不齊全，而造成錯誤的評估及不適的安置，多方面的評量、多資料的來源、及多科際間的團隊合作模式，是不可忽視的（洪儷瑜，民 81a；Wood, 1985 ）。

㈣決定安置型態時，應考慮的主客觀因素（陳榮華、王振德，民 78；吳武典，民 81；毛連塭，民 78；Haring, 1978 ）：

1. 障礙程度、動機欲望、態度及適應能力。

2. 父母意願、教育態度及家庭經濟狀況。

3. 年齡和社會接納的態度。

4. 學習進步的情形和先前安置的經驗。

5. 安置的遠近和交通情形。
6. 評估最有利於學生的安置方式。

二、最少限制的環境

特殊教育的安置系統有階層性、有變通性。從安置的系統中，可以看出「普通班輔以諮詢服務」的限制最少，「在醫院或在家自行教育者」所受限制最多。考慮安置時，應就最優先的目標可達成的程度，及可能產生不良後果的形式與程度，適當地考慮（毛連塭，民78）。目的是在最少限制下受教育，給予適當的支援性服務，使性格及行為異常兒童與普通兒童產生最大的交互作用（Mayer, 1982）。

而在強調最少限制的環境與回歸主流理念時，我們應該注意到以下幾點：

㈠並非將所有學生都放到普通班就是回歸主流。對安置在任何一種環境的學生而言，只要他有能力往上一層移動（儘量回到主要的教育系統中），就是回歸主流。

㈡回歸安置的配合措施應包括：學校行政的支持與配合、普通教育教師應具有特教基本概念、普通與行為異常兒童教師和學生間的交流等。如普通班教師應了解特殊教師處理及教導成功的技巧，同時先與學生及學生家長會面，並溝通未來在普通班中的一些行為上的要求。如有可能，可安排學生先行參觀未來安置的環境，並讓同學誠心接納此一學生（王天苗，民80；洪儷瑜，民81b；Haring, 1978）。

三、各安置間的轉換

對性格及行為異常兒童的教育，應隨他們的需要而有所不

同。而且教育安置也不是固定不變的，因應其需要作適當的安置及彈性調整才是正確的。因此，周全是安置方案應建立彈性的轉換條件與程序；同時，各種安置單位和人員間的溝通協調亦屬必要。

四、跨類別的特殊教育

目前輕度障礙者的教育，有不分類的趨勢（ Mayer, 1982；洪儷瑜，民 79 ），逐漸拋棄傳統醫學分類的基礎，而以兒童在教育上的特殊需要為本位。分類方式的特殊教育有兒童被標記、安置僵化、無法變通等缺點。而性格及行為異常兒童的異質高，其自我概念必須適度輔導，視個別差異而施予個別的指導和支持是必要的。因此，可以考慮去除 EMR、LD、BD 等輕度障礙的標記，著重兒童在教育情境的個別需要，給予他們最佳的安置。目前基於專業人員的有限，以及美國的經驗，洪儷瑜（民 82 ）和毛連塭（民 78 ）等學者，建議國內先成立跨類別的「輕度障礙資源班」，而對於其他的中重度性格及行為異常者，應考慮學生的學習需要，給予適當的教育安置。

五、特教師資的職前及在職訓練

㈠師資訓練的課程設計，應考慮跨類別的實際需要，以配合將來實際教學所需（ 洪儷瑜，民 79 ）。

㈡Bullock, Zagar, Donahue, 和 Pelton （ 1985 ）等人的研究指出，在較隔離式的安置環境中，老師對學生的察覺印象較正向；而在資源教室式的安置環境中，老師對學生的察覺印象較負向。因此，就學生安置環境的不同，予以不同的師資職前及在職訓練內容，是需要加以考量的。

　　(三)特教師資的職前及在職訓練內容,除了各種教學技巧以外,也應包括行為管理、掌握學生情緒和行為的能力。同時對於如何建立溫馨的師生關係,及協助心理評量和諮商工作的進行,以增進學生的心理健康、社會適應和學業技能等,亦很重要(Wood, 1985)。

六、適時修改特教法令

　　我國對性格及行為異常兒童教育安置的相關法令,比國外先進國家訂得晚,因此,他人行之多年的經驗,可供我們施行上的參考,以避免教育資源的浪費。同時,社會在變,人也在變,學生的性格及行為異常問題,也會隨不同的時間,而呈現不同的問題。因此,其特殊的教育需求,也應該有所改變。所以,法令應依據不同年代的普查結果、學者專家的研究建議、或適合本土文化的國外安置措施,據以為參考而修訂,以合時宜。

七、強化各縣市鑑定及就學輔導會功能

　　目前我國對性格及行為異常兒童的鑑定安置及就學輔導情形是:少部分縣市由特殊教育學生鑑定及就學輔導委員會負責辦理,大部分縣市任由設有特殊班學校自行負責辦理,尚有部分縣市未經鑑定即予安置及就學輔導(李建興、林寶貴,民80;王天苗,民80)。此一現象,與美、日兩國有法定的完整組織、明確的鑑定標準及嚴謹的實施程序,相較之下,實有必要加強改進。除了參考他人之長,擬定一套適合我國各縣市情況的具體可行模式外,對各縣市的鑑輔會也應加強監督與輔導,並編列固定預算補助各縣市,增加人員編制,由專人負責性格及行為異常兒童的教育安置及輔導,以發揮應有功能。

八、各地方的教育單位提供彈性、變通的安置措施

　　美國各州對嚴重情緒困擾的界定，和94-142公法的定義名詞間有很多的差異，而且各州實際實施安置時，也常超過州政策的需求（Mack, 1980）。由此可知，情緒及行為異常的處置是要因地制宜的。必須考慮各地的文化因素、及城鄉間的差距。除了法規、政策的規定外，應該留給各縣市鑑輔會、教育行政機構、及特教人員一個彈性、變通、權宜的空間。

九、加強追蹤輔導

　　為了解對性格及行為異常兒童教育計畫的成效，及安置的情況，應評量學生在普通教育環境中的進步程度，甚至是成功的情形來決定。但由於缺乏足夠的人員、時間、技能、及客觀的評量標準，因此，很少有計畫真正地去追蹤或評量（Grosenick, George, George, & Lewis, 1991）。為使教育計畫更趨完善，一方面加強追蹤評量的工作；另一方面持續追蹤輔導的推動，才能確保兒童的適應情況更好。

十、變通的特殊教育方案

　　具有嚴重情緒困擾及行為異常的學生，時常需要改變他們的學習環境，以便能對教育計畫做適當的反應。因此，有別於傳統教育體制的變通教育方案，對這類學生或許是可能的答案。因為已有不少的變通教育計畫，使他們學習得更好，適應得更理想（Thomas, Sabatino, & Sarri, 1982）。所以，英國的夏山學校模式，國內的森林小學等，對具有嚴重情緒困擾及行為異常的

學生，是可行的變通教育方案，值得國內去嘗試，去探討其可行性及有效性。

伍、結語

　　鑑定、安置與輔導，三者是一循環、連貫的工作。適性的安置，一定要有良好信度、效度的鑑定工具，和有經驗的專家學者來決定安置的型態。有了適性的安置，也一定要有適任的教師，研擬出合適的教學計畫，輔導孩子的不良情緒和行為。如此才能真正達到針對個別差異，做到適性的安置與輔導的目標。

　　教育部於八十年研擬完成的「發展與改進特殊教育五年計畫」，便是一套特殊教育學生鑑定、安置、輔導計畫，冀望經由標準化的鑑定過程、適性的安置措施、完善的輔導介入，達成特殊教育質與量的提昇。展望未來，應發展各階段、各類型之有效心理評量工具，同時定期評估。重視診斷程序的標準化、彈性的就學就業管道，安排安置前座談會與心理諮商活動，以及安置意願的調查。如此對性格及行為異常兒童的教育安置措施，才能更發揮功能。

參考文獻

王天苗（民 80）：台灣地區身心障礙教育實施之問題及改進意見分析。**特殊教育研究學刊，7**，1-22。

日本教育年鑑刊行委員會（1991）：**日本教育年鑑**。東京：日本教育新聞社。

毛連塭（民 78）：**特殊教育行政**。台北：五南。

毛序僧、賴美智、王天苗（編）（民 71）：**美國特殊教育及復健法規**。台北：國立台灣師範大學特殊教育中心。

吳武典（民 81）：智能不足教育安置問題之探討（英文）。**特殊教育研究學刊，8**，69-93。

李建興、林寶貴（民 80）：**我國各縣市特殊教育學生鑑定及就學輔導委員會工作執行成效訪視報告**。台北：教育部教育研究委員會。

林寶貴（譯）（民 78）：**輔導教育新論**。台北：幼獅。

林寶貴（民 81）：**世界各國特殊教育法規彙編**。台北：教育部社會教育司。

洪儷瑜（民 74）：美國特殊教育新貌。載於中華民國特殊教育學會（編），**展望新世紀的特殊教育**（頁 270-288）。台北：中華民國特殊教育學會。

洪儷瑜（民 79）：談跨類別特殊教育。**特殊教育季刊，34**，16-21。

洪儷瑜（民 81a）：行為異常兒童的評量與鑑定。載於國立彰化師範大學特殊教育中心（編），**特殊兒童診斷手冊**（頁 57-69）。彰化：國立彰化師大特教中心。

洪儷瑜（民 81b）：回歸主流的新趨勢。**啟智教育，50-51**，

3-5。洪儷瑜（民 82 ）：性格及行為異常兒童的輔導。**諮商與輔導，96，**34-39。

陳榮華、王振德（民 78 ）：延長國教、落實特教──談特殊兒童鑑定與安置。載於中華民國特殊教育學會（編），**延長國教、落實特教**。台北：中華民國特殊教育學會。

陳榮華（民 81 ）：**智能不足研究**。台北：師大書苑。

曾一士（民 81 ）：我國輔導教育的發展與規劃。載於中華民國特殊教育學會（編），**特殊教育的發展與規劃（上）**。台南：中華民國特殊教育學會。

鄭松炎（民 81 ）：**國民教育階段特殊教育法規彙編**。高雄：高雄縣政府教育局。

Bullock, L.M., Zagar, E.L., Donahue, C.A., & Pelton, G.B. （ 1985 ）. Teachers' perception of behaviorally disordered students in a variety of settings. *Exceptional Children, 52,* 123-130.

Grosenick, J.K., George, N.L., George, M.P., & Lewis, T.J. （ 1991 ）. Public school services for behaviorally disordered students: Program practices in the 1980's. *Behavioral Disorders, 16,* 87-96.

Haring, N.G. （ 1978 ）. *Behavior of exceptional children* （ 2nd ed. ）. Washington: Bell & Howell.

Kauffman, J.M. （ 1993 ）. *Characteristics of emotional and behavior disorders of children and youth* （ 5th ed. ）. Columbus, OH: Merrill.

Mack, J.H. （ 1980 ）. *An analysis of state definitions of severely emotionally disturbed.* Reston, VA: Council for Exceptional Children. （ ERIC No. ED 201 135 ）

Mayer, C.L. （ 1982 ）. *Educational administration and*

special education: A handbook for school administration. Boston: Allyn and Bancon.

Reynolds, M.C., & Birch, J.W. （1982）. *Teaching exceptional children in all American schools* （ *revised ed.* ） *Roston, VA: Council for Exceptional Children.*

Smith, C.R., Wood, F.H., & Grimes, J. (1985). Issues in the identification and placement of behaviorally disordered students. *In Handbook of special education research and practice. Vol 2: Mildly handicapped conditions* （ pp. 95-122 ）. Great Britain: Bpcc Wheatons Ltd, Exeter.

Thomas, M.A., Sabation, D.A., & Sarri, R.C. （1982）. *Alternative program for disruptive youth.* Reston, VA: Council for Exceptional Children.

Wood, F.H. （1985）. Issues in the identification and placement of behaviorally disordered students. *Behavioral Disorders, 10,* 219-228.

雷特症候群

◆黃富廷◆

壹、前言

　　1965 年，一位奧地利內科醫師 Andreas Rett 在他的候診室內，發現兩位並肩而坐的女孩的手部明顯呈現緊握的特殊習慣，Rett 醫師把他的發現告訴秘書，結果他們都能迅速指認出其他六位具有相同特徵的病患，Rett 醫師將這些病患的特徵拍成照片，寄給歐洲有名的兒童神經學中心，但沒有人能辨認這是什麼病症，該症首次於 1966 年由 Rett 醫師報告出來（Tasi, 1992; Woodyatt & Ozanne, 1992），但 Rett 醫師所描述的病症卻直到 1983 年才因一份針對 35 位個案所發表的英文報告的出爐，而受到廣泛地注意（Tasi, 1992），後來，Bengt Hagberg 將該取名為「雷特症候群（Rett syndrome）」（Perry, 1991）。在若干罕見的疾病中，某些疾病是只發生於單一性別上的，如：Lesch-Nyhan 症候群係為一種與 X 性染色體有關之隱性遺傳疾病，發生於男性身上（牛頓醫學辭典，民 78），而雷特症候群至今卻只在女性身上發現（Burd, 1991; Oliver, Murphy, Crayton, & Corbet, 1993; Perry, 1991; Van-Acker, 1991; Woodyatt & Ozanne, 1992）。雷特症候群之病因至今未詳，

但被研究人員考慮到的可能病因則包括：高氨血症、兩階段突變、脆弱 X 性染色體、代謝異常、環境肇因、多巴胺不足、以及惰性 X 性染色體等（Culbert, 1987）。Weisz（1986）認為雷特症候群係為一種腦部病變之疾病，Gillberg（1989）曾對同時患自閉症與雷特症候群之患者進行研究，發現病患的病徵中，呈現許多兩症重疊的特徵，Gillberg 推測其重疊之病徵可能反映出腦幹部位之病理異常。

貳、特徵

1966 年，Rett 醫師發表一篇德文研究報告，描述 22 位女孩所具有之同一症候群的病徵乃包含：刻板的手部習慣、痴呆、自閉行為、缺乏面部表情、步伐失調、大腦皮質萎縮、以及高氨血症等（Perry; 1991）。若干罕見的疾病會附帶出現自我傷害行為（self-injurious behavior, SIB），如：自閉症（尤其伴隨有智能障礙者更明顯）、Lech-Nyhan 症候群、Cornelia deLang 症候群、以及 Tourtte 症候群（King, 1993），此外，Prader-Willi 症候群、De Lange 症候群、以及雷特症候群之患者亦常伴隨有 SIB（Oilver, Murphy, Crayton, & Corbett, 1993）。Percy（1986）曾指出雷特症候群之臨床症狀包含：智能低下、癲癇、幼兒性痙攣、手部刻板行為、以及貧乏之手部運用等。Garber 與 Veydt（1990）對 14 歲的雷特症候群女孩之研究結果則指出：受試者在粗大及精細動作、自助技能、溝通能力、及認知等方面呈現普遍的遲滯。Woodyatt 與 Ozanne（1994）的研究結果指出：所有受試者之溝通能力層次與其認知能力之狀態一致，可見雷特症候群患者之溝通能力低下，可能與其認知能力有關。綜合上述，可知學者認為雷特症候群患者具有下列特徵：

- 自我傷害行為。
- 精細、粗大動作技能失調。
- 刻板的手部特殊習慣。
- 痴呆（dementia）、智能低下。
- 自閉行為。
- 缺乏面部表情。
- 失調性步伐（ataxic gait）。
- 大腦皮質萎縮（cortical atrophy）。
- 高氨血症（hyperammonenia）。
- 溝通能力低下。
- 認知能力低下。
- 癲癇。
- 幼兒性痙攣。
- 貧乏之手部運用。
- 自助技能（self-helping skills）發展遲緩。

叁、維也納診斷標準（Vienna Criteria）

在美國 APA 的 DSM-Ⅲ-R 中，雷特症候群與自閉症乃被一起歸納於「廣泛性發展異常（pervasive developmental disorders, PDDs）之中，而在世界衛生組織（WHO 的 ICD-10 中，雷特症候群乃被劃分為 PDDs 的一個獨立分項目（Tsai, 1992）。第一套被世人普遍接受用來診斷雷特症候群的標準，於 1984 年的會議中擬定出來，稱為「維也納診斷標準（Vienna criteria）」，該標準之內容大意為：發病對象為女性，在出生前、出生後、以及直到 6～18 個月大期間之早期發展皆正常，出生時頭圍正常，出生六個月後出現畸型小頭，伴隨溝通功能失常

與痴呆之行為，社交和心理動作退化，喪失有目的之手部運用，手部之刻板特徵，步伐失用症，以及軀幹失用、運動失調等（Hagberg, Goutieres, Hanefeld, Rett, & Wilson, 1985）。後來，發病性別一項被刪除，以免發現男性病患時發生爭議之情形（Perry, 1991）。維也納診斷標準之內容分為三大類，即：必備性標準、支持性標準、以及排除性標準（Tsai, 1992）。其中，必備性標準之全部九個項目皆必須作為診斷之用；支持性標準之八個項目皆無須作為診斷之用，但通常其中多數項目乃被列入診斷範圍中；而排除性標準之七個項目中滿足其中任何一項皆足可排除雷特症候群之可性能性；該診斷直到 2～5 歲皆屬試驗性質，唯有清楚符合該標準之診斷標準者，方可認定為典型之雷特症候群（Perry, 1991）。此外，具備相同之特徵，但未滿足所診斷標準之個案，有時被稱為「不全型雷特症候群（formes frustes Rett syndrome）」（Hag: berg & Rasmussen, 1986）或「非典型雷特症候群（atypical Rett syndrome）」（Goutieres & Aicardi, 1986）。茲將維也納診斷標準之內容分述如下：

一、必備性標準（necessary criteria）

㈠出生前後時期明顯正常。

㈡最初 6 個月（或達 18 個月）明顯心理動作發展正常。

㈢出生時具正常的頭圍。

㈣在 5 個月大到 4 歲之間，頭部發育減緩。

㈤在 6～30 個月大之間，缺乏需要而有目的之手部技能，與溝通功能失調和社交退縮有關。

㈥表現出重度的表達性與接受性語言障礙，呈現明顯重度的心理動作遲緩。

㈦有目的之手部動作喪失後出現刻板的手部作；如：手部搓

揉、緊握、拍手、敲打、舐洗（mouthing and washing）手
部、磨掌等機械動作。

　　㈧在 1～4 歲之間，出現步伐失用症與軀幹失用、運動失
調。

　　㈨試驗性診斷，直到 2～5 歲。

二、支持性標準（supportive criteria）

　　㈠呼吸功能失常。

　　㈡腦波圖（EEG）異常。

　　㈢抽搐發作（seizures）。

　　㈣痙攣，常伴隨相關之肌消耗與肌緊張不足的發展。

　　㈤末梢血管收縮阻礙。

　　㈥脊柱側彎。

　　㈦發育遲緩。

　　㈧發育不良之小腳。

三、排除性標準（exclusion criteria）

　　㈠子宮發育遲緩之證據。

　　㈡器官瘤或其它貯積病（storage disease）之訊號。

　　㈢視網膜症或視神經萎縮。

　　㈣出生時呈現畸型小頭。

　　㈤出生後所得之腦部損傷的證據。

　　㈥可指認之新陳代謝或惡化性神經異常的存在事實。

　　㈦由嚴重的傳染病或頭部外傷所致之後天神經異常（Perry,
1991; Tsai, 1992）。

肆、結語

　　Hagberg 曾經推估：一萬個女孩當中，雷特症候群的發生率約為 0.65%（引自 Perry, 1991），試以民國 81 年的教育統計數字來看，台灣省之 0～4 歲女童共計有 641,893 人（台灣省政府主計處編，民 81），若以 Hagberg 的數據來推估，則台灣省罹患雷特症候群的女童可能約有 41.72 人，隨著出生人口之逐年增加，今（民國 84）年之平均人數可能更高。雖然這只是一個參考性的推估數字，但如果台灣省約有 41.72 個雷特症候群的女童，則這些女童究竟可能分布在哪些地方？她們是否能在學校中受到良好的特教服務呢？此乃筆者撰寫本文的關切點之一。也許特教界及醫學界的所有相關學者和臨床工作人員，應該多花點心力來關心這個問題吧！

參考文獻

牛頓出版公司（民 78 ）：**牛頓醫學辭典**。台北：牛頓。

台灣省政府主計處（民 81 ）：**台灣省統計年報，52**。南投：台灣省政府主計處。

林貴美（民 80 ）：音樂活動介入對重度智能不足兒童語文學習成效之影響，**特殊教育的新境界**，251-306

Burd, L. (1991). Rett Syndrome symptomatology of institutionalized adults with mental retardation: comparison of males and females. *American Journal on Mental Retardation, 95* (5), 596-601.

Coleman, K. A. (1987). *Music therapy: a therapeutic intervention for girls with Rett syndrome.* Fort Washington, MD: International Rett Syndrome Association.

Cuibert, L. A. (1987). *Rett syndrome.* Fort Washington, MD: International Rett Syndrome Association.

Garber, N., & Veydt, N. (1990). Rett syndrome: A longitudinal developmental case report. *Journal of Communication Disorders, 23* (1), 61-75.

Gillberg, C. (1989). The borderland of autism and Rett syndrome: Five case histories to highlight diagnostic difficulites. *Journal of Autism and Developmental Disorders, 19* (4), 545-559

Goutieres, F., & Aicardi, J. (1986). Atypical forms of Rett syndrome. *American Journal of Medical Genetics, 24,* 183-194.

Hagberg, B., Gouteires, F., Hanefeld, F., Rett, A., & Wilson, J. (1985). Rett syndrome: Criteria for inclusion and exclusion. *Brain and Development, 7,* 372-373.

Hagberg, B., & Rasmussen, P. (1986), " Forme fruste" of Rett syndrome: A case report. *American Journal of Medical Genetics, 24,* 175-181.

King, B. H. (1993). Self-injury by people with mental retardation: A compulsive behavior hypothesis. *American Journal on Mental Retardation, 98* (1), 93-112.

Oliver, C., Murphy, G., Crayton, L., & Corbet, J. (1993). Self-injurious behavior in Rett syndrome: Interactions between features of Rett syndrome and operant conditioning. *Journal of Autism and Developmental Disorders, 23* (1), 91-109.

Perry, A. (1991). Rett syndrome: A comprehensive review of the literature. *American Journal on Mental Retardation, 96* (3), 275-290.

Perry, A., Sarlo-McGarvey, N., & Factor, D. C. (1992). Stress and family functioning in parents of girls with Rett syndrome. *Journal of Autism and Developmental Disorders, 22* (2), 235-248.

Tsai, L. Y. (1992). Is Rett syndrome a subtype of pervasive developmental disorders? *Jurnal of Autism and Developmental Disorders, 22* (4), 551-561.

Van-Acker, R. (1991). Rett Syndrome: A review of current knowledge. *Journal of Autism and Developmental Disorders, 21* (4), 381-406.

Weisz, C. M. (1986). The invisible enemy: Fighting Rett

syndrome. *Exceptional Parent, 16* (4), 41-43.

Woodyatt, G., & Ozanne, A. (1992). Communication abilities and Rett syndrome: *Journal of Autism and Developmental Disorders, 22* (2), 155-173.

Woodyatt, G., & Ozanne, A. (1994). Intentionality and communication in four children with Rett syndrome. *Australia and New Zealand Journal of Developmental Disabilities, 19* (3), 173-184.

三╱課程與教學

智障者職業教育與訓練內涵

◆林坤燦◆

壹、前言

在現今重視人力資源開發的時代，發掘更多且有效率的潛在人力蔚成趨勢，其中殘障者人力的開發即是努力的方向之一。惟眾所周知，殘障者是社會中的「少數」且「弱勢」的族群，其教育程度低、工作機會少、生存與發展條件遠遜於一般人，是處於潛在人力資源「低度開發」的層次（吳武典，民83）。亦即，殘障者有高度未就業的情形，對於人力資源開發而言，是不容忽視的（Falvey, 1986）。我國殘障福利法第十七條明定：各機關、學校、團體及事業機構之員工達一定數額時，需雇用固定比例之殘障者，以保障殘障人士的工作權益。惟殘障福利法執行數年以來，某些類殘障者，如智障、多障、視障等，受僱機會微乎其微（吳武典，民83）。當中智障者是殘障類別中人數眾多的一群，一般人對智障者缺乏工作能力的成見，可能會直接影響智障者的工作權益，間接影響人力資源的開發。事實上，許多智障者接受適當的職業教育與訓練之後，投入社會亦能自力更生，過著與常人相彷的社會與工作生活（馮丹白，民81）。也就是說，智障者仍具有不同程度的職業潛能，只要給予合適的支持輔

助，增進其職業技能與適應，智障者同樣具備有「謀生」的能力。

貳、智障者的職業潛能

究竟智障者隨著障礙程度的輕而重，各具備何等職業潛能？D. E. Brolin 參照 AAMR 的分類法，列舉四個等級的智障者職業發展特徵（職業潛能）如下（許天威，民 80）：

一、輕度智障者大多數可習得半技術或非技術，但卻具競爭性的工作。

二、中度智障者大多數可以半獨立地工作，或可被訓練而從事競爭性的工作。

三、重度智障者大多數可以在以工作為主的發展中心或庇護工場就業。

四、極重度智障者通常在養護機構受到照顧。

另 Baroff（1986）論及「智障者適應潛能、生理年齡與障礙程度」，也提及不同智障程度成人的職業潛能如下：

一、輕度智障者：即使在職業上可獲得協助，仍僅能從事非技術性工作。

二、中度智障者：通常無法從事一般就業層次的工作，但是能在庇護工場內從事生產性工作。

三、重度智障者：在庇護工場內，有能力完成部分對生產有助益的工作活動。

四、極重度智障者：經訓練中心訓練之後，可能也完成不了部分對生產有助益的工作活動。

綜合來說，輕度與中度智障者具有相當程度的職業能力，只

要妥善施予適當的職業教育與訓練,當可造就自力謀生的生產者。至於重度與極重度智障者僅具備相當有限的工作能力,經適切的職業教育與訓練之後,雖然自力謀生的可能性較小,但也可逐步增進其自理功能,相對減輕對家庭與社會的依賴。由此可見,智障者職業教育與訓練的實施當屬必要,而因應智障者職業潛能所需求的職業教育與訓練內涵,也是影響智障者能否自力謀生的關鍵。

叁、智障者職業教育與訓練實施情形

存在於智障者間的職業能力差異頗大,多數的輕度智障者僅需要有限的支持輔助,而中重度智障者則需要介入較多的訓練程序。因而智障者職業教育與訓練的實施,必須考慮不同障礙程度、身心特徵及職業評量結果等條件,再斟酌選擇合適的實施方式。根據國內外相關文獻探討獲知,已有多種智障者職業教育與訓練的實施模式,可供參酌與選擇。茲分別簡要說明如下(Alper, 1981; Berkell, 1987; Brolin & Kokaska, 1979; 何華國,民 77):

一、庇護性訓練方案

有庇護工場及學校庇護性就業兩種型態,其中庇護工場的訓練又可細分為三種:其一為過渡性庇護訓練,多在發展輕度智障者之職業技能,以適應社區就業之需要;其二為延續性庇護訓練,則多以中重度智障者為對象,庇護工場多做為智障者終生就業的場所;其三為綜合性庇護訓練,即同時具有過渡與延續的性質。

二、支持性就業訓練方案

係將智障者直接安置在常態工作中接受其所需的訓練及工作人員持續性的支持，不論為時多長，都以維持智障者的就業為目標。此種實施模式相似於「在職訓練」（On-the-job training），智障者按安置在一般工作世界中，一面工作一面接受技能訓練。如果智障者適應良好，很可能就正式就業。

三、學校職業教育與訓練方案

通常指中等學校階段為智障者實施的職業教育與訓練，大抵有兩種實施型態：其一為設「職業教育科」以訓練智障者之職業基本知識與技能，並培養良好工作態度，如我國國中啟智班課程即設有職業教育一科；其二為設「職業學校」，大抵職校的師資與設備更能配合社會的需求，提供智障者各種工作技能訓練，以及已離校之智障青年有接受繼續教育的場所，如我國啟智學校高職部即是此一實施型態。

四、工作—學習方案

工作成為學習活動的核心，智障者部分時間在學校或社區中工作，其餘時間則在校學習與工作有關的諸種技能。

五、合作式訓練方案

無法單獨承擔智障者職業訓練工作的機構或學校，可將智障者送往鄰近有完善職訓設施的場所接受訓練，以減低訓練成本。

六、社區本位訓練方案

　　依社區內需求與工作機會，擇其適合者訓練智障者，並整合社區內學校、機構與職訓中心等，共同擔負實施智障者職業教育與訓練之責。

七、生涯教育與訓練方案

　　生涯發展是終其一生的歷程，生涯教育與訓練即在提供終生學習的機會。本方案除了重視學校或機構對智障者所實施的職業生涯試探與準備之外，進一步可開設智障成人推廣班。利用閒餘之暇，授予某些學科、社交、日常生活及有關職業技能，以滿足智障者職業與生活的特殊需要。此種智障成人的繼續教育方式應予重視。

　　另 Brolin（ 1979 ）指出，實施智障者職業教育與訓練的單位，可分為學校、機構、復健中心及工商企業等四類，國內智障者職業教育與訓練的實施單位也頗為相近。茲簡要分列如下：

一、學校部分

　　係指國中階段啟智班、第十年技藝教育班及啟智學校高職部等，有關說明如下：

㈠國中階段啟智班

　　採設職業教育科目方式實施之。依教育部（ 民77 ）修訂公布之「 啟智學校（ 班 ）課程綱要 」中所列，職業教育科的每週數

學時數：輕度智障部分第一、二、三學年分別為 7、10、11 節，佔全部時數的 28％；另中、重度智障部分第一、二、三學年則分別為 9、12、14 節，佔全部時數的 35％。可見，國中階段啟智班頗為重視職業教育與訓練的實施。

㈡第十年技藝教育班

教育部為邁向十年國教目標，發展與改進國中技藝教育，並從 83 學年度起試辦「第十年技藝教育班」。其中，輕度智障學生傾向於回歸與正常學生銜接延教班就讀；中重度智障學生則單獨設班實施職業教育與訓練。

㈢啟智學校高職部

係提供國中啟智班畢業生有繼續接受職業教育與訓練的機會與過程，其目標為智障學生畢業後能順利而成功的就業。目前台灣地區幾所啟智學校高職部，有的招收輕度智障學生，也有招收中重度智障學生，似乎尚未有整體的規劃。

二、機構部分

含智障者教養機構、職訓機構及復健中心等，大多數機構收容的智障者屬中重度或多重障礙者。所實施的職業教育與訓練偏重在庇護性工作訓練，較少考慮未來就業的問題。不過，近年來有越來越多的智障職訓機構，自行辦理或接受職訓局委託開辦智障者支時性就業訓練，已有初步成效。

三、工商企業部分

智障者的職業訓練強調實際工作情境的訓練，工商企業即是

提供智障者職業訓練的最佳場所。目前國內也有少數工商企業提供智障者職業訓練或工作機會，大多配合有支持性就業訓練。

肆、智障者職業教育與訓練實施內容

智能障礙者除了智力水準顯著低下之外，同時具有生活、社會與工作適應技能的限制。惟大多數智障者經過有效的支持輔助後，適應能力通常會有所改善，而過著更獨立、統合、具生產力的生活。可見，給予智障者越多有效的支持輔助，智障者將越能獨立工作與生活，而支持輔助的內涵應包括廣泛的生活、社交、職業、娛樂、溝通等，係屬於統合性的教育與訓練。同樣地，智障者的職業教育與訓練內涵，也應顧及統合各種學習領域，支持輔助智障者逐漸適應職業與生活，步向自力更生之路。

R. I. Brown 的統整性方案觀點做了最佳的註解。Brown 認為智障者職業訓練方案須注意三方面的統整如下：①縱的統整：從職業教育與訓練的開始，支持輔助至最終的獨立就業，應有一系列統整的規劃；②橫的統整：職業訓練方案需整合職業、社交、娛樂、家居生活訓練等各領域的計畫；③聯結性統整：智障者習得之工作技能，如何遷移到實際工作環境中，建議職業訓練儘可能在社區中實施，以利智障者工作能力的遷移。亦即，智障者職業適應的成敗，也取決於其日常生活、社交技能、工作習慣與態度等之養成，非單僅具備職業技能即可（何華國，民77）。

Brolin & Kokaska （1979）所設計的「生活中心生涯教育」課程，即強調注重智障者一生中在家庭生活、學校生活與社區生活中的實際體驗。依能力本位的做法，將所要培養的生涯能力分為日常生活技能、個人—社會技能、職業輔導與準備三大領

域，合計為 22 項能力。此一課程設計的特色，即整合生活、社會與工作，以符合智障者之所需。同時也明白指出，智障者職業教育與訓練的內容，亦需顧及日常生活與社交技能的養成。

　　茲就 22 項生涯能力分類臚列如下（許天威，民 80）：

一、日常生活技能

(一)經理家事費用的能力。
(二)經管家居住宅的能力。
(三)照料個人需要的能力。
(四)成家與養育子女的能力。
(五)購買與料理食物的能力。
(六)購買與整理衣著的能力。
(七)參加公民活動的能力。
(八)善用休閒娛樂的能力。
(九)利用社區交通的能力。

二、個人——社會技能

(一)增進認識自我的能力。
(二)加強自信的能力。
(三)促進社會化行為的能力。
(四)維持人際關係的能力。
(五)發展獨立的能力。
(六)培養解決問題的能力。
(七)具備語文溝通的能力。

三、職業輔導與準備

㈠認識職業機會的能力。

㈡選擇就業途徑的能力。

㈢養成良好工作習慣的能力。

㈣具備靈活操作的能力。

㈤具備專門行業的能力。

㈥求職與就業的能力。

Wilcox & Bellamy （1987）為重度障礙青年及成人所設計的選擇性課程，其活動目錄也包括休閒、個人管理與工作三大類目。另 Drew, Hardman, & Logan （1988）論及智障青年的有效教育方案，包括：①以職業準備為重心的廣泛性課程；②適應技能的教學；③適切功能性學業的教導等。特別強調工作的重要性，不僅是為了金錢的報酬，而且是為了個人的認同與態度。

Falvey （1986）也為重度障礙者發展一套社區本位課程與教導策略。課程內涵係整合社區技能、居家技能、休閒娛樂技能、職業技能、溝通技能及功能性學業技能等，以建構成功的獨立生活。另在教導策略方面，各項技能內涵皆經評估、教導及評量等程序，以確定重要障礙者的學習成效。

至於我國智障者職業教育與訓練的實施內容，根據教育部社會教育司於民國 77 年修訂公布「啟智學校（班）課程綱要」的實施通則中，明示智障者國中階段教育應以職業教育為核心，各科之教學應與日常生活經驗相配合，進而培養職業技能，以適應社會需求。另在職業教育科所列之教學目標為：①培養學生服從、負責、合作與耐勞的工作態度；②培養學生適應家庭生活的基本技能；③給予學生試採工作機會，並加強訓練其職業技能。

從此等目標導引之課程架構及內容，包括三大領域如下：

一、職業輔導領域

　　輔導學生對職業基本知識的認識，以增進學生將來就業後適應工作環境為主。教導內涵大綱為：①了解職業；②就業準備；③怎樣就業等。

二、經濟與家庭效益技能領域

　　教導內涵大綱為：①家庭機具與技藝；②發展操作家事之習慣與能力等二項，以培養學生操作家事之能力。

三、職業技能領域

　　以學生將來可能的工作機會之行業為訓練科目，教材內容均以簡易試探編選，依工作分析法及作業單元學習方式，選擇具體的職業生產作業與綜合活動練習作業，以培養學生的作業能力，增進將來從事社會生產能力。

　　此三大領域內容中，職業輔導及經濟與家庭效益技能兩個領域，每一智障學生均應學習；而職業技能領域，可視學校設備或地區需要及學習能力三方面酌予增減項目，實施教學，加以訓練，力求配合智障學生畢業後就業需要，以期學以致用。

　　有關職業技能的選擇，可就下列職種分年度擇項實施：第一年選擇木工、包裝及裝配工、洗車工、農藝作物栽培；第二年選擇洗衣工、塑膠加工、印刷工、園藝；第三年選擇陶瓷工、縫紉工、打雜工、禽畜飼養。

　　智障者職業技能的訓練，旨在協助智障學生習得一兩項謀生的簡易技能，以成為有用的國民。因此，職業技能的培養與訓

練，直接影響日後智障者能否就業及能否自力謀生，與職業輔
導、經濟與家庭效益技能同是關係到智障者職業教育與訓練成敗
的重要關鍵。

參考文獻

吳武典（民 83）：殘障朋友潛在人力資源開發與配合措施，**特殊教育季刊，51，**頁 1-8。

何華國（民 77）：**智能不足國民職業教育。**高雄：復文。

許天威（民 80）：智能不足者的職業輔導，載於桃園啟智學校編印；**智能不足者職業教育論述彙編㈠，**頁 83-137。

馮丹白（民 81）：**我國智能不足者職業訓練與就業安置問題之研究。**台北市：國科會專題研究。

Alper, S.（1981）. Utilizing community jobs in developing vocational curriculum for severely handicapped youth. *Education and Training of the Mentally Retarded, October,* 217-221.

Baroff, G. S.（1986）. *Mental retardation-Nature, cause, and management.* Washington: Hemisphere.

Berkell, D. E.（1987）. Issues in vocational preparation for severely handicapped adolescents and young adults. In Gottlieb, J. & Gottlieb, B. W. eds. *Advances in Special Education—A Research Annual（Volume b）.,* London: JAI Press., 151-170.

Brolin, D.E. & Kokaska, J. C.（1979）. *Career education for handicapped children and youth.* London: A Bell & Howell.

Drew, c. J., Hardman, M. L., & Logan, D. R.（1988）. *Mental retardation——A life cycle approach.* London: Merrill.

Falvey （ 1986 ）. *Community-based curriculum──Instructional strategies for students with severe handicaps.* Baltimore: Paul H. Brookes.

Wilcox, B. & Bellamy, T. （ 1987 ）. *The activities catalog ──An alternative curriculum for youth and adults with severe disabilities.* Baltimore: Paul H. Brookes.

不同安置下性格及行為異常學生課程取向

◆蔡翠華・溫詩麗◆

壹、前言

在性格及行為異常學生的成長過程中，僅僅給予「接納」和「關懷」是不夠的。最重要的是要透過教育的訓練途徑，儘可能提供他們所需要的技能，才能徹底減少其不良行為的發生。這就是所謂「健康導向」的教育方式。先從學生的學習現況和成功適應的差距評量起，而以預防的觀點來提供教育課程。因此，除了診斷之外，還必須衡量他們各方面的表現、能力與功能，以便設計其確實需要的教育服務（洪儷瑜，民82）。所以，性格及行為異常教育的中心論題，大致說來，就必須包括在那裡教？如何教？以及教些什麼等問題。

從文獻及臨床經驗可以看出，性格及行為異常學生是一群異質性的團體，雖然勉強將他們歸諸一類，其實卻包含很多不同的問題（Kauffman, 1993）。若以傳統輕、中、重的等級來劃分，似乎也很難把他們放在適當的位置，因此，在提供教育方案時，絕不可一概而論。有鑑於民國73年的特殊教育法，雖然把性格及行為異常學生列為特殊教育的服務對象，但對其安置程序及課程取向卻沒有明確的規定（教育部，民81），以致許多人

仍莫衷一是，甚至還有教育學者認為沒有必要將他們安置在特殊教育的系統（洪儷瑜，民82）。然而，實證的研究勢將證明，真正性格及行為異常的學生，僅給予諮商輔導，並不能有效制止他們的問題行為，唯有系統地提供適當教育，才是上策。是故，筆者嘗試以性格及行為異常學生在他們所適合的、最少限制下的安置前提，來探討對其回歸主流最有助益的課程。

貳、常見性格及行為異常學生的安置型態

自從雷諾提出他的架構後，特殊教育一直朝著這種理想的連續服務型態在努力。性格及行為異常學生的安置情形也不例外，從最輕微問題到最嚴重功能異常的安置，包括九種不同的型態，以表1示之（洪儷瑜，民82）。

表1　性格及行為異常學生的安置型態

在普通班，但普通老師接受特殊教師的諮詢

在普通班，但學生接受巡迴教師的輔導

在普通班接受部分時間的資源教室學習

部分時間在普通班，部分時間在特殊班

多數時間在特殊班，部分時間參與普通班的活動

在普通學校的特殊班

通學制的特殊學校

住宿式的特殊學校

醫療機構或輔導機構

而根據國內外調查報告顯示，這類學生的安置型態以普通

班、資源教室、特殊班，以及特殊學校最為普遍（引自洪儷瑜，民 82; Kauffman, 1993）。故除了第九類不屬於教育體系之外，其餘八類約略區分成普通班類、資源班類、特殊班類、以及特殊學校類等四種型態。以下就不同安置的課程取向分別討論之。

叁、性格及行為異常學生在普通班的所需課程

一般而言，在普通班就讀的性格及行為異常學生，大多是不適應情況較為輕微，能夠周旋在日常生活，和普通學生一起學習者。Morgan & Jenson（1988）和 Downing, Simpson & Myles（1990）指出，普通班的安置對這類學生來講，是最好的教育措施，因為在最少限制的環境下學習，對於將來回歸正常社會最有益處。因此，只要提供良好的教育環境，相信他們的前途是可以樂觀的。

通常普通班要提供給他們的特殊課程有兩大類，教師可視學生的個別差異，斟酌使用：

一、降低程度的學業課程

基本上，性格及行為異常學生在智力上和普通學生沒有兩樣，教育目標也不應有所差別，但因長期的學業低成就，導致他們和普通學生一起學習時，出現困難的現象（洪儷瑜，民 82）。所以，除了提供一般課程的補救教學外，所給予課程內容的深度要視情況稍加降低，學習速率要放慢，以幫助學生重拾讀書的意願。這類課程的實施，教師可利用每天的作業指導時間，或同儕合作學習方案，適當地提供給學生。此外，家庭作業的內

容形式，也可配合實行。

　　而基本學習方法（academic tool subject）的補救，例如上
課時怎樣能專心聽講、如何閱讀文章、如何做好筆記，如何準備
考試、如何做時間分配等問題，教師可利用閱讀課、寫字課或其
他相關課程，隨時實施。再加上同儕合作學習的方案，一併介入
教學（Morgan & Jenson, 1988; Center, 1989）。

二、功能性課程

　　功能性課程著重在情緒發展、適應行為的教育訓練，以幫助
學生有效地適應社會環境和日常生活。在普通班的性格及行為異
常學生，和一般學生接觸的機會很多，許多教師也常藉助同儕的
合作學習，來補救他們的學業課程。如果能儘量避免同儕間不適
當的標記，對於這類學生的學習與適應來說，有很大的助益。所
以功能性課程可視為他們學習成功的基石。

　　在普通班中，必須對性格及行為異常學生教導的功能性課
程，主要包含三大領域：

㈠教室管理訓練課程

　　許多老師最不能忍受的是學生的外向性行為。這對於部分性
格及行為異常學生來講，無形當中被剝奪了教育均等的機會。雖
然這現象是教師的刻板印象所致，然而，在課程設計時，我們不
能不提出預防措施，以幫助學生能夠成功地適應。這類課程包括
上課專心聽講、遵守班級公約、適當的和師長及同儕互動等，主
要的重點在於行為的修正（Center, 1986, 1989; Morgan & Jen-
son, 1988; Steinberg & Knitzer, 1992）。教師通常可以安排
在每天的生活與倫理時間、正式的生活與倫理課或其他相關課程
中，隨時提醒注意。班級公約的遵守，亦應配合同儕制約學習，

必定可以收到良好的效果。

(二)情緒課程

情緒課程主要以消弱反應的原理，來制止不適當的情緒，以達到認識情緒、感覺情緒的目的，進而教導他們表現適當的情緒。這類課程的實施可以在生活與倫理、健康教育，以及團體活動當中，抽出特別的時間予以教導。此外，亦可利用輔導室的諮詢，予以必要的協助。

(三)社會技能訓練課程

這類課程主要涵蓋的技能訓練，包括社會溝通方式，聽從指示的訓練和互動訓練，如和師長同儕的互動，與環境交互作用的處理等（引自 Steiberg & Knitzer, 1992；王大延，民 81 ），與教室管理的課程是相輔相成的。

社會技能的訓練若能善加利用，在普通班有很大的效益。因為藉由團體的介入與楷模學習等，性格及行為異常學生可以有較多的練習機會，並且有了較好的社會技能，會使他們容易和同儕交往，不論在學業或人際關係方面，都有收穫。所以教師可利用每天的生活與倫理時間、正式的生活與倫理課，以及說話課、團體活動等，運用角色扮演或特別的教學方法，使性格及行為異常學生能獲得充分的練習。

總之，在最少限制的前提下，普通班對於性格及行為異常學生所提供的，是適合其程度，有助於其迎頭趕上別人的學業課程，以及在團體中如何處理情緒與行為反應的功能性課程。盼能使他們能在適合的學習下，逐漸脫離「異常」的角色，而能在正常的環境下，得到充分的學習。

肆、性格及行為異常學生在資源教室所需的課程

　　資源教室方案主要在支援安置在普通班的性格及行為異常學生，來學習在普通班無法充分學到的領域。Morgan & Jenson（1988）指出，這些學生與安置在普通班的性格及行為異常學生最大的差距，在於他們的不適應行為和學業的差距，使普通班老師沒有時間和精力來教導他們。因此，基於回歸主流有利的前提下，資源教室所提供給他們的課程，就需以個別化的教育方案，根據學生的個別差異，以更有彈性的教學方式來引導他們學習。

　　根據這類學生的基本需求，資源教室的課程取向，大約可歸納如下：

一、學業課程

　　資源教室的學業課程，最重要的是學業成就的診斷與學習方法的培養，使其與普通班學生的差距不再加大。所以教師應該依學生個別的問題提供不同方案。簡而言之，他們需要的學業課程有以下兩種：

㈠基本學科課程

　　所謂基本學科課程在資源班中，最重要的是個別化教學。不論在提供補救教學或降低程度的課程時，一定要因應個別差異，用以補救普通班學習的不足。因此，在課程設計上，教師可以就學生的需要，將普通課程予於適度的簡化，使他們能在複雜的學科當中，儘可能獲得一些基本的理念，以利於在普通班的學習。

㈡學習方法的訓練課程

學習方法主要是一些輔助獲得良好學業成就的策略。這對於性格及行為異常學生來講，顯然是非常重要的一環。尤其對資源教室的性格及行為異常學生來說，學習方法的訓練更是一般學科的重要基礎（Scruggs & Marsing, 1987; Downing, Simpson & Myles, 1990）。因為導致這類學生學習失敗的原因，很多來自於不良的學習型態的和習慣，所以，如何對症下藥，徹底解決其學習困難，應是教師最重要的課題。因此在上課之前，教師應先針對他們的學習型態充分地了解，例如在什麼時間的學習效果最好，什麼教學方法最能接受，什麼讀書方法最能吸收，什麼策略最有助於記憶等。然後教師根據這些資訊來設計適當的課程與方法，使學生獲得最適合自己也最有效的學習策略。這類課程可以安排在小組教學或個別教學的課堂中。

二、情緒課程

安置在資源教室的性格及行為異常學生，可能比安置在普通班者更有情緒不成熟的問題。因此，情緒課程益發顯得重要。在團體輔導、個別指導或是心理衛生等課程中，教師可以利用各種教學原理及技巧，協助學生表現適當的情緒（洪儷瑜，民82）。而更重要的是如何教導學生從結構性的情境當中，類化到一般日常生活當中。因此，資源教室的老師與普通班老師必須達成相當程度的共識，隨時注意這些學生的情緒反應，而予以增強和消弱，如此，才不枉費辛苦的教導。

三、社會技能課程

　　資源教室中的社會技能課程與情緒課程一樣，是性格及行為異常學生比較需要的。其課程的核心主要在於基本社交技能的訓練，如適當的微笑、凝視、和他人互動等技能。在教學與應用上，也需特別注重類化的問題。此外，提出適當問題的能力和團體討論的技能，是資源教室教學中相當重要的（Center, 1989; Epstein, Foley & Cullinan, 1992）。因為這類學生在普通大班教學裡，可能長期為師長和同儕所排斥，導致負面的自我形象與偏低的自信心，使其潛能與成就之間差距很大，更遑論適當地提出問題與討論了。而且，有了良好的上課互動技能，對於其在普通班的課程學習，也可稍稍扭轉不良的情況。所以，這些課程的教授，教師可視情況增補之。

　　和普通班的課程相比，資源教室所提供的學業課程更為注重個別化的補救教學，尤其是基本學習方法的培養，更見重要。而在情緒與社會技能的課程方面，也安排更深入的結構性與技巧性的指導，使其不但在資源班能夠得到良好學習，更能在普通班中成功適應。

伍、性格及行為異常學生在特殊班所需的課程

　　大部分被轉介到特殊班的性格及行為異常學生，通常是不適應行為或其他技能不足的現象太過嚴重，以致在普通班和資源教室內無法學習。換言之，他們必須在較為隔離的環境下，和特殊教育的配合，才能得到充分的學習。所以特殊班的課程設計，與普通班和資源教室的比重與分量，就有不小的差異。

　　基本上，特殊班的課程往往會朝實用性和功能性的廣域課程方向設計。以下分就各個課程領域加以探討：

一、學業課程

　　雖然一般的學科對於有嚴重性格或行為問題的學生來講，並不具有深遠的意義，但 Ruhl & Berlinghoff（1992）和 Kauffman（1993）的研究發現，學業問題與不適應社會行為，以及不良情緒表現一樣，都是造成性格及行為異常的原因之一。因此，學業課程的設計在特殊班裡，也有其重要的地位。

　　據特殊班學生的特質研判，他們所需的學業課程以較實用性及功能性為優先（Scruggs & Marsing, 1987; Morgan & Jenson, 1988; Center, 1989; Epstein, Kinder & Bursuck, 1989; Downing, Simpson & Myles, 1990; Ruhl & Berlinghoff, 1992），教師可因應個別差異彈性增補所需的課程。以下就其基本所需要的學業課程分論之：

㈠基本學業課程

　　特殊班的基本學業課程與普通班、資源教室不同的地方在於，它特別注重基本學科能力的訓練。例如在語文學習上，重視閱讀技能的培養，包括國語四聲的辨識、認字及文章理解的能力等；其次是書寫技能，如寫簡單實用國字的能力、辨認國字、寫字能排列成行，以及標點符號的認識等；而數學能力的教學，則著重在數數目的能力等。此外，語言技能的培養，如有文法的口語的表達、社會性溝通能力的練習，也可在讀書課中特別提出討論。

㈡學習方法課程

學習方法的不足常導致性格及行為異常學生無法有效地從事學習活動。特殊班學生更有此種現象,這也是性格及行為異常學生不同於普通學生的地方(Morgan & Jenson, 1988; Center, 1989)。是以,學習方法的教導,特別有助於他們回歸主流後的學業學習。

學習方法的養成,和資源教室的方案甚為一致,唯其分量與比重不同,教師可彈性加以取擇。而在特殊班中尤需注重的是讀書技能的訓練與思考技能的養成。前者包括預習、瀏覽、和精讀能力的訓練;後者則主要在問題解決能力的獲得(Scruggs & Marsing, 1987; Morgan & Jenson, 1988; Center, 1989; Epstein, Kinder & Bursuck, 1989; Downing, Simpson & Myles, 1990; Ruhl & Berlinghoff, 1992)。因為若要在特殊班中,使這些平日與書本絕緣的學生,重拾書本並對其發生興趣,利用同儕合作學習的方案,遠比個別教學要容易且有效得多,所以,藉由全體的介入教學,來培養正確的讀書態度,對他們來說,是有深刻意義的。

二、減低不適當社會行為課程

不適當的社會行為在嚴重身心障礙的學生當中,是甚為常見的事,這也是造成學生在回歸主流後適應困難的主因(Center, 1986; Meadows, Neel, Parker & Timo,1991)。因此,這類課程不論在普通班、資源班或特殊班,都有存在的必要性。特別是在性格及行為異常的特殊班中,幾乎所有學生都有不合於社會期待的問題行為,故更有其顯著的地位。

這類課程在特殊班的實施上,可利用團體輔導和個別輔導的

課程來加以管理。此外，心理管理的課程如自我評價、情境評價
以及採取的行動的評價等，對於性格及行為異常學生的行為而
言，有其預防性的功用（Center, 1986, 1989）。是以，除了一
般的輔導介入之外，心理管理也是重要的一環。

三、教導社會技能的課程

　　性格及行為異常與輕度智能不足和學障礙最大的分野，可以
說就是在這類課程的教導上（Epstein, Kinder & Bursuck, 1989;
Smith, 1990, Ruhl & Berlinghoff, 1992；洪儷瑜，民82）。
事實上，許多性格及行為異常學生的行為問題，是源自社會技能
的不足（Center, 1986, 1989; Meadows, Neel, Parker & Timo,
1991; Steinberg & Knitzer, 1992; Kauffman, 1993；王大延，
民81）。因此，這類課程在分量和比重上，會與其他課程有較
大差異，教師要自行斟酌訂之。根據 Center （1989）等人的研
究，特殊班的性格及行為異常學生除了要教導上課技能，如聽講
及遵守生活公約等，和互動技能，如眼神的注視、微笑、與師長
同學互動的技能等，還要學習克服壓力的技能，如拒絕的技巧、
排解煩悶等。而結交友伴的技能，如關懷別人、適當的與朋友分
享心事等，更能使他們在學習的過程當中，獲得相當的支持。因
此，這類課程可以說是行為的潤滑劑，對於學生有正向的作用。

四、教導社會倫理課程

　　社會倫理課程對於性格及行為異常學生特別重要的原因在
於，這類學生的智力趨近正常，體力充沛，再加上某些特殊的成
長環境及行為問題，很容易在社會適應的過程中，誤入了歧途。
因此，在這多元化的社會當中，更需為他們設計這類預防性課

程，以儲備較多的道德良知。這類課程包括兩難情境的設計，價值澄清等觀念，在特殊班裡，經由角色扮演與思想的引導，可以收到不錯效果（Morgan & Jenson, 1988; Center,1989）。

五、情緒課程

　　情緒課程在特殊班非常重要，因為在較普通班同質的環境裡，充斥著許多情緒不成熟的個案，往往會因一時的情緒發作，而釀成大禍。因此，這類課程的理性情緒部分，必須讓學生去感覺情緒、認識情緒，向不合理的信念挑戰，教導他們看看情緒的前因後果；而另一部分的認知行為矯治課程，用自我思考、自我分析的方式，拒絕不合理的情緒，並教導他們如何控制不適當情緒（吳麗娟，民 76; Center, 1986, 1989; Morgan & Jenson, 1988）。如此一來，才能有效制止或防範不合理情緒的為害。

六、職業課程

　　職業課程和其他課程不太相同的地方，是其需求並不是所有性格及行為異常學生都有的。太小的學生不需要，只有在高中以後，才會特別編排（Morgan & Jenson,1988）。它是類似補習教育的課程，但對於性格及行為異常的學生來說，除了可以培養其就業技能之外，職業訓練也有促進適應行為的治療效果（洪儷瑜，民 82）。所以，在特殊班和特殊學校，常常會有職業課程的安排。

　　職業課程一般說來分成三大部分。一是日常生活的技能，舉凡財物管理、家庭環境的維持與修護、基本的社會溝通技能等都是；其次是個人的社會技能，如自我意識、自我控制、適當的互動技能、問題解決的能力等；最後一部分是真正的職業準備訓

練，包括對於將來可能從事行業的探討和認識、職業的選擇方法、適當工作態度的養成、特殊職業技能的獲得、以及如何尋求穩定和支持的雇主等（Center, 1986, 1989; Morgan & Jenson, 1988）。

　　特殊班的學業課程較偏重於將來的社會適應與職業生涯做準備；社會技能及情緒課程，則是社會適應的基石；而職業課程有了前面各項的配合，才能真正培養出將來的謀職能力。是故，這些課程的最後目的，應是整個生涯過程的規劃。如此，才不會使這些性格及行為異常的學生，在不斷的社會變遷之下，被潮流淹沒，而終究成為社會的重大負擔。

陸、性格及行為異常學生在特殊學校所需的課程

　　性格及行為異常學生的特殊學校雖然在國內並不盛行，但在外國卻行之有年，甚至在美國還有愈來愈盛的趨勢（Kauffman, 1993）。先不論隔離環境不利於回歸正常社會的影響，它對某些嚴重障礙學生，卻有其實質上的助益。因為較為封閉的環境裡，這些學生較沒有引發犯罪的外在誘因，相對地較能把時間與精力花在學校課程中，而且在一致的標準下，較能免除許多不必要的衝擊，所以，他們在整體的教學效果上，會比特殊班還好。此外，特殊學校有較多的福利設施和醫療機構提供服務，無形當中，解決了許多學生的需求問題。所以，在「去機構化」的風潮下，特殊學校更需負起教育這些無法適應正常社會的學生，以利於其將來的回流。因此，課程內容的提供，就有舉足輕重的地位。

　　基本上，特殊學校的課程需要根據學校教育法、特殊教育法

和相關法令的規定。一般而言，其目標與普通學校是一致的，但是比起其他類型的安置型態來說，其課程的特色主要取決於創辦者的理念。有其彈性化的特質，甚至有些學校並沒有硬性規定的顯著課程，而是著重於潛在課程的彈性化功能（引自盧美貴，民79）。綜觀許多特殊學校的教育內容，可以歸納出許多共同的課程取向。茲輔以健康導向的觀點，試談論之。

　　一般說來，性格及行為異常學的特殊學校的課程與特殊班有許多雷同之處，今分就其不同的各大領域予以研討。

一、學業課程

　　有一些研究發現，性格及行為異常的特殊學校較不注重學業課程，學生在學業上往往有困難的現象，致使在回歸主流社會生活中，有不能適應的狀況（Epstein, Kinder & Bursuck, 1988; Miller, Miller, Wheeler & Selinger, 1989；盧美貴，民79）。雖然這與學生本身的能力特質有關，但事實上，一個不能讀、寫、算以及使用簡單工具的人，不僅會缺乏工作機會，甚至在人生旅程中，會比一般人多了許多障礙。況且學業成就的提昇，還有助於正向的自我態度（Epstein, Kinder & Bursuck, 1989）。因此，學業課程在特殊學校，顯然有重申的必要性。

　　特殊班與特殊學校的學業課程應無顯著差異，只是特殊學校的實用性更為突顯，是以他們更重視學習方法的培養，而一般學科的教授，則視情況而定了（Epstein, Kinder & Bursuck, 1989; 盧美貴，民79; Downing, Simpson & Myles, 1990）。這種彈性的課程安排，對於將來想繼續升學的學生而言，可以充分的選擇所需學科，而情況嚴重或不想升學的學生，更有時間從事他們所要的領域，這對於其身心都有重要的影響。

二、社會行為課程與情緒課程

　　社會行為課程與情緒課程對於性格及行為異常的特殊學校而言，更是所有心理與教育工作者大聲疾呼的。而自心理動力學派、行為學派、人文學派等，各大心理學派的理念所引導而發展的課程取向，雖然大不相同，但是，根據實證研究指出，各理論對學生行為的矯治，都有相當程度的效果，如何取捨，就在於創辦者的理念了。所以，各校的特色和對學生的影響，由此更可有明顯的發揮。

　　許多臨床工作人員及研究報告指出，特殊學校的老師比其他安置型態的老師有較好的容忍度。這雖是特殊學校學生的一大福音，然而這種現象造成老師認為「表現不錯」的學生，往往在實際生活中慘遭失敗，以致於大多數學生不斷在正常環境與特殊學校中徘徊不定，甚至在監牢中度過餘生。這些教訓也許可以做為特殊學校在此類課程教學的借鑑。

　　在社會行為與情緒課程的安排上，除了重視理論的引導之外，更應該特別澄清其與實際生活的差距。特別是一般生活中非常重視的社會道德，更該適時適性的教導，使學生在課程中所學習到的技能，能充分發揮在日常生活中，才不致使原創者的美意，變成成功適應的絆腳石。

三、職業課程

　　職業課程的取向，可能也會彰顯特殊學校的特色。這類課程誠如在前文特殊班所需課程中所述，輔以各項能力的相互配合，對於生活品質、情緒陶冶及就業能力等，都有正向的影響。特殊學校希望藉由嚴謹的訓練，在隔離的環境當中，能夠培養健康而

獨立的社會人格。

　　在職業課程當中，除了要具備特殊班所包含的三大部分之外，特別要在生活自理及自我意識方面稍做加強。因為許多嚴重的性格及行為異常學生，在長期接受藥物治療或有特殊文化背景，許多基本的生活習慣及自我意識沒有適時養成。他們接受此類的教導，遠比獲得一技之長更為合適。因此，在職業課程的安排上，因應個別需求，是相當重要的。

　　一般而言，特殊學校較重視「潛在課程」的影響，使學生在潛移默化中，具備了學習能力、特別的適應能力和謀生能力。這些理想的課程目標，融入了日常生活當中，隨時引導學生朝向目標前進。這也許是特殊學校最大的優點吧。

柒、結語

　　誠然，教育性格及行為異常學生是一具有挑戰性的工作，但只要花了心思，必定也會有成果。

　　綜觀上述不同安置的課程取向，雖有其繁複之貌，但不外乎學業、情緒、社會行為以及職業課程四大領域（Center, 1986, 1989; Stephens, 1977; Morgan & Jenson, 1988; Downing, Simpson & Myles, 1990; Epstein, Foley & Cullinan, 1992; Reiher, 1992；洪儷瑜，民 82）。尤其是情緒與社會行為，可說是課程發展的主流，由此更可看出這類學生的特徵。在回歸主流的過程中，教師可視其情境有所增減，俾使學生能在此種健康導向的教育課程中，獲得最大的益處，不但不會危害社會安全，更可能有回饋社會的機會，那就是為其個人、家庭、社會，及國家造福了。

參考文獻

王大延（民81）：教育行為異常兒童的社會溝通技能。**國小特殊教育，13，**35-41。

吳麗娟（民76）：**讓我們更快樂──理性情緒教育課程。**台北：心理。

洪儷瑜（民82）：性格及行為異常兒童的輔導。**諮商與輔導，96，**31-34。

教育部（民81）：**國民教育階段特殊教育法規彙編。**台北：教育部。

盧美貴（民76）：**夏山學校評析。**台北：師大書苑。

Genter D. B. （1986）. Educational programing for children and youth with beavioral disorders. **Behavior Disorders, 11**（3）, 208-212.

Genter D. B. （1989）. **Curriculum and teaching strategies for students with behavioral disorders.** New Jersey: Prentice Hall.

Downing J. A., Simpson R. L., & Myles B. S. （1990）. Regular and special educator perceptions of nonacademic skills needs by mainstreamed students with behavioral disorders and learning disabilities. **Behavior Disorders, 15**（4）, 217-226.

Epstein M. H., Foley R. M., & Cullinan D. （1992）. National survey of educational for adolescents with serious emotional disturbance. **Behavior Disorders, 17**（3）, 202-210.

Epstein M. H., Kinder D., & Bursuck.（1989）. The academic status of adolescents with behavioral disorders. *Behavior Disorders, 14*（3）, 157-165.

Kauffman J. M.（1993）. *Characteristics of emotional and behavior disorders of children and youth.* New Youk: MacMillan.

Meadows N., Neel R. S., Parker G., & Timo K.（1991）. A validation of social skills for students with behavioral disorders. *Behavior Disorders, 16*（3）, 202-210.

Miler M., Miller S. R., Wheeler J., & Selinger J.（1989）. Can a single-classroom treatment approach change academic performance and behavioral characteristics in severely behaviorally disordered adolescents:An experimental inquiry. *Behavior Disorders, 14*（4）, 215-225.

Morgan D. P., & Jenson W. R.（1988）. *Teaching behaviorally disordered students.* Columbus: Merrill.

Reiher T. C.（1992）. Identified dificits and thir congruence to the IEP for behaviorally disordered students. *Behavior Disorders, 17*（3）, 167-177.

Ruhl K., & Berlinghoff D. H.（1992）. *Research on improving behaviorally disordered student's academic performance: A review of the literature. Behavior Disorders, 17*（3）, 178-190.

Scruggs T. E., & Marsing 1.（1987）. Teaching test-taking skills to behaviorally disordered students. *Behavior Disorders, 13*（4）,240-244.

Smith S.W.（1990）. Comparison of individualized educa-

tion progarms（IEPs）of students with behavior disor-
ders and learning disabilities. *The Journal of Special
Education, 24*（1）, 85-100.

Steinberg Z., & Knitzer J.（1992）. Classrooms for emo-
tionally and behaviorally disturbed students: Facing the
challenge. *Behavior Disorders, 17*（2）, 145-156.

Stephens T. M. (1977). *Teaching skills to children with
learning and behavior disorders.* Columbus:Charles E.
Merrill.

「定向與行動」課程中的心理建設

◆蔡慧登◆

壹、前言

　　特殊教育的發展，首在特殊兒童接受教育機會的均等及受教品質的提昇。即在「有教無類」、「因材施教」的理念下，發揮人道主義的精神，培養特殊兒童潛能趨於殘而不廢，邁向獨立、卓越的最高目標。

　　而在各類型特殊兒童中，視覺障礙學生常因人數、活動範圍、量的少與不足，而成為較受忽略的族群。另因此類學生視覺缺損，在生活環境中無法透過模仿、觀察等經驗，學習到感情、肢體動作等的表達方式，再加上色彩知覺的盲點，常予人被動、呆板、冷漠、不幸的刻板印象。因此為了消除上述的部分相關因素，「定向與行動」課程的設計與教學，實為一不可或缺的科目。

貳、定向與行動的意義

　　定向與行動，原為二個不同領域的知識，然因其在課程上所

具延續的性質,故在教材的處理上合併為同一科目。

一、定向(Orientation)

　　係指視覺障礙者,在其生活環境中,利用殘存感覺查知與環境的相對關係,進而判定其所在位置。或說利用殘存的各種器官能力,來查覺周遭環境,俾做行動前的抉擇。

二、行動(Mobility)

　　係指視覺障礙者,在正確的方向判定後,從甲地安全、有效地行進到乙地的動作。

　　綜括言之,即視覺障礙者,在其環境中,利用殘存感覺,透過學習查知所處位置,進而快速安全的行動至預定的目標地點。

叁、定向與行動課程的目標及教學內容

　　在本科目的教學過程中,必須考慮到視障學生個別殘覺的多寡、線索的追尋、路標的認識……等資訊的蒐集、研判,更須借助輔佐工具等技巧的學習來協助行動。

一、課程目標

　　㈠擴展視障學生的經驗與學習機會。
　　㈡增加視障學生對現象世界真實感的體認與理解。
　　㈢建立完整的自我概念與自信心。
　　㈣達成適應社會的能力。

二、教學內容

目前本課程的教學，在國內的啟明學校均依部頒標準實施，國中小每週實施二節，並可集中時間訓練。唯在教材的選擇上並無正式課本可以使用。所幸台南師範學院視障師資訓練班所出版「如何指導視覺障礙兒童定向行動」及彰化師範大學張勝成教授的「定向與行動（盲人引導法）」可資參考。唯仍須任課教師詳研，依年段發展任務，訂定教材與教學進度。其內容概分四大部分：

(一)概念發展—身體形象、環境認識等。

(二)感覺訓練—空間知覺、運動知覺、味、嗅、觸、聽覺的訓練。

(三)盲人姿態與步伐訓練。

(四)手杖技能與人導法等。

肆、課程學習上的考量

一、智力因素的認識

基本上視障學生常因個別差異、失明時間的長短、入學的早晚、父母付出關心的多少？而有不同的表現，唯在智力方面，依國內外學者研究，純語文分類的測驗與明眼學生並無差異。然因受視力的影響，對空間關係，具體事物操作及語文邏輯發展則有遲緩等發展的差異。故此等限制所衍生的概念及抽象智慧的發展難免受損，所以定向與行動課程的指導上如何彌補，將是教師智

慧的考驗。

二、人格問題的疑慮

　　視障學生普遍的現象，即視力不良造成行動的不便，相對的其活動量減少，人際關係疏遠。久而久之，靜態的思考次數佔去生活中的大部分時間，心理上易處在「不明狀況」的緊張焦慮中，因任何的舉動總會感覺是在明眼人的注視中，內心的疑慮不免產生，特別是弱視及後天失明者更為顯著。

三、現象世界的限制

　　一般人總以為視障者上天會給予在其他器官的補償而特別靈敏，事實不然，其全為後天的訓練與注意力集中的結果，雖然經觸覺的感受，更能體驗世界的具體與真實感，但對某些移動性或自然界中過大、特小的現象世界，則是混沌不明。尚有氣體現象的觀察概念更感不足，所以觸覺領域的生活方式甚不周延，勢必影響學習的態度與意願。

四、情感教育的欠缺

　　由於視覺經驗的不足，在與明眼人溝通時，常缺乏表情及肢體動作的輔助，如一顰一笑等。僅能由聲調的辨別及部分觸覺的接觸來體會，彼此間的心理距離較難查覺，更難洞悉現實功利社會的險惡，多少影響課程學習的勇氣。

伍、心理建設的建議

一、思想的導正—非因果報應

　　視障的形成，係源自疾病、意外傷害或遺傳等因素，但由於早期失明的社會文化意義，認為黑暗世界的面臨是上天懲罰的因果報應，故為不可原諒的罪刑，使視障者內心貼上了不名譽的標籤。因此在定向與行動上消除此不正確的思想，將有助於概念的發展，在行為上導正其不當的思想，使有勇氣敢踏出學習的第一步。視障所代表的詮釋應是全人中的一部分不足而非全部。

二、概念的建立—面對事實

　　本來人生不如意事十常八九，而當與光明絕緣的病痛來臨時，花愈多的時間去悲悼其命運的不佳，難過其所受待遇的不公平時，則愈不能平衡自己，終必失去對抗環境壓力的毅志，則在課程中應學習的自我概念與自信心必難達成。故學習面對失明事實所持守的正確觀念相當必要。或說儘管失明的創傷令人哀傷逾恆，但學習用成熟的觀念來接受不可改變的事實，並勇敢面對、設法改善它，使學習的困擾減至最低，將是最健康的做法。詩人曾言：「一個沒有正確觀念的人是固執，一個不敢面對事實的人是愚笨的，是奴隸。」

三、勇敢的行動—積極參與

　　視障學生由於移動的困難，也伴隨著不愛行動的傾向。進而減少參與行動的次數，影響人際關係的拓展。而在定向行動上「參與」是所有學習的基礎。不參與無法深入了解，更無法體會生命與生存的意義，也就無法懂得去關心、去珍惜現在所擁有的，終至成一無責任的人。而無責任必無愛心，無愛心的生活必不知感恩，無感恩的人生必定不快樂。足見積極參與的重要性，因參與於人是關心，參與於事是創造，參與於意念是哲理、是快樂的。

四、創新的遠景—希望的世界

　　「希望」是苦難世界最佳的良方，更是視障者最易獲得的武器。不可否認路的前頭是黑暗、是不明的狀況，更有不特定的危險。但視障者絕非如常人所想，生活在「暗無天日」的悲慘中，在他們的心靈世界裡仍存在著如詩般的美夢，享受著不同詮釋的彩色世界；對花香的感受，對異性的戀慕，對偶像的崇拜，和你我類似，當對未來的遠景存有希望時，則萬般苦難必遠離。而定向與行動的終極目標，將使其達成適應社會的能力不遠矣。

陸、結語

　　肯定所盼望的東西，自會在生活中展現。定向與行動的教學乃是我等啟明教育教師，急需付諸用心研讀與教學的課程。最貴重的心，必有最充實的滿足。朋友！這群最需要協助的學生，期待你我的導航，讓我們攜手努力吧！

24

生活教育課舉隅

◆吳白琦◆

壹、前言

「生活教育」這門課範圍極廣，當我頭一次接觸它時，真有千頭萬緒不知從何開始之感。

感謝幾位有經驗的老師，提供寶貴意見，使我掌握了基本教材的來源，經過一段時間，自己陸續搜集了一些資料，再經一番整理，去蕪存菁，汰難存易，就可派上用場。於是，在教材方面，就不再感到棘手了。

接著，提到我這班，可謂五花八門。他們除了都是智能不足外，另外還有輕微精神分裂症、自閉症、以及唐氏症的學生。說起這兩個唐氏症學生，其中之一有嚴重語障，另一個則是標準的「慢郎中」。

每當我上課，使出渾身解數，比手畫腳，口沫橫飛時，只有一、兩個學生比較有反應，會笑會答。其他的不是「沈默是金」的信徒，就是「鴨子聽雷」。

更有甚者，有的學生對我視若無睹，有的東張西望，有的左手托腮，有的右手支頤，有的下巴頂桌，有的翹起二郎腿……千姿百態，無奇不有。令在台前，唱著獨腳戲的我，看在眼裡，實

在不是滋味。

　　於是我盡力簡化教材，多舉日常生活上實際例子做說明，也盡量讓學生有思考及作答的機會，但是學生學習情緒依然低落，教學效果仍然不彰。

　　痛定思痛，再三反省。由於我是教一班的學生，而不是一個學生，我絕不能只有一個學生有反應，就認為達到教學目標。那麼，要如何才能使每一個學生都有反應呢？仔細思考這個問題，幾番輾轉反側。有道是「山窮水盡疑無路，柳暗花明又一村。」峰迴路轉，我終於豁然開朗，錯不在學生智商低，不認真，問題出在「上課方式太無趣」。

　　有了此番認識後，我決定大刀闊斧改革一下。

　　首要之務，是怎麼使學生的注意力集中，唯有使學生注意力集中後，老師講的內容才會進入他們的腦海。其次，要考慮如何維持學生一整節課的學習興趣，使他們配合老師的要求，進行學習的活動。

　　由於國中課程安排每星期有六堂生活教育課，每天恰好有一節課。一開始，我先將一節課分為幾個時段，配合上不同的單元，有的單元用的時間極短，有的單元則需要較長的時間。

　　以下是單元的介紹：

一、氣象

　　每天學生利用早自習時間，將當日報紙所登載之氣象，抄錄於連絡簿。我在一上課時，先問學生台北市的天氣狀況、氣溫和降雨率，讓學生不僅會看報抄寫，並能實際說出這項與我們每日生活息息相關的大自然變化。

二、錢幣

我們希望學生學會生活自理和社會適應的話，了解金錢的價值，和學會使用金錢，則對其生活獨立有莫大益處。由於學生程度參差不齊，不可統一學習的內容，所以有的學生還在極小的數目上打轉，有的學生則已遠遠超前了。因為時間有限，每天練習的題目不多，即使只有一、二題，亦無妨。

三、健康教育

有系統地介紹身體的構造，身體與健康、營養、疾病、急救小常識等。由於此部分課程與個人的關係非常密切，大都從圖片或人體模型的實際觀察及操作中，進行身體方面的了解。更因此部分的知識性很濃厚，如何使其趣味化，是很重要的課題。

四、體操和跑步

我班上學生有三個肥胖兒，最重的高達一百多公斤。他們吃得多，動得少，不但體態難看，更有違健康。再就整班來看，學生的體力都不好。因此要想鍛鍊其體魄，光靠一週兩堂體育課是不夠的。於是我利用上午第一節的課，讓學生去操場跑步，活動筋骨。因為此時全校沒人上體育課，學生就能充分使用場地。

另外，我也教他們一套從頭到腳的簡易體操，期望他們多動一動，有助身體健康。同時，我也相信，學生即使有生理和動作方面的問題，藉由練習和鼓勵，可以明顯提升他們在這些方面的技能。

五、生活習慣與禮儀

　　進入國中以後，學生比起小學已成長許多，不能凡事都依賴父母，因此要教導學生在穿著衣服、清潔身體、整理環境和個人生活上問題的處理，都要有良好的習慣。

　　孔子說：「不學禮，無以立。」啟智班的學生，雖然在功課上無法有傲人的成績，有的更在外貌上有天生的缺憾，但是若能表現出彬彬有禮的風度，還是可以博得他人的喜愛與歡迎。

　　所以要教學生能和師長道早問好，可使人心中充滿暖意，常將「請」、「謝謝」、「對不起」掛在嘴邊，可拉近人與人之間的距離，減少不必要的紛爭。另外像飲食起居，打電話的禮儀，也是很重要的。

六、安全教育

　　「天有不測風雲，人有旦夕禍福。」由於社會繁榮，各種新式設備普遍使用，使得生活環境越來越複雜，有時我們還會遭到意外的災害，可能會受傷，或造成終生遺憾，所以我們必須學會去過安全的生活。

　　如何過安全的生活呢？首先，要預防意外災害的發生，也就是要實施安全教育。

㈠家庭安全教育

　　人的一生，大部分時間在家庭活動，很多家庭的意外災害，如燙傷、跌傷等都是因為慌張或粗心所造成，我們可用人為方法，事先預防。

㈡學校安全教育

　　學生在校時間極長，不管是在教室、走廊、樓梯或運動場，都有可能發生危險。所以要常提醒學生不要在教室、走廊、樓梯等處追逐嬉戲，擦高窗要用長柄抹布。在運動場則要注意場地設備是否完好，並遵守運動規則。

㈢交通安全教育

　　要減少交通事故，最要緊的是有「交通安全，人人有責」的觀念。因此，要教學生認識簡單的交通號誌，並且在走路或搭車時都要遵守交通規則。

㈣防火安全教育

　　要學生注意用電安全、易燃物品使用的安全、以及瓦斯和爐具使用的安全（可配合烹飪課）。一旦發生火災，火勢小的話，要趕快滅火，若是火勢已大，就要趕快逃生和報警。

㈤休閒活動安全教育

　　到野外郊遊、爬山時，要注意裝備齊全，並預防蜂螫蛇咬。做水上活動時，千萬不可逞強，最好要有救生員在場。
　　其他像颱風、地震等天災的防範，當心陌生人，小心綁架等，亦應提醒學生注意。總之，對啟智班學生而言，知識的學習並非最重要，教導學生如何保護自身的安全，才是首要之務。

七、自然與環境

　　介紹一些常見的動物，讓學生區分草食性或肉食性並大略知其棲息地，我們學校校外教學，曾至動物園，實際讓學生印證所

學，收效宏大；至於植物，除了常見花木外，對於蔬菜與水果的認識，更是不容或缺。因此在植物的介紹方面，可和園藝課配合，學生可認識花木名稱，並由實際的種植，了解植物的生長。另外，亦可和採購課配合，實際在超市裡認識常見的蔬果與水果。

同時我們希望，學生因為有了對動植物的認識與了解，知道動植物對人類的貢獻，能夠進一步的愛護動植物。

所謂環境就是人生活的空間。在人生的四周經常有許多事物的存在或發生，例如陽光、空氣、水和食物，都是人類生命不可或缺的元素。另外像垃圾、空氣和水的污染、噪音與傳染病，都會影響我們生活的品質，甚至危害生命健康。

因此，要教學生時時注意環境，愛護環境，養成守法精神與對環境的責任感，才有幸福的生活。

八、個人、家庭、社會

國中階段的學生，由於身體、體重急速成長，以及內分泌刺激而出現第二性徵之後，開始有了不同的心理經驗和價值觀。這時我們要引導學生認識自己，了解自己的優缺點，並且要接受自己。我們知道愈是了解自己、接受自己的人，愈容易和家人、朋友或他人相處，自然也就會有良好的人際關係。

我們一致希望學生將來踏入社會，能是愛鄉土的一分子，對於社會傳統習俗節慶、公共設施與國民義務的介紹，不可或缺。至於印章、戶口名簿、國民身份證的使用，亦需講解。

社會是一個大染缸，學生若是誤蹈法網，後悔就來不及了。因此，一方面要多探討學生的問題行為，並加強班規、校規的宣導，另一方面，宜輔以一些基本的法律常識。由於法律條文通常枯燥乏味，在提及有關法律觀念時，若能以故事呈現，最易為學

生接受。

九、訓練表達能力

筆者班上大半學生口語表達能力都不好，有的平時看他能嘰嘰呱呱地說話，但是一叫他出來說幾句話，就語無倫次。

針對這情形，一年級時，筆者利用報紙上的繪畫版，每堂課只讓一個學生報告。從走上台，向大家鞠躬，說問候語，到如何介紹一張圖畫，以至於下台時該說什麼，都得不厭其煩地教導。

二年級後，開始訓練學生寫簡短日記。首先指導學生一篇日記要包括人、時、地、事外，最重要的還要加上自己的感想。然後在上課時，讓學生依次將老師已批改好的日記，唸給大家聽，再讓大家評斷一下，這篇日記寫得好不好。

當然了，若要啟智班學生的口語和文字表達能力，都媲美普通班學生的話，那無異是緣木求魚。不過透過不斷地引導和練習，或多或少都有些進步。

舉個例子來說，像學生常犯的毛病之一是一上台，因為沒有信心，原本說話有如獅吼，現在則如蚊子叫。這時不但要提醒他提高音量，甚至要做正、負二面的示範，讓他有所選擇。接著再一句一句地教他說，最後一定要讓他再重述一次。

十、遊戲時間

筆者上課中，筆者一直有個目標「雙向溝通」。簡單地說，就是要讓每位學生「動」起來，希望不管對錯，都能有問有答。如此一來，筆者就可立即評鑑，並調整自己的教學。不過，說真的，要維持學生長久的注意力，並踴躍回答老師的問題，並不是一件簡單的事。

　　幾經思考，筆者發現最有效的利器，莫過於「增強物的使用」，而我選擇的第一樣增強物是砂包。

　　首先，筆者從學習態度著手。只要坐姿端正或專心聆聽老師講課的，都可得到砂包。這麼一來，不管能力好的或較差的，為了得砂包，很快就集中注意力。

　　然後，再就講授內容提出問題，為了避免所有題目均被能力好的學生搶答光，還要另外個別出題，給予較差的學生有回答的機會。有時，為了鼓勵反應較慢的學生作答，即使他們跟在別人的後面才說出答案，筆者也會給他們砂包。

　　久而久之，筆者發現學生學習的意願提高了，甚至那位有嚴重語障的學生，也慢慢地改掉他搔頭搔腦，東摸西摸的漫不經心態度，進而跟隨他人回答問題來。

　　雖然筆者很清楚，憑他的智力，對很多知識性的問題根本不懂。但是對於一個有語障的小孩，願意參與活動，開口說話，即使像鸚鵡般跟著別人說，也比都不說話，靜坐在位子上強些吧！

　　除了專心聽講，回答問題外，像認真做體操、跑步有進步、報告時音量適中或內容充實等等，一旦學生表現出欲增強的行為，就可以給予砂包。

　　下課前幾分鐘，是孩子們最盼望、最興奮的時間。這時，每人拿著自己所得的砂包，進行投擲遊戲。

　　忽而惋惜聲起—就差這麼一點就可投進；忽而驚叫聲起—居然丟到了黑板上頭；忽而爆笑聲起—打中了撿砂包的同學……。

　　遊戲時間，的確是一節課中最輕鬆、最歡樂的時刻了。為了讓遊戲較有變化，較有挑戰性，除了用右手或左手在遠、近不同距離投擲外，也可考慮背對目標物投擲，開始時，幾乎無人可投進，漸漸地，有些同學力道拿捏較準後，也可以偶而投進了。

貳、結語

　　話說時段的擬定與單元的變換，說穿了就是「樣多量少」。就像我們吃菜，若只有一樣，雖然份量多，卻往往食不知味，但是若多種菜色，即使每樣份量不多，我們反而吃得津津有味。

　　基於這層認識，筆者視實際需要和教學進行的情形，將一節課分成幾個段落，再上不同的單元。像「氣象」這單元只需一、二分鐘，而像「健康教育」的單元，所花的時間就要多很多倍。

　　在數個單元中，我覺得不可少的是「體操和跑步」這單元，不獨「健康是一切學習之本」是大家的共識，更因學生經過一段時間的「腦力激盪」後，極需讓他們動一動，使得即將渙散的精神，再度集中起來，以應付接下去的學習。

　　至於增強物的使用方面，筆者還記得當我想到以砂包為增強物時，就像當年阿基米德在洗澡時，想出測量王冠含金多少的方法一樣，筆者也不禁叫了一聲：「Eurika！」（有了，我發現了！）

　　的確，砂包的使用，對筆者的教學，有莫大的裨益。筆者也曾使用過別的增強物，例如象棋，可以投擲，可以玩攻城堡，但因其小而易滾，若不留心時，怕會找不到棋子。像保麗龍球很輕，很會飄，投擲時，要用不同的使力方法。綜合說來，筆者覺得砂包的使用，最得心應手。

　　在啟智教學中，生活教育是一門很重要，又很有特色的課程，其涵蓋的範圍極廣，若想將所有相關內容皆包含進去，實在是個人力有未逮也。

　　不過，若能和園藝課、採購課配合，可使學生對花木、蔬菜與金錢的應用，認識更深。與烹飪課配合，可加強用火及廚房安

全之認識。又如烹飪課老師要帶學生到麥當勞用餐時，筆者利用生活教育課，重申餐廳禮儀，並利用角色扮演，練習點食物與付帳時應注意事項，希望使學生能真正學以致用。

　　總之，教學並非一成不變，惟有充分了解學生能力，安排適當的教材，同時選擇最有效的教學方法，才能使學生獲得最大的學習效果。

智障者的性教育

◆蔡光仁◆

壹、前言

　　性教育的範圍相當廣，但一般人很容易將其侷限在生物本能的狹義層面上。事實上它除了生理層面的含意外，還包括社會及心理層面的意義。故有學者言性教育是一種人格教育，旨在促進兩性之間的和諧關係，引導學生在性生理與性心理等方面，趨於健康與成熟的發展（高毓秀，晏涵文，民76）。亦有人言，性教育是一種人生教育（Lenskyj, 1990），在教學範疇上，應涵蓋整個人生經驗與成長過程。性教育亦可視為社會化教育的同義詞，除了傳授正確的性知識之外，更重要的是培養健全的性態度，了解並接受自己的性別，以扮演適當的性別角色（張昇鵬，民76）。心理學家也常將性教育界定為愛的教育，包括對性的正確認識和對兩性心理差異的了解。目的在增進兩性人際關係與個人身心的健全發展，以及未來家庭生活的美滿和諧（鈕文英，民78）。廣義的性教育應為「使個體對其自身的性別及性別角色有正確的認識，學習成為一個男人或女人，並建立符合社會及道德所能接受的與異性交往時之態度及行為的教育。」在此所謂的個體除一般身心發展正常的學童之外，亦包含有心理發展問題

的智障者。希望藉由性教育的實施，使其獲得正確的性知識，培養健康的性態度，提升其處理性問題的能力及防止由性行為所產生的傳染病等之相關知識。

貳、為智障者實施性教育的必要性

性教育是普通教育的一環，更是特殊教育領域中不可或缺的一部分。而特殊教育的發展在正常化與回歸主流的倡導下，智障者的教育、養護觀念上，的確有了相當大的轉變。然而智障者的性教育問題卻始終為智障者的父母、一般社會大眾及相關的工作人員所忽略（Abramson, Parker, & Weisberg, 1988）。這常是由於大家對於智障者性發展誤解的結果。因此智障者性教育的對象不僅是智障者而已，而是與智障者教育問題有關的所有人士，故其乃是一個社會性的問題。

美國的性教育家 Gordon（1971）認為：「在近乎完全壓抑和否認性慾的情況下，成熟的智障兒童在充滿各種刺激的現代社會中，迷惑與不安正逐漸增加」（引自張珏，葉安華，民82）。由於智障者從孩提時期至入學，其所接受的教育訓練是接受多於質疑；服從多於反抗，以致當其長大時，無形中便學會被動與合作是和他人「混熟」的方法。因此其性格常走向極端的討好他人，無論他人有任何的要求，他們大都絕對順從不會置疑。因此若是不給智障兒童適當的性教育，智障者極容易在不知情的情況之下，被人利用為性犯罪的工具（杜正治，民83；張珏，葉安華，民82；謝永齡，民82; Brooks, 1992）。尤其現代社會逐漸開放，各種傳播媒體的影響，使智障兒童提早接觸與性有關的事物。而他們的判斷力和克制力較薄弱，較容易產生錯誤的性知識和性行為，以致帶來行為上的困擾（鈕文英，民78）。

為了避免這些不必要的傷害，給予智障者性教育可以引導智障者
學習如何保護自己，進而能夠表現出合宜的行為，應是最佳的對
策（黃璉華，民 82）。

就目前國內特殊教育發展的情形而言，所要面對的問題應不
是智障者該不該接受性教育的問題，而是特殊教育工作者如何介
入此課程的問題（Best, 1992）。McCabe（1993）認為影響智
障者性教育推展的因素有三：

一、教育工作者及家長對性的態度。

二、智障者實際的性需求和性知識。

三、先前為智障者所發展之性教育方案的性質與效果。

這充分說明實行性教育時，相關的必要措施、人員的配合及
先前研究工作的重要性。

叁、智障者的性發展

人類的發展在心理、生理、社會及情感的成長均有軌跡可
循。個體「性」發展的構成則與以上各方面的成長緊密的交織在
一起。但因智障者在心理、生理、社會、情緒上的發展上有所障
礙，所以常造成一般人對其在性的發展方面有所誤解，認為因為
有整體發展障礙的問題，連帶的亦可能形成其性功能發展的障
礙，總以為他們應無性問題上的困擾。然而黃璉華（民 82）認
為，智障者一般來說較正常人生理的成熟約晚 13 個月。但智障
者雖發展遲緩，卻非中性人。林美和（民 81）則指出從性能
力、性衝動和性功能來說，智障者毫無疑問具有成熟的程度。而
Monat（1982）則進一步指出輕度智障者的性發展，接近正常人
的性心理行為發展；中度智障者的性發展為第二性徵較為遲緩，
但對增強作用或行為修正仍有反應；重度智障者的性發展則是難

以控制性衝動，無法了解性行為的後果及性行為的隱私性；而極
重度智障者卻是以滿足基本需求為出發點，衝動反應居多，以自
我刺激方式尋求性快感，常過度手淫。而根據國內張玨等（民
82）的調查所得，不同智障程度者的家長觀察自己兒子（12-30
歲）有夢遺現象者佔 14.6％，沒有者為 45.5％，而不知道者有
39.8％。且雖發現有夢遺現象之百分比偏低，然而因研究者所取
得的智障者樣本年齡有六成男性在二十歲以下，其生理發展可能
受心理年齡的影響，所以才有此結果發生。相信若以生理年齡較
成熟的智障者為對象，其結果則可能有相當大的變化。因此我們
可知，智障者性生理發展成熟的時間雖晚於一般人，但其結果終
將與一般人十分接近。

　　在婚姻的期盼上，研究發現，許多可教育性智能不足學生、
成人具有結婚並在婚姻中獲益的潛能（Hall, Morris, & Barker,
1973）。但當感受到性衝動時，則不像正常的青少年一樣的了解
這是生理現象。通常他們只知自己不對勁，覺得很羞恥，甚至有
罪惡感（黃璉華，民 82），而這也就是智障者性教育的著力
點。

肆、智障者的性問題

　　智障者常見的性問題在男性有性暴露、手淫；女性則是性混
亂、月經處理、懷孕、手淫等。其中女性月經的處理對於家長或
特教教師而言可能是件較費心的事，其處理的方式可能會因不同
程度的智障者而有所不同。國內學者的調查資料顯示，不論家長
或專業工作者，對此一問題大多建議教導輕度智障者自己處理月
經，而應有人從中去協助中度智障者處理月經的問題，至於重度
極重度者，則多數贊成其切除子宮停止月經（張玨，葉安華，民

82）。對於智障青少年手淫的問題，家長們也有相當的困擾。根據張珏等的調查資料顯示，有 3.8％的家長會請教專家，而採取盡量阻止作法的家長約有 26.6％。且不同性別的智障者家長處理的方式則有明顯的不同。男性智障者的家長大多認為智障青少年手淫是很正常的行為，不必予以理會；而女性智障者的家長大多則表示覺得相當困擾，但也只能裝作沒看見。不過就像其他女孩一樣，智障女孩的家長常會給予小孩類似以下的警告：「不可以接受陌生人的金錢、食物或糖果」、「不可以進到陌生人的車子裡」。顯然家長的叮嚀程度也會影響智障女性的性活動（Bernstein, 1985）。而像一般男女一樣，智障女孩也會希望透過性得到認同和情感（Brooks, 1992）。看見電視、電影的誘惑畫面也會促使他們進行某些性活動，因為他們不知道如何獲得取代性的滿足。甚而有些智障青少女認為性是他們生活中唯一滿足的經驗，幻想懷孕和生育小孩（黃璉華，民 82）。然而社會大眾仍難以接受智障者性的表現，只因為害怕智障者無法控制其性行為，且恐其會導致懷孕。

　　對於以往居住在機構中或家中的中重度智障者，性侵犯的事件亦時有所聞。而令人驚訝的是，幾乎所有犯事者均是智障者所認識的人（Dunne & Power, 1990）；至於機構中強暴智障青少女的大多為非專業工作人員（New York State Commission on Quality of Care for Mentally Disabled in New York, 1987）。安置型態對智障者性問題的影響，研究顯示，智障者的性行為可藉由環境的學習、塑造和刺激而形成。且在正常社區型態下，智障者的性行為和其同輩團體頗為相似。但如居住在異常的環境下則智障者的性行為常亦頗為異常，如不正常的手淫和同性戀行為（Abramson, Parker & Wesiberg, 1988）。Hall 和 Morris（1976）對居住在養護機構及非養護機構的智障者之性知識及性態度的研究結果也顯示，居住於非養護機構的智障者之性

知識高於養護機構中的智障者，且生活於兩性共存環境的智障者之性知識也高於生活在單一性別環境下的智障者。因此就性教育的角度而言，回歸主流及正常化，乃至完全包含的融合教育等特殊教育的發展趨向，對於智障者教育的推展有相互輝映的效應。

　　智障者可以享受性的生活嗎？這也是爭論最多的。因為它牽涉到性行為後所帶來的諸多困擾問題，其中尤其是懷孕、生育、小孩素質及教養等問題。智障者隨著年齡成長，和一般人一樣具有性的需求。智障者父母通常很關心子女不當的性的表達，並害怕其子女自行去探索性行為。有時為了降低智障者的性慾，家長會讓智障者服用鎮靜劑，甚至為了一勞永逸，將輸精管或輸卵管結紮或切除子宮。這或許能消除為人父母者的心理負擔，但對於防止智障者遭受性侵犯事件和不當的性表達上並無實質的幫助，且這亦牽涉到道德層面的問題。Hall 和 Morris（1976）指出，輕度智障者不論是和正常人或其他智障者結婚，通常有能力維持快樂而穩定的婚姻生活。Brantlinger（1985）也鼓勵智商七十以下者與他人約會，並進一步獲取隱私權和結婚權。因此，智障者若能有醫務人員或家長簡單直接和清楚的指引，應可在智障程度許可的範圍下享有性愛的生活或沒有性愛的同性與異性關係（黃璉華，民82）。

　　然而智障者是否可以為人父母？則是值得探討，也是倍受爭議的問題。通常智障者的生育率較低，且有生下智障兒的危險。若父母皆為智障者，生下智障兒的機率為40％；若父母之中有一人為智障者，生下智障兒的機率為15％；若父母皆正常，生下智障兒的機率為1％（Craft & Craft, 1981）。就優生學的觀點而言，並不贊成智障者有下一代。贊成節育的人認為如此也可使智障者便於管理，讓經年累月照顧智障者的人，不必負擔更重的責任。再者，每一個嬰兒都有受到妥善照顧的權力，而許多已婚的智障者本身也害怕無力照顧嬰兒（Behi & Edwards, 1987）。

但不贊成節育的人認為，每個人都有養兒育女的權利，不能由他人決定是否該有下一代。而且給予智障者福利應該是社會必須負擔的，不能為了減輕負擔而犧牲了智障者（宋維村，民 80）。由以上不同立場可知，要決定智障者是否能有下一代，實在是一件棘手的問題。雖然智障者一樣有性的需求，我們亦尊重其享有健康正常性生活之權利，但是通常我們希望他們能夠採行避孕措施，並不鼓勵其生育。至於什麼樣的程度可以結婚？什麼樣的程度可以生育子女？這在歐洲國家都有法律規定，在美國可由法院判決（燕子，民 79），而在我國則任意取決於父母。因此今後在除了法令規定上應有明確的說明，以免家長無所適從之外，更應實施性教育，教導智障者相關的性知識，以提高其生活品質。

伍、智障者性教育的實施

智障者的性教育內容應反映智障者的需求。Kemption 及 Johnson（1981）指出，從人際關係的發展來說，宜教導智障者如何區分家人和朋友、朋友和陌生人，以及何種的身體接觸是可被接受的，以便增進其社會性行為的恰當性。教育者需要告知智障者什麼是攻擊行為。萬一受侵犯時可以採取跑走或說出來的方式，確保其免於遭受性迫害或性侵犯。應加強教育智障孩童生理的知識、男與女兩性之間的相異處，性器名稱與功能及青春期的改變等等。除此之外，在性的隱私上，更應教會他們在生理、經期處理、手淫均需具有隱密性，何時、何地可做，什麼時機不可為。而若有手淫現象，也不應該給予懲罰，但也不需刻意鼓勵。讓智障者了解性衝動是如何產生？應如何控制？教導智障者對自己身體有做決定的能力，有權利說「不」。對自身安全防範的知識有認知（McClennen, 1988），了解一旦有性行為產生，若不

採取避孕，就有可能造成懷孕的結果。

　　依障礙程度不同，教育內容也有所不同。一般家長認為，對於輕度智障者，教育內容在於加強「認識自己的身體器官及生理構造」、「兩性相處，婚姻關係」及「如何保護自己，安全防衛知識」等；中重度智障者的父母認為沒有性教育的必要，但可以教育「認識自己的身體器官和生理構造」（張玨，葉安華，民82）。學者一致認為智障程度越重，教育內容便越著重基本生理常識。若智障程度較輕，則性教育的課程除性知識之外，與性相關的態度、價值、道德等，都是性教育的重要內涵（Kilander, 1970; Karmel, 1970; 何華國，民76）。

　　教育智障者需要家庭環境的全力配合，因為智障者常難以區分在「家裡可以，外面不可以」。Hammar 和 Barard（1966）指出家人需配合的幾點注意事項：

　　一、避免過多的身體接觸和愛撫。

　　二、避免挑逗性行為、裸露及具有性刺激的東西在智障者面前出現。

　　三、洗澡應有隱私性，且多教他自己洗澡。

　　四、勿與父母親一起睡覺。

　　五、性教育應由父母或與智障青少年同性的諮商者來做。

　　如此，使得家庭與學校的教育態度趨於一致，對智障者適當的性表達之態度與行為的建立更容易獲致成果。

　　至於在學校性教育的實施上，需注意與智障者的身心發展配合，以符合個別化的需要。重複以智障者可以了解的方式來教導，而且於教導後要進行評估，以確定其能正確的了解（李翠玲，民78），防止誤解。在教學的方式上，徐海勤（民78）建議可採用具體實物教學法、多媒體輔助教學法及角色扮演。以圖片、幻燈片、錄影帶等或角色的示範或待產的動植物等來引發愛情、約會、結婚、懷孕等問題，進行教學。不過黃璉華（民

83）指出，由平日成人與智障者的接觸中，給予不定時隨機之性教育最為有效。學校老師或父母中與智障者相同性別者，若能經常與智障者接觸或負起智障者性教育的指導工作，則對智障者性別角色的認同與模仿將有莫大的助益。因此呼籲一般較少負起智障兒童教養工作的父親亦應多與小孩接觸，以幫助其角色認同的發展。

在性教育的實施時間上，近年來有從零歲開始的基本理念，因此父母家庭將是智障者性教育的啟蒙老師（林美如，民81）。在學校課程的實施方面，國內學者均認為需配合兒童的身心發展，在智障者性生理成熟之前實施較為理想。故一般大抵主張在小學高年級（何華國，民76）或國中一年級（鈕文英，民78），併入生活教育課程中實施。不過國外則傾向從學前教育階段開始。在施教過程上需注意的是，施教者在處理相關問題時，應抱持著正確及自然的態度，使用學生易懂的詞彙。讓學生了解性是可以談論的，性並不代表骯髒羞恥；性器官和人體任何器官一樣平常，偶而碰觸並不嚴重，並不會因此遭到羞辱或恐嚇，期盼學生能對此建立平常心。而透過與家長經常的聯繫配合，可望使性教育達到最大的效果。

在課程方面，Romaneck 和 Kuehl（1992）指出，應從下面幾方面來考量：教什麼？何時教？何處教？有何種資源可供利用？國內的性教育學者晏函文（民83）亦配合兒童生理年齡，擬定具序階性的性教育課程目標，施教者可根據智障者的心理年齡參照使用。概括而言，在整個性教育的課程方面，重點需強調信心、自尊與正確態度的建立。其範疇大抵涵蓋生理的刺激與反應、生殖機能、生理衛生、自我保護以及態度、價值與人際關係。在過程上則需統合環境中的行為能力，包括社會的、心理的及生理功能的。

陸、結論與建議

正如 Best（1992）所言，性教育的問題不在於要不要實行，因為它根本就是教育的一部分。性教育的施行並非如一般想像的那樣困難，其只不過是生活教育的一部分。對於智障者而言，其用意與一般的特殊教育教學目標並無二菁，皆是為了使其能更適切地生活在普通的社區環境中。施教的策略原則亦與一般的教學方式一樣，須重視適宜性、層次性、周延性及具體性的個別化需求。值得一提的是，在過程上雖然我們一再強調需秉持自然的態度，然而，就是因為一再的強調而使它變了質。若以社會學理論的觀點而言，智障者的不正確態度與行為的建立，可能大部分來自於對周遭環境的模仿學習。所以此一工作的推動除針對智障者外，似乎也必須對教育工作者、醫療社工人員及家長進行再教育。個人認為性教育的推展「氣氛」必須保持「中性」，不適合以類似大聲疾呼的推動方式，因這種氣氛似乎也就是導致大眾對性教育另眼相看的潛在刺激。

性教育的實施雖然需斟酌智障者性生理及心理的發展水準，不過國內有關性生理及性心理發展的資料卻仍付之闕如。由於過去國內在智能不足兒童性教育方面，缺乏有系統的作法，所以怎樣的實施方式才是適當而有效的仍不得其解。國內有關智能不足性教育的文獻大多屬於創意性或調查探索的論述，故在智障者性教育的實驗研究實有必要加強，以便指引相關的工作者及家長，不至於讓他們在盲目中探索，不但效果上大打折扣，而且對於智障者正確的性態度、行為的建立亦有所影響。

參考文獻

杜正治（民 83 ）：智障兒童的性騷擾：預防與處理。**特殊教育季刊，52**，14-17。

何華國（民 76 ）：智能不足兒童性教育問題之調查研究。**特殊教育學報，2**，167-184。

李翠玲（民 78 ）：**告訴他性是什麼**。台北市，心理。

宋維村（民 70 ）：為誰好？一強迫智能不足者節育的面面觀。**健康世界，72**，70-73。

林美和（民 81 ）：**智能不足研究——學習問題與行為輔導**。台北市，師大書苑。

徐海勤譯（民 78 ）：智障自閉青少年的性教育。**特殊教育季刊，31**，18-24。

高毓秀、晏涵文（民 76 ）：台北市國中教師之性知識態度與專業行為研究。**學校衛生，13**，20-33。

張玨、葉安華（民 82 ）：有關智障者性教育問題之意見調查。**中華民國公共衛生雜誌，12**（1），70-82。

張昇鵬（民 76 ）：**智能不足兒童性教育教學效果之研究**。國立台灣教育學院特殊教育研究所碩士論文。

陳美伶（民 83 ）：青春期性教育的實施——訪師大晏涵文教授。**健康教育，73**，1-6。

黃璉華（民 83 ）：談智障者的性教育。**護理雜誌，40**(4)，91-96。

鈕文英（民 78 ）：國中啟智班學生的性教育。**特殊教育季刊，30**，39-43。

燕子（民 79 ）：淺談智障兒的性問題。**陽明園地，19**，57-59。

謝永齡（民 82 ）：弱智兒童被性虐待的問題對特殊教育的啟示。**特殊教育季刊，46，**29-34。

Abramson, P. R., Parker, T. & Weisberg, S. R. (1988). Sexual expression of mentally retarded people: Education and legal implications. *American Journal on Mental Retardation, 93* (3), 328-334.

Behi, R., & Edwards, E. (1987). Sexuality and mental handicap: People with a mental handicap have sexual needs, yet theirs rights are often curbed by th law and by oppressive attitudes. *Nursing Times, 83* (4),50-53.

Bernstein, N. R. (1985). Sexuality in mentally retarded adolescents. *Medical Aspects of Human Sexuality, 19* (11), 50-61.

Best, G. (1992). Sex education for the mentally retarded. *Bulletin of Special Education, 8,* 83-93.

Brantlinger, E. (1985). Mildly mentally retarded secondary student's information about and attitudes toward sexuality and sexuality education. *Education and Training of the Mentally Retarded, 20,* 99-108.

Brooks, P. J. (1992). Sex education for students with moderate mental retardation. *Teaching Exceptional Children, 24* (4), 56-57.

Craft, A. & Craft, M. J. (1981). Sexuality and mental handicap: A review. *British Journal Psychiatry, 139,* 494-505.

Dunne, T. P., & Power, A. (1990). Sexual abuse and mental handicap: Preliminary findings of a community- based study. *Mental Handicap Research, 3,* 111-125.

Gordon, S. (1971). Missing in special education: Sex. *The Journal of Special Education, 5* (4), 351-354.

Hall, J. E., & Morris, H. L. (1976). Sexual knowledge and attitudes of institutionalized retarded adolescents. *A-merican Journal of Mental Deficiency, 80,* 382-387.

Hall, J. E., Morris, H. L. & Barker, H. R. (1973). Sexual knowledge and attitudes of mentally retarded adolescent. *American Journal of Mental Deficiency, 77* (6), 706-709.

Hammar, S. L. & Barard, K. E. (1996). The mentally retarded adolescent: A review of the characteristics and problems of 44 non-institionalized adolescent retardates. *Pediatrics, 38* (5), 845-857.

Karmel, L.J. (1970). Sex education no! Sex information yes!. *Phi Delta Kappan, 52* (2), 95-96.

Kemption, w., & Johnson, W. R. (1981). *Sex education and counseling of special groups.* Springfield, IL: Charles Thomas.

Kilander, H. F. (1970). *Sex education in the schools: A study of objectives, content, methods, materials, and evaluation.* New York: Macmillan.

Lenskyj, H. (1990). Beyond plumbing and prevention: Feminist approaches to sex education. *Gender and Education, 2* (2), 217-230.

McCabe, M. P. (1993). Sex education program for people with mental retardation. *Mental Retardation, 31* (6), 377- 387.

McClennen, S. (1988). Sexuality and students with mental

retardation. *Teaching Exceptional Children, 20* (4), 59-61.

Monate, R. K. (1982). *Sexuality and the mentally retarded: A clinical and therapeutic guidebook.* San Diego, CA: College Hill.

New York State Commission on Quality of Care for the Mentally disabled. (1987). *Child abuse and neglect in New York mental hygiene facilties.* New York: Author.

Romaneck, G. M., & Kuehi, R. (1992). Sex education for student with high-incidence special needs. *Theaching Exceptional Children, 25* (1), 22-24.

智能障礙學生之體育教學策略

◆黃月嬋◆

壹、前言

　　在特殊教育的推廣活動中，體育教學的實施較晚受到重視。人們常以為身心障礙的學生，不能給予太辛苦的活動，他們若能稍微走動已是不錯的事了，不敢奢求他們能有太大的活動量。站在教育的立場看，能讓他們有機會從事身體活動，當然已是一件不容易的事，但若是能更有系統地，有目標、有計畫地進行這些身體活動，使他們能獲得最大的利益，那就是學生之福。

　　體育與其他學科共同組成完整的教育，自有其重要而特殊的貢獻，同樣地，對特殊學生而言，也是不可或缺。本文針對智能障礙兒童為討論對象，先了解他們的身心特質，進而究明其能力及需求，探討體育對他們可能的貢獻，並針對體育教學應有的各項原則，進一步提供體育教學時有效而且適當的策略，期能帶給特殊體育教師一些參考的意見。

貳、智能障礙學生之特質

一位學生，在其發展期間，因普通智力功能的發展遲滯，導致適應困難，即為智能障礙。其中又因智商的高低不同情形，分類成為四級，這些學生在教學上需要特殊的照顧，因為他們具備以下的特殊性：

一、身體及動作方面

智能障礙的學生，由於相關的動作能力發展較晚，他們的動作表現大都較為遲緩，尤其膝關節部分較為僵化，基本運動能力及體力都較差，節奏感及協調性不良，十分容易造成疲憊勞累。同時，他們也不太會玩規則性較強的運動（如籃球或足球），故不適宜參與複雜的體育性比賽（謝榮輝，民73）。

二、認知及情意方面

智能障礙的學生在動作學習上會模仿別人，也會聽從別人的命令，也較喜歡與比自己年幼者玩耍；但自我中心，工作或活動不能持久，易分心，注意力不易集中，由於常遭遇失敗，故自然期待失敗，逃避人群，缺乏自信（謝榮輝，民73）。

綜而言之，智能障礙者認知發展較慢，學習動機較低，各種學習上有困難。社交方面退縮不前，情緒不穩定，容易發怒，肢體的活動不甚協調。對他們而言，因為在知覺與活動上有先天的缺陷，造成各項發展較一般人遲緩，他們更需要身體的活動來改善這些能力。

叁、體育活動對智能障礙學生之價值

　　體育活動是一種具教育價值的身體活動，對一般人而言，它是五育中不可缺少的一環，可以發展身體機能，提升動作技巧能力，充實休閒生活，健全人格等。對智能障礙學生而言，除此以外，它更具備以下各項價值（楊文凱，民81；吳純純譯，民74）：

一、增進生活自主能力

　　在生活準備說的理論中，教育內容應具備未來生活導向，應為生存及工作上的需要而努力，目的在使個人可以在未來的社會中獨立自主。在基本生活方面，如對飲食、洗臉、穿衣服等動作之訓練。在工作方面，應具備一定的能力與體力，得以從事一定的工作量。就社會性而言，應有簡單的溝通及社交能力，並能擁有正常的休閒生活。而體育活動除了可以增強體力外，也可培養休閒活動的習慣與態度（胡雅各，民81）。更由於針對肢體的訓練，它對一般基本生活之處理能力上，也有莫大的貢獻。

二、促進身心均衡發展

　　體育活動是透過身體運動的教育性活動，可以促進身體機能的健全發展，並改善個人的各項體能。而健全的心靈寓於健全的身體，身體若能發展健全，進而更可促進心理的發展及意志力或果斷力等的加強，因為多數體能活動製造匱乏的情境，需要更多的毅力才能完成。同時，對跑跳爬等活動具有恐懼感的人，透過

運動可以改善其自信心（吳純純譯，民 74），部分運動更可以安定一個人的情緒（草野勝彥，民 78），而且，運動可以促進智能之增長（楊文凱，民 81）。

　　根據研究，智能障礙學生最喜歡的學科是體育，尤其從事室外活動（謝榮輝，民 73）。既然學生對體育的興趣勝於其他的學科，教師何不以體育為出發點，對體育活動善加設計與引導，配合其他各科教學內容的進行，相互聯結與融合，相信這樣的教育活動更能促成全面而有效的學習。

肆、體育教學原則

　　就整體課程設計而言，智能障礙的學生可以應用以下二大原則（林美和，民 81）：①是降低程度原則。由於他們學習速度較慢，且類化有困難，故將課程內容難度全面降低，是可行之道；②是生活功能性原則。教育以謀生為目標，他們未來可能從事勞動性質的職業居多（如搬運工人），他們較難成為白領階級，故在體育教學設計上，應加強其工作上需要的體能（鄭玉疊，民 76）。

　　對於特殊學生，在教學上要掌握的第一原則，就是教學前的診斷。診斷的目的在了解學生的能力、需求及興趣，再針對這些需求設計活動，來引導學生學習。以下將從體育教學的三大要件，分別說明教學應把握的原則：

一、教師指導

　　體育教學活動中，教師的指導（direction）是非常重要的過程，它不但在使學生的動作能力提升，並且在學習上能獲得成就

感。基於這樣的理念，教師應把握下列各項原則：

㈠在整體計畫上，課程應具系統性，能均衡各項體能、技能及社會能力。單次活動時，則應有明確的目標設定，如肌力之增強等。

㈡經常示範以供模仿，並使用肢體語言及身體接觸性的指導（ physical guidance ），必要時使用易懂的口語指導。

㈢活動設計應有變化，簡單、清晰、多樣、趣味、有彈性，在教師用心安排及精心設計下，活動的規則明朗清楚，並分段設定其學習步調。教學時，應從最簡單的一部分開始，並能以遊戲方式代替訓練，修改活動使之成為簡易內容。同時，為了喚起其注意力，可以設定特定的目標，或以比賽方式來提高動機。在人數安排上，個人性活動及團體性活動應能兼顧，並經常以分組方式實施活動。

二、學生練習

給予學生練習機會是體育活動的精髓所在，目的在加強學生的體能及各項技能。對智能障礙學生的教學，教師要事先示範，再分配器材給學生自行練習。在這方面，教師應注意的原則有：

㈠確定教師選定的活動是學生具高度興趣的、難度較低的、可以勝任的動作。技能部分可降低其複雜度，可簡化成單一動作為目標。

㈡安排安全的、充足的、新穎的器材及設備從事活動，必要時自製教具。

㈢以實物代替抽象物，提供具體而直接的感官經驗，從熟悉的事物開始，使學生得到成功經驗（ 如畫出動作實施時手足應擺放的位置 ）。

㈣給予充足而適度的練習時間，讓學生獲得反覆練習的機

會，但不應過度勞累（如設計每站都類似的活動，並持續二至三週從事這項活動）。

三、教學態度

教學的工作，除了固定教材內容之傳授外，教師亦應具有鼓勵學生學習的能力。所以，體育教師也應協助學生得到繼續往下學習的動力。這方面的原則，可以用三 A 來闡述，即贊同、關懷及欣賞（Beaver, 1996）：

㈠贊同（Agree）

教師在教學過程中，應對學生的表現及作法表示贊同，經常給予獎勵，增強他們正面的表現，並且建立一套行為管理系統，在作法上嚴守首尾一致的原則，體育活動中，教師應親自參與活動，與學生打成一片。

㈡關懷（Affection）

教師應以關懷的態度引導學生將成敗歸因於努力因素，並教導他們處理失敗與挫折。同時，亦應耐心等待學生的進展，時時給予具鼓勵作用的回饋。

㈢欣賞（Appreciation）

任何的表現，只要是學生努力的成果，他們盡力而為得到的動作，都應給予高度欣賞。並能提供更多活動的機會，讓他們有機會展現，如參加殘障運動會。

其他如在活動中發出聲音來，或製造機會與他人接觸，增加一些社交能力（Horvat, 1990），也是十分重要的過程。

伍、體育教育策略

　　教師了解對智能障礙學生教學時應有的原則後，正式實施教學的具體策略為何？本研究依黃月嬋（民 85a）之體育教學設計模式中各要素及其流程說明之。事實上，這些要素都相互影響，針對某一要素設計時，應該彼此相互對照，以利整體之運作，尤其是對學生能力及需求的診斷，應在各階段中加以考量。

一、診斷教學對象

　　本步驟為各步驟中都必須考量的必要因素，也是設計的基礎。主要的目的在了解學生的興趣、能力及需求。診斷的方式很多，例如透過測驗（如體能測驗）了解學生的能力水準及起點行為（黃金柱譯，民 85），透過晤談（與相關人士如家長）與研究（如個案研究或觀察研究）了解學生的興趣及需求。依據這些結果給予學生適當的安置及發展合理的個別化教育方案（IEP）。

二、確認教學目標

　　對智能障礙學生的體育教學，其目標為何？是教師首先要確認的。衡量目標是應以兒童的需要為優先考慮。針對體育活動，如以身體活動能力的培養為主要目標，則可同時考慮技能及體能兩方面。例如將目標定為全面而均衡的體能發展（黃壽南，民 75）或動態平衡的發展（王富雄，民 72）等；或以提供運動經驗（蕭松林，民 82）為主，及培養休閒生活態度等，皆可成為

有效的教學目標。根據既定的核心目標，教師進而了解活動應如何選擇與安排。例如智能障礙者的肥胖人口比率偏高，心肺耐力之加強與訓練就顯得十分重要（方進隆，民85），這時活動可針對有氧運動加以設計。

　　體育教學除提升身體活動能力的目標之外，其他如智力的、社會的、情緒的及精神的目標，亦可成為教學之次要目標。

三、分析教材內容

　　了解學生的需求，並確定了教學的目標，進一步可選擇教學的適當材料，使學生從事體育性活動。如接力比賽，除了肢體活動外，可以學習在團體中的合作精神及比賽中每個人的角色及應盡的責任。再如休閒化的體能遊戲動作的學習，模仿動作、球類遊戲或安全又具體的固定器械與設施（如跳箱、平衡木、爬竿、滑梯）的練習活動等（楊文凱，民81）。另外一些節奏性訓練，如身體的基本移動性動作（如走、跑、跳、停），或攀爬（如在樹叢中爬繩索之設計）（Auxter, 1993）等活動，不但可以改善學生的體適能，亦符合學生的興趣及能力。

四、選擇教學方法

　　教學方法之選用，除考慮師生人格特質外，三 D 也是重要的依據，即診斷（Diagnosis）、示範（Demonstration）及指示（Direction）（Beaver, 1996）。**診斷**用來了解兒童起點行為（如前面所提），**示範**則幫助學生透過視覺有效學習，**指示**則為教學之指導與回饋。教師除了各種教學方法之適切應用外，主要目標在引起兒童注意，形成有效學習，這一部分是一位教師最重要的策略之一（柯平順，民78）。教學方法非常眾多，亦無所

謂優缺之別，只有適用與否之分，教師應巧妙應用。如直接教學法，先將一種運動技能分解成很多項的次技能，即工作分析（陳弘烈，民 85；林美如，民 81；Winnick, 1990）。在主動作下編列若干層次的簡易分項動作，依教師之說明及指示依次從事活動。活動過程可將正規活動方式加以修改而成。其次如同儕指導及助教方式（Winnick, 1990; Beaver, 1996）也可應用，同儕可以協助教師分擔部分的教學（教師必須先教導之）。最後如問題解決法，教師可提供簡易的、單一的問題（黃月嬋，民 85b; Dunn & Fait, 1989），讓學生嘗試以肢體語言動作回答，都是可行的方法。

五、佈置教學環境

利用固定的設施教學，對教師而言十分方便；但必要時，教師應能多加強對器材及媒體之利用，以提高學生學習的興趣。當然，安全的遊戲環境（Auxter, 1993）、具體的設施及新穎有變化的器具是努力的目標，教師可自行設計合適的教具，佈置一個具吸引力的教學環境。

六、執行教學並不斷修正

以上所談各項，皆為計畫面，正式執行時，則應注意以下各點：如個別差異問題，時時與醫師配合及其他相關人員連絡，並能保留彈性與不斷修正的空間，以利教學之實施。

認清教學對象的各項需求，對環境作適當的安排與佈置後，給予以改善身體適能及技能的工作或動作，這些要素配合以後，才可完成有效而完整的體育活動。

陸、結語

　　教師從事教學工作，必須與以特殊學生為中心所組成的團隊密切配合；在呈現教學時，指導應簡單、清晰、明確，給予學生成功的練習經驗及足夠的機會，並且營造支持之學習環境，給予必要的鼓勵。把握以上的原則以從事體育教學設計，從對象的診斷、目標的確定，內容的分析、方法的選擇、場地的佈置等準備事宜，到實地的執行及修正，都有所依循而能順利完成。至於在未來的努力方向上，診斷性測驗的內容及方式應可再依據學生特質而設計，對各項運動的工作分析應可更為精細，使這些方式能更有效地被應用有智能障礙的學生身上。

參考文獻

王富雄等譯（民72）：**啟智班體育教學**。台北市立師範專科學校特殊教育叢書。

方進隆（民85）：障礙學生之健康體適能與訓練。載於台灣師大學校體育研發中心編，**特殊體育教師研習會報告書**。台北：師大學校體育研究中心，72-78。

柯平順（民78）：智能不足教育的課程與教學。**國小特殊教育，9,** 53-57。

胡雅各（民81）：談智能不足者休閒活動輔導。**特教園丁，8**(2)，8-11。

林美和（民81）：**智能不足研究**。台北：師大書苑。

吳純純譯（民78）：障礙兒童的體育指導。載於中華民國體育學會編，**中日特殊體育研習會研習手冊**。台北：中華民國體育學會。

草野勝彥（民78）：障礙兒童的體育指導。載於中華民國體育學會編，**中日特殊體育研習會研習手冊**。台北：中華民國體育學會。

黃金柱譯（民85）：**體育課程設計**。台北：國立編譯館。

黃月嬋（民85a）：特殊體育教學原理。載於台灣師大學校體育研發中心編，**特殊體育教師研習會報告書**。台北：師大學校體育研發中心。

黃月嬋（民85b）：創造思考教學在智障者體育課之應用。載於台灣師大學校體育研發中心編，**一九九六年國際特殊體育研討會報告書**。台北：師大學校體育研發中心。

黃壽南（民75）**智能不足兒童的學習指導**。高雄：復文。

陳弘烈（民 85 ）：活動分析在特殊體育教學上的應用。**國民體育季刊，25**(2)，8-13。

楊文凱（民 81 ）：促進智能不足運動能力的教學模式。**特教園丁，7**(3)，28-32。

鄭玉疊（民 76 ）：**國小啟智教教學研究**。台北縣政府出版，125-138。

謝榮輝（民 73 ）：**智能不足學生體育現況之調查研究**。台北：私立光仁高級中學體育教學研究會。

蕭松核（民 82 ）：**智障兒童的體育**。台北：商鼎文化。

Auxter, D Pyfer, J. & Huettig, C. (1993). *Adapted physical education and receation.*

Beaver, D. (1996). 特殊體育之有效教學法。載於台灣師大學校體育研發中心編，**特殊體育教師研習會報告書**。台北：師大學校體育研發中心。

Dunn, J. & Fait, H.(1989). *Special physical education.* Iowa: Wm. C. Brown Publishers.

Harvat, M.(1990). *Physical education and sport for exceptional students.* Dubuque: Wm. C. Brown Publishers.

Winnick, J. P(ed)(1990). *Adapted physical education and sports.* Illinois: Human Kinetics Books, pp.153-176.

殘障者適應體育運動的演進及發展趨勢

◆潘裕豐◆

壹、前言

　　第一次世界大戰後美國由於受傷之軍人不少，美國政府為了治療這些受傷的軍人遂重視復健醫學，許多相關的措施也相對的被推動起來。而殘障者由於生理及心理的異常，常使得他們因為不便而導致不想從事動態的活動，因此殘障者普遍缺乏適當的運動，身體機能與正常人相較之下普遍低下，且有過度肥胖的現象。因此，殘障者的運動與復健工作實在有推展的必要。透過運動可幫助身心障礙者增強其身體機能，建立其自信心，重新回歸到主流社會。因此殘障者適應體育活動便在這等理念下被推展開來。

　　本文主要介紹美國特殊體育運動的演進及發展趨勢。並且藉由他山之石來討論我國目前對於推展特殊體育的近況並且檢討其得失，作為日後改進及改革的參考。本文主要分為：①適應體育的定義；②適應體育的功能；③適應體育的目標；④適應體育的歷史演進及發展階段；⑤我國適應體育的發展；⑥國際的殘障運動組織及其未來的發展動向；⑦未來發展的趨勢及展望。

貳、適應體育的定義

　　由於適應體育一詞係由於復健體操逐漸演進而來，且許多學者對此定義各有不同的看法，因此有必要做一觀念性的界定，以釐清適應體育的觀念。適應體育一詞一般以 Sherrill 的定義較受適應體育界認同。根據 Sherrill（1993）的定義是：適應體育是一多樣性的計畫。其內容包括有發展活動、訓練、遊戲、韻律及運動，主要是以適合單一個體之體育需要為主。從上述 Sherrill 的定義看來適應體育的範圍包含了各類可資運用於殘障者之活動，它的重點在於這個活動必須符合個別化的教學原則，因此不論任何體育活動只要能夠針對殘障者做個別之教學設計，以達到殘障者體育活動之目的，都可稱之為適應體育。基本而言，適應體育與普通體育一樣是體育，只是在考量學生需要與個別差異的原則下，在教學目標上的擬定、課程內容的選擇、教具器材的應用和教學方法的變通上，加以適當的修正與運用。

　　我國對於適應體育通常以特殊體育稱之。林國棟（民 84）認為特殊體育的定義可以從兩方面來界定：

一、特殊體育的對象

　　其所謂之對象與特殊教育所涵蓋之對象有所不同，特殊體育的對象包括智能障礙、視覺障礙、聽覺障礙及肢體障礙者及身體病弱五類，其範圍遠較特殊教育的對象狹隘。然而從最近的發展看來，特殊體育所服務的對象有逐漸擴大的趨勢，甚至涵蓋了所有的特殊兒童。

二、身心障礙者的體育活動

對於特殊體育的活動所包含的內容有水上運動、體操、田徑、球類運動等。其中，水上運動是最常被運用在適應體育上的運動項目。

綜合言之，適應體育是一整合的項目，除了體育技能外，它包括了教育理論、特殊教育的基礎原理及特殊兒童的心理與教學，及體育生理學等課程。Sherrill（1993）指出適應體育知識的核心領域應包括下列十項：

• 人類發展（Human development）：它包含成長與成熟與動作功能的個別差異。

• 態度、人際關係與溝通的理論。

• 人權、法律與推廣的理論。

• 適應（Adaptation）的科學基礎：生物力學（Biomechanics）、運動生理學（Exercise physiology）、動作控制理論（Motor control theory）。

• 適應的心理與社交的基礎：自我實現、自我概念、學習動機與行為管理等理論。

• 評鑑、課程、教學及評量。

• 健身運動心理（Exercise psychology）。

• 有關動作、體適能、運動、遊戲、舞蹈、水上運動等項目的適應性、創造性和個別化的概念知識。

• 各類殘障競賽運動及其競賽分類與器材的設計與修工。

• 復健、動作治療、音樂治療及其它有關治療方法。

因此特殊體育的教師必須在「回歸主流」（Mainstreaming）及「最少限制的環境」（Least restrictive environment）的理念，甚至是在近來所謂的「完全融合（Full inculsion）」

的教育體制之下，同時具備上列各學科的學科知能。如此特殊體育的教師才能對特殊兒童設計適合其能力的個別化教學方案，訂定教學目標、從事教學，以達成使特殊兒童藉由身體的運動達到身體強壯、心理健康的目的。

叁、適應體育的功能

適應體育運動受到重視，主要乃是因為其對特殊兒童能夠有效的達到身體及心理上某方面的功效。以下試分別就身體鍛鍊的功能、身體復健的功能、心理建設的功能及社會建設的功能說明之：

一、身體鍛鍊的功能

在身體鍛鍊的功能方面，適應體育能活動身體機能、讓殘障者學習運動技能、鍛鍊健康身體，並且豐富體育運動知能（林國棟，民 84 ）。

二、身體復健的功能

在身體復健的功能方面，適應體育能改善身體機能及改善障礙狀況。

三、心理建設的功能

在心理建設的功能方面，適應體育能培養身心障礙者奮鬥、進取、克服困難、超越障礙的精神，並且可以擴大生活領域、增

添生活樂趣、陶冶情操及治癒心靈創傷。

四、社會建設的功能

在社會建設的功能方面，適應體育能讓身心障礙者縮短與正常人的距離、亦可讓正常人之生活意識受到啟發，及落實全民體育之發展。

肆、適應體育的目標

McCubbin（1995）認為適應體育的目標至少應該包含下列七個目標：

• 接受自身的限制所在：透過適應體育的教學讓殘障者了解到自己本身的某些限制是無法彌補的。進而認識自己，接受自己的限制。

• 動作機能的發展：藉由適應體育運動來發展殘障者的動作機能，增進其肌力、耐力和體適能。

• 克服自身障礙的部分：經由適應體育的教育與訓練來克服殘障者某些生理及心理上的障礙。

• 發展技能及認識安全的重要。

• 學習如何放鬆。

• 理解能力及欣賞能力的發展。

以上七種目標分屬於心理動作技能、情意與認知三大領域。

伍、適應體育的歷史演進及發展階段

一、相關術語

適應體育一詞，其相關的名詞由於時代及發展的階段、當時的主要目的不同而有不同的用語。一般而言，被提及與適應體育一詞相關的用語有下列幾種術語（Beaver & McCubbin, 1995)。

(一)適應體育活動（Adapted Physical Activity）

適應體育活動乃是 1990 年代之後被認為較恰當之用語。

(二)特殊體育（Special Physical Education）

特殊體育也是近來常被引用的術語，由於適應體育一詞無法明確指出適用對象，因此才有特殊體育的說法。我國就是採用特殊體育一詞的說法。

(三)醫療體操及矯正體育

1900 年代復健體操一詞頗為盛行，主因於當時之適應體育老師多為醫生。而矯正體育盛行於 1930-1950 年代，這也是醫療導向的體育運動。

(四)復健體育、預防體育、限制體育

另外諸如復健體育、預防體育、限制體育也有學者或特殊體育教師引用，主要考量其目的而定。

二、歷史發展

適應體育的發展，許多學者（Depauw & Gavron, 1995; Jansma & French, 1994; Sherrill, 1993; Winnick, 1990）提出他們的看法，一般而言，以 Sherrill 的分類方式較為明確。Sherrill 對美國適應體育的發展上的看法，它認為美國適應體育大約可以分為五個時期：

第一階段，醫療體操期（Medical Gymnastics）：1900 年以前

1900 年以前，所有的體育活動都是醫學導向與預防、發展的，或是矯正的。當時的體育活動是以原始的體操、柔軟體操、身體機能行軍或是類似軍人運動操練為主。一般的體育教師是由受過運動生理的醫師擔任。體育的目的是要避免疾病和提升心理的活力與健康。

第二階段，轉變期（Transition to Sports）：1900 年～1930 年

1900 年早期適應體育逐漸由醫療導向轉而為單項運動中心導向的體育。主要的影響因素有：①單項運動引進了美國及其隨後也進入了體育課程裡；②心理學及社會學理論對教育的應用，產生了全人教育的觀念；③有適當的教學準備的體育教學者有放棄醫學訓練的趨勢；④公立學校義務教育的來臨。

另外由於各州法律規定，公立學校的體育課程必須增加學生人數，也給體育教師帶來了教學上新的問題。例如，如果班級中有學生是生病或失能，或身體機能有缺失時，如何參與一般的體育課程呢？當時解決的方法便是採取兩個分離的體育教育模式：

①一般的體育課及②矯正或醫療的模式。

第三階段，矯正體育期（Corrective Physical Education）：1930 年～1950 年

1930 年～1950 年之間，一般及矯正體育仍然盛行，而且大部分的一般及矯正體育班都是為正常兒童服務。至於哪些學生應該接受矯正體育則由醫生來決定。矯正體育班都是根據學生的健康、姿勢及適能問題來加以限制及修正教學活動。至於適應體育之領導者其背景大都有很強的醫學背景。要成為適應體育教師最起碼要修畢大學的矯正體育的學分始可擔任。

第二次世界大戰後自越南回到美國的傷殘軍人讓矯正體育有了名詞上的改變，因為截肢及脊椎損傷者是無法被矯正。適應體育界同時也開始強調運動的潛能在復健的重要性，並且也開始了多樣的輪椅運動。

第四階段，適應體育（Adapted Physical Education）：1950～1970 年

1950 年到 1960 年代美國適應體育教育的服務對象擴充到所有有異常的人（Disabilities），這方面的改變對於有異常的學生脫離住宿式的安置是有很大的幫助。這個結果使得許多的有異常的學生得以在公立學校的普通班上學，尤其是智能障礙者。這個服務對象的擴大來自於對有特殊需要的學生在運動、舞蹈、及水上運動的參與，也使得其價值大大地增加。更由於甘迺迪總統家族的努力──增取舉辦智障者奧林匹克運動（1968 年創立特殊奧林匹克運動會），使得適應體育更為發達。1960 年代的人權運動帶領聯邦法律禁止於公立學校內採隔離政策及不公平待遇。

第五階段，適應身體活動期（Adapted Physical Activity）：1970 年～現代

自從 1970 年起遍及全世界的許多國家都通過法律保障殘障者的權利。聯合國更訂定 1981 年為國際殘障者年。這個階段有一個顯著的轉變，就是教育殘障者應當在最少限制的環境及整合（Integration）下進行。服務傳遞系統的觀念（Service delivery system）及多元訓練計劃（Multidisciplinary programming）也出現在聯邦的法律裡。標記已不受歡迎，隨之而來的是強調教師要注重學生的個別差異，針對學生的個別差異實施教學。特殊教育及體育學者專家及各界人士都希望能在科技的整合下，修正特殊體育的課程、教材與教法，配合學生的特殊需要，培養他們對體育活動的興趣，學習自我鍛鍊身體，養成良好的運動習慣，同時訓練他們對這方面的認識，藉此達到健康休閒與終身運動的目的。

陸、我國適應體育的發展

在我國方面，適應體育的發展起步較晚。民國四十三年教育部頒布「公私立中等以上學校患病學生體育成績考核辦法」，規定患病學生修習體育辦法。民國六十三年由台灣省舉辦障礙者仁愛運動會。民國六十五年規定殘疾學生不得免修體育。民國六十六年頒訂「國民中學體育特別班實施計劃」，對編班、教材、教學原則、成績考核均有所規範。民國六十六年舉辦台灣區身心障礙國民自強運動會。民國七十一年再度強調患病學生體育成績考核辦法應確定按規定辦理。民國八十二年教育部特殊教育委員會會議決議「請體育司加強特殊體育教學規劃與推展」工作。至今

我國適應體育尚在起步階段，其所服務的對象也僅限於智能障礙、視覺障礙、聽覺障礙及肢體障礙者及身體病弱五類。而且特殊體育師資系統尚未建立，民國八十四年教育部委託國立台灣師範大學體育研究與發展中心舉辦「特殊體育教師研習會」。聘請美國 Western Illinois University 體育系教授 Dr. Beaver 及 Oregon State University 運動科學系助理教授 Dr. McCubbin 來台做專題講授教授，培養種子師資。筆者也參加了此次的研習，深覺特殊體育與特殊教育的結合可促進特殊兒童身體機能健全、增進心理健康及社會適應的能力。

柒、國際的殘障運動組織及其未來發展動向

一、國際的殘障運動組織

　　殘障者運動組織最早起源於法國，1924 年在法國巴黎成立了國際聽障者運動委員會（International Committee of Sports for the Deaf）。當第一次舉辦國際靜默者運動會時有六個聾人運動聯盟及九個國家的運動員參加。

　　後來的幾個年代裡國際殘障者運動協會紛紛成立，諸如有：1952 年成立國際殘障者輪椅運動協會（International Stoke Mandeville Wheelchair Sports Federation, ISMWSF）、1964 年成立國際殘障運動組織（International Sport Organization for Disabled, ISOD）、1975 年成立遠東暨南太平洋地區殘障者運動聯盟（FESPIC）、1978 年成立腦性麻痺國際運動和休閒協會（Cerebral Palsy International Sport and Recreation Association, CP-ISRA）、1980 年成立國際盲人運動協會（Inter-

national Blind Sports Association, IBSA ）、1986 年成立的國
際智障者運動協會（ International Sport Federation for Per-
sons with Mental Handicap, INSAFMH ）、1989 年成立的國
際殘障奧林匹克委員會（ Internation Paralympic Committees,
IPC ）。（ DePwuw & Gavron, 1995 ）。

二、國際殘障運動組織未來的發展動向

　　從國際性之殘障運動組織 1924 年的國際聾人運動委員會
Comite' International des Sports des Sourds (CISS)、1952
年的國際殘障者輪椅運動協會（ ISMWSF ）、1964 年的國際殘
障運動組織（ ISOD ）、1975 年的遠東暨南太平洋地區殘障者運
動聯盟（ FESPIC ）、1978 年的腦性痲痺國際運動和休閒協會
（ CPISRA ）、1980 年的國際盲人運動協會（ IBSA ）、1986 年
的國際智障者運動協會（ INSA—FMH ）到 1989 年的國際殘障
奧林匹克委員會（ IPC ）看來，可知過去殘障運動組織各自分開
各自為政，然而，從最近的發展動向看來，殘障者運動組織有整
合為一體的趨勢。甚至是與普通體育結合的可能性。而特殊教育
的最終目的也是希望殘障者能夠走入正常社會之中，成為正常社
會的社會人過正常人的生活，甚至是做正常人的各類運動。

捌、未來發展的趨勢及展望

　　展望我國未來在特殊體育方面尚待努力之處尚多，以下幾點
或許是較為迫切的工作重點，分別簡要說明之：

一、研修特殊體育法規

美國特殊體育教育的盛行受到特殊教育法令影響至鉅，因此對我國而言，如何訂定適當且精緻的特殊教育法來保障特殊兒童受教育的權利是當務之急。不合時宜的法令必須廢除或修正。讓每個需要接受特殊教育及特殊體育的學童，都能得到他們需要的教育，是當今非常重要的工作之一。

二、培訓特殊體育師資及殘障運動教練

以目前我國特殊教育系統看來，從事特殊教育之教師往往缺乏專業體育背景，殘障運動教練之培育也付諸闕如，特殊體育推展之困難可想而知。因此當務之急乃是特殊體育師資及殘障運動教練之培育成功與否為一重要里程。

三、改善無障礙運動環境

先進國家對於無障礙環境之設施可謂相當完備，反觀我國自從民國七十七年規定建築物之設施應符合建築技術規則設計施工篇第十章規定（張正芬、林敏哲、林立韙，民 80）。但是截至目前為止，各公共建築物，殘障者使用之設施多數仍不符合規定。負責之相關單位應儘速改善無障礙之環境設施，以便利殘障者行的權利。

四、舉辦各類殘障運動競賽活動

我國近幾年來雖然在參與國際性之殘障運動競賽活動上稍有

進展，但似乎仍不夠積極。多參與各類殘障運動競賽活動，可以讓殘障者有一個運動活動的目標，不但可以達到健身的目的，而且可以讓殘障者從獲得運動榮譽中建立積極向上的自信心。

五、舉辦特殊體育及殘障運動研討會及國際交流活動

多舉辦特殊體育及殘障運動會研討會及國際交流活動，可以吸收他國之經驗，建立我國未來努力之目標。

六、培養優秀殘障運動員參與國際競賽

對於優秀之殘障運動員，政府應有計劃的主動積極培養，以便代表我國參與國際競賽，為國爭光。

我們知道特殊體育在中華民國台灣尚在起步階段，因此如何有計劃的規劃，需要一個長期及周詳的思考。當我國在體育運動職業化的同時，別忘了也給殘障者一個自由的、無障礙的運動環境。當我們希望在邁入已開發國家之林時，別忘了社會福利工作是一個重要的且關鍵的指標，尤其是殘障者社會福利的完備與否，負責之相關單位能不審視之！

參考文獻

林國棟（民 84）：特殊體育之發展。載於國立台灣師大學校體育研發中心編，**一九九五年特殊體育教師專題研究會報告書**。台北：國立台灣師範大學學校體育研究與發展中心。

教育部（民 83）：**八十三年度國民小學啟智類特殊體育研習會報告書**。台北；教育部。

Arnheim, D. D. & Sinclair, W. A. (1985). *Physical education for special populations.* New Jersey: Prentice-Hall.

Depauw, K. P. & Gavron, S. J. (1995). *Disability and sport.* Champign: human Kinetics.

Jansma, P. & French, R. (1994). *Special physical education.* New Jersey: Plentice-Hall.

McCubbin, J. A. (1995). The object of adapted physical education. 載於國立台灣師大學校體育研發中心編，**一九九五年特殊體育教師專題研究會報告書**。台北：國立台灣師範大學學校體育研究與發展中心。

Sherrill, C. (1981). *Adapted physical activity and recreation.* IA: Wm. C. Brown Communication.

Sherrill, C. (1993). *Adapted physical activity, recreation and sport.* IA:Wm. C.Brown Communication.

Winnick, J. (1990). *Adapted Physical education and sport.* Champaign: Human Kinetics.

聽覺訓練策略與相關課題

◆張蓓莉◆

壹、前言

　　聽覺是發展口語溝通能力的必備條件。將近百分之九十的聽障者具備程度不等的殘存聽力。但如果沒有刻意訓練，聽障兒童對於依舊可以聽見的一些聲音是不予理會的。當然就更不會利用它去發展口語溝通能力了。因此自德國 Heinicke, S.（1729-1784，引自 Moores, 1987）提出口語法（oral approach）以來，啟聰教育界及熱心的耳科醫師們一直極力呼籲聽障者充分運用殘存聽力，並據之學習說話。所接受的訓練在國內稱為聽能訓練（auditory training）。但細究之，戴上助聽器，運用殘存聽力，所要訓練的是聽知覺（auditory perception），除了察覺注意聲音的存在外，還需要分辨、聽覺注意、聽覺閉鎖、聽覺分析、聽覺聯合、聽覺記憶等的能力，用以認識、理解聲音。因此筆者認為此項訓練稱為聽覺訓練似乎比聽能訓練更能反映其內容。因此名之為聽覺訓練。

　　聽覺訓練的方法是啟聰教育或相關工作者積極努力研發的項目之一。自 1895 年維也納耳科醫師 Urbantschisch, V. 提出系統化聽覺訓練之後，陸續有專家提出自己的主張與訓練方法

（Osberg, 1990）。根據訓練時所需用的感官，大致可將這些方法分成單一感官策略（只用聽覺）及多重感官策略（同時應用聽覺、視覺及觸覺）。今年（民 85）五月初與中下旬，台北市立師範學院與中華民國聽語學會分別舉辦了兩場與聽覺訓練有關之研討會。前者係以 Guberina 所研發的語調聽覺法（Verbal tonal method，屬多重感官策略）為重點，後者則是說明 Ling 所主張的聽覺口語法（auditory verbal approach，屬單一感官策略）。兩個主辦單位除了精心安排研討內容外，還分別找了聽障個案，進行現場示範。結果都頗具說服力，證實所採用的訓練策略有效。不過卻也因此令兩項研討會都參與之教師、家長或相關人員在替聽障幼兒選擇聽覺訓練方式時，似有不知如何決定的感覺。筆者就此說明這兩大類聽覺訓練策略及其必備之條件，並提出影響聽覺訓練成功之相關課題，提供教師、家長參考，亦請各方不吝指正。

貳、單一感官策略

一、基本理念及原則

　　單一感官策略（unisensory approach）所稱聽覺法（acoustic method, acoupedic method），創始人應為十九世紀的 Urbantschisch。其後的主張者有 Beebe, H.、Bezold, F.、Goldstein, M.、Grammatico, L. F.、Hudgins, C.、Huizing, H. C.、Ling, D.、Pollack, D. 等（Erber, 1982; Osberg, 1990）。此方法強調充分運用聽障兒童的殘存聽力。雖然他們聽不清楚，但還是訓練他們聽。冀由助聽器的協助下產生聽知覺，進而能據

之學習說話，發展語言概念（Hudgins, 1954, 引自 Erber, 1982）。Ling 等（1981）曾指出除非聽障幼兒先養成聽的習慣，否則在有讀話的機會下，殘存聽力無法充分發揮。因為強調聽，所以聽覺法在進行聽覺訓練時，除了戴有效的助聽器外，不提供聽障兒童任何視覺線索，訓練人員在面對聽障兒童說話時，總是以手或其他物品遮口。1959 年 Huizing 特別強調不提供視覺線索的原則，並將訓練方法稱為 acoupedic method。贊成此一作法的尚有 Beebe（1953），Pollack（1970），Grammatico（1975），Ling（1994）等。除了隔絕視覺口語線索外，聽覺法還強調要儘早發現幼兒的聽障問題，並立即開始密集訓練。由於是及早訓練，所以嚴格要求家長（通常是母親）全程參與訓練，並接受輔導且在訓練以外的時間繼續把握不讓聽障兒童看到說話者嘴型，只讓他聽聲音的原則。因為能聽，所以較能循耳聰兒童學說話的模式發展說話能力。因此回歸耳聰世界也是聽覺法相當鼓勵與關切的。1978 年 Pollack, Ling, Beebe 等同意繼續採納聽覺法（acoupedic）的原則但另組團體，名之為聽覺口語（auditory-verbal, Pollack, 1993）。今年（民 85）五月中下旬 Ling 應邀到台北負責聽覺口語法研討會的演講，筆者曾當面請教 Ling 教授聽覺口語法與聽覺法有何差異，Ling 教授回答沒有差異。

二、輔助儀器

　　殘存聽力是單一感官策略憑藉訓練的依據，所以唯有具備足夠的輔助聽閾（配戴助聽器或接受耳蝸移入）者才適用此一方法（Ling, 1993）。Urbantschisch 的年代助聽器尚未問世，他的方法是：先讓聽障兒童裸耳聽母音，如果聽障兒童沒有反應，他則將手掌微彎成杯狀，並放在兒童耳旁，再訓練聽母音（此時音量較大）。訓練時 Urbantschisch 不太喜歡採用說話管（speaking tubes），因為他覺得說話管會影響音質。但如果音量加大後聽障兒童還是沒反應，他就使用一種具有六個音程，能調整音量，類似風琴的樂器 concertina。他讓聽障兒童連續聽樂器中近似目標母音的聲音幾分鐘。通常對語音不反應者，對該樂器所發出大的聲音幾乎都有反應。現今拜科技進步之賜，助聽器不僅外型多樣，日趨精小且方便，功效也日益增強。Goldstein 就相當支持聽覺訓練要配合使用助聽器（Osberg, 1990）。近五十年來，耳蝸移入術（cochlear implant）讓因內耳毛細胞損傷的感音性聽障者，也能藉助移入的微電極感知聲音。聽覺法強調學生的「聽」，因此非常注重助聽器的選配與佩戴或接受耳蝸移入術。根據 Ling 在本次研討會上的解說，聽障者帶上助聽器或接受耳蝸移入後的聽閾（aided threshold）達到了聽力圖語音區，才算是配戴了有效的助聽器。而佩戴有效的助聽器是聽覺法成功的必備條件。

三、訓練內容

　　隨著語言學界對語言習得的了解，聽覺訓練的教學內容大致可分兩期。Urbantschisch 的時代注重語形。他與 Goldstein 都是從音的訓練開始，逐步至分辨母音、子音及認識字、句的語音。此外還包括調整訓練者的音量（小聲至大聲，或增加與聽障兒童的距離）、減緩說話速度增強聽知覺、聽不同人（熟人或陌生人）的嗓音。同期 Munich 大學耳科學教授 Bezold 提出的訓練方式與 Urbantschisch 稍有不同，Bezold 不由音素開始訓練，而是由多音節開始，此外他還指出，聽覺訓練是不會改善聽覺的，換言之，聽覺訓練不會提昇聽障兒童之聽閾（Osberg, 1990）。1975 年 Grammatico 強調應該讓聽障兒童隨著耳聰兒童語言發展模式接受訓練。他強調聽障兒童在會話的互動中模仿

說話，糾正錯誤（Friel Patti & Lougeay Mottinger, 1985）。Pollack（1985）也支持溝通是社會行為的觀點，在日常會話中可以找到增進聽障兒童說話能力機會，主張利用自然發展的聽覺、知覺、認知、語言模式刺激以增強聽與說的能力。所以目前的訓練內容是配合兒童的年齡，並以生活化、功能化的語言為主。

四、成效

　　Urbantschisch 方法的成效如何，沒有實證性的研究，但他曾報告過一些成功的個案（Osberg, 1990; Erber, 1982）。1920 到 1930 年代美國中央聾校（Central Institute for the Deaf）創校人 Goldstein 將聽覺法介紹到美國，Hudgins（1948, 引自 Osberg, 1990）研究證實傾聽（listening）練習可以增進經由聽知覺產生的了解，同時也提昇聽障兒童的口語能力及學業發展。Goldberg 及 Flexer（1993）調查接受聽覺口語法訓練者之狀況。調查對象限於年齡在 18 歲以上，且參加聽覺口語法訓練至少三年者。在其收到的 152 份問卷（回收率 42.9％）中回答者平均接受聽覺口語法的年數是 11 年。78.5％的聽障者小學階段完全回歸，86.7％的聽障者中學階段完全回歸。略超過四分之三的回答者可以使用電話，另四分之一使用聾人電化溝通儀器（Telecommunication Devices for the Deaf）。56.1％的回答者持續參加各項不同的社區活動。60 名回答者仍在繼續大學教育，其餘 92 名中，2 名未工作，1 名在服刑，89 名在工作；工作者受僱範圍廣泛，包括各種藍領階級工作；行政助理、程式設計及分析師、祕書；及其他專業工作，如社工員、教師、工程師、教授、牙醫、耳鼻喉科醫師等。他們的薪資當然也隨職務之性質與階級而不一。這份報告提供了聽覺口語法畢業生的狀況，但以此推斷聽覺口語法的成效似乎並不充分。原因之一是回收率

不高，未回覆的原因是失連或是成效不佳不回應，都尚待研究。
雖然大部分的回答者似乎都有不錯的口語溝通能力（以能使用電
話者為據），但仍有近四分之一者需依靠其它方式，至於不成功
的原因為何，研究者沒有交待。此外從研究法的觀點，若將所謂
成功者成功的原因歸之於接受了聽覺口語法訓練，也失之簡。因
為在十幾年的成長過程中影響個體的因素甚多，聽覺口語法或是
其中之部分，但絕非全部。除了 Goldberg 及 Flexer 的研究外，
其他幾乎只有個案示範或報告。筆者曾以 ERIC 查詢有關比較聽
覺法（單一感官法）與多重感官法訓練結果之研究，但沒有任何
文獻有關於此。倒是發現在美國支持且援用此法的啟聰教育機構
多半是私立學校（例如中央聾校及 Clark 聾校即是），以筆者對
美國私立啟聰機構的了解，如果學生在校不遵守學校的溝通策
略，校方即會通知家長或要求轉校。因此在這幾所有名的口語學
校中，不太容易發現不成功的個案。因此若要具體說明聽覺法的
成效，尚待嚴謹之研究，而目前可以確定的是接受聽覺法的聽障
兒童，有成功的也有成效不佳者。

叁、多重感官策略

一、基本理念及原則

　　緣於認為聽障兒童所知覺的語音刺激不足以發展說話及語文
能力，因此思以其他感官補充不足。1920 年代 Gault（引自
Weisenberg & Percy, 1994）即提出以觸覺輔助器（tactile
aids）協助聽知覺的研究效果。Wedenberg（1951, 引自 Osberg,
1990）提出「聽覺整體法（auditory global method）」。除了

強調配戴助聽器運用殘存聽力外，鼓勵聽障兒童利用視覺與觸覺。贊成此法的除 Wedenberg 外，還有 Ewing 及 Ewing, Whtnll 與 Fry, van Uden, Simmons（以上引自 Osberg, 1990），Guberina（Doklestic, 1996c）等。整體聽覺法將所利用的觸覺與視覺（讀話）視為聽覺的輔助，而非單獨使用。觸覺可以彌補讀話之限制（唇形相同或不明顯者）。Gault（1926, 引自 Erber, 1982）曾為極重度聽障者設計一種簡單的振動觸覺器，讓他們可以感受說話及音量的大小。在訓練時 Gault 也鼓勵同時運用讀話。其後美國聽力工程公司發展出二頻道及七頻道的觸覺輔助器，讓使用者能分辨更細微的語音差異（Weisenberger & Percy, 1994）。運用觸覺輔助器的作法必須經過相當時間才會有效（Weisenberg & Percy, 1994）。

　　Guberina（1913, 引自 Doklestic, 1996c）是語調聽覺法之創始人。他發現不論聽力損失程度多少，每個聽障者都有自己能聽得到的聲音，他將之稱為適聽頻率帶（optimal field of hearing, Doklestic, 1996b）。他以濾頻器改變語音頻率，讓聽障者以適聽頻率帶聽聲音並產生聽知覺。除此之外，透過振動器，利用人體傳遞聲音（Doklestic, 1996a），經由適聽頻率帶及振動器可以讓聽障兒童產生聽知覺，並建立說話能力。Guberina 認為極重度的聽障兒童前庭功能亦有損傷（引自 Asp, 1991），所以他也強調聽障者的前庭運動。除此之外，他也指出身體動作與發音之關係，很強調說話時超音段部分（語調、音量、速度、韻律。）他認為說話能力的建立還與身體動作、緊張度有關，因此訓練時除藉助聽輔儀外，也大量運用音樂或童謠協助聽障兒童感受語音刺激，產生聽知覺或以身體動作（body motricity）修正發音。語調聽覺法亦要求長期且密集的訓練。根據 Doklestic 女士（Guberina 的學生，自 1968 年起擔任語調聽覺法訓練師至今的說法，語調聽覺法之訓練需要每天進行，至少訓練三年（聽障

兒童自三歲起接受訓練）。語調聽覺法不禁止但也不鼓勵兒童讀話，但所有的訓練都是為產生聽知覺。語調聽覺法雖然也是讓聽障兒童從小接受訓練，但並不要求家長陪同訓練，當然也就不在意家長是否繼續使用學校的策略。不過 Craig, Douglas, 和 Burke（1979, 引自 Asp, 1991）強調語調聽覺方案必須仔細的組織且經常檢討修正才能成功。

二、輔助儀器

多重感官需要用的輔助儀器除助聽器外還有觸覺輔助器（tactaid）。目前二頻道觸覺輔助器（tactaid Ⅱ）有一個頻道允許 100 至 1800 赫聲音通過，另一個頻道是允許 1500 至 10000 赫聲音通過。七頻道觸覺輔助器（tactaid VⅡ）有有七個頻道分別允許 200 至 400 赫、400 至 500 赫、500 至 700 赫、700 至 1200 赫、1200 至 1600 赫、1600 至 3000 赫、3000 至 7000 赫的聲音通過。

語調聽覺法則需要用聽輔儀（System Universal Verbal-tonal Audition Guberina，簡稱 SUVAG）。用於聽障者的聽輔儀有 SUVAG Ⅰ、SUVAG Ⅱ、及迷你 SUVAG 助聽器。SUVAG Ⅰ是團體訓練用，頻率範圍由 .5 赫至 20,000 赫，低頻率通過（low pass）的有 600，1000，2000 及 3000 赫。SUAGE Ⅱ是個別訓練用，頻率範圍及低頻率通過範圍與 SUVAG Ⅰ相同，但比 SUVAG Ⅰ多了高頻率通過（high pass）及高峰頻率（peaking）及頻率帶通過（bandpass）。迷你 SUVAG 助聽器是個人配戴用，有強大之擴音與振動器。語調聽覺法所依憑的是語調聽覺聽力測驗結果。這是以疊詞（logotomes）為刺激音的檢查（一般是以純音為刺激音）。疊詞共有九對，分別：／bru bru／頻率範圍：50-100 赫、／mu

mu／頻率範圍：75-150 赫、／bu bu／頻率範圍：150-300 赫、
／vo vo／頻率範圍：300-600 赫、／la la／頻率範圍：
600-1000 赫、／ke ke／頻率範圍：1200-2400 赫、／shi shi／
頻率範圍：2400-4800 赫、／ti ti／頻率範圍：4800-9600 赫、／
si si／頻率範圍：6400-12800 赫。這些疊詞先以錄音方式製成錄
音帶，施測時以播放錄音帶為之。訓練師根據語調聽覺聽力檢查
結果為聽障者選擇適聽頻率帶，配戴助聽器（非市售者）並由之
開始訓練，並逐步擴及語音頻率帶（此時可用市售助聽器）。

三、訓練內容

　　雖然聽覺整體法主張運用聽、視、觸覺。但其教學內容亦隨
與語言學界之研究趨勢，早期注重分析法，由訓練聽音節開始，
進而字、句；再至段落等。後期則注重整體法及語用，由常用之
短句開始訓練。讀話訓練亦是如此（Silveman & Kricos,
1990）。觸覺輔助器的運用則是用以分辨不易以讀話理解的字彙
（Weisenberger & Percy, 1994）。語調聽覺法的教學內容由
語調聽力檢查、音調測驗開始。並配合前庭運動（例如：跳繩、
跳橡皮筋、跳房子）、身體動作。訓練內容亦先由音調開始，充
分運用童謠與實際情境。也是強調語用的作法。

四、成效

　　利用觸覺輔助器協助語音接受方面之成效方面大致可分為單
一頻率者與多重頻率者。根據 Proctor 與 Goldstein（1983）、
Geers（1986）所作之個案研究指出，合併使用單一頻率觸覺輔
助器之重度聽障者在字彙習得方面有利。Berstein 等（1991）、
Brooks 等（1986a, 1986b）、及 Weisenberg 等（1989, 1991）

之研究報告分別指出合併使用多頻率觸覺輔助器能增進聽障者學習單字、認識句子之能力。不過這些研究都是在實驗室中進行的。而實驗室內條件甚為理想（例如環境噪音少、施測者即平日訓練者），如果情境改變（環境噪音大、聽障者與說話者不熟悉）時實驗結果是否依舊如此，尚待證明。

　　自 1969 年以來陸續有研究報告指出（引自 Asp, 1991）使用語調聽覺法可以增進聽障者的口語溝通能力，接受訓練較久的學前聽障兒童更能與其耳聰同儕自由交談。許多研究報告以接受過語調聽覺法後回歸主流的學生比率作為成果之依據，Asp（1991）的報告指出在 Zagreb SUVAG 中心的回歸率是 75%～90%，在比利時的回歸率是 99%，在巴黎的回歸率是 57%。在美國的回歸率是 53%～71%。研究報告也說明自二至三歲就開始接受語調聽覺法者會有最好的效果。

　　Woodfin（1971）及 Duncan（1976）（均引自 Asp, 1991）分別比較接受語調聽覺法與口語法或綜合溝通法之聽障者之口語能力。結果發現學語調聽覺法者有較好的聽取能力、說話技巧（構音）、及朗讀能力。Asp（1990）比較 11 名 14 至 18 歲接受語調聽覺法的學生、100 名中央聾校接受口語訓練的學生、及130 名哥老得大學接受綜合溝通訓練學生的說話能力、語音知覺、字彙、閱讀理解、文化／語文能力、利用助聽器的情形。三組學生的智商沒有顯著差異。比較結果發現語調聽覺法組在說話能力、語音知覺、語文能力、及利用助聽器方面表現較其他兩組為佳。其他的項目則否。Asp 認為語調聽覺組表現較好歸因是每天密集的訓練、利用聽輔儀及語音過濾器、早期配戴助聽器、早期介入與及早回歸。

　　林寶貴等（民 84）以實驗法探討語調聽覺法對學前聽障幼兒口語教學之效果。實驗對象共八名學生。以配對方式將之分為實驗組與控制組（每組四名）。實驗組接受語調聽覺法訓練，控

制組接受一般口語法教學。實驗共 495 小時。研究者以畢保德圖
畫詞彙測驗、學前兒童語言障礙評量表、及聽覺能力測驗為評量
工具比較兩組兒童在聽覺能力、說話清晰度、語言發展能力方面
之差異。結果發現在環境音聽辨方面，雖然兩組學生都有明顯之
進步，但控制組的表現顯著優於實驗組。語音辨識、童謠辨識、
字詞辨識、句子理解等項目兩組兒童沒有明顯差異。超音段辨識
方面，雖然兩組兒童均有明顯之進步，但實驗組的表現顯著優於
控制組。說話清晰度方面，構音、聲音與聲調之表現兩組兒童均
有明顯之進步，但兩組之間沒有明顯差異。語調及語暢方面兩組
均無明顯進步，組間亦無顯著差異。語言理解能力與語言發展能
力方面也是兩組兒童有明顯之進步，但兩組之間沒有明顯差異。
口語表達方面兩組兒童間表現沒有明顯差異，唯實驗組兒童之進
步明顯。這是國內第一篇有關語調聽覺法實證性研究。但是研究
結果卻與國外報告有異。不過究其原委，除了受試人數太少、實
驗期限太短（至少應進行三年）且不夠密集外，研究者沒有先作
語調聽覺聽力檢查，找出每位聽障兒童的適聽頻率，選配助聽器
並由之開始訓練，及個別訓練時沒有採用 SUVAG Ⅱ儀器等因
素可能也是未能顯現實驗效果之因素。語調聽覺法是否優於其他
口語法，還需要審慎評估。

肆、相關課題

　　由上所述，大略可知兩大類聽覺訓練之緣起、基本原則、必
備條件、及成效，為了方便聽障家長、啟聰老師、及聽語治療師
作選擇策略之決定，筆者將先說明該如何選擇聽能訓練策略。再
就目前台灣之情況說明國內有關聽覺訓練之課題。企盼同道間共
同努力，提昇國內聽能訓練之成效。

一、如何選擇適當之策略

　　兩類策略均有成功者，亦有不成功者，關鍵在於是否能滿足其先備條件。此外兩類策略所呈現的實驗成果多屬個案報告，再則就是回歸主流之學生比率。個案報告當然是以成功者為主，不過由於報告中都沒有提及中途退出兒童之比率及退出之原因，似乎不能讓讀者全面了解該策略之成效。以回歸主流學生比率為成效指標者，似乎也失之過簡。因為報告中並沒有進一步說明學生回歸主流後的適應情形如何。Asp（1990）、Duncan（1976）、及 Woodfin（1971）所進行與其他溝通策略之比較研究，各組受試之人數懸殊，控制組所提受訓練之界定不明確，而所得之結果亦非全面性優於其他策略。而至今亦還沒有研究比較語調聽覺法與聽覺口語法之成效者。基於這些事實，我們可以確定的是兩類策略都能達成聽覺訓練之目的，但卻非唯一策略，亦非適合所有聽障者。因此筆者建議啟聰教師及聽語治療師必須非常清楚各項策略，再與家長共同為聽障兒童選擇聽覺訓練策略時，應讓家長明白各類策略之必備條件，再依兒童（尤其是戴上助聽器後之聽閾）及其家庭（父母可能之配合程度）之狀況作決定，千萬不能只看訓練結果就冒然或茫然決定。這樣很容易出現訓練效果不佳之現象，導至教師或聽語治療師、家長及聽障兒童對聽覺訓練產生挫敗感。

二、需要合適有效的助聽器

　　聽覺口語法要求聽障兒童帶上助聽器或接受耳蝸移入後的聽閾達到了聽力圖語音區，才算是配戴了有效的助聽器。以美國為例，選配助聽器需經過聽力檢查師，並至少接受純音聽力檢查、

語音聽力檢查、適聽範圍（dynamic range）等。聽力檢查師根據這些結果為聽障者選擇合適的助聽器並進行耳模採樣。初戴之後，還要作真耳測試（real ear measurement），如果測驗結果與配戴者之聽覺反應符合聽力檢查師的建議且配戴者也滿意，此時所配戴的助聽器對該個案而言才算是合適的助聽器。根據陳小娟（民 82）針對 485 名國中聽障學生及 983 名國小聽障學生所作的調查發現：七成以上學生的助聽器都是由助聽器銷售商負責選配，由國內聽語人力資源現況（吳成方等，民 83）與國內聽語師之證照制度而言，銷售商是否等於聽力檢查師尚待調查。陳小娟的研究同時指出擁有個人式耳膜的學生人次約為 83%。僅約 25% 的學生經常戴或全天戴助聽器。家長、學生、及教師均不太了解助聽器之相關問題，而在助聽器維修方面的表現也並不令人滿意。由此可知聽障學生所配戴的助聽器是否合適、有效性令人起疑（Ling 在（民 85）五月份的研討會中曾說國內之助聽器配置不當，不過有關這點國內聽力檢查師並不認同），而每日配戴與定期維修情形也不盡理想。助聽器在聽覺訓練中的重要性毋庸置疑，由此更可推知國內聽覺訓練的成效不會令人滿意，而成效不彰的因素之一應該是缺乏周延的助聽器選配程序。當務之急是需要建立一套合理的助聽器選配流程，中華民國聽語學會對此應是責無旁貸。選擇語調聽覺法者應選配該策略所需之助聽器（尤其是剛接受訓練者），否則將無法獲得該策略之效果。

三、聽覺訓練需要及早開始並長期進行

　　幾乎所有的聽覺訓練策略都要求及早開始並密集訓練。檢討國內現況，早期發現與介入都還是困難重重。早期發現方面：新生兒及學前兒童聽力檢查尚未正式實施（目前只有小規模的先驅試驗），學齡階段的檢查亦過於簡略。因此早期發現大部分是由

父母發覺的。如果是中度以下的聽力損失，被發現的時間往往會更晚，甚至有因為聽不清楚，語言發展遲緩，而被誤判為智障之情形。早期介入方面，由於學前特殊教育尚未納入義務教育範圍，現有之訓練機構公立者收納名額有限，私立者收納名額雖多，但訓練經費不貲，若家庭經濟情況不佳，可能就無法負擔。因此現況對於掌握關鍵期發展聽障兒童聽與說的能力是相當不利的。針對這點，筆者呼籲醫界與衛生行政單位早日實施新生兒聽力檢查制度。內政部與教育部早日完成學前免費教育之措施。

目前對於沒有機會接受學前教育的聽障兒童而言，聽覺訓練是由小學開始。根據現行啟聰學校（班）課程綱要之規定，聽覺訓練是含在溝通訓練之內（尚有說話訓練及筆談）。而訓練時間：國小一至三年級每週 200 分鐘；四年級每週 120 分鐘；五至六年級每週 80 分鐘。國中一至三年級每週一節課。由國小至國中訓練時間漸減是符合特教課程設計原則，但對國小低年級兒童而言每天 20 至 30 分鐘的聽覺訓練是不夠的。上述任何訓練策略幾乎都要求每天至少半天的訓練，且強調長期進行。所以課程綱要所規定的聽覺訓練時間應增加，此外各級啟聰教師也應儘量把握聽覺訓練原則，儘量讓聽障學生養成聽的習慣。

四、提供聽障學生有利的聽取環境

感覺神經性聽障者比耳聰者更不能忍受噪音，因此若要讓其養成聽的習慣，必須提供聽障者有利的聽取環境。一般聽覺訓練室的條件可能比較理想，但是聽障者必須生活在現實的環境中，因此教師、家長需要了解如何避免噪音，提供聽障學生有利的聽取條件。噪音來源可分為室內與室外的。街道噪音較難控制，學校可以選擇離街較遠的教室供聽障生使用，或在經費允許情況下增添隔音設備。另外則是教導學生隨環境噪音調整助聽器的音

量。室內方面，教師儘量配戴無線發射器（與學生助聽器合併使用），教導學生在走動或移動桌椅及其他設備時儘量小聲。室內的朗讀聲對隔壁班的聽障生而言即是噪音，應儘量避免。除此之外，教師與聽障學生說話的距離不宜太遠。家長在家中也可照此原則進行。

五、加強啟聰教師聽覺訓練專業知能

聽覺訓練的成效除了事關上述諸因素外，負責訓練的啟聰教師也是關鍵之一。民國八十四年台北市教育局委台灣師大特教中心辦理聽覺訓練研習班，筆者負責規劃及擔任部分課程。參與研習的是北市國中小學啟聰班（校）之教師，國中階段 13 名，國小階段 43 名。筆者調查老師們對聽覺訓練的態度時發現，90% 的老師都認為「聽」對聽障學生是重要的，也都會提醒學生戴助聽器，注意講課的音量與速度。不過在與老師們討論到教材設計時，則發現教師們會有混淆聽覺訓練或其他科目之情形。一般而言，年齡越小的學生各項學習越有統整性，不易分割。所以學前班所有的活動幾乎都可以和聽覺訓練同時進行，教師只要掌握所使用策略的原則即可（同一機構應採行一致的策略）。年齡（級）越大時，教師應區別教學的目標是課程內容還是聽覺訓練。如果目標是課程內容，老師關心的應是學生懂了嗎，如果目標是聽覺訓練，教材的選擇應是學生已經了解的，課程的內容在於訓練學生能「聽懂」這些教材。筆者建議啟聰教育界的教師們不妨定期舉行聽覺訓練教學研討會，共同分享、切磋聽覺訓練之技能，提昇聽覺訓練的成效。

伍、結語

　　能讓聽障者聽得見，聽得清楚，一直是啟聰教育界、耳科醫師、聽語治療師、及助聽器研發者的美夢。過去科技不夠發達，關心聽障者雖然擁有美夢，盡力施行聽覺訓練，卻難以實現。今日科學昌明，助聽器越來越精良，耳蝸移入術日有更新，聽覺訓練的結果也越來越令人興奮，相信只要關心聽障者的各界、聽障者之家長、聽障者共同努力，攜手合作，聽覺訓練的美夢一定可以成真。

參考文獻

台北市立師院（民 85 ）：**聽覺障礙幼兒早期療育研討會手冊**。

吳成方等（民 83 ）：台灣地區語言治療人員生產力與供需之分析研究。**聽語會刊，10**，2-19。

林寶貴等（民 84 ）：**語調聽覺法對聽障學生口語教學效果之研究**。教育部社教司。

陳小娟（民 82 ）：國中小學聽障學生個人助聽器之使用、知能與維護。**特殊教育與復健學報，3**, 1-38。

Asp, C. W. (1990). *Verbaltonal Method integrated into hearing services of Knox County School system.* Poster session at the 1990 Convention of the A. G. Bell Association for the Deaf, Washington, DC, July 24-28, 1990.

Asp, C. W. (1991). *Verbal tonal handbook* (3rd ed.) Knoxville, TN: University of Tennessee.

Bernstein, L. E., Demorest, M. E., Coulter, D. C., & O'Connell, M. P. (1991). Speech reading sentences with vibrotactile vocoders: Performance of normal hearing and hearing-impaired subjects. *Journal of the Acoustical Society of America, 90*, 2971-2984.

Brooks, P. L., Frost, B. J., Mason, J. L., & Gibson, D. M. (1986a). Continuing evaluation of the Queen's University tactile vocoder Ⅰ: Identification of open-set words. *Journal of Rehabilitation Reserach and Development, 23*, 119-128.

Brooks, P. L., Frost, B. J., Mason, J. L., & Gibson, D. M. (1986b). Continuing evaluation of the Queen's University tactile vocoder Ⅱ: Identification of open-set sentence and tracking narrative. *Journal of Rehabilitation Reserach and Development, 23*, 129-138.

Doklestic, O. (1996a). *Body's transmission.* 聽覺障礙幼兒早期療育研討會資料。

Doklestic, O. (1996b). *The optimal field of hearing.* 聽覺障礙幼兒早期療育研討會資料。

Erber, N. P. (1982). *Auditory training.* Washington, DC: Alexander Graham Bell Association for the Deaf.

Friel-Patti, S., & Lougeay-Mottinger, J. (1985). Preschool language intervention: Some key concerns. *Topics in Language Disorders, 5,* 46-53.

Geers, A. E. (1986). Vibrotactile stimulation: Case study with a profoundly deaf child. *Journal of Rehabilitation Reserach and Development, 23,* 111-117.

Goldberg, D. M., & Flexer, C.(1993). Outcomes survey of auditory-verbal graduates: Study of clinical efficacy. *Journal of Academic Audiology, 4,* 189-200.

Grammatico, L. F. (1975). The development of listening skills. *The Volta Review, 77,* 303-308.

Huizing, C. V. (1954). Auditory training: Its possibilities and limitations. *The Volta Review, 56,* 339-349.

Lewis, D. E. (1995). FM systems: A good idea that keeps getting better. *The Volta Review, 97*(3), 183-196.

Ling, D. (1994). Auditory-verbal options for children with hearing impairment: Helping to pioneer an applied science. *The Volta Review, 95*(3), 187-196.

Ling, D. et al. (1981). *The development of speech in hearing-impaired children*. In F. Bess et al. (Eds.), Amplification in education. Washington, DC: Alexander Graham Bell Association for the Deaf.

Osberg, M. J. (1990). Audition. *The Volta Review, 92* (4), 34-53.

Pollack, D. (1985). *Education audiology for the limited hearing infant and preschooler* (2nd ed.). Springfield, IL: Charles C. Thomas.

Pollack, D. (1993). Reflections of a pioneer. *The Volta Review, 95* (3),197-204.

Proctor, A., & Goldstein, M. H. Jr. (1983). Development of lexical comprehension in a profoundly deaf child using a wearble, vibrotactile communication aid. *Language, Speech and Hearing Services in Schools, 14,* 138-149.

Shildroth, A. N., & Hotto, S. A. (1996). Changes in student and program characteristics, 1984-1984 and 1994 1995. *American Annals of the Deaf, 141* (2), 68-71.

Silverman, S. R., & Kricos, P. B. (1990). Speechreading. *The Volta Review, 92,* (4), 22-32.

Weisenberger, J. M., & Russell, A. F. (1989). Comparison of two single-channel vibro-tactile aids for the hearingimpaired. *Journal of Speech and Hearing Research, 32,* 83-92.

Weisenberger, J. M., Craig J. C., & Abbott, G. D. (1991). Evaluation of a principal-components tactile aid for the hearing-impaired. *Journal of the Acousticl Society of America, 90,* 1944-1957.

Weisenberger, J. M., & Percy, M. E. (1994). Use for the Tactaid Ⅱ and Tactaid VⅡ with children. *The Volta Review, 96* (5), 41-57.

聽覺障礙兒童之聽能訓練⑴ ──提供良好的聽覺發展環境

◆蘇芳柳◆

壹、聽能訓練定義與目的

　　聽障者由於聽覺障礙發生的部位、原因不同，而導致聽力損失程度上的差異，但他們並非對聲音全無反應。大多數都有殘存聽力，而且配戴助聽器都有幫助（Ling, 1976; Luetke Stahlman & Luckner, 1991; Webster & Wood, 1989）。因此教師或語言治療師的工作之一，應是提供有效的聽能訓練課程，讓他們能活用殘存聽力以吸取知識經驗，進而協助其語言發展，改進語調、發音、說話、讀寫、及讀話等能力，使聽障者能有效溝通（黃德業，民 66）。Van Tasell（1981）指出：①不管聽障兒童之聽力損失程度為何，也不管他以何種溝通方式做為主要溝通管道，或是補充視知覺之不足；②適當地使用助聽器是聽能訓練的基礎。

　　廣義的聽能訓練（或稱聽能建立，aural habilitation），是指為聽障兒童儘可能地重建（reproduce）一般兒童學習聽、說的情境的過程（Whetnall ＆ Fry, 1971; 引自 Bunch, 1987;

Van Tasell 1981）。也就是說要提供一個充滿有意義聲音的環境，使其能像一般兒童經由「聽─說」的過程，學習對聲音的認知。一般兒童自出生後聽取家人及周遭環境的聲音，要持續聽一年左右，才能逐漸由仿說單字詞發展出語言。聽障兒童在配戴適當的助聽器後，也必須經過類似的過程，才能發展出聽覺技能，而逐漸學習說話。且由於其障礙，這段過程往往要比其他兒童更久。狹義的聽能訓練（auditory training），是指聽覺技能（auditory skills）之訓練。何華國（民78）、林寶山（民81）、與林寶貴（民75）指聽能訓練乃在指導學生運用其殘存聽力，以分辨環境中所存在的多種聲音，均是指此。

　　Luetke Stahlman 和 Luckner（1991）指出選擇聽能訓練的刺激時，盡量不要環境聲音多過語言，因為訓練非語音之區辨對語言區辨無效益可言（Ling, 1976; Luetke-Stahlman & Luckner, 1991; Van Tasell, 1981）。不過，聽障者仍需對環境聲響有所反應，因此應讓聽障者在有意義的情境下，對周遭的聲音做回應。此外，聽能訓練應視為整體語言發展活動中的一環，訓練內容與其語言訓練內容相結合，而非單獨呈現的教學活動，才能增進對語言的認知與理解。

貳、聽能訓練的內容

　　Bunch（1987）指出，聽能訓練應包括以下六個部分，才能真正營造出類似一般人學習語言的情境：

- 早期發現、早期訓練。
- 提供適當且持續的聽覺處理。
- 提供良好的聽覺環境。
- 提供自然的聽覺經驗。

- 聽覺技能的訓練。
- 教師與家長的知識與態度。

這六個部分，除了第五項是實際的教學訓練內容之外，其他均是提供聽障者適當的聽覺發展環境，以幫助他們發展聽覺技能。若沒這些環境因素的配合，即使老師在課堂上提供聽覺技能的訓練，也無法奢求聽障者的殘存聽力有良好的發展。因此，本文擬就這五個環境因素加以詳細說明。

一、早期發現、早期訓練

語言發展是與認知、情緒、及社會發展分不開的。語言發展若受到阻礙，則後三者必受相當之影響（林寶貴，民 74c，民 75；洪清一，民 79）。而語言發展必須具備健全的構音器官、完整的聽覺系統、及成熟的大腦，才能學習語言（徐道昌、吳香梅、鍾玉梅，民 73）。新生嬰兒由於大腦機轉尚未成熟，而且口腔小、舌頭太大、佔據整個口腔，只能發出呀呀、咕嚕聲。一直到十至十八個月大時，幼兒才逐漸掌憑著過去經驗，以及發育較完全的大腦理解力和記憶力，產生一些有意義的語言。如果家長在此時期提供良好的學習環境，培養其學習動機，給予正確的語言模式供其模仿，並給予適當指導，必可促進兒童之語言發展。

數月大嬰兒若有聽覺障礙，仍可能會發出呢喃咕嚕聲，那是他自己在玩弄發音器官，或是表達自我之情緒。但因無聽覺回饋（即聽不到自己所發出的聲音），會逐漸喪失發聲的興趣而不再出聲。家長若能及早發現，適時提供刺激以補償他所缺少的聽覺回饋，對他以後的語言發展有無比的幫助。根據林寶貴（民 74b）與 Stoel-Gammon 和 Otomo 在 1986 年的報告（引自 Bunch　1987）指出：聽障兒童若很早就配戴助聽器、開始做

聽能訓練，則其語言之發展可較接近正常。黃德業（民77）對聽障嬰幼兒的輔導也有很好的成效。Koegel 和 Felsenfeld 在1977年則提出：沒有儘早給予有系統的聽覺刺激，會導致聽覺神經的退化。因此早期發現、並給予適當訓練，消極方面可防止障礙程度惡化，或減輕其影響力（許澤銘，民71）；積極方面將有助於聽障兒童各方面的發展，而不僅限於語言而已。

國內許多聽障兒童家長未能及早發現自己子女的問題，或誤以為子女將如王陽明一般長大了才會說話，或是不了解早期教育的重要性，往往坐失學習語言的大好契機，殊為可惜。

二、提供適當且持續的聽覺處理

一旦發現兒童有聽覺障礙，就要立即提供適當且持續的聽覺處理。聽覺處理係指配戴適合的助聽器、正確地使用它、及妥善照顧等，其目的是使殘存聽力得以盡量發展，藉由聽覺來改善語言理解（Van Tasell 1981）。對於聽障者的聽能訓練或整體語言發展而言，選配恰當的助聽器是首要工作（何華國，民78）。若是配置不當，無法協助聽障者發展其聽覺技能，甚至可能損害原有之殘存聽力，影響不可謂不大。

㈠選配

選配助聽器有如配眼鏡一般，須經醫生診斷，再按各人聽力損失類型及程度而選擇不同的機種，並按聽力圖上各個頻率的聽力損失情形，做機器內部的微調，方能符合各個聽障者之不同聽力需要。

戴助聽器，最好雙耳都配戴，其效果比只戴單耳好（洪清一，民79; Ling 1976）。因人耳分別位於頭部兩側，用雙耳偵測聲音，可獲立體效果；而且同時開啟兩部機器，音量可稍微關

小些，配戴者會覺得較舒服。此外，由於聽覺刺激均勻地刺激左右大腦，可促進大腦正常發展（Bunch　1987）。

㈡使用

使用助聽器時，應了解機器前方一公尺左右之內為最佳收音距離，不要超過兩公尺（Webster　＆ Wood 1989），因此家長或老師和聽障學生說話時不要相距太遠。另外要盡量在安靜的場合，才不致於讓噪音干擾語音的聽取。因為助聽器乃是一部擴音機，會將接收到的聲音一律放大。語音放大了，相對的噪音也是如此。所以如果周遭環境太吵，透過助聽器放大將更形惡化，如此一來不但對語音的聽取沒有實質上的幫助，反而使得聽障者覺得太吵，甚至不舒服，因而影響他們配戴助聽器的意願。為了提供聽障兒童豐富的聽覺刺激，在他養成配戴助聽器的習慣後，要盡量整天戴著，洗澡和睡覺時才拿下來，使他接收到聽覺刺激的量與質接近常人。

㈢保養與檢查

關於助聽器的妥善照顧，要做到定期保養，至少一年一次；平時要注意防潮，不要摔撞。教師或家長必須定期檢查助聽器，最好每天一次，以確定其功能是否正常運作。筆者綜合 Beebe, Pearson 和 Koch（1984）、Bunch（1987）、以及 Webster 與 Wood（1989）助聽器檢查的步驟如下：

1. 檢查耳機機線、接頭處，和機器零件有無斷裂、鬆脫、污損。清除耳模上之耳垢油污。

2. 檢查音量開關，看看使用者音量開到多大。

3. 測試電池之剩餘電量。最好在臨睡前或放學時測，以避免因隔了一夜使電力有些微回復而誤判。

4. 裝上電池，戴上耳模（或測試機器用之耳塞）。

5. 機器打開至 M 處（即打開麥克風），調整至適當音量，然後對著麥克風說「ㄨ、ㄚ、一、ㄒㄩ、ㄙ、ㄇ」六音。

6. 邊說邊調整音量旋鈕，能聽是否有斷音或扭曲音出現。

7. 輕搖助聽器，聽聽有無奇怪的噪音或斷音。

8. 若有高頻率漏音（音響性回饋現象）之問題，先檢查有無耳垢塞住耳膜或耳膜管。若兩者皆無問題，則堵住耳膜上的小孔，將耳膜移近麥克風，再將機器音量開到最大聲。此時若無漏音，則可能是耳模的問題。若聲音仍持續出現，則是機器別的部位發生問題。

9. 有任何問題則送廠修理。

確定助聽器沒有問題之後，可用 Ling（1986）的五音聽覺測量量法（現已擴充為六音）協助教師了解助聽器的性能。此法也可評量聽能訓練的成效，以了解學生對聲音之反應有無增進。其步驟如下：

1. 學生聽到ㄨ、ㄚ、一、ㄒㄩ、ㄙ、ㄇ六音其中之一即舉手。

2. 教師將學生的助聽器音量調低，並站在學生後面或身側。

3. 教師說出ㄨ、ㄚ、一、ㄒㄩ、ㄙ、ㄇ六音，並逐漸調高助聽器音量（大一點的學生可自行調整）。

4. 當學生表示六音皆已聽到（或已達學生聽力極限）時，此時即為該生之察覺程度。助聽器音量不得小於此點。

5. 教師以相同音量說出六音，但距離逐漸拉遠，以了解學生單靠聽覺可聽取的距離。

教師與家長必須留意上述之保養與功能維護事宜，使助聽器之效能得以發揮，如此聽障兒童才願意持續配戴，殘存聽力也才能充分利用。林和惠（民 74）發現許多家長和大部分教師都不了解這些問題。Gaeth 和 Lounsburg 在 1966 年的調查，發現有相當高比例的學生所戴的助聽器有缺損；Musket 在 1981 年的

研究指出將近 50% 的助聽器功能不良。而 Zink 在 1972 年的調查發現有 27% 的新助聽器和 58% 剛修理好的助聽器並未能如其說明書所示般運作（ Bunch, 1987 ）。這些調查數據值得教師和家長引以為鑑。

　　三十年來助聽器工學的進步，使得使用助聽器的聽障者對語言的知覺與運用有長足的進步。然而並非戴上合適的助聽器後就能聽到聲音而學會說話，而是必須配合聽能訓練，使聽障者聽到有意義的、適合的口語，並且教育工作者要給予家人足夠的訊息與支持，讓他們在家中協助聽障兒童聽取聲音，如此助聽器的功能才能發揮到極點。

三、提供良好的聽覺環境

　　前面已提過助聽器在安靜場所才能發揮良好功效，根據 Finitzo-Hieber 和 Tilman 在 1978 年的研究（ Berg, 1987 ），和 Davis 及 Hardick（ 1981 ），要使聽障者透過助聽器能有效地聽取聲音的話，這聲音要比噪音大上 12dB～15dB 才行（ 即 S/N 比要大於＋12dB～15dB ），最好是 20dB。若 S/N 比小於＋10dB 以下，則聽障兒童也許寧可依靠視覺而不願戴助聽器。因此教室和家中最好能用吸音板、隔音磚、雙層玻璃、雙層窗簾、地毯等減少噪音的干擾，並減低冷暖氣設備之噪音。教室中也可使用無線電的團體助聽器，也能減少一些噪音（ Berg, 1987 ）。

　　但鑑於目前噪音污染情形嚴重，且聽障學生回歸主流在普通班和啟聰班學習的情形愈來愈普遍，因此也有必要訓練聽障兒童在較嘈雜的環境中聽取聲音，或配合讀話以理解他人所說的話。早在 1954 年 Sumby 和 Pollack（ 引自 Summerfield, 1987 ）便經研究證實：在嘈雜環境中，即使聽力正常者也可藉著讀話的輔助而理解對方的話語。另外，欲訓練聽障兒童將有意義的聲音自背

景噪音分離出來，要先訓練他們在安靜狀態下聽辨聲音，然後再將這些聲音加上寬頻噪音，讓他們練習聽辨。或者就直接在吵鬧中教導他們聽取有意義的聲音。

四、提供自然的聽覺經驗

聽覺經驗要在有意義的情況下獲得，才會發展出言語的知覺（Luetke-Stahlman & Luckner, 1991）。因此教師和家長要經由有意義的聽覺情境，吸引聽障兒童注意聽覺訊息，而且所提供的口語經驗要適合兒童的興趣與年齡，因此最佳方法便是在輕鬆的氣氛下從遊戲中學習（林寶貴，民 81；黃德業，民 66）。藉著親子間的互動，及家長主動積極地提供聲音或語言刺激，並鼓勵孩子回應，才是最有效的學習方法（Berg, 1987; Luetke-Stahl-man & Luckner, 1991）。家長並可培養聽障兒童之兄弟姊妹為助手，協助家長提供豐富的語言刺激（任佩佩，民 80）。經由不斷地提供語言刺激，才能發展良好的口語能力（Webster & Wood, 1989）。一般兒童都要由「聽」來學「說」，聽障者也如此。若不提供他們豐富而有意義的語言訊息，戴上再好的助聽器也是枉然。

五、教師與家長的知識與態度

要聽障者發展出較良好的口語能力（或僅限於本文所談的聽覺功能），必須靠教師和家長對聽障兒童有正向、樂觀、及適切的期待。教師本身要具備充足的知識經驗，再透過各種親職教育實施的方式，提供諮詢與輔導（Ling, 1984），使家長充分了解自身應扮演的角色，在家中配合指導兒童。在雙方合作的情形下，聽能訓練才可能收到最大成效（任佩佩，民 80；何華國，

民 78；林寶貴，民 74a，民 75；洪清一，民 79；黃德業，民 73；蔡瑞美，民 73；Bunch, 1987; Luetke-Stahlman & Luckner, 1991; Palmer & Yantis, 1990; Webster & Wood, 1989）。前面所提一至四項的內容，都是要家長投注心力才會有所成的，這也是親職教育所必須努力的方向。

　　許多家長以為聽障兒童戴上助聽器之後，就「應該」聽得到聲音並學會說話，而不知道、也不懂得如何提供前述的聽覺經驗給子女。此外，國內有相當多聽障兒童的家長社經地位不高（曹秀美，民 79），平時為家庭生計奔波辛勞，常無法顧及教導其聽障子女之職責。因此，如何使他們體會到配合教師教育其子女之需要、和錯過關鍵期後將來學習不易的事實，並能提供他們在家指導的方法，就是教師的重要責任。

叁、結語：聽能訓練成功的因素

　　對於聽障學生來說，要想讓他們的殘存聽力發揮最大的功能，是必須經過長時期的訓練與支持，而非一蹴可幾的。Bunch（1987）總結許多人對於聽能訓練的看法，提出七項使聽障者聽能訓練成功的因素：包括早期發現、早期鑑定出聽覺障礙；接受良好的聽覺處理；教師必須接受良好的訓練；家長必須提供充分的支持與配合；殘存聽力；智力；及經常且持續地實施聽能訓練。也就是說，家長要非常關切其子女的發展，一旦發現聽障後，立即給予適當的聽覺處理；並與教師或語言治療師配合，提供充分的聽覺刺激，讓聽障兒童的殘存聽力得以發展到極致。因此，配戴助聽器—只不過是個開始罷了！

　　另外，根據研究（見 Bunch, 1987），將聽能訓練與語言表達訓練統合起來，對聽障生的聽覺區辨與語言表達所產生的效

果，遠比單獨進行聽能訓練或語言訓練的效果要好得多。因為那是較自然的學習過程。Erber（1982）也指出：聽能訓練不能脫離語言而單獨存在，而是應與日常溝通、遊戲、學習統合在一起。因此儘管本文只提到聽能訓練，實際運作時仍需與其他特殊課程相結合，才能讓聽障兒童在有意義又有效的情境下學習。

參考文獻

任佩佩（民 80）：談聽障兒童早期介入措施。載自中華民國特殊教育學會（編），**特殊教育的新境界**（53-63 頁）。台北：中華民國特殊教育學會。

何華國（民 78）：**特殊兒童心理教育**（四版）。台北：五南。

林和惠（民 74）：如何維護聽障學童的助聽器。**特殊教育季刊，17 期**，44-45 頁。

林寶山（民 81）：**特殊教育導論**。台北：五南。

林寶貴（民 74a）：學前聽障兒童親職教育輔導。**特殊教育季刊，15 期**，14-19 頁。

林寶貴（民 74b）：學前聽障兒童親職教育輔導。**國小特殊教育，5 期**，1-6 頁。

林寶貴（民 74c）：聽覺障礙兒童語言障礙與構音能力之研究。**特殊教育學刊，1 期**，141-164 頁。

林寶貴（編）（民 75）：**特殊兒童心理與教育新論**（再版。台北：五南。

林寶貴（編）（民 81）：**特殊兒童溝通訓練教材教法**。台北：台北市政府教育局。

洪清一（民 79）：發展聽覺功能之策略。載自中華民國特殊教育學會（編），**聽覺障礙者之教育與福祉**（359-371 頁）。台北：中華民國特殊教育學會。

徐道昌、吳香梅、鍾玉梅（民 73）：**語言治療學**（再版）。台北：大學圖書。

曹秀美（民 79）：**國小聽障學生與普通學生句型理解能力之比較研究**。國立台灣師範大學特殊教育研究所碩士論文。

許澤銘（民 71）：簡介西德殘障嬰幼兒早期發現與早期療育制
　　度。載自中華民國特殊教育學會（編），**特殊教育的發展**
　　（246-252 頁）。台北：國立台灣師範大學特殊教育中心。

黃德業（民 66）：**聾童教育教材與教法之研究**（幼稚部）（再
　　版）。台北：國際文化。

黃德業（民 73）：聽障嬰兒父母的輔導。**特殊教育季刊，14**
　　期，10-13 頁。

黃德業（民 77）：聽障嬰幼兒語言輔導之研究㈡。**特殊教育研**
　　究學刊，4 期，97-111 頁。

蔡瑞美（民 73）：金華國小聽障兒童資源教室──親職教育時
　　間。**特殊教育季刊，14 期**，27 頁。

Beebe, H. H., Pearson, H. R., & Koch, M. E. (1984). In D.
　　Ling (Ed.), *Early intervention for hearing-impaired*
　　children: Oral options (pp.15-63). San Diego: College
　　Hill Press.

Berg F. S. (1987). *Facilitating classroom listening.* Lon-
　　don: Taylor & Francis.

Bunch, G. O. (1987). *The curriculum and the hearing-im-*
　　paired student. Boston: Little, Brown and company.

Davis, J. M., & Hardick, E. J. (1981). Amplification. In J. M.
　　Davis & E. J. Hardick, *Rehabilitative audiology for*
　　children and adults (pp.95-136). New York: John Wiley
　　& Sons.

Erber, N. (1982). *Auditory training.* Washington, D.C.:
　　Alexander Graham Bell Association for the Deaf.

Ling, D. (1976). *Speech and the hearing-impaired child:*
　　Theory and practice. Washington, D.C.: Alexander
　　Graham Bell Association for the Deaf.

Ling, D. (1984). Early oral intervention: An introduction. In D. Ling (Ed.), *Early intervention for hearing-impaired children: Oral options* (pp.1-14). San Diego: College Hill Press.

Ling, D. (1986). Devices and procedures for auditory learning. *Volta Review, 88* (5), 19-27.

Luetke-Stahlman, B., & Luckner, J. (1991). *Effectively educating students with hearing impairments.* New York: Longman.

Palmer, J. M., & Yantis, P. A. (1990). *Survery of communication disorders.* Baltimore: Williams & Wilkins.

Summerfield, Q. (1987). Some preliminaries to a comprehensive account of audio-visual speech perception. In B. Dodd & R. Campbell (Eds.) *Hearing by eye: The psychology of lip-reading* (pp. 3-51). London: Lawrence Erlbaum Associates.

Van Tasell, D. J. (1981). Auditory perception of speech. In. J. M. Davis & E. J. Hardick, *Rehabilitative audiology for children and adults* (pp. 13-58). New York: John Wiley & Sons.

Webster, A., & Wood, D. (1989). *Children with hearing difficulties* London: Cassell Educational Limited.

淺談弱視學生的定向行動教學

◆張自◆

壹、前言

　　視覺障礙由於程度不一，內容複雜而多樣，因此在醫學、社會、教育方面的分類各不相同。就教育方面言，依我國特殊教育法施行細則第十七條之規定視障學生可分別為全盲與弱視兩大類。凡優眼視力測定值未達○‧○三即為全盲，他們無視覺能力或無法利用視覺接受教育，必須以點字教材來學習；而弱視是指優眼視力測定值在○‧○三以上，未達○‧三或視野在二十度以內的視障者，他們尚有些許的殘餘視力，但需要放大文字或使用其他輔助器材才能閱讀。

　　世界各國視障學生的出現情形普遍是弱視多於全盲，然而視障教育卻都以全盲者的教育發端，許多教育措施都針對全盲學生而考慮。對弱視學生的重視是在第二次世界大戰以後才逐漸發展的。弱視學生在全盲學生的面前是視力最佳的英雄，但是在明眼人中卻是個視力有缺陷的人，這種矛盾，使得弱視學生在生活上、心理上產生不少困擾，也成為教育上棘手的問題。尤其在定向行動教學上，弱視學生是否需要訓練？如何指導？常成為師生爭論的課題。本文擬從弱視學生的身心特質、行動特徵、視知覺

特性、定向行動教學內涵及弱視學生實際生活中行的問題等方面，來探討弱視學生的定向行動教學問題。

貳、弱視學生的身心特質

張紹炎教授在「弱視兒童教育」一書中對弱視學生的身體發展有下列敘述：

• 弱視學生由於視覺的缺陷，使其日常生活、行動與運動範圍都受到若干影響，此種影響更間接阻礙了身體的發展。

• 弱視學生日常生活動作能力略有拙劣傾向，身體狀態亦較虛弱，遊戲的參加率也較低，活動範圍狹窄，以致身體發展較同年齡兒童低劣。

• 弱視學生在視覺器官——眼球上，常有眼球充血或出膿、眼皮發腫、發紅、畏光等情形，有時也有一些自我刺激的盲人習僻。

• 弱視學生有些太陽穴經常作痛，坐車容易暈車，從事需要集中注意力的作業後常有頭疼或嘔吐感；看書、看電視、電影容易疲倦，對外物的視覺常有雙重的影子或有模糊的感覺。

由此可見，弱視學生由於視力的缺陷，在其身體的發展上，行動上都與一般兒童有若干差異。

任何障礙或缺陷都可能導致心理適應上的問題，對其人格發展亦有影響，弱視學生由於個人視力的低下，使得凡是與視力有關的活動都受到一些限制，以致學習遲滯，概念獲得較不完全，視覺印象模糊，使得情緒緊張不安，加上視覺器官的疾病可能導致外觀不雅，易招他人指點譏笑，這些周遭不良態度及環境，使其人格發展蒙受不利影響，故弱視學生的人格有其特性，例如：

• **不安定性**：弱視學生因視力低下，對外界事物看不清楚，

在認知上、行動上都不能隨心所欲，容易產生劣等意識及焦慮不安的情緒。同時他介於明眼人及全盲者之間的視力情形，使他們缺乏歸屬感，而產生「邊際人格」。這種邊際特質使其集優越感與劣等感於一身，導致其終日不安，不論從那一邊看，弱視學生都不是核心人物，而屬外圍性的存在，其立場自是動盪不安；這種不安、不確定的立場與情緒使其在性格及行動上容易出現消極、孤獨、沈默、反抗或攻擊，尤其心理不安極易感受刺激、多愁善感、行動偏激、過分自愛或自暴自棄，有時看起來充滿希望，有時候卻充滿了絕望。

• **集優越感與劣等感於一身**：由於視力狀況比全盲學生好，因此常有「我非盲人」的意識，並且作弄全盲的同學。但是其視力狀況事實上比不上明眼人，所以易產生羞恥躊躇、閉鎖的行為，即使看不清楚，也裝模作樣，假裝看得很清楚，若叫其描述，則可能惱羞成怒，而有反抗的行為出現。

• **缺乏主動積極性**：由於視覺的缺陷，使其對外界的各種刺激感受受到限制，長此以往，環境的關注與興趣大減，因此產生消極的性格，對各項學習缺乏主動、競爭心弱、缺乏膽量信心不足、凡事依賴，容易給人散漫、消極的印象。

• **有自我中心的傾向**：弱視學生由於視力的障礙，影響其對周遭人、事、物的接觸與理解，因此很容易缺乏常識、缺乏寬容性，也缺乏他人的理解，以致形成固執而自我中心的傾向。

這些人格特性，不僅影響其人際關係及社會適應，同時也是弱視學生抗拒「定向行動」教學的因素之一。

叁、弱視學生的行動特徵

弱視學生由於視力的缺陷，因此在日常生活動作上與明眼學

生相較,仍有一些差異,比較明顯的有:

- 眼球經常震動,或有斜視狀態。
- 看東西時,頭部向前傾,使眼睛很接近物體。
- 視線不容易正確對準目的物。
- 經常擦眼睛,好像眼前有某些物體存在。
- 看電視時靠近電視凝神注目。
- 對於需要手眼協調的遊戲,顯示拙劣,同時在遊戲或作業中常被物體絆倒。
- 對於需要專注的作業顯現焦急狀態。
- 觀察遠距離物體時,身體緊張,臉部不停轉動,身體向前傾。
- 對光線有敏感性,在明亮處有刺眼的感覺。
- 步行時戰戰兢兢,非常小心。
- 常皺眉頭或以手覆眼,看黑板、掛圖等有困難。
- 對於形體相似的字容易看錯、寫錯。
- 對於需要遠近或立體感的動作如球類活動,表現拙劣。
- 行動緩慢、打掃庭園、整理教室等,成果不佳。
- 很少積極或主動參加各活動或運動。
- 有孤獨沈思的傾向,較少與他人共同遊戲。

這些特徵,並非每個弱視學生都同時具有,不過有些特徵會影響定向行動的教學。因此,了解這些特徵,對弱視學生的指導有很大的幫助。

肆、弱視學生的視知覺特性

弱視學生視知覺介於全盲(看不見)和明眼人(看得清楚)之間,是屬於看不清楚的狀態,因此其視知覺不甚正確,視覺經

驗不足，以致視知覺經驗薄弱。大致說來，弱視學生的視知覺有下列特性：

　　• **對外界事的認知，缺乏明確的界線**：由於看不清楚，因此無法清楚地區分目的物的形態、顏色及背景，所以對各種事物的特徵及其與其他事物的關係觀念薄弱，以致對周遭環境缺乏興趣和關心。

　　• **對全體與部分的把握困難**：由於視力低下，因此在能把握目的物全體形態的距離時，卻無法充分看清細部，如果移到可以看清楚部分形態的距離，又難使目的物的全體進視野，所以發生全體與部分無法同時認識的現象，產生看不清楚的感覺。

　　• **缺乏立體感與遠近感**：立體感是由物體的形態、色彩、陰影、光線等組合而成，而遠近感則由目的物的前後左右各種事物的配置而產生。由於弱視學生對外物的觀察缺乏明確的界線，對全體與部分的把握困難，因其影響其立體感與遠近感，對其行動頗為不利。

　　• **視知覺內容薄弱**：由於弱視學生視知覺速度緩慢，手眼協調欠佳，影響其學習的進行與新知識、新經驗的形成，造成視知覺經驗不足，視知覺內容薄弱，對其在行動中情報的收集相當不利。

伍、定向行動教學內涵

　　所謂「定向」，就是盲人對環境的了解及對本身身體位置的認識，亦即視障者在環境中獲知其個人自身位置與其他物體相互間之關係；所謂「行動」，是指安全而有效地自一處移動到另一處。對於明眼人來說，眼觀四方，無往不利，但對視障者而言，若無良好的定向與行動能力，便將寸步難行，進退失據，所以

「定向行動」訓練，對視障者十分重要。

定向行動訓練，主要目的是要教導視障生如何應用其感覺能力（包括殘視力）及輔走工具，在各種情境中能安全有效地進退、應變及防衛，亦即能安全有效地行動。如何才能達成此目的呢？筆者認為至少要有下列基本技能：

• **能跟隨明眼嚮導的技能**：即熟習人導法，知道如何利用明眼人的身體協助而行走。包括知道如何緊握明眼嚮導的手肘上方、與嚮導間適當的身體位置與距離、正確領會嚮導者的動作、保持有效的跟隨、會變換位置；在高度改變或轉變、反向轉身時，能順利調整而不失去接觸；同時會因環境不同而修改或應用，例如順利通過窄道、通道門、就座、上下樓梯、進出電梯、上下自動梯、搭乘各種大眾交通工具及指導未受過訓練的嚮導員等。

• **具有防衛及收集情報的技能**：包上肢防衛技能、下肢防衛技能、追跡（用手）技能、上肢及下肢防衛技能與追跡混合使用之技能、尋回失落物品的技能、與明眼人或盲人握手的技巧等。

• **具有確定方向的技能**：包括了解並應用各種感官以建立可供行走方向之確定的各種環境資料的技能，例如利用觸覺知道牆、桌邊、人行道的邊界、長椅、溫度等；利用聽覺收集交通、音樂等資料；利用殘餘視覺並運用光源、顏色來定向……等。此外還需要有調整身體使與指標（環境資料）成垂直或成平行位置（排成直線）的技能。

• **要具有能操作輔走工具的技能**：包括手杖技能、使用導盲犬的方法、各式感覺輔走工具：如超音波輔走工具、行走途徑探測器、雷射手杖、電子手杖、電眼等。尤其是手杖技能。

• **具有了解及遵守交通規則的能力**：包括車輛往來方向、十字路口交通情形、紅綠燈交替情形……等，以助其維護交通安全，並作定向行動之重要線索。

為了使上述技能確實而有效，教學中尚需加上下列各應重點訓練：

• **概念的培養及發展**：包括身體形象的認識、方向概念的建立、方位概念的認識、長度觀念的認識、角度與轉變觀念的認識、大肌肉活動之發展、社區環境概念、心理地圖概念之建立……等。

• **感覺訓練**：包括聽覺情報（聲音的辨別）、觸覺情報（觸覺的辨別）、嗅覺的辨別、視覺的情報、聲音的定向、聲音的追蹤、吵雜聲音的辨別、運動知覺、空間知覺及障礙物偵察之訓練……等。

• **姿態的矯正與步法訓練**：包括正確的立姿、坐姿及走路的姿態、移動時的步法等。

總之，定向行動教學絕不是一般人以為的「運杖技能的教導」而已，它涵蓋許多能力的培養及建立，透過課程設計由淺到深、由簡到繁、有系統的教導，使視障者由他人協助（人導法）到獨自使用輔走工具行走，從室內、校園、社區、一般市區到繁榮的商業區，都能安全有效地行走，以擴展其生活範圍。

陸、弱視學生定向行動教學與實際生活中的問題

由上述定向行動教學內涵的探討，可知定向行動教學是一門注重技能熟練的課程，所有的知識都需要透過實地操作指導，並要依學生的個別差異，環境的變化而隨時加以修訂，才能培養學生具有良好的定向行動能力，然而這些訓練無法在班級中團體施教，必須由專門人員採一對一的指導才能有效進行。目前弱視學生多數在普通學校接受教育，級任表師未必了解定向行動之教學

方法，而巡迴輔導老師由於兼辦行政工作或輔導學生數太多，以致無法有效進行定向行動之教學。

至於啟明學校雖有定向行動課程，也有專門人員施教，然而人員編制不明確，以致定向行動之教學被視同一般學科採班級教學，無法依定向行動課程之特性採一對一訓練，同時啟明學校全盲學生較多，教學自然偏重盲生的行走能力之指導，弱視學生只好被忽略或減少授課次數了。

由於弱視學生在定向行動的教導上被縮水，因此在實際生活上便發生一些問題：如在行走中被車子撞到、搭乘大眾交通工具困難等。筆者在啟明學校服務十餘年，就發現弱視學生被車子撞到的意外比全盲學生多，在和學生及校友聊天中也發現弱視學生「行」的挫折和困難竟不少。原來全盲的學生因手持白杖或外觀明顯，常有熱心人士主動幫忙，而弱視學生從外表看來和一般人無明顯差異，又因心理抗拒很少拿手杖，以致很少人幫助，甚至開口求助都被誤會而遭斥責，然而本身視力的確無法看清楚路名、站牌及公車號碼，因而常常錯過班車而徒嘆奈何！有些校友還後悔的說：「當初拒絕學習定向行動是一錯誤的決定！」尤其少數視力減退到完全無明的人，更為此懊惱不已。因此，重視弱視學生的定向行動教學是無庸置疑的事了。

柒、如何教導弱視學生定向行動

由於弱視學生既非全盲又非正常，使其在身心發展、行動、視知覺等方面有其特殊性，因此其教學重點和方法便不能完全和全盲學生一樣，為了協助弱視學生克服困難，增進其定向與行動的能力，下列計畫可供參考：

• **先評量弱視學生的視力狀況**：包括視覺缺陷情形及視覺效

力，也就是說先了解每個弱視學生的殘餘視力可用於行動的有多少？我能否使他的視力作更好的發揮？他是否需要一根手杖來幫助？其視覺障礙之預後如何？（進行性或穩定性？）

• **了解弱視學生的基本資料**：包括年齡、健康情形、心理狀態、情緒、教育程度、社會經驗及其他特別經歷等，以便設計適合其年齡、程度之課程內容。

• **評鑑弱視學生行動的能力**：包括其在行動中如何發揮其有效視覺及克服各種困難情境之能力。

• **依據以上的評量結果，設計一套適合於該弱視學生的定向行動計畫，內容包括：**

(1)有關協助弱視學生求助技巧的課程。

(2)有關住宅區內門牌號碼的安排順序課程。

(3)有關協助弱視生了解各種交通工具及其使用方式之課程。

(4)蒙上眼睛以訓練其發展各種感官及概念。

(5)訓練手杖技能，使其能在夜間或光線較暗之處行走。

(6)加強視覺效力之訓練的課程。

(7)加強心理建設，使弱視學生接納弱視的事實，去除抗拒與排斥定向行動訓練課程。

(8)建議弱視學生外出時隨身攜帶可摺的手杖，以備不時之需。

捌、結語

　　儘管眼科醫學不斷進步，但視障的存在卻無法完全排除，弱視學生的教育目標和一般學生並無太大的不同，都希望透過教育，使他們自立更生，不再成為社會救濟的對象，因此他們必須就業。一般雇主所關心的是其工作能力及行動能力如何？工作能

力可透過各種職業課程的修習及檢定獲得肯定，而行動能力則賴
其是否能自行上下班？與在工作場所行走之安全性如何來決定。
倘若未曾接受定向行動訓練而需要別人特別的照顧，那麼就業的
機會將大為減少，因此加強視障學生的定向行動訓練，尤其是加
強向來被忽視的弱視學生定向行動教學，使其具有良好的行動能
力，方可擴展其生活空間，促進生活經驗及知識的獲得，更可解
除因行動不便所引起的情緒困擾，增強其社會適應能力，開拓其
就業機會，對其一生影響甚大，身為特教工作者能再坐視嗎？

參考文獻

毛連塭著：**盲童定向移動研究**。民國六十二年出版。

劉信雄著：**如何指導視覺障礙兒童定向行動**。

郭譽玫編譯：**定向行動基本技能**。台北市啟明學校印行。民國六
　　十五年出版。

劉信雄著：**盲童定向行動訓練**。民國七十年出版。

張紹焱著：**弱視兒童教育**。民國七十五年再版。

31

閱讀障礙兒童的閱讀教學

◆詹文宏◆

壹、前言

自從 1960 年以後，認知心理學重新被重視，認知心理學復甦之後，「後設認知」（metacognition）便成為認知心理學的重要研究方向之一。因此，自 1970 年代後期以來，即有不少學者，探討後設認知在語文閱讀方面所扮演的角色，以及如何加強學習者該項能力。後設認知的英文是由 meta 和 cognition 組合而成。meta 源自希臘文，原意指以超然或旁觀的立場來看事物，而對事物有更普遍與更成熟的理解（邱上真，民 80）。後設認知在國內的譯名並不一致，張春興（民 80）、陳李綢（民77）、邱上真（民 80）等，譯為「後設認知」；鄭昭明（民78）譯為「監控認知」；王文科（民 78）與張新仁（民 78）則譯為「統合認知」。

閱讀障礙在漢字閱讀中是存在的，而且比例並不低於其他文字系統。新的研究證實，漢字的閱讀障礙，其所產生的原因可能不同於其他文字的閱讀障礙（曾志朗，民 80）。閱讀障礙兒童，其認知方面常有某些缺陷。因此，本文擬從後設認知與閱讀理解之關係，來探討如何改進閱讀障礙兒童的閱讀能力。

貳、後設認知與閱讀理解

一、後設認知的理論

　　Flavell 在 1970 年代之初，最先使用「後設認知」一詞。他認為後設認知可分為：「㈠後設認知知識：係指個人既有的部分世界知識，也是個人整體知識的一部分；㈡後設認知經驗：是指個體對認知及情意的意識經驗」。在每天的認知生活中，後設認知經驗扮演著非常重要的角色（Flavell, 1987）。

　　另一位對後設認知有較大貢獻的是美國伊利諾大學閱讀研究中心的 Brown。他將後設認知分成兩個部分：①認知的知識：是指個體對認知知識的了解，了解自己的認知狀況，且對自己與環境與互動關係能覺察；②認知的調整：包括計畫活動、監控活動及檢核結果（Brown，1987）。

　　國內學者張春興（民 80），對後設認知的解釋如下：

　　　　「所謂後設認知，是指對認知之認知；是指對思考之思考，亦即比原來所認知者高出一層的認知。如果原來的認知是『知其然』，後設認知就是「知其所以然」。認知與後設認知之區別，主要是在於知的程度：前者知之較淺，後者知之較深；前者是知識，後者是駕馭知識的知識。」

二、後設認知與閱讀理解之關係

　　後設認知和閱讀能力有密切的關係。後設認知可提供如何從

文章中來學習與使用有效的策略，並可增加兒童閱讀理解能力
（ Ashman & Conway，1989 ）。後設認知與閱讀理解的關係
非常密切。在閱讀理解的歷程中，介入了覺知、監控及補償策略
的配置等後設認知的技巧或活動，將可確保閱讀理解的成功及閱
讀的有效性（ 曾陳密桃，民 79 ）。

　　別外，Myers 和 Paris（ 1978 ）的研究也證明了後設認知與
閱讀理解有相關，且隨著年齡之不同而顯示出不同的後設認知之
程度。他們發現年長的兒童比年幼的兒童更能覺知閱讀的各種影
響變項，且能運用理解策略。Askov 與 Otto（ 1985 ）也指出後
設認知對於閱讀的應用是非常重要的。閱讀的過程必有彈性，且
加以調適和修改，以達到閱讀的目的。

叁、閱讀障礙與閱讀教學

一、閱讀障礙的定義

　　閱讀障礙之定義，至今仍未有定論。茲列舉幾位專家學者的
看法，以供參考：

　　㈠Roswell 和 Natchez（ 1977 ）認為閱讀障礙是兒童經標準
化測驗評量，其閱讀能力與智力潛能，有顯著差距時，即是閱讀
障礙。

　　㈡Bryant（ 1978 ）認為閱讀障礙經常被稱為字盲，不同於由
於較差的教學導致的閱讀遲緩。閱讀障礙與失讀症（ alexia ）相
似，但卻不相同。閱讀障礙者有正常的智力，但其閱讀能力表現
明顯低於該年級的表現。

　　㈢國內學者郭為藩（ 民 67 ）認為所謂閱讀障礙是指智力正

常或在一般水準以上，且沒有任何感官缺陷，但在閱讀或書寫方面的表現卻比一般學生落後許多，在語文學習方面比其他學科有顯著落後的情形。

㈣徐澄清（民71）認為閱讀障礙的定義：生理年齡符合他就讀的年級，沒有生理缺陷，智能正常，沒有精神疾病的小孩，用標準化的閱讀測驗測驗，閱讀能力比他唸的年級慢兩年，甚至超過兩年的，視為閱讀障礙的小孩。

綜合言之，閱讀障礙兒童即為智力正常或在一般水準以上，且無感官缺陷、情緒困擾、文化不利或不當教學等因素，而其閱讀能力與智力之間，仍有顯著差距之情形。

二、閱讀障礙兒童的閱讀教學

閱讀障礙兒童有後認知缺陷的特質，導致其理解能力較差。後設認知技巧在學習時能自我監控及調整，特別是閱讀與學習方面特別重要，能使閱讀障礙兒童成為主動的學習者。

Lerner（1989）指出指導認知的學習策略，可以改進閱讀理解的能力。有效地增進閱讀理解的學習策略，包括①先前組織者（advance organizers）；②尋求策略訓練；③口語的複誦；④自我監控；⑤提問策略；⑥自我控制訓練。Bryant 與 Bradey（1985）也指出，教低閱讀能力者的方法有下列幾點：①由字的發音促進他們覺察的能力；②對於拼字的類化能力的展現；③強調和證明閱讀和拼字之間的結合；④用不同的閱讀方式，以符合不同特質的低閱讀能力者。

Ashman 與 Conway（1989）認為後設認知閱讀策略的教學，有下列五個目標：①使兒童覺察閱讀的目的；②低閱讀能力者必須了解，他們可以根據閱讀的目標，來修改他們的閱讀策略；③低閱讀能力者，可以從線索中，觀察重要的訊息；④低閱

讀能力者，藉由已有的知識，從閱讀中來學習評量所學的訊息；⑤必須知道有效的策略，可以解決理解的問題。

　　認知目標，學習策略與後設認知知識的關係非常密切，如圖1所示。①認知目標：是為兒童教學而設立的明確的目標，與學習的結果和過程，並不完全相同。②後設認知知識：是在學習中，利用自己的知識來探索，透過作業和學習的內來影響行為表現。③學習策略：經由作業活動中產生策略，鼓勵兒童在學習的過程中，能結合目標，知識和環境而產生策略（Nisbet & Shucksmith，1988）。

圖1　認知目標、後設認知知識與學習策略關係

Scheid（1993）指出設計認知取向的閱讀教學時，要注意下列幾點：

(一)應該教什麼？

1.教有利閱讀的策略。
2.教閱讀的過程和策略。
3.教閱讀和書寫有關的內容。

(二)應該使用什麼教學原則？

1.製造一個有益於學習的環境。
2.整個教學期間要與評量結合。
3.促進和產生先前知識。
4.告知有關所學技巧和策略的目的。

5. 示範所使用的技巧和策略。
6. 使用的策略要有彈性。
7. 提供應用策略的機會。
8. 與學生共同討論。
9. 利用分組學習。
10. 鼓勵學生和其他同學一起使用學習的技巧和策略。
11. 評量教學策略的效果。

閱讀障礙兒童的閱讀教學，應選擇易學且實用的策略，明白告訴學生如何使用閱讀策略，配合適當的教材，透過示範、練習、回饋等步驟，以增進其閱讀理解能力。

肆、閱讀障礙兒童的實驗教學

許多研究指出，後設認知自問自答策略及畫重點策略，對低閱讀能力或閱讀障礙兒童，能促進其理解能力。因此，擬以台中市光復國小五年級（81 學年度下學期）四位閱讀障礙學生，進行三週的實驗教學。每週四節課，到資源教室接受後設認知閱讀策略的教學。教學前接受八次閱讀理解測驗（每份測驗包括二篇文章，每篇有五個題目，共 10 題）；教學之後也接受上述八次的閱讀理解測驗。前二位受試者（S1，S2）接受後設認知畫重點策略的教學，後兩位受試者（S3，S4）接受後設認知自問自答策略的教學。其教學的成果見圖 2 到圖 5。

從各圖教學成果來看，S1 和 S2 兩位受試者，在未接受後設認知畫重點策略之前，其閱讀理解能力測驗的答對題數，均在七題以下；而接受後設認知畫重點策略教學之後，大多較前測有進步。特別是 S2，進步較明顯。S3 和 S4 兩位受試者，在未接受後設認知自問自答策略之前，其閱讀理解能力亦不甚理想；接受

後設認知自問自答策略教學之後，大多也較前測進步。所以，後設認知閱讀策略，對閱讀障礙兒童的閱讀理解能力是有幫助的。

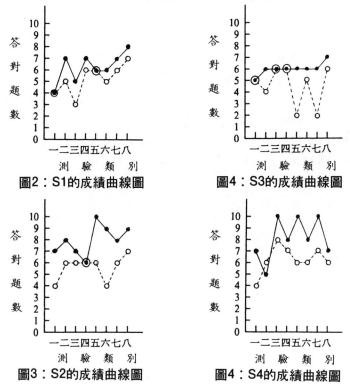

圖2：S1的成績曲線圖

圖4：S3的成績曲線圖

圖3：S2的成績曲線圖

圖4：S4的成績曲線圖

伍、結語

　　閱讀是知識獲得的主要技能。對學生而言，閱讀能力是非常重要的。指導閱讀障礙兒童閱讀時，應根據學生的特質與需求，選擇適當的後設認知策略來進行教學。成功的後設認知教學所需注意的要點包括：①選擇實用而且可以教得會的策略來教；②要

充分告知學習者這些策略是什麼？為什麼要學這些策略？如何使用？且有充分時間練習；③採直接教學；④選擇適當的教材配合教學（邱上真，民 80 ）。

　　教導閱讀障礙或低閱讀能力兒童，使用後設認知策略來閱讀，最主要是讓學生閱讀之後，能夠跳出自己的思考情境，來偵測或監控自己的思考過程，自己評估自己是否了解文章中的主要觀念。不只是國語課要教導學生如何閱讀，在需要運用到閱讀的科目，例如數學、自然、社會等等，教導如何閱讀也能提高學生學習動機。相信如果教師能適當地使用後設認知策略來進行閱讀教學，將可達「有效即是最好」的教學目標。

參考文獻

王文科（民78）：**教育心理學**。台北：五南。

邱上真（民80）：學習策略與教學的理論與實際。**特殊教育與復健學報，1**，1-49。

徐澄清（民71）：學習的絆腳石：閱讀障礙。**健康世界，78**，57-59。

陳李綢（民77）：學習策略的研究與教學。**資優教育季刊，29**，15-24。

張春興（民80）：**現代心理學**。台北：東華。

張新仁（民78）：學習策略訓練之初探。**教育文粹，18**，86-94。

郭為藩（民67）：我國學童閱讀缺陷問題的初步調查及其檢討。**教育研究所集刊，20**，57-78。

曾志朗（民80）：華語文的心理學研究。輯於楊中芳和高尚仁（編），**中國人・中國心：發展與教學篇**（539-582頁）。台北：遠流。

曾陳密桃（民79）：**國民中小學生的後設認知及其與閱讀理解之相關研究**。國立政治大學教育研究所博士論文（未出版）。

鄭昭明（民78）：認知與語言的基礎研究——教學心理的歷程分析。**科學發展月刊，17(1)**，21-38。

Ashman, A. F., & Conway. (1989). *Cognitive strategies for special education.* New York: Foutledge.

Askov, E. N., & Otto, W. (1985), *Meeting the challenge: Corrective reading instruction in the classroom.*

Columbus: A Bell & Howell.

Brown, A. L. (1987). Metacognition, executive control, self-regulation, and other more mysterious mechanisms.In F. E. Weinert & R. H. Kluwe (Eds.). *Metacognition, motivation, and understanding* (pp. 65-116). Hillsdale, NJ: Lawrence Erlbaum Associates.

Bryuant, N. D. (1978). *Some principles of remedial instrution for dyslexia. In Sepcial learning corporation. Readings in learning disability.* Chicago: The Redson Rice Corporation.

Bryant, P., & Bradley, L. (1985). *Children's reading problems: Psychology & education.* Oxford: Basil Blackwell.

Flavell, J. H. (1987). Speculation about the mature and development of metacognition. In F. E. Weinert & R.H. Kluwe (Eds) *Metacognition, motivation and understanding* (pp.21-29). Hillsdale, NJ: Lawrence Erlbaum Associates.

Lerner. (1989). *Learning disabilities: Theories, diagnosis, and teaching strategies* (5th ed.). Boston: Houghton Mifflin.

Myers, Ml, & Paris, S. G. (1978). Children's metacognitive Knowledge about reading. *Journal of Education Psychology, 70,* 680-690.

Nisbet, J., & Shucksmith, J. (1988). *Learning strategies.* New York: Routlodge Chapman and Hall.

Roswell, F. G., & Natchez, G. (1977). *Reading disability: A human approach to learning.* New York: Baxic.

Scheid, K. (1993). *Helping students become strategic learners: Guidelines for teaching.* Cambridge, MA: Brookling Books.

注意力缺陷兒童的教養

◆傅秀媚◆

壹、注意力缺陷的定義

　　注意力缺陷兒童在過去常是被忽略的一群。主要的原因在於其成因並非一般教育人員所熟悉，而且定義極為模糊。但不可否認的，這類兒童為數不少。根據教育統計數字顯示，在美國差不多有3%－5%的在學學童有過這方面的症狀（Ronald, 1990）。近來，有更多的學者專家投入此項領域的研究，而這些研究報告也提供了大眾更多有關這方面的資訊。

　　在談到有關注意力缺陷兒童的教導方面，首先我們需對「注意力缺陷」做一個明確的定義。所謂「注意力缺陷」是一種症候群，通常指在注意力、衝動控制、或過度活動（並非一定存在）這三方面有嚴重且持續的缺陷而言。

　　「注意力缺陷」是一種長期慢性的症狀。可能從嬰兒時期開始，延續到成人階段。同時對兒童的家居生活，學校活動乃至社會活動都造成負面的影響。在一般研究報告中，通常將注意力缺陷分為二大類。以下就這兩大類做一概括的解釋。

一、注意力缺陷伴隨過動情形（attension deficit hyperactivity disorder, ADHD）

根據美國心理學會的診斷與統計手冊中的規定，一個小孩如被診斷為此類兒童，那他必須是在七歲以前，在下列 14 項行為特徵中，表現出至少八項，而且每一項行為特徵持續超過六個月以上。

㈠坐立不安，扭動身體，看起來十分浮躁。

㈡無法安靜坐著。

㈢很容易分心。

㈣無法等候。

㈤在教室中，不等叫名字，即脫口說出答案。

㈥無法遵守規定。

㈦注意力無法集中。

㈧一項工作未完成即進行另一項工作。

㈨無法獨自安靜地玩樂。

㈩過度愛說話。

(十一)喜歡打斷別人的談話或插嘴。

(十二)不專心聽講。

(十三)常常遺失必須的物品。

(十四)常常做出危險動作（American Psychiatric Association, 1987）。

二、無可辨別的注意力缺陷

此種形式的注意力缺陷，最大的特徵即無法專心，通常並不會有過動的情形。屬於這類型的小朋友，可能表面上很安靜也很

被動。但是他們仍存在著組織方面的問題，以及注意力容易分散的情形。據推測，這類兒童應比目前所知道的要多，因為很多兒童無法在課堂中被測試出來。也因此，此類兒童較第一類ADHD兒童在學業成績方面有較高的失敗情形。因為沒有伴隨過度活動情況，較無法診斷出來，也無法施以補救措失。

貳、注意力缺陷兒童的診斷

我們提過，一個兒童如果有上述行為特徵中之八項，而且這些行為存在超過六個月以上，那麼這一個兒童即屬可能有注意力缺陷的高危險群。

當然，診斷一個兒童是否為注意力缺陷仍需依賴一連串的評量，同時需從醫學、情緒、及環境等各種相關的因素來收集資料。因為一個小孩注意力無法集中，有可能是別的因素所引起，而非此處所定義「注意力缺陷」。

通常，診斷疑似注意力缺陷兒童，應包括一個跨組專業人員組成的評量小組，來從事不同方面的評量。這小組應包括心理學家、醫生及教育學者。而評量也應包括醫藥歷史心理及教育方面的測驗、語言評量、神經系統方面的評估以及行為適應評量。

叁、造成注意力缺陷的原因

根據美國學習障礙跨部會委員會 1987 年在國會所做的報告（Interagency on Learning Disabilities），形成注意力缺陷的最可能原因是神經功能不正常，尤其是大腦組織中傳達神經無法正常運作。但是研究學者仍無法正確得知傳達神經異常為什麼會

影響到注意力、衝動控制及活動水準。但是，我們必須知道，即使注意力缺陷兒童常伴隨情緒方面的問題，但本質上，注意力缺陷是生理方面的一種缺陷，而非情緒方面的異常。注意力缺陷兒童，不管在家庭、學校或社會上，常有行為偏差及情緒困擾的現象。這些現象也可能同時存在於某些不是注意力缺陷兒童的身上，而導致他們注意力分散，以及學習效果低落，因此他們常被誤認為「注意力缺陷兒童」。由於這個原因，區別診斷在整個評量過程即十分重要。我們必須謹慎使用評量工具，多方收集資料，以便更精確地診斷出真正的注意力缺陷兒童。

肆、注意力缺陷兒童的處置

　　目前在美國，對於注意力缺陷兒童的處置，大多採取多重課程模式。此一模式包含許多專業人員，如：父母、老師、心理學家、行為專家及醫生等等。以下這個圖簡單地解釋了所謂的多重課程模式：

此種模式需要這四方面充分的配合與溝通。

　　注意力缺陷的兒童，如果沒有適當的處置，往往會招致學業上的失敗，不受同儕的歡迎，以及家庭的混亂。而這些結果會導致兒童的自我觀念不良和容易緊張。由於自我觀念的不良，又易形成發展的遲緩及情緒困擾的情形，形成一種惡性循環。由下圖

可知：

失敗→自我觀念不佳→失敗→自我觀念不佳

惡性循環的結果將導致社會適應不良、行為問題出現、學業失
敗、輟學、青少年犯罪乃至濫用藥物。所以適當的處置對此類兒
童而言相當重要。

伍、注意力缺陷兒童的藥物治療

　　通常，對於注意力缺陷而又伴隨過動情形的兒童，醫生會給
予藥物治療。但是如果對注意力缺陷兒童只給予藥物治療，但無
其他任何配合處置，那是非常不妥當的。通常針對此類兒童，大
都採用多重處置方式，而且也有相當多成功的例子。並非所有注
意力缺陷兒童都需有藥物控制，但對某些兒童而言，藥物有時候
是不可或缺的。

　　Ritalin 是治療此類兒童最常見的藥物。它能刺激心理活
動。多年來利用此藥物控制注意力缺陷引起的過動情形有相當好
的效果，同時它的副作用也不大。另外二種常用的藥物是 Cylert
以及 Dexedrine。最近這幾年抗抑鬱病的藥物，如 Tofranil 和
Norpramine 也在某些過動兒童身上發生很好的效果。國外的研
究報告指出，服用藥物後，大約百分之七十五的過動兒童在注意
力、衝動控制、以及過動方面有顯著的進步（Barry, 1989）。

　　對教師而言，了解注意力缺陷之過動兒童服用那些藥物，以
及這些藥物所引起的副作用是非常重要的。通常服用上述藥物最
常見的副作用有食慾不振、失眠、在課室中昏睡等。如有上述情
形，必要時需調整服用的劑量，以減輕副作用。

陸、注意力缺陷兒童的教養

對注意力缺陷兒童的教養而言，一定要教師、家長與其他專業人士（如心理學家、醫師、語言治療師、教育專家等）充分合作，才能有最佳的效果。在我們希望注意力缺陷兒童能獲得較大改善的同時，教師的角色是絕不容忽視的。因為兒童有絕大部分的時間是在學校中度過的。以下就針對班上有注意力缺陷兒童的老師，提出幾點建議。

一、學習環境安排的建議

㈠盡量安排注意力缺陷兒童的座位靠近老師，但必須在不影響現有教室的座位方向及形式之前題下。

㈡安排一些行為良好，或注意力缺陷兒童相當重視的同學，在他們的座位附近，以便影響此類兒童，而且提供良好的示範作用。同時多鼓勵團體學習或小老師制度。藉由同學間的影響，來提高注意力缺陷兒童的學習效率。

㈢注意力缺陷兒童的座位應在前排，使其背對其他同學，以免其視覺受到太多刺激。

㈣避免不必要的刺激物。例如：不要讓他們靠近冷氣機、暖氣機、門、窗、走廊等。

㈤注意力缺陷兒童，對新環境及新事務的應變能力較差，所以盡可能避免改變作息時刻，或改變座位。郊外旅行時應就近照顧。

㈥如果教室設有「安靜區」（即無任何不必要的刺激物）供他們使用，應該允許其他同學進入此區。以免注意力缺陷兒童體

察出自己與其他小朋友有別。

㈦應鼓勵家長在家中設置安靜的書房，供此類兒童使用，並且安排固定的作息時刻（如複習時間、檢查功課、及連絡簿簽名、協助整理書包等等）。

二、對注意力缺陷兒童下達指令時的建議

㈠下達指令時，需目光注視兒童的眼睛。

㈡指令必須簡明、清楚，對同一事情的指令需一致。

㈢簡化複雜的指令，盡量避免多重指令。

㈣在兒童開始從事工作之前，需先確定他已了解指令內容。

㈤必須重覆指令時，應以平靜、正面態度來重述，而非不耐煩或大聲。

㈥讓此類兒童知道，不清楚指令或無法達成指令要求時，可以尋求協助。大部分此類兒童在不了解指令的情況下，會自動放棄。

㈦注意力缺陷兒童比其他普通兒童在達成指令方面，需要更多的協助。教師可視情況，慢慢減少協助程度。

㈧替此類兒童準備一本記事本。作為下列用途：

1. 確認他們正確記下每日家庭作業。如兒童無法自行紀錄，教師可從旁協助。

2. 家長與教師應每日在記事本簽名，以便檢查及確認兒童已完成家庭作業。

3. 家長與教師也可利用此一記事本作為連絡簿。

三、對作業表現方面的建議

㈠作業一次只給一種。

㈡隨時監督並採取正面鼓勵的態度。

㈢必要時可調整作業內容。與特教教師連絡，以便了解特殊兒童的優點與缺點，並為他們設計個別化教育計畫方案。

㈣教師需了解評量時，以學生對事物的了解程度為主，而不是著重在該生的注意力長短問題上。

㈤必要時，對此類兒童可給予額外時間來完成作業。因為此類兒童可能速度方面稍慢，如果超過時間才完成，不宜給予處罰。

㈥教師需知道，注意力缺陷兒童非常容易緊張。而緊張、壓力以及過多勞累的工作，可能導致他們的自我控制能力不佳，而引發偏差行為。所以應避免給予此類兒童壓力及太多作業。

四、使用行為改變技術與自我意識的增加

教師可使用行為改變技術輔導注意力缺陷兒童。此類技術中，有些原理可用來增強注意力缺陷兒童的自我意識。輔導此類兒童時的建議：

㈠保持冷靜。告訴兒童那些行為違反學校的規定，但千萬不要與學生辯論。

㈡對於異常行為應有一定的處理原則與順序。

㈢異常行為發生後應立即處理，並隨時監督此行為有否改進。

㈣不時強調課室規則。

㈤針對不同程度的異常行為，處罰也應有別，不宜太過嚴屬。

㈥此類兒童在控制能力方面並非很好，所以應避免重複提及他所受過的處罰及批評。

㈦避免在公開場合，提醒注意力缺陷兒童服藥。

五、在給予鼓勵方面

　　㈠獎勵應多於處罰，以便建立此類兒童的自信心，提高其自我意識。

　　㈡對於任何良好的行為表現，應立即給予口頭讚賞。

　　㈢如果某種獎勵方式，不足以引發此類兒童再次發生類似行為，則需考慮變換獎勵方式。

　　㈣使用不同的獎勵方式來鼓勵這類兒童。

　　㈤教導他們使用自我獎勵，鼓勵其做自我口語讚賞。如：我的功課全做完了，我實在太棒了。這能幫忙對自己有正面的評價。

　　除了上述一些平常在課堂中，教導注意力缺陷兒童的要領之外，有些建議也可能對這類兒童的教育有所幫助。

　　㈠必要時，可替注意力缺陷兒童做認知能力、心理或神經系統各方面的評量，以找出他們的能力程度，及最適合他們的學習方式，來減少學習困難。一般而言，大約有 30％的注意力缺陷兒童伴隨有學習困難。

　　㈡有時候，家教或同儕教導有助於此類兒童的學習。

　　㈢師生比率較低的班級較適合注意力缺陷兒童。

　　㈣這類兒童需接受社會行為訓練及組織行為訓練。

　　㈤可針對這類兒童施行電腦輔助教學。

　　㈥強調非競賽型態的團體活動，如：保齡球、慢跑、散步、游泳、騎腳踏車或打拳（注意力缺陷兒童在團體型運動項目中，表現可能不佳）。

　　㈦鼓勵他們參加社會活動，如童子軍或少年社團。如此可以幫助他們發展社會行為能力，以及提高其自我意識。

　　㈧有時候，可以准許此類兒童與年紀較小的小朋友玩。因為

有些注意力缺陷兒童，心智方面可能較適合與較小年紀的朋友玩，而從與較小朋友一起玩的交流中仍可獲得一些社會性技能。

柒、結語

只要稍加注意，我們會發展，其實目前有不少注意力缺陷兒童。但是由於診斷上的困難，這些兒童常會視為智能不足、行為異常或學習障礙。因此不管是家長或老師，一旦發現有類似此種行為特質的兒童，應及早透過各種評量，以便正確診斷出是否為注意力缺陷兒童。也才能及時給予較佳的教導，以幫助這些兒童將因缺陷而引發的問題減至最少。

參考文獻

American Psychiatric Association （1987）. *Diagnostic statistical manual* Ⅳ-R. Washington, DC.

Barry, G. （1989）. *What is attention deficit and how does medication help?* Division of child and adolescent psychiatry. Minneapolis, MN.

Interagency on learning disabilities. （1987）. *A report to US Congress.*

Ronald, F. （1990）. *Attention deficit disorder and hyperactivity.* Clair Shores, MI: Educational Resources, Inc.

自閉症兒童的語言發展過程
與其語言溝通能力特徵

◆曾純瓊◆

壹、前言

　　自閉症兒童的語言溝通能力大多數均較同儕有明顯的遲緩與異常現象，並且其語言與溝通問題有極大的個別差異。只有極少數的自閉症兒童於兩歲以後才變得多話，但是仍呈現遲緩與異常現象；身心發展較佳者約在三歲以後才會說些語詞，其餘的自閉症兒童多半都是在隔幾年以後才會說些話語（曹純瓊，民83）；五、六歲是其說話的關鍵期。

　　綜觀其成長過程，自閉症兒童的人際關係障礙、抗拒變化之固執行為等基本的自閉症狀，均會隨著年齡的漸增與身心的發展而有所改善，但是其語言的遲緩與障礙問題卻少有改善；且在五、六歲左右若無語言能力，則其未來發展（預後）並不樂觀。

　　自閉症兒童的語言溝通障礙症狀呈現多樣化；有全然無法理解名詞者（類似發展性理解能力失語症）、或無理解能力卻能片斷說出廣告詞者、或為遵循固定的步驟或情境判斷而湊巧完成語言指示者、或平素啞口無語卻又顯示其名詞語彙理解能力漸增

者、或如聾者能模仿口形發聲卻無語音者等（石井高明，
1991）。雖然症狀多樣不一，自閉症兒童的語言溝通特徵仍有其
共通特徵，茲就嬰幼兒期的非口語、口語能力發展、始語期及學
童期的語言獲得過程，談其語言的發展過程，進而談其特有語言
溝通能力特徵，並說明語言溝通能力亦是影響未來發展的決定因
素。

貳、自閉症兒童的語言發展過程

　　自閉症兒童的嬰幼兒期的語言發展情形大多依據母親的追憶
敘述，因此多數無法確切掌握住其早期的發展過程；不過，仍有
專家學者企圖理解其異於其他身心障礙兒童早期發展情形，其層
面包括嬰幼兒期之非口語能力的發展、口語能力的發展、及始語
期等三部分，茲分述如下：

一、嬰幼兒期非口語能力的發展

　　多數自閉症嬰幼兒由於語言發展較為遲緩及社會性的缺陷，
其非口語能力的發展過程顯然與正常兒童不同。而據專家之研究
發現，自閉症嬰幼兒很少用點頭、搖頭等非口語溝通行為表達其
需求，且無法表達並理解他人之感情。

㈠點頭、搖頭

　　據清水康夫等人（1988）觀察自閉症嬰幼兒採「點頭」表示
同意、「搖頭」表示否定做為回答詢問、指示或邀請等刺激的溝
通應對行為，並與道恩氏症兒童及正常兒童比較研究結果，發現
自閉症嬰幼兒的非口語應對行為之出現率較其他二組低。其中又

以「點頭」與「搖頭」的出現率遠較應對性的手指指示（point-ing）及簡單的遊戲活動之出現率少（清水康夫，1992）。

(二)手勢、手指指示

手勢與手指指示係一種傳統的溝通形式，通常出現在正常幼兒的語用發展階段的第二期，約於幼兒二至九個月大左右（Tiegerman, 1993）。自閉症幼兒在手勢以及手指指示的發展上除了顯示遲緩與異常，甚至有未發展出手勢、手指指示的行為（Tiegerman, 1993）。

Attwood, Frith Heermelin（1988）在自然情境下觀察自閉症幼兒、道恩氏症幼兒及正常幼兒等三組以手勢所作的溝通行為，發現自閉症幼兒組的非口語性溝通能力在量的方面並不比道恩氏症幼兒組少，在質的方面則差異極大。此差異非為工具性手勢（instrumental gesture）的問題，而是缺乏情感表現的手勢（expressive gesture）（引自清水康夫，1992）。由此可知自閉症幼兒無法利用手勢表達自己的喜怒哀樂，亦無法理解他人的喜怒哀樂等複雜感情。

小泉等人（1985）長期直接觀察定期接受衛生所健康門診的一歲半幼兒之行為發展，追蹤診斷後篩選出二、三歲時初診為自閉症幼兒十名、智能障礙幼兒十六名及語言發展遲緩幼兒十四名等三組幼兒以比較其行為發展上的遲緩與偏差情形。小泉等採用十三項嬰兒期（0～18個月大）行為量表，調查結果發現自閉症組顯示異常的項目有六項：「關門、拿報紙來等指示之理解能力」、「視線接觸」、「自發性或回答性的手指指示」、「過動和緩慢的移動」、「叫喚反應」、「對其他兒童的關心」。智能障礙組的異常項目有「語言指示的理解能力」、「手指指示」、「過動和緩慢的移動」等三項。至於語言遲緩組表現異常的項目是「視線接觸」、「手指指示」、「過動」和「叫喚反應」等四

項。自閉症組相異於其他二組的項目是「對其他兒童的關心」一項（清水康夫，1992）。

飯高京子（1986）比照正常幼兒的語言發展過程以了解自閉症兒童的語言與溝通能力發展情形，發現自閉症幼兒的語言發展過程中未出現自發性或答覆性的食指指示，且在長期的行為觀察中未曾發現自閉症幼兒有過手勢模仿等行為出現（曹純瓊，民83）。不過，Prizant 和 Wetherby（1987）認為自閉症兒童未使用手指指示等傳統的溝通形式並不意謂著他無法溝通，他是以非傳統的溝通形式如回響語言與自己刺激行為來達到多種溝通功能，且須透過多重情境觀察以了解其溝通意圖（引自 Tiegermen, 1993）。

國內學者如宋維村（民76）的研究亦顯示自閉症兒童在非口語溝通方式有發展遲緩及特殊的非口語表達方式。不僅和正常兒童有別，和其他發展障礙的兒童也有差別（梁秋月，民81）。

二、始語期

正常幼兒的始語期一般在一歲至一歲半左右，自閉症幼兒則由於語言發展遲緩，故始語期較之正常幼兒出現得晚或終生無口語的出現。Eisenberg（1956）指出自閉症兒童有說話的臨界期，超過六歲未發展功能性語言則終生無語；DeMyer, Barton, DeMyer, Norton, Allen，及 Steele（1973）則提出有 65％的自閉症兒童在五歲以後未開口說話，而終其生緘默無語的數據資料（Tiegerman, 1993）。

野村東助、伊藤英夫、伊藤良子（1992）研究 24 名自閉症兒童的始語年齡，發現十一歲以前獲得口語的兒童有 16 人，佔 66.7％，且多在五歲以前有口語能力；六歲以後有口語者很少，

只有 2 名兒童才有口語，其結果與上述 Tigerman 等人（1993）
的發現不謀而合。

　　中野清（1980）調 107 名中度智能障礙兒童（內含自閉症兒
童）的語言發展情形，亦發現六至七歲左右能夠說話的兒童佔
30％，十至十二歲仍無法發出單詞者約佔 50％。Eisenberg
（1956）、Kanner（1943）、Rutter（1978）、西村辨作等人
（1978）的追蹤研究明白指出緘默無語的自閉症兒童即使長大成
人，仍無法獲得口語能力的可能性極大（阿部芳久，1991）。

　　自閉症幼兒的始語期限長且難以捉摸，其始語的呈現形式多
不按正常幼兒的發展形態出現，而多具突發性的戲劇表現。如
Tiegerman（1993）以一名 Adam 的個案為例，Adam 在經過長
期的緘默無語狀態後，突然於四歲三個月大開始說話，且是長的
模仿語詞：「Open door plese」、「Time go home now」。
又如自閉症兒與教育治療一書中提到的「碩碩」在五歲突然開口
說出一句廣告詞：「嗯！我很滿意！」及小尤在五歲半時始語是
一句完整的語句：「我要吃」（曹純瓊，民 83）。

　　Windsor、Doyle 及 Siegel（1994）認為長期的緘默無語到
發展出表達語言的關鍵因素有四：智商的高低、社交反應的有
無、現象產物（如發話與發聲的多寡與範圍的大小）、以及口語
模仿技能的良劣等；不過最初獲得的語言技能與其後的語言發展
有關連，但是不能預測其語言能力的未來發展情形。

三、嬰幼兒期口語能力的發展

㈠喃語

　　飯高京子（1986）的追蹤研究指出一般嬰兒於三、四個月大
左右開始喃語，五個月大時有溝通的發聲（即社會性發聲），

八、九個月大時喃語減少，但有模仿抑揚頓挫之發聲；自閉症嬰
幼兒的語言發展過程中則未曾出現喃語期（曹純瓊，民 83）。
不過，據 Nisimura 等（1987）研究二組 IQ 在 70 以下的自閉症
兒童發現無論七歲以後有無表達語言能力者均有喃語期，只是無
表達語言者於四歲以後即不再出現喃語表現（引自 Windsor，等
1994）。故而可以知道自閉症兒童的口語能力的發展過程中有遲
緩、停滯或尚未形成的現象。

(二)折線型發展過程

　　自閉症嬰幼兒的口語發展較為遲緩，所表現出來的語言異常
現象與其他身心發展遲緩兒童類似處頗多，唯有「折線型發展過
程」是其獨特的現象。「折線型發展過程」是小泉（1985）、若
林（1974）、星野（1980）、栗田（1983）、川崎（1985）等提
出的，係指先天性自閉症幼兒原本有近乎正常或發展雖遲緩仍能
順利成長，卻自某時期起（約在二歲左右）突然變得無語、對喜
愛的玩具小興趣缺缺、不再對人微笑，整體而言有身心發展停滯
或退縮現象，若以圖表顯示其語彙能力的發展，則在二歲左右代
表語彙能力的上昇線有驟降趨勢，故以此稱之。約有三分之一以
上的自閉症幼兒有這種現象（引自石井高明，1991）。此現象可
以做為辨識自閉症嬰幼兒異於其他身心障礙嬰幼兒的依據。

　　綜而言之，嬰幼兒期的症狀尚未分化成熟以及家長無法確信
的回憶敘述，使得嬰兒期的診斷只能侷限在異常的社會性而無法
做肯定的鑑定。一歲左右才明顯呈現語言遲緩、不理會叫喚等無
法理解指示語言、缺乏手指指示、缺乏搖頭與點頭等溝通用途的
語言異常現象。一歲半以後，則有約三分之一以上的自閉症幼兒
才顯現前述的折線型發展過程現象，滿兩歲左右才出現自閉症典
型的語言與溝通能力特徵。

四、學童期的語言獲得過程

自閉症兒童的語言能力隨著生理年齡的增長而有所發展；然其發展並非呈現線形的發展（Windsor et al., 1994）；且仍如上述所言持續著遲緩與異常現象，且個別差異極大。而其語言的獲得途徑據 Tager-Flusberg（1990）研究高功能自閉症兒童所獲得的文法結構順序與語彙詞類分布而發現與正常兒童的獲得途徑一樣為近似參照（referential＝object-oriented）途徑（引自 Williams, 1993）；然而 Williams（1993）本人的研究並未證實這點發現，故其獲得途徑尚有待進一步的探究。以下試就專家學者的研究發現說明，學童階段語言獲得過程中的非口語與口語能力的發展情形。

西村辨作、小野真由美、若林慎一郎（1978）依口語與智能障礙的兩項基準將自閉症兒童分成：①無口語有智障組（佔40％）；②有口語且有智障組（佔45％）；③有口語無智障組（佔15％）等三組，比較研究三組自閉症兒童的口語障礙症狀並認為自閉症兒童口語的獲得過程可以從三組的排列順序做一解釋。這三組的比較結果，其順序發展情形如下：

第一階段（第一組）

第一組可細分為六歲以後無任何發展或改善現象的小組，以及自閉症狀有減輕且有傳達意圖的小組等二小組。兩組顯示年滿八歲以後尚無法獲得口語的語形而只能發歪曲音，且動作與發音的傳達行為不成熟、象徵機能的發展水準亦低。西村辨作認為這組無法獲得口語的原因是欠缺將語音系統化與記號化的能力，且在缺乏使用口語經驗的情況下，錯失獲得口語的適當時機。

第二階段（第二組）

第二組兒童有傳達意圖的發聲較無傳達意圖的發聲之次數多，係傳達意圖尚未發展成熟且缺乏反應的發展階段，是由第一組發展而成，故而有喃語與回響語言的形成。一、二字語的口語發展過程過長、語法能力不成熟、副詞等文法要素的學習能力亦差是這組的主要特徵。

第三階段（第三組）

第三組兒童獲得口語能力的情形雖然較為遲緩，不過能夠模仿他人話語因之能急速改善其語言能力。在幼兒後期有複誦、喃語及回響語言等現象且次數相當頻繁，但在就學前後期大多消失不見。其語用功能的發展較劣於語彙與語法，回響語言是自閉症兒童學習語言的基礎。

　　獲得口語能力的自閉症兒童其語用情形為何？根據 Baker, Cantwell, Rutter, Bartak（1976）比較 13 名自閉症兒童與同等智商的發展性理解語言障礙兒童的口語功能，結果可以歸納出以下四點自閉症兒童的口語功能特徵（參見表 1）（引自野村東助等，1992）：

　　㈠自發性語言、指示及習慣語等表達性或社會性的口語（見表 1 之 6-10 項的口語類型）較重複喃語、回響語言等自我中心或非表達性口語（見表 1 之 1-5 項類型）的出現次數多。

　　㈡自閉症語言症狀的出現率較預想的假設還低。

　　㈢隱喻性語言的出現率低。

　　㈣延宕回響語言的出現率高。

表 1　自閉症兒童與發展性接受語言障礙兒童之口語功能比較表

說　話　類　型	說　話　率（％）	
	自閉症兒童	語言障礙兒童
1.重複喃語	8.0	3.8
2.即刻回響語言	7.9	10.9
3.延宕回響語言	5.2	0.1
4.喋喋不休	6.3	0.2
5.隱喻性語言	1.0	0.2
6.發問	2.6	6.2
7.回答	34.7	24.5
8.自發性語言	20.7	45.2
9.指示、要求	2.5	3.1
10.習慣語	7.1	3.3

　　由 Baker 等人（1976）歸納的說話類型與說話率可以了解
獲有口語的自閉症兒童，其口語能力亦隨著生理年齡與發展階段
有所對應且成一定的比率成長。然而由於自閉症狀的存在，縱使
表達性或社會性口語在量方面有所增多，在質方面卻並非完全都
使用在傳達意圖的溝通用途（引自野村東助等，1992）。

　　綜合上述研究結果，有關自閉症兒童在學齡階段的語言和溝
通能力的發展可以歸納出下列四點：

　　㈠有口語能力的自閉症兒童大多在六歲以前即開始出現口語
行為；若在年滿十歲以後仍無始語，則其口語的出現機率極低，
終生緘默無語的可能性極大。

　　㈡自閉症兒童的口語發展呈現遲緩與障礙現象，且說話的功

能類型、說話率與語言障礙兒童亦有所不同，主要是在質的方面
有所差異，其表達性或社會性語言並非完全是傳達意圖的溝通用
途。

　　㈢自閉症兒童的口語能力隨著生理年齡的增加而成正比的發
展，但受到自閉症狀之阻礙，其語言發展有偏差及異常現象。

　　㈣自閉症兒童的非口語能力明顯地亦有發展遲緩的現象，而
且其表達方式與正常兒童有別，很少見點頭、搖頭、手指指示等
溝通方式。

叁、自閉症兒童的語言與溝通能力特徵

　　大多數自閉症兒童的語言和溝通能力如上述有發展遲緩與異
常的現象，約有 50％的自閉症兒童從未獲得有用的說話能力；
有 30％至 40％的自閉症兒無說話能力（野村東助等，1992）。
黑丸正四郎（1983）等甚至認為自閉症兒童的語言無法做為溝通
之用。

　　機能正常或者接近正常水準的自閉症兒童，其口語能力為五
歲正常兒童的語言水準，其異常現象與語言障礙兒童亦有所不
同；而有部分兒童縱有口語能力，其口語之表達卻不是用於溝
通。自閉症兒童大多是以拉手等身體接觸的方式來表達需求。而
在口語的表達行為方面，則只能描述事物名稱及其外在性質，且
伴有音調異常、高音、回響語言、重複質問自己所知情事等特
徵，而在文法結構上則常見代名詞之混淆不清、欠缺想像與抽象
性質之語彙、對話時答非所問等現象，茲以列舉相關研究報告說
明如下：

一、自發性溝通行為

　　自閉症兒童有限的自發性溝通行為多為身體接觸以表達要求。據 Stone 和 Caro-Martinez（1990）觀察三十名自閉症兒童（心理年齡為 4 至 13 歲）在學校的休息及午餐時間之自由情境中的自發性溝通（spontaneous communication；自發性溝通在此研究中係指兒童自己主動說話，但不包含回答），並分析其形式（form）、功能（functions）及傳達目的（targets）等三種類型。

　　Stone 等人將溝通形式分為身體接觸、手勢（gesture）、發聲、說話等四類。功能的類型分為要求、引起注意、拒絕、感想、提供知識、要求知識、表達感情、打招呼、及社交等九種。觀察結果共取得 266 個自發性表達行為，出現頻度為 0 至 34 種（平均 8.9 種），其中以身體接觸與發聲等二種類型以及要求、引起注意與打招呼等三種功能為最多。並從結果中得知，自閉症兒童的自發性溝通頻率很低，其溝通類型依認知水準與自閉症狀的嚴重程度而有所不同；障礙程度越嚴重者、身體接觸與發聲的次數越多，其說話頻率則越少、且感想與提供知識功能類型也越少，而自閉症兒童最普遍使用的類型，則是以身體接觸（傳達類型）對教師提出要求（功能類型）。

二、代名詞誤用

　　宋維村（民 76）研究自閉症兒童口語表達的發展過程，發現他們先簡單的仿說字、詞，進步到自動說簡單的字和詞，甚至句子；而其語言明顯呈現代名詞反轉（pronominal reversal）現象，如「你」、「我」代名詞之誤用；且無論是自閉症兒童、青

少年或成人，與人對話之內容往往是機械式的表達過去所學的語言，缺乏一般人對話時一來一往的互相溝通特性，而有答非所問之現象（梁秋月，民 79）。

三、回響語言

　　除了代名詞反轉及異常的對話方式，回響語言亦是自閉症兒童最常出現的典型症狀之一。據 Tiegerman（1993）的解釋，回響語言即乃無意義的複誦他人話語的行為，係緘默無語期與明顯具有語言知識的過渡時期，分為即刻回響語言（immediate echolalia）及延宕回響語言（delayed echolalia）等兩種類型。

(一)即刻回響語言

　　Prizant 和 Duchan（1981）記錄四名 4、5、6、9 歲自閉症兒童即刻回響語言的出現次數與語義。他蒐集了 1009 句即刻回響語言，發現各佔四名自閉症兒童說話比率的 27.7%（205句）、40.4%（334 句）、29.4%（183 句）、53.0%（287 句）；其與說話比率如下：

　　1.無焦點式（nonfocused echolalia）：不面對說話者亦無任何意圖的發話，佔 4%。

　　2.準備式：互動反應前的發話，佔 13%。

　　3.互動反應（turn-taking echolalia）：視線及動作向著人或事物，雖無法理解但有互動反應，佔 33%。

　　4.自己規制式（self-regulatory echoes）：在動作中自行決定該做何種動作的語句重複，佔 13%。

　　5.記述式（declarative echoic utterances）：視線及動作均向著人或事物並重複事物名稱，佔 26%。

　　6.肯定答覆式（yes answer category）：肯定的應對，佔

5％。

7.要求式（request echoes）：為獲得許可而重複想要的物品或想做的動作，佔5％（野村東助等，1992；Teigerman, 1993）。

㈡延宕回響語言

Kanner（1943）認為延宕回響語言是隱喻性語言的一種表現，Bates（1979）則說明延宕回響語言含有高比率的傳達意圖（引自野村東助等，1992）。Prizant 和 Rydell（1984）更進一步指出有互動的延宕回響語言比無互動的延宕回響語言的說話次數多且均具有語義（引自 Tiegerman, 1993）。

Prizant 和 Rydell（1984）蒐集三名自閉症兒童的延宕回響語言，分析結果發現自發性且具意義的語句多為簡單語詞，平均說話長為 4.51-3.37 字，出現比率各為 40.7％、70.7％、72.5％。

綜合 Prizant 等人（1981, 1984）有關回響語言的研究，可以發現延宕回響語言的出現率較即刻回響語言多，且為自發性語言並且有語義。此發現支持前述西村辨作等（1978）的論點及 Baker 等（1976）的研究結果（引自野村東助，1992）。

Prizant 和 Rydell（1984）認為無論是即刻回響語言亦或是延宕回響語言均是自閉症兒童一種語言複誦的正確性、語言理解程度及具有溝通意圖的連續性行為；其中的延宕回響語言是自閉症兒童在新的陌生情境中做為此語言形式與事件的連結關係（引自 Tigerman, 1993）。

四、其他異常層面

自閉症兒童的語言和溝通能力不僅有上述發展遲緩與異常現象，且語音、語法、語意及語用等各形式的發展是不均等的，而

且均有異於語言障礙兒童之表現，簡述如下：

(一)語音

自閉症兒童的語音發展遲緩，早期與正常兒童亦犯有音節省略（西紅柿誤為紅紅）、重複（饅頭誤為饅饅）、及重合（姥姥誤為 naonao）等錯誤現象，其音位錯誤的功能亦與正常兒童相似，係為避免複雜的語音或多音節詞。多數的語音錯誤與正常兒童一樣，均在雙詞或多重詞階段開始出現，不過正常兒童錯誤語音出現較短暫，自閉症兒童則一直延續至五、六字階段才消失（靳洪剛，民 83）。

在構音方面固然有少部分自閉症兒童的發音準確、咬字清晰；但大多數均有語音單調且缺乏感情的表達，其速率、韻律節奏及品質異於正常兒童且發展較遲緩。

(二)語法

除上述的代名詞誤用之外，Tager-Flusberg（1981）認為自閉症兒童的文法規則能力與身心發展遲緩者、精神分裂症者及發展性失語症者相似（引自 Tiegerman, 1993）。Bartolucci, Pierce, Streiner，和 Epple（1976）指出其動詞變化使用有困難（如過去式、現在進行式等），而在冠詞、介系詞、助詞方面也有運用缺陷（引自林寶貴，民 83）。如 Menyuk（1964）發現自閉症兒童的複雜句比同齡的正常兒童少，較少用關係子句或連接句子的連詞（引自靳洪剛，民 83）。至於其不均等發展現象可以從其書寫的構句能力優於或劣於口頭的構句能力說明（Windsor, 1994）。

(三)語意

由於自閉症兒童無法分類與組織概念經驗以發展為語言結

構，故只能證明物體（理解物體名詞）然無法了解物體間的關係且無法將真實世界的經驗轉換成語言結構及使用語意策略（Tiegerman, 1993）。故在現實情境中，常見自閉症兒童只能片斷理解他人談話內容，對於高度抽象語言則很難理解內容（曹純瓊，民 83）。

　　自閉症兒童語彙的獲得與正常兒童無質的區別，但語彙的獲得很慢（靳洪剛，民 83）。Williams（1992）亦有相似的研究發現，並發現自閉症兒童獲得的語彙詞類以名詞為最多、次為修飾語；此結果與 Nelson（1973）、Benedict（1979）、Goldfield 和 Rezmick（1990）等發現以獲得 50 個語彙的正常幼兒以名詞最多、動作語次之結果不全然相同，Tager-Glusberg（1990）分析六名自閉症兒童詞類分布多寡順位與正常幼兒一樣，然 Gillham（1990）研究道恩氏症幼兒結果支持其研究：名詞居首位、次多的是修飾語（引自 Williams, 1990）；不過由於二者的研究樣本少，自閉症兒童的語彙、詞類之獲得多寡的順位仍有待進一步的研究證明是否與一般正常幼兒相異。

㈣語用

　　Syder（1976）、Skarakis 等（1982）、Rowan 等（1983）對自閉症兒童交際能力的研究指出其語用發展較為遲緩但無缺陷（靳洪剛，民 83）。不過，Tiegerman（1993）認為自閉症兒童有嚴重的語用障礙，部分癥結是在於未發展溝通功能，因之使其社交互動與溝通的交互關係受限，未能如正常兒童般利用社交情境促進語用的發展，而是以儀式化行為做為互動的方式。Wetherby 和 Prizant（1992）進一步指出自閉症兒童並非無溝通、無互動，而是因其社會認知的限制導致獲得溝通出意圖與傳統溝通手段的困難，因之採取如回響語言等奇異且非傳統的溝通方式。

五、語言溝通能力影響未來發展

　　據長期追蹤調查顯示自閉症青年確實與一般青年相同，亦歷經青年期的發展過程身心發展上雖仍自然成長，然而由於自閉症狀就像慢性疾病一樣，其社交、概念、語言及強迫性等困難在型式上依舊停留在兒童階段且經常持續著，只是和以前的表現相當不同而已（蔡逸周，民 82）。Windsor 等（1994）進一步指出其語言能力在青春期階段與其他技能會有停滯或惡化現象。故其治療效果因個人的語言能力與智能等的不同而有極大的差異，故多數自閉症兒童的未來發展並不樂觀，以下僅就語言能力影響未來發展情形敘述之。

　　自閉症兒童的未來發展與語言能力的獲得確有密切的相關。多數研究顯示五歲以前獲得有用的語言能力則其未來發展良好。上出弘之與伊藤隆二（1981）根據臨床經驗指出學齡前的自閉症幼兒能夠使用二語詞表達要求如「媽媽、果汁」、「給開水」、「買冰」等，則其未來發展頗為樂觀。此外，據野村東助等（1992）分析十名自幼兒期至青年期一直持續接受其指導的案例，發現自閉症兒童可以根據口語能力的有無程度預知其未來發展：七名無口語者中需要支持就業的有二名，住入殘障機構的有五名；有口語者一名回歸社區工作，二名在庇護性工廠工作。語言能力的獲得與能否回歸社區及是否能與一般大眾有所互動實有極密切的關聯，故語言溝通能力實可為自閉症兒童是否有良好的未來發展之指標。

肆、結語

　　美國學者 Wing（ 1977 ）、Rutter（ 1978 ）等人曾指出語言和溝通障礙是自閉症兒童的基本症狀（ 引自永測正昭，1980；野村東助，1992 等 ），是諸多障礙中最難改善與治癒的領域（ 阿部芳久，1991；野村東助，1992；西村辨作，1987 等 ）。語言和溝通能力特徵常被視為診斷自閉症兒童的基準之一。其發展過程較之正常兒童遲緩且不按一般正常發展順序，亦與其他身心發展障礙兒童相異；「折線型發展過程」是其獨有的特徵。語言和溝通的障礙程度與未來發展成正比，程度越嚴重者，其未來發展情形也越差；語言的有無對未來發展有極大的影響（ 小林重雄、彬山雅彥，1988；野村東助，1992 等 ）。有 50％的自閉症兒童從未獲得有用的表達能力；始語期長而難以捉摸，五、六歲以後若未獲得語言則終生無語的可能性極大，機能正常或者接近正常水準的自閉症兒童亦只能達到五歲正常兒童的語言水準，其語言形式的發展遲緩外，亦有發展不均衡現象。此外，「折線型發展過程」、缺乏自發性溝通、特有的回響語言、代名詞誤用、單調語音、遲緩發展及異常的語用、語意及語法等均是自閉症兒童不同於其他身心障礙兒童的語言和溝通能力特徵。

參考文獻

上出弘之、伊藤隆二（1981）：**自閉傾向のある子ども**。東京：福村。

小林重雄、杉山雅彦（1988）：**自閉症兒のことばの指導**。東京：日本文化科學社。

中野清（1980）：**發達遲滯兒の言語發達とその診斷**。東京：文部省科學研究費特定研究(1)「**言語**」**天野班研究報告**，1-13。

石井高明（1991）：幼兒期、學童期の行動特徵。**こころの科學**，**37**，44-49。

永渕正昭（1985）：**言語障害概說**。東京：大修館。

西村辨作、水野真由美、若林慎一郎（1978）：自閉症兒言語獲得についての縱斷的研究。**兒童精神醫學とその近接領域**，**19**，269-289。

阿部芳久（1990）：無語言自閉症兒に對する文字を媒介とする聲音言語形成。**聽覺言語障礙**，**20**(2)，59-68。

清水康夫（1992）：初期症狀──乳幼兒期兒の徵候。**こころの科學**，**37**，38-43。

野村東助、伊藤英夫、伊藤良子（1992）：**自閉症兒の言語指導**。東京：學苑社。

黑丸正四郎（1983）：自閉症の「ことば」について。**音聲言語醫學**，**24**，165-170。

梁秋月（民79）：**自閉症、智能不足與正常學齡前兒童溝通行為之比較研究**。國立臺灣師範大學特殊教育研究所碩士論文。

曹純瓊（民83）：**自閉症兒與教育治療**。臺北：心理。

靳紅剛（民 83）：**語言發展心理學**。臺北：五南。

蔡逸周（民 82）：**自閉症的病因**。自閉症特殊教育國際研討會。臺北：國立臺灣大學醫學院附設醫院兒童心理衛生中心，27-33。

Prizant, B. M., & Duchan, J. F. (1981). The functions of immediate echolalia in autistic chilkren. **Journal of Speech and Hearing Disorders, 46,** 241-249.

Prizant, B. M., & Rydell, P. (1984). An analysis of the functions of delayed echolalia in autistic dhildren. **Journal of speech and Hearing Research, 27,** 183-192.

Stone, W., & Coro-Mastinez, C. M. (1990). Naturalistic of servations of spontaneous communication in autistic children. **Journal of Autistic & Developmental Disorders, 20,** 437-453.

Tiegerman, E. (1993). **Language and communication disorders in children** (3rd ed.). New York: Macmillan.

Williams, T. I. (1993). Brief report: vocabulary development in an autistic boy. **Journal of Autism and Development Disorders, 23** (1), 185-191.

Windsor, J., Doyle S. S., & Siegel, G. M. (1994). Language acquisition after mutism: a longitudinal case study of autism. **Journal of Speech and Hearing Reserach, 37** 96-105.

Wetherby, A. M., & Prizant, B. M. (1992). **Facilitating language and communication in autism assessment and intervention guidelines: Autism identification, education, and treatment.** New Jersy: Lawrence Erlbaum Associates, 107-134.

另一點不同的聲音：再談感覺統合治療

◆姚開屏◆

　　筆者去年（民 85）八月自美國返國任教，某日在一位老師門口外公布欄上，發現國立台東師範學院初等教育系曾世杰副教授刊登於「特殊教育季刊」上的一篇文章——「談感覺統合：一點不同的聲音」（民 84）。文章中曾副教授就目前台灣醫學界、教育界對於「感覺統合」的發展現象提出中肯的質疑，筆者閱畢此篇後心有所感，希望藉由筆者不同的學習背景，從第三者的角度來發表「另一點不同的聲音」。筆者大學主修職能治療，出國先取得職能治療碩士學位及美國職能治療師執照，後轉為修習統計及心理碩士，最後取得心理計量（psychometrics）的博士學位。筆者出國進修前曾參與台北市教育局支持在數個國小進行的感覺統合療效研究計畫（研究報告見羅鈞令、姚開屏，民75），因此對感覺統合的理論與治療也有所涉獵。筆者去國多年，在返國任教後漸了解目前台灣在感覺統合治療方面發展的蓬勃現象，頗感驚訝與憂心（容筆者後述），因此也能了解曾副教授及部分特教界人士對感覺統合治療效果的質疑。筆者願藉此機會再談一談與感覺統合相關的話題。

　　「感覺統合」（sensory integration）觀念的形成最早起源於 1920 年代，當時研究人員從神經生物發展的角度，來觀察中樞神經系統自我組織的過程。而後 Hebb（1949）的研究發現哺乳類的腦部隨著感覺與動作系統的交互作用，塑造及組織了神經

系統的連結，並進而發展出有功能性的行為（例如：思考、知覺、觀念構成等）。這種神經系統的塑造及組織的過程，是環環相扣的持續進行：前一步的過程影響了下一步訊息的傳遞，進而決定了與外界互動的行為方式。因此感覺統合在正常哺乳類中樞神經系統自我組織的發展過程中，扮演著極為重要的角色，特別是早期的感覺與動作的經驗會影響人們對環境的認知。由 Hubel 與 Wiesel 於 1960 年代在此方面研究，於 1981 年獲得了諾貝爾生理／醫學獎（UPI, 1981），可反應出感覺統合對中樞神經發的重要性。

　　Ayres 應用了前人的發現，並配合自己在臨床方面的經驗及研究，提出「感覺統合的失調導致長期甚至永久性的功能異常」的假說（1972），並設計治療性活動。Ayres 認為許多兒童或甚至成人的功能異常，乃源於中樞神經的感覺統合及組織失調，此失調會有惡性循環累積的效果。因此她的感覺統合治療法建議提供感覺統合功能異常者，選擇性及治療性的正常感覺刺激，使得中樞神經系統的組織及發展趨向正常，中樞神經系統正常的回饋循環（feedback loop）得以建立。也就是說因為中樞神經正常的組織及發展有賴於有意義的功能性活動（functionally meaningful activity），所以可提供適當的感覺刺激及要求合宜反應（adaptive response）的產生，以促進大腦感覺統合功能正常的發展。依據此，我們可以了解在設計感覺統合治療性的活動上，需要對中樞神經系統的發展過程有足夠的了解，並且對個案的個別問題有足夠的認識，才能正確的設計出適當的治療性活動；否則一知半解、依樣畫葫蘆所自認為的治療活動設計，並不見得能帶給個案益處，甚至可能有害。事實上，Ayres 的假說呼應了 Hubel 與 Wiesel 在感覺統合方面的研究，其治療構想也符合當年頒發諾貝爾生理／醫學獎的委員會對「感覺統合失常應可提供治療性的修復」的認知（UPI, 1981）。

　　曾副教授於文中提到「美國特教界對此（感覺統合）討論不多這個事實看來，Ayers 於美國創始的感覺統合理論，二十多年來，似乎一直沒有成為特殊教育的主流」。筆者認為這個現象並不奇怪，因為感覺統合治療所涉及的是一個醫療問題，而不是特教問題，而醫療或特教的專業領域各有各所關心的不同話題。曾副教授所描述的現象其原因不在於感覺統合治療本身的好或壞所造成，而在於美國從事感覺統合治療的人員需要有醫學（特別是神經生物方面）的知識，並且需要經過感覺統合施測及治療計畫制訂方面非常嚴格及完整的再訓練，才可取得資格，在學校或醫療單位篩選有感覺統合問題的學童，並針對他們的問題分別設計適合的治療計畫。因此一般特教人員沒有從事感覺統合治療是可以理解的。據了解，在美國各級學校中，從事特教的老師與從事醫療的治療人員，其專業職責的分工是非常清楚的。

　　由此觀之，筆者不禁為國內感覺統合方面的發展感到憂心。若是參照美國的標準，目前國內從事感覺統合治療的合格人員或具有醫學背景的人員，實不足以應付廣大的市場需求。一些缺乏專業訓練的坊間人士或學校的老師及助手，在環境的配合下（例如：感覺統合教室的成立），也開始從事所謂的感覺統合治療。在非專業人士眼中，感覺統合治療或許也不過只是提供參加者一些好玩的活動，或盡可能的給予參加者各種類型（但未經適當選擇）的刺激罷了。這些人所謂的「感覺統合治療」，其實更適合被稱為「遊戲活動」或「運動」，而不是當初 Ayres 所發展出的感覺統合治療。因此筆者為「感覺統合治療無效說」的問題並非出自 Ayres 理論的適當性，而是涉及從事治療的人員是否能正確地評估出有感覺統合問題的人（即是診斷方面），及是否能對症下藥針對個別問題提出有選擇性的治療活動（即是治療方面）。任何一個環節有疏失皆可能會導致所謂的「感覺統合治療無效說」，故任何一個環節，受過專門訓練的專業治療人員的參

與是非常必須的。不過目前教育單位似乎沒有察覺這種治療方式是屬於醫療的範圍，需要有專門醫療訓練背景的人才可從事，而在各學校撥款廣設感覺統合教室，卻沒有足夠的合格治療人員配合，這種治療結果對真正有感覺統合問題的學童造成的傷害（例如：使用了不適當的活動刺激），恐怕不只是治療本身有效或沒效的問題而已。

　　除了醫學訓練的因素外，Cool（1995）也提出三種感覺統合還未被廣用的可能原因：

　　一、感覺統合治療是一項非常新的方法，新方法一開始常會被人誤解及誤用。例如：一些非專業人員主持的治療機構，會任意使用大量感覺刺激而以為是感覺統合治療。

　　二、感覺統合治療是神經失調過程的一種治療性支持（therapeutic support）的方法，而非一般性補救、取代教學的方式，它主要更強調於中樞神經失調的過程（process）的層面，而非行為表現的結果（outcome product）層面。通常，對「過程」的研究要比對「結果」的研究難，因為研究者不能直接觀察到「過程」；他需觀察「結果」的變化以「推論」出「過程」，而推論常容易產生各種誤差。另外，強調以過程為主的治療方法通常需花較長的時間來證明其效果，故在臨床的應用上較慢。

　　三、現今的趨勢是要求每個新的治療方法皆要受到「科學性」的考驗，否則此治療方法無效。然而目前的科學發展也不見得能解釋一切所觀察到的現象，而臨床的發現又常在科學性的證實之前。因此可能會有雙方看事情的層面不同現象產生，結果有可能會如同瞎子摸象，大家站在不同的層面觀察同一事物，卻有不同的結論。這實在仍是一種迷思（myth）！

　　筆者認為當初推廣「感覺統合」治療的醫療人員的原意應該是好的。他們推廣介紹感覺統合的觀念，使大家了解造成學習困

難的因素。除了傳統熟知的因素外，或許該考慮學生有感覺統合方面的障礙，可以使用感覺統合治療來幫助他們改善學習方面的困難。然而筆者懷疑原先正確的觀念，由於推廣者無心或經由大眾媒體穿鑿附會的報導後，失去其原來的意義。經由通俗性報章雜誌的大量介紹，社會大眾對感覺統合治療存有過多的期望及誤解，造成感覺統合治療在台灣的發展，儼然已有成為新的流行玩意的傾向。家長們深怕自己的孩子輸在起跑點上，將感覺統合治療當成音樂或語文補習一樣，使得感覺統合治療在台灣朝通俗性的方向發展，因而一方面造成有些人誤解感覺統合治療為解決諸多學童問題的依歸，另一方面也造成有些人視感覺統合治療為眾多兒童活動或運動的項目之一，以至於造就出許多名為感覺統合治療，但實為遊戲活動的非專業治療單位。究竟這些被家長懷疑需要接受感覺統合治療的孩童是否真是有感覺統合的「問題」呢？事實上，真正有感覺統合問題的學童才需要接受特別的「治療」，而因為環境缺少活動空間等因素所造成的假性或暫時性部分感覺統合失常等問題的學童，只要假以時日提供足夠的一般活動及輔導，也大多數能改善。如今社會大眾對感覺統合不適當的期待與誤用，間接造成了部分社會人士對感覺統合治療效用的質疑，這種結果實際上對一個可能還算不錯的治療方式造成的傷害遠比利益還大。筆者期望社會大眾及參與治療的人員在熱衷於感覺統合治療的同時，也能了解此治療方法有適用範圍；也就是此方法是針對真正有此問題的學童，從最基本深層的方式來改善中樞神經的協調與組織，進而協助改善學童的學習及行為問題。它不是治療百病的萬靈丹。另外，需要接受此種治療的學童，需要在合格的醫療人員仔細地評估下被篩選出來，醫療人員並針對個人的問題設計治療活動，並隨時注意學童的反應，適當地控制活動的方式及感覺刺激量，以協助真正有感覺統合問題的學童改善問題。

曾副教授的文章源自 Hoehn 及 Baumeister 的研究（1994）。此研究對感覺統合治療效果持否定的看法。在此僅提出 Cool（1995）在「感覺統合季刊」中，對 Hoehn 及 Baumeister 的研究所做的評論以供讀者參考。此研究的第二個作者 Baumeister 與同事於 1988 年在美國心智障礙期刊（American Journal on Mental Retardation），對感覺統合治療於智能不足的學童身上的效果也發表了類似的研究報告（Arendt, MacLean & Baumeister, 1988）。而在同一期的期刊中，有七位在美國及澳洲於職能治療、感覺統合治療及研究方法學方面的學者，針對 Arendt 等的研究分別提出了詳實的反駁（Burns, el al., 1988）。這些學者從各方面提出評論，其中有學者甚至對 Arendt 等的文章所犯的毛病，如缺乏知識及草率的錯誤、斷章取義、扭曲事實、缺乏學術真理精神等方面，列舉出三十幾條的評論。這七位學者中有一位筆者特別感興趣，因為他（Ottenbacher）正是筆者以前在美國威斯康辛州唸職能治療碩士時的指導教授。Ottenbacher 博士擁有職能治療及物理治療雙學士學位，以及特殊教育碩士及博士學位，目前他是德州大學醫學分校相關醫療科學院的院長。他在職能治療領域中的研究（特別是兒童領域及研究方法學方面）倍受尊崇，而他所發表的研究刊登遍於臨床醫學、心理、教育、職能治療及物理治療等專業期刊中。

在 Cool 的評論中，他嚴厲地直言指出 Hoehn 及 Baumeister 在 1994 年的報告中，仍出現與 1988 年報告中同樣類似的學術問題，報告呈現個人的偏見，缺少學術誠篤與責任。Cool 特別指出 Hoehn 及 Baumeister 的報告：

• 選擇性地從眾多感覺統合療效的研究中，挑選沒有發現療效的研究，而捨棄許多支持感覺統合治療的研究。Daems（1994）亦曾針對 Hoehn 及 Baumeister 選用的研究及現存的眾多研究果做分析，而認為 Hoehn 及 Baumeister 是有目的性的選

擇研究對象，企圖掩蓋事實。

●將評論焦點只集中在感覺統合理論中有關「前庭視覺反射」（vestibulo-ocular reflex）及「旋轉後眼球震顫」（post-rotary nystagmus）方面。事實上了解感覺統合理論及治療的人都曉得，這個項目只是偵測感覺統合失調的方法之一，在診斷及治療上還需考慮其他眾多的測驗結果。

●扭曲解釋研究統計結果。Cool 列出作者所提到的一些研究，包括 Law 等人（1991），Polatajko 等人（1991），及 Wilson 等人（1991）的原文，而明 Hoehn 及 Baumeister 錯誤引用或錯誤解釋原作者的意思。例如：Wilson 等人的研究結論是：「經過六到十二個月的感覺統合治療或個人教學發現，兩種方法在改善學童的學業能力上皆有幫助，而對學童學業能力的改善程序彼此間沒有顯著的差異」。另外，Polatajko 等人的研究則發現「感覺統合治療或知覺動作（perceptral-motor）訓練皆對改善學習障礙學童的學業及動作方面有同等統計上顯著的效果，……，對感覺統合療效在做更明確的結論前，需有更多的研究」。依據此，充其量我們只能結論說感覺統合治療並不比其他方法來的更有效；然而很遺憾的，Hoehn 及 Baumeister 卻斬釘截鐵的結論說：「目前的研究結果足以讓我們確認感覺統合治療效果不僅未經證實，而且對學習障礙及其他障礙的應用上，可說是無效的、原始或多餘的補救治療」。

筆者無意在此與支持或反對感覺統合治療的人做更多的爭論，筆者的目的僅是提供資料讓讀者自己評斷。事實上，從感覺統合的學理來看，感覺統合治療好比蓋房子，先打好學習的基礎，有了好的根基才能往上加蓋磚瓦。而感覺統合的治療成效需要有效的配合特殊教育的設計，才能在學童學業成就表現上充分地發揮其功效。一個有感覺統合問題的學童，若不先解決根本的感覺統合障礙，而只給予一般特殊教育計畫，則補教效果也是有

限的。也就是說，對一個有感覺統合障礙的學童而言，感覺統合治療與特殊教育計畫是可以相輔相成、互相配合的。至於如何有效的配合二者，其間的機轉如何，則有待雙方學者的合作研究。筆者之所以認為其間的機轉值得研究，是因為從心理學的角度來看此問題，認知心理學者一般人類認知的歷程已有某種程度的了解，教育界老師們參照此認知歷程而設計出的教學計畫，或可用於一般的學生，而需要特殊教育或有學習障礙的學童的認知歷程是否真的如同一般人呢？這些都是值得我進一步的探討。另外一項值得進一步研究的方面則與筆者的興趣「心理計量與測量」有關，這是因為即使是目前國內有正規訓練的感覺統合治療人員，也多半使用從西方翻譯過來或自創的篩選、評估工具。就我從學心理計量與測量的角度來看，如此的方式在工具使用的信度及效度、常模的建立、施測的標準化及計分的準確性方面，都可能存在著潛在性的問題，為了能更清楚的釐清感覺統合的療效，感覺統合篩選及評估工具本土化的研究是必要且急迫的。

綜觀過去各界對感覺統合療效的探討，筆者認為「感覺統合的治療效果」及「感覺統合治療與特殊教育計畫的配合性」等問題，仍是值得繼續研究的課題。筆者遂建議醫療界、心理學界、教育界及學生家長可配合一起來從事一項大規模的整合性研究。這種研究的設計恐怕需要非常精細的規畫，因為這種研究涉及多個學術領域，而各領域彼此間的影響又較難被完全劃分清楚。然而此研究有其必要性，畢竟教育當局、各相關學界以及學生家長們真正關心的，是尋找出一個能幫助有學習障礙的學童最有效的治療與補教方式，這研究或許會發現使用單一的治療方法即可達到補救的目的，又或許會發現需要連合幾方面的治療方式才能將功效發揮至極致，這一切都需要有周密的研究才能找出答案。因此我在此呼籲醫療界、認知心理及心理計量學界以及特教界能彼此合作研究，從最根本的研究問題開始著手。另外，也期待國內

各級醫療單位、教育主管單位以及國科會，能對此類影響深遠的研究給予支持，並有長遠性研究計畫的規劃。最後，筆者願藉此機會呼籲國內不管是醫療界、教育界或傳播界，都要負起教導民眾、提供正確資訊的責任，以免誤導大眾，如此才為大眾之福。本篇承蒙以下人員提供意見或資料，謹在此致謝：

　　台大職能治療系羅鈞令及曾美惠副教授；台大心理系胡志偉教授、陳淑惠講師及博士班研究生姜忠信；長庚醫學暨工程學院職能治療系孟令夫講師；台北榮民總醫院精神科職能治療師施杏如小姐。

參考文獻

曾世杰（民 84）：『談感覺統合：一點不同的聲音』。**特殊教育季刊，55**，10-12。

羅鈞令、姚開屏（民 75）：**學習障礙兒童感覺統合治療之研究**。台北市政府教育局研究計劃。

Arendt, R. E., MacLean, W. E., Er., & Baumeister, A. A. (1988). Critique of sensory integration therapy and its application in mental retardation. *American Journal on Mental Retardation, 92*(5), 401-411.

Ayres. (1972). *Sensory integration and learning disorders.* Los Angeles: Western psychological Service.

Burns, Y. R., Cermak, S. A., Clark, F., Primeau, L. A., Dunn, W., Kimball, J. G., Ottenbacher, K. J., Arendt, R. E., MacLean, W. E., Jr., & Baumeister, A. A. (1988). Commentaries on Arendt, et al. *American Journal on Mental Retardation, 92*(5), 412-429.

Cool, S. T. (1995). Does sensory integration work? *Sensory Integration Quarterly, 23*(1), 1 & 5-9.

Daems, J. (1994). *Reviews of research in sensory integration.* Los Angeles: Sensory Integration International.

Hebb, D. O. (1949). *The organization of behavior.* New York: J. Wiley & Co.

Hoehn, T., & Baumeister, A. (1994). A critique of the application of sensory intergration therapy to children with learning disabilities. *Journal of Learning Disabilities,*

27(6), 338-350.

Law, M., Polatajko, H. J., Schaffer, R., Miller, J., & Macnab, J. (1991). The impact of heterogeneity in a clinical trial: Motor outcomes after sensory integration therapy. *Occupational Therapy Journal of Research,* *11,* 177-189.

Polatajko, H. J., Law, M., Miller, J., Schaffer, R., & Macnab, J. (1991). The effect of a sensory integration program on academic achievement, motor performance, and self-esteem in children identified as learning disabled: Results of a clinical trial. *Occupational Therapy Journal of Research, 11,* 155-176.

United Press International (1981). *Nobel Prize in medicine is awarded, shared by 3.* UPI Press Release, November 7.

Wilson, B. N., Pollock, N., Kaplan, B., & Law, M. (1991). The efficacy of sensory integration treatment compared to tutoring. *Physical and Occupational Therapy in Pediatrics, 12*(1), 1-36.

四／輔導與復健

「非嫌惡行為處置」對智障者問題行為處理之運用

◆洪儷瑜◆

壹、前言

　　五、六十年來，運用學習原則的「行為改變技術」（behevior modification）或「應用性行為分析」（applied behavior analysis）一直是處理智障者的問題行為主要方法，其中以懲罰（給予嫌惡的刺激，如電擊）和隔離（剝奪喜愛的刺激，如限制行動）為常用的策略了，不少研究文獻證實了這些策略的確能成功地減少問題行為的頻率，或成功地由另一適當行為取代問題行為（Iwata et al., 1990）。然而，近十幾年來，這種對智障者實施「厭惡式的行為處置」（aversive behavior intervention）之適當性開始受到懷疑，Meyer 和 Evans（1989）兩人反對傳統的嫌惡式處置，強烈主張採取「非厭惡式的行為處置」（non-aversive behavior intervention）。Meyer 和 Evans 提出六項主要的理由來支持非厭惡式的行為處置：

　　• **較人性的**：傳統厭惡式的處置行為方式，有如馴獸師對待動物般，給予電擊，捏搖，或噴射阿摩尼亞水等，而忽略了智障

者的人性尊嚴，也許有人認為重度智障者完全沒有自控能力，有的比動物還不如，只有馴獸師的方法才有效。當然，這種想法目前已站不住腳了，因為，我們發現智障者的行為表現，常會受教養人員態度的影響，當教養人認為他們是無能的，他們就會表現得無能，若智障者被視人教養，他們的表現就會像人。由於智障者的生活品質已逐被重視，因此，給予智障者人性的待遇因而受重視。

• **具社會意義**：由於社會對人權的意識愈來愈高漲，傳統忽視人權的厭惡式的處理已不符合社會意義。

• **有效的**：傳統的厭惡式的處置雖被證明其處理效果，而且教養者也反應效果雖立即出現，但也被發現其只能治標，往往研究個案時只報告被處理的行為減少了，而此行為的減少，卻代之另一個問題行為的出現或增加的現象卻未見於研究報告中，而對教養者而言，問題仍是存在的。異於厭惡式的處置只治標不治本之效果，非厭惡式的處置強調治標又治本，相較之下，後者是較具效率的。

• **合法的**：傳統的厭惡式的處置牽涉到觸犯傷害罪或公開侮辱罪之罪名（參考刑法），在美國各州已法令限制學校或機構在未被允許的情況下，不准對智障者甚或有行為異常者實施傳統的嫌惡式的行為處置行為方式。因此，非嫌惡式的行為處置可保障行為處理方式之合法性。

• **較符合實際需要**：傳統嫌惡式行為處置常需要在訓練過程隨時實施，才能發生效果，因為基於行為改變技術的立即增強原理，如此一來，常影響行為者日常生活學習及生活作息；然，非嫌惡式處理方法可將改變問題行為的計畫融入行為者日常生活的訓練目標中，智障者在嫌惡式行為處理計畫只會受到限制，對其學習毫無好處；而在非嫌惡式行為處置強調以行為學習原理來教導行為者適當行為，以取代不適當的行為，較能符合實際需要。

• **對智障者有正向的態度**：當智障者表現出怪異的行為，如自傷或攻擊，常被誤為異常行為是智障者的特徵之一，一般人忽略了智障者也和一般人一樣，也會有焦慮，恐懼或不適應的時候，因此他們也會和智能正常的人一樣出現不適應的行為。當異常行為出現時，乃表示他們（智障者或智能正常者）的生活適應上出了問題，需要專業的協助。然，嫌惡式的處置施以厭惡的處置更加深入對行為問題者的誤解，與對智障者之恐懼或害怕，例如認為所有智障者都會打人；相對的，非嫌惡式行為處置提供一個對行為者尊重的態度，對行為的改變以較正向的態度，這有益於改善一般人對智障者的錯誤態度。

貳、問題行為形成的功能

所謂的「非厭惡式的行為處置」是指混合運用不同的增強和消弱的方法；為了達到真正消除問題行為，就必須找到維持或促進問題行為之情境的正確假設，換言之，即是確定問題行為的功能或動機（Iwata et al., 1990）。Iwata 等三位學者（1990）指出雖然不少文獻證實很多智障者的問題行為都是由生理因素引起的，然而 Carr（1977）在基本或應用性的研究上發現多數智障者的問題行為仍是一種學習的結果。Iwata 等三位學者（1990）指出問題行為可分成三種型式的學習結果，環境正增強（environmental positive reinforcement）、環境負增強（environmental negative reinforcement）、和自動增強（automatic reinforcement）。

環境正增強係指問題行為的出現受到外界的正增強，例如教師可能對不適當的行為給予注意力，雖然並不一定每次都給予注意，或是給予正向注意力，但對於易被忽略的智障者，間歇性的

提供注意力已足夠維持智障者的不適當的行為表現了。Iwata 等人（1990）也提出二個理由解釋為什麼智障者容易由環境正向增強的型式養成問題行為反應，除了由於智障者只有少數的適應行為可以得到他們周圍人的注意力之理由外，另外，智障者往往只有少數的機會可獲得周圍的人之注意力，因此他們的適當行為往往無法獲得適度的外界增強而持續表現，所以智障者就較易學到以不適當的行為得到正增強。

環境負增強係指不適當的行為可以獲得逃避或免除不喜歡的事件之結果，因此，問題行為受到負增強而持續表現。多數的智障者往往較無法容忍不喜歡的事件或情境，而且他們也不知如何適當的表示拒絕之意，因此，他們容易運用不適當的行為，如哭鬧、自傷、打人等行為，來迫使外界結束厭惡的事件或情境，事實證明教師或教養者也往往在智障者出現這些不適當行為時，即中止當時的事件，因此智障者學會了在厭惡的刺激出現時持續地表現出這些不適當的行為免除自己的厭惡。由於多數智障者均有溝通技巧的缺陷，而且在他們的生活中往往只有有限的機會可以讓他們表達意願或決定自己的選擇，這些特質使智障者容易由環境負增強養成問題行為。

自動增強是第三種智障者養成不適當行為的學習過程，它也稱為「自我刺激」（self-stimulation）、「固板化行為」（stereotype behavior）、或「習慣性的動作」（mannerisms），這些行為本身的出現對行為者而言就是一種增強，也就是史基納（Skinner, 1969）所說的「自動增強」（automatic reinforcement），智障者或自閉症患者常出現自動增強形成的不適當行為，如搖晃身體或自傷等。Iwata 等人（1990）認為因為智障者常有很多獨處或與外界隔離的時間反不知該做什麼而顯無所事是，由於他們的能力限制，他們也常無法如一般人般由外在環境獲得刺激之滿足，在這種情況下，他們就容易利用自己的行為來

滿足自己的需要，而養成自動增強式問題行為。

叁、功能分析的運用

　　功能分析（function analysis）乃是運用來確定問題行為對行為者所產生的功能，以便能針對這種不適當的功能，運用行為學習理論設計行為處置的計畫。相同的行為在不同的行為身上可能具有不同的功能，例如甲的攻擊行為可能來自環境正增強，在於得到大人的注意力，因此，區別性增強其他行為（differential reinforcement of other behavior, DRO）策略對甲的攻擊行為會有效果；但在乙的身上，乙以攻擊行為來免於他人拿走他的玩具（環境負增強的結果），DRO 策略就不會有效果了。因此，非嫌惡式的行為處理除了需要了解問題行為發生的基本資料外，更重要的是運用「功能分析」確定問題行為的功能。

　　Iwata 等人（1990）列舉三點運用「功能分析」的好處：

　　• **可提供以增強策略改變行為之處理計畫更正確的資料**。因為功能分析需要包括收集行為發生的事項、增強行為之來源、一般增強（general reinforcement）和特定增強（specific）的發生，以及與處理計畫不符合或相抵制的增強等資料，這些資料都有助於設計以增強為主的行為處置計畫，使增強的效果更好，因此，懲罰的策略運用機會就相對地減少了。

　　• **可協助發展一套系統化的行為處置計畫**。因為功能分析所提供的上述資料，不只是提供增強策略的方向，也可以了解不同策略的不同效果，因此，可以發展一套由最少介入（the least intrusive）到最多介入（the most instrusive）的不同層次之系統化行為處置計畫，這有助於處理行為問題之短、中及長期的計畫設計。

　　• **可助於發展更完整的行為處理計畫**。功能分析除了提供如
何運用增強策略去除問題行為，同時也顯示出行為者生活適應的
困難，因此，功能分析的結果可協助發展設計完整及長期維持效
果的計畫，避免嫌惡式行為處置之治標不治本的結果，完整及治
標又治本的計畫可以協助行為者解決適應上的困難，並維持長期
的效果。

　　Iwata 等人（1990）綜合現有的功能分析方法，而將功能分
析成間接評量、描述分析和系統化操作等三種方法。

一、間接評量（indirect assessment）

　　間接評量主要是由熟識行為者之行為的第三者來敘述行為者
的問題行為之發生，這種方法實施起來比較容易，而且也省時省
力，但由於透過第三者主觀的意見評量，其可信度和正確度令人
懷疑。目前間接評量的實例有三種：

　　第一種是美國 O'Neill 等人（1989）所設計的「功能分析訪
問表」（Functional Analsis Interview Form），此表於民國
八十年台灣師大暑期特研所中學班一年級學生曾在筆者的指導下
共同翻譯並印製成中文，名為「功能分析晤談表」，另外，雙溪
啟智文教基金會也於民國八十年夏邀請 O'Neill 到台灣進行研討
會時提供中文翻譯版本。

　　第二種是 A-B-C 問卷（Antecendents Behavior Consequ-
ences Questionaires），主要由第三者說明行為發生前的情境
（也稱前事，antecendents，簡稱 A），行為發生的形態（beh-
avior，簡稱 B），和結果（consequences，簡稱 C），Sulzer
Azaroff 和 Meyer（1977）的 A-B-C 問卷即是此例，惟在國內
尚未見中文修訂及運用。

　　第三種是由第三者在已設計好的題目加以評量，Druand

（1988）所設計之「動機評估表」（Motivation Assessment Scale，簡稱 MAS）即是此例，筆者曾將此評量表修訂成中文在台使用，名為「問題行為功能性評量表」。

二、描述分析（descriptive　analysis）

描述分析主要是由評量者由直接觀察行為者在自然情境下所發生的問題，並做有系統的觀察記錄，描述分析可以比較客觀及真實地收集到行為發生的資料，但人力和費時上卻也顯得較不經濟，同時，描述分析有時不能夠觀察到被其他因素所掩住的不明顯因素或中介變項，例如用不同行為達到相同的功能，其中較少出現的問題行為或其中某一問題行為也被利用來達到其他的功能時，這些情況都是在有限時間的觀察評量所無法偵察得出來。相同地，描述分析也有三種運用範例：第一種是 O'Neill 等人（1989）所設計的「功能分析觀察表」（Functional Analysis Obserevation Form）；中文版詳見雙溪啟智文教基金會在民國八十年暑假之研討會講義。Touchette 等人（1985）所設計的「散佈圖表」（scatter plot），將行為的發生依所設計的變項之表格記錄，以看出行為和某些變項之間的特定趨勢。另外，筆者所設計「前後事件分析記錄表」也是一例，詳見表一。Bijon 等人（1968）曾建議進行描述分述時應包括下列步驟：

表一、前後事件分析記錄表—陳生的攻擊行為

學生姓名：陳××　　記錄者：洪儷瑜　　行為問題：攻擊

日期	時間	行為前事件	表現行為	行為後事件
10 月 2 日	9：10	上課鈴響甲生叫他進教室	罵甲丟石頭	甲逃入教室

10月2日	11：20	鄰座乙叫他不要動他的椅子	拉乙的領子打乙	乙回罵他
10月2日	2：10	玩躲避球時叫丙給他球，丙把球給別人	上前去打丙	丙告訴老師陳受罰—不准玩
10月3日	7：40	排長丁叫他交作業	拿本子丟丁	丁罵他把本子拿起來
10月3日	12：40	風紀股長要他安靜下來	罵風紀股長	風紀股長記名字
10月3日	1：30	教師叫陳起來，不要再睡了	不高興的罵三字經	教師要他站到外面

結論：1. 攻擊對象不同

　　　2. 行為結果不一致，包括有忽視、回應、處罰

　　　3. 行為發生情境之共同點—別人打擾他。

　①依行為的表現設計出一套可包括行為者的行為所有有關的變項之定義和類別之記錄系統。

　②發展出一套適合行為者行為的觀察方法，並設計適當的觀察單位（interval）和以觀察單位為準（interval-based）的觀察程序。

　③收集行為的客觀資料。

　④評估這套觀察方法的觀察者一致性（inter-observer reliaility）。

三、系統化操作（systematic manipulation）

　系統化操作主要是以實驗設計的方式來探討可能的問題行為功能和問題行為間之功能性關係（functional relationship），

其主要透過系統化和一再重複的實驗操作來得知問題行為的主要
功能。系統化操作和前二者方法相較之下，可以提供較客觀且較
明確的功能資料，但它在人力和時間上顯得不經濟，而且因為實
驗的操作，所觀察到的行為並不是在完全自然的情境下表現的，
因此，此法容易造成協助問題行為產生新功能的危險。所以
O'Neill 等人（ 1989 ）建議在使用系統化操作法之前，先利用前
面其他二種方法之一找到可疑的功能。筆者（ 1991 ）曾利用
Druand（ 1988 ）的「動機評估表」（ MAS ）發現一位智障者不
專注工作的可能動機是「逃避工作」和「要求注意」後，再利用
系統化操作確知「要求注意」為不專注工作之主要功能，詳見圖
一所示。

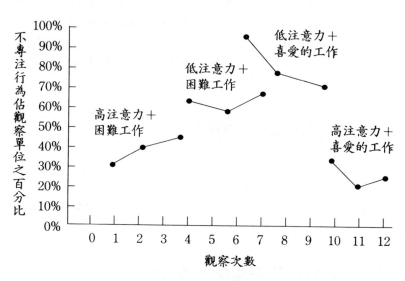

圖一、系統化操作研究智能不足男孩不專注行為的功能

肆、非嫌惡行為處置之設計

實施功能分析之後，所得之問題行為的功能可供行為處置計畫之設計參考。Iwata 等人（1990）綜合文獻所得分別對三種行為的功能提供行為處置策略。

一、針對正增強功能的行為

當問題行為主要在獲得正增強物時，當此行為出現不再給予增強或將行為者與增強物隔離是首要，另外，運用可區別性增強其他行為（DRO）或區別性增強替代行為（differential reinforcement of alternative behavior, DRA）；當智障者缺乏其他替代行為時，可能在運用 DRA 策略之前，需先教導替代的適應行為。

二、針對負增強功能的行為

當問題行為出現是為了逃避負增強物時，制止其因「逃避」所產生的正向效果或防範其「逃避」的發生是很重要的；另也可運用區別性增強替代行為（DRA）的策略或適度地減少負增強物之厭惡程度，如減少工作難度、增加抵抗力。

三、針對自動化增強功能的行為

當問題行為的產生主要是自我刺激的效果時，減弱問題行為產生刺激的效果或教導其他具有類似自我刺激效果的適當行為，

都可以減少這種問題之出現；但求長期效果而言，提供在物質或
社會精神生活上具豐富刺激的環境，以及協助減少環境中厭惡的
刺激是很重要的。

　　Meyer 和 Evans（ 1989 ）提出「非嫌惡式行為處置」計畫
應分短、中、長期計畫來處理才能達到治標又治本的效果，短期
計畫目標應著重根據功能分析結果所得之增強類型實施消弱
（ extinction ），必要時給予行為者立即的增強效果以協助其建
立新的行為模式；中期計畫則以教養其他替代的適應行為，並協
助行為者建立表現新的替代行為之習慣；最後的長期計畫的目標
則在解決行為者真正的困難，可以由環境和個人兩方面著手，以
行為者良好的生活適應為目標。如此以來，智障者不只獲得改善
其問題行為，同時，其生活適應能力和生活品質也獲得提昇。

參考文獻

Bijou, S. W., Peterson, R. F., & Ault, M. H. （1968）. A method to integrate descriptive and experimental field studies at the level of data and empirical concepts: *Journal of Applied Behavior Analysis, 2,* 31-37.

Carr, E. G. （1977）. The motivation of self-injurious behavior: A review of some hypotheses. *Psychological Bulletin, 84,* 800-816.

Durand, V. M. （1988）. Motivation assessment scales. In M. Hersen & A. S. Bellack （Eds.）*Dictionary of behavioral assessment Techniques.* New York: Pergamon Press.

Hung, L （1991）. *Identifying functions of inattending problems of a boy with moderate mental retardation.* paper presented in the 9th World Congress International Association for Scientific Study of Mental Deficiency, Gold Coast, Australia.

Iwata, B. A., Vollmer, T. R., & Zarcone, J. R. （1990）. The experimental analysis of behavior disorders: Meth- odology, applications, and limitations. In A. C. Repp, N. N. Singh （eds）*perspective on the use of nonaversive and aversive intervestions for persons with developmental disabilities,* Sycamore, Il: Sycamore Co.

Meyer, L. H., & Evans, I. M. （1989）. *Nonaversive intervention for behavior problems: A manual for home and community.* Baltimore, Md: Paul H Brookes pub-lishing Co.

O'Neill, R. E., Horner, R. H., Albin, R. W., Storey, K., & Sprague, J. R.（1989）. *Functional Analysis: A prac-tical assessment guide.* University of Oregon, Eugene, Oregon.

Skinner, B. F.（1969）. *Contingencies of reinforcement: A theoretical anaysis.* New York: Appleton-Century-Crofts.

Sulzer-Azaroff, B., & Meyer, G. R.（1977）. *Applying beh-avior-analysis procedures with children and youth.* New York: Holt, Rinehart, & Winston.

Touchette, P. E., MacDonald, R. F., & Langer, S. N.（1985）. A scatter plot for identifying stimulus control of problem behavior. *Journal of Applied behavior ana-lysis, 18* 33-351.

近三十年來對自閉症兒童行為治療法的研究

◆陳東陞◆

壹、六十年代對自閉症兒童行為治療方法的嘗試

　　自閉症（autism）兒童的行為，有許多獨特的特性，為各界所重視。研究與治療人員，為矯治其不良的行為，曾試行各種不同的治療方法，加以改變或戒除。如 Ferster（1961）曾採用行為分析法，加分析自閉症兒童的行為特性。Ferster and DeMyer（1961,1962）採用實驗行為分析法，以探討對自閉症兒童行為治療的效果。他們發現行為分析法可增進對自閉症兒童行為的了解。

　　Lovaas, Schaeffer, and Simmons（1965）; Bartlett, Ora, Brown, and Butler（1971）等氏，對自閉症兒童實施心理動力理論的治療法與藥物治療法的研究，結果發現有許多治療效果不佳的案例。後來改採行為治療法以治療自閉症兒童，結果發現效果頗佳。因此，行為治療應用於自閉症兒童行為的矯治遂受到重視。

　　若干學者曾進行其他的治療法對自閉症兒童治療效果的比較。Ney, Palvesky, and Markely（1971）曾從事精神分析治

療法與行為治療法效果的比較：Rutter and Bartak（1973），亦曾進行應用精神分析治療的教育方法，與在課程中設定課題的教育治療法兩種方法效果的比較研究，結果均發現對自閉症兒童，採用行為治療法，有較佳的效果。自此，結構性治療的教育方法受到重視，而行為治療法即扮演其中重要的角色。

　　自閉症兒童的行為表現，有許多不符合社會的規範與要求。因為缺乏社會性，不為眾人所接受，他們的行為中，許多係屬非社會性或反社會性行為。為此，研究與治療人員，均設法協助自閉症兒童發展能適應社會生活的社會適應行為，養成其從事社會生活的能力。因為自閉症兒童的社會生活與行為能力的發展，常不如普通兒童，其行為的訓練與養成，需循序漸進。Metz（1965）對自閉症兒童採「漸次接近法」，逐步教導，使自閉症兒童，經由模仿的過程，形成「類化性的行為」（generalized behavior）。這種方式，對自閉症兒童的訓練效果，根據 Metz 的報告，效果頗佳。

　　Lovaas, Schaeffer, and Simmons（1965）; McConnell（1967）亦曾採用漸次接近法，以培養自閉症兒童與人接觸及交流的社會行為，均有很好的成效。

　　如何培養與發展自閉症兒童的社會行為，以適應社會生活，為一重要的課題，學者與治療人員對此均甚重視。Ferster and DeMyer（1962）即曾應用增強的方法，以培養自閉症兒童的社會行為，運用連鎖性的策略，使其獲得語言與閱讀活動的技能，對自閉症兒童的語言與閱讀能力的發展，具有相當的功效。

　　為探討應用懲罰的策略對消除自閉症兒童的刻板及自傷行為的效果，Lovaas 等（1965）; Tate and Baroff（1966）; Risley（1968）曾採用懲罰的策略，來消除自閉症兒童的刻板行為及自傷行為等不良的行為。結果他們發現懲罰策略用於改善自閉症兒童的刻板與自傷行為，具有某種程度的效果。

Risley（ 1968 ）及 Brawley 等（ 1969 ）均認為在矯治自閉症兒童的過程中，兒童家長的參與，可發揮良好的效果。因為家長與治療人員共同參與治療工作，可增進「刺激的類化功能」。因此，他們曾經歷長時間訓練自閉症兒童的家長，使其成為共同的治療人員，在家庭中應用行為治療法，對其子女加以治療。他們另外訓練學校的教師，能有效的應用行為治療法，在教學活動及教室情境中，能應用於自閉症兒童。如此，教師與家長便成為治療自閉症兒童行為的人員，以增進自閉症兒童行為治療的效果。

對自閉症兒童特異行為的治療，需要賴治療人員、教師、家長及其他人員的共同參與，且需各種有效的治療方法與策略。自60 年代以後，有關自閉症兒童行為治療的研究逐漸增多，其對此類問題亦漸受人重視。

貳、養成自閉症兒童社會適應行為的治療法之研究

自閉症兒童所表現的行為，常是「非社會行為」（ non-social behavior ）。因此，如何教導自閉症兒童養成與表現社會的適應行為，為教師、家長及治療人員的重要工作項目。中野良顯（ 1981a, 1990 ）為訓練自閉症兒童養成社會適應行為，特別應用「非連續自由選擇試行的教學法」（ discrete-trial teaching format ）。其步驟為：

一、提示對兒童明確的指示。

二、應用立即增強的方式。

三、採漸次接近法養成兒童良好的行為。

四、即刻提示兒童良好行為的結果。

五、明確告知兒童符合期望的行為表現。

　　近二十年來，若干學者對於自閉症兒童養成社會適應行為，曾有不少的研究。內田一成（1993）曾列舉最近二十年來有關培養自閉症兒童社會適應行為的行為治療方法研究的資料，如表一。

　　其中，如 Koege and Williams（1980）採用「直接反應—增強物關係法」（direct response-reinforcer relationship）；McGee, Krantz, and McClannahan（1985）採行「偶然教學法」（incidental teaching procedure）；Koegel, O'Dell, and Koegel（1987）施行「自然的語言教學法」（natrual language teaching paradigm）等方法。茲簡述這些方法如下：

直接反應—增強物關係法（*Koegel and Williams, 1980*）

　　以 CA 4 至 6 歲，SA 4 至 4.6 歲 3 名自閉症兒童為對象。在兒童表現正確反應時，即刻給予增強物。如在「開盒子—得食物」的過程中，兒童打開盒子，即可得到食物，使「直接反應」與「獲得增強物」二者之間，形成密切的關係。藉增強物使兒童適當的行為，得到增強的效果。

偶然教學法（*McGee, et al. 1985*）

　　以 CA 6 至 11 歲，MA 3.5 至 5.7 歲 3 名自閉症兒童為對象，應用「呈現物品—引發語言」的方式，呈現某件物品於兒童面前時，引導其說話。如教導兒童說：「箱子上有一個球」；「我站在箱子上面」，引導兒童說：「○○在盒子裏面」；「○○在○○的下面」；「○○在○○的前面」；「○○在○○的後面」等，應用各種情境，來引發兒童說話。

自然語言教學法（*Koegel, et al. 1987*）

　　以 CA 4.5 與 5.8 歲，MA 1.7 以下 2 名自閉症兒童為對象。將兒童置於適當的自然情境中，選定若干語言刺激，在教師（治療人員）與兒童的互動過程中，給予語言刺激，引發兒童自然的說話。在兒童說話後，並立即給予增強。

　　上述方法及表一中的其他策略，根據各研究者的報告，均有
良好的效果（詳見表一中之「主要發現」一欄中的說明）

叁、消除自閉症兒童不良適應行為的治療法之研究

　　近年來亦有不少的學者運用各種有效的方法與策略，以消除
自閉症兒童特異的不良適應行為。如表二中內田一成（1993）所
列舉的資料中，即列有許多有關此方面的研究報告。

　　其中，Carr and Durand （1985）；Durand and Carr
（1987）；Durand and Crimmins （1987）；Carr and Kemp
（1989）等氏採用「溝通行為的分化增強法」（differential
reinforcement of communication behavior, DRC），對自閉症
兒童的不良行為，用社會負增強統制方式，消除不良行為，再轉
換為適當的行為。內田一成（1987, 1990）則採用「感覺消去與
延續感覺增強」（sensory extinction and sensory reinforce-
ment）及「反抗行為自然分化的增強」（natural differential
reinforcement of alternative behavior, NDRA）等方法。此亦
為運用消弱與增強方式，消除自閉症兒童的不良適應行為，再增
強正面行為的方法。

　　自閉症兒童的異常行為與不良適應行為，如給予消弱及感覺
與知覺的增強刺激，可自然地形成良好的適應行為。非人為的增
強刺激，亦能將自閉症兒童的行為症狀，轉變為良好的適應行為
（Rincover, Cook, Peoples, and Packard, 1979；內田一成，
1987, 1990, 1992）。

肆、結語

　　國內近年來，自閉症兒童的案例已發現不少。除少數醫師之外，多數學校教師尚未能運用行為治療的方法，以矯治及改變自閉症兒童的行為。許多對自閉症兒童關心的研究與治療人員，正採行各種方法，協助兒童培養適當的社會適應行為，增進他們適應社會生活的能力。此對自閉症兒童來說，是一件非常重要而富有意義的事。

參考文獻

中野良顯（1981）：自閉症に關する研究の動向。**精神薄弱兒研究，275,** 72-81。

中野良顯（1990）：行動療法。**發達、心理學と醫學，1,** 469-488。

內田一成（1987）：自閉症兒の全身性自己刺激行動と限局性自己刺激行動に及ぼすartificial *DAR*とnatural *DRA*の臨床效果。**行動療法研究，*12, 124-139*。**

內田一成（*1990*）：自閉症兒の自傷行為。高木俊一郎編：**自閉症兒の行動療法，*110-131*。**岩崎學術出版社。

內田一成（*1993*）：自閉症の行動療法研究の動向。**特殊教育研究，*31*(1)：*45-53*。**

Bartlett, D., Ora, J.P., Brown, E. and Butler, J. (1971). The effects of reinforcement on psychotic speech in a case of early infantile autism, age 12. *Journal of Behavior Therapy and Experimental Psychiatry, 2,* 145-149.

Brawley, E.R., Harris, F.R., Allen, K. E., Fleming, R. S., and Peterson, R. F. （1969）. Behavior modification of an autistic child. *Behavioral Science, 14,* 87-97.

Carr, E.G. and Durand. V.M. （1985）. Reducing behavior problems through functional communication training. *Journal of Applied Behavior Analysis, 18,* 111-126.

Carr, E.G. and Kemp, D.C. （1989）. Functional equivalence of autistic leading and communicative pointing: Analysis and treatment. *Journal of Autism and Developmental*

Disorders, 19, 561-578.

Churchill, D.W. （1971）. Effects of success and failure in psychotic children. *Archives of General Psychiatry, 25,* 208-214.

DeMyer, M.K. and Ferster, C.B. （1962）. Teaching new social behavior to schizophrenic children. *Journal of the American Academy of Child Psychiatry, 1,* 443-461.

Durand, V.M. and Carr, E.G. （1987）. Social in influences on "Self-stimulatory" behavior: Analysis and treatment application. *Journal of Applied Behavior Analysis, 20,* 119-132.

Durand, V.M. and Crimmins, D.B. （1987）. Assessment and treatment of psychotic speech in an autistic child. *Journal of Autism and Developmental Disorders, 17,* 17-28.

Ferster, C.B. （1961）. Positive reinforcement and behavioral deficits of autistic children. *Child Development, 32,* 437-456.

Ferster, C.B. and DeMyer, M.K. （1961）. The development of performances in autistic children in an automatically controlled enviornment. *Journal of Chronic Diseases, 13,* 312-345.

Ferster, C.B. and DeMyer, M.K. （1962）. A method for the experimental analysis of the behavior of autistic children. *American Journal of Orthopsychiatry, 32,* 89-98.

Koegel, R.L., O'Dell, M.C., and Koegel, L.K. （1987）. A natural language teaching paradigm for nonverbal autistic children. *Journal of Autism and Developmental*

Disorders, 17, 187-200.

Koegel, R.L. and Williams, J. （1980）. Direct vs. indirect response reinforcer relationships in teaching autistic children. *Journal of Abnormal Child Psychology, 8,* 537-547.

Lovaas, O.I., Schaeffer, B., and Simmons, J.Q. （1965）. Experimental studies in childhood schizophrenia: Building social behavior in autistic children by use of electric shock. *Journal of Experimental Research in Personality, 1,* 99-109.

McConnell, O.L. （1967）. Control of eye contact in an autistic child. *Journal of Child Psychology and Psychiatry, 8,* 249-255.

McGee, G.G., Krantz, P.J., and McClannahan, L.E. （1985）. The facilitative effects of incidental teaching on preposition use by autistic children. *Journal of Applied Behavior Analysis, 18,* 17-31.

Metz, J.R. （1965）. Conditioning generalized imitation in autistic childern. *Journal of Experimental Child Psychology, 2,* 389-399.

Ney, P.G., Palvesky, A.E., and Markely, J. （1971）. Relative effectiveness of operant conditioning and play therapy in childhood schizophernia. *Journal of Autism and Childhood Schizophrenia, 1,* 337-349.

Rincover, A., Cook, R., Peoples, A., and Packard, D. （1979）. Sensory extinction and sensory reinforcement principles for programming multiple adaptive behavior change. *Journal of Applied Behavior Analysis, 12,*

221-233.

Risley, T.R. （1968）. The effects and side effects of punish-
ing the autistic behaviors of a deviant child. *Journal of
Applied Behavior Analysis, 1,* 21-34.

Rutter, M. and Bartak, L. （1973）. Special educational treat-
ment of autistic children. A comparative study, Ⅱ. Fol-
low-up findings and implications for services. *Journal
of Child Psychology and Psychiatry, 14,* 241-270.

Simmons, J.Q. and Lovaas, O.I. （1969）. Use of pain and
punishment as treatment techniques with childhood
schizophrenias. *American Journal of Psychotherapy,
23,* 23-36.

Tate, B.G. and Baroff, G.S. （1966）. Aversive control of
self-injurious behavior in a psychotic boy. *Behaviour
Research and Therapy, 4,* 281-287.

表一　最近三十年來有關培養自閉症兒童社會適應行為之治療方法的研究　　　　　　　　（內田一成，1993）

事　　　項	細　　　目	主要報告	對　　　象	主要發現
刺激統制	由兒童喜愛的事物選定適當的身題	Koegel, Dyer and Bell(1987)	自閉症兒童10名（CA：4-13歲；IQ：10-75）	依兒童喜愛的事物來決定的適當活動，可減少社會的迴避，表現較高水準之語言的相互作用。
	多種課題混合之效果變化	Dunlop and Koegel (1980)	自閉症兒童2名（CA：5.3歲及7.3歲）	課題變化（在7次實驗中，同一課題實施1次），兒童能表現並維持某一課題的一定條件與高正確反應率，亦能表現適當之學習態度。
	刺激內之立即增強	Rincover (1978)	自閉症兒童8名（CA：7-15歲；IQ：32以下）	異質刺激內之立即增強，較刺激外之立即增強，更能促進兒童之辨別學習活動。
	時間遲延法	Charlop, Schreibman and Thibodeau (1985)	自閉症兒童7名（CA：5.1-11.5歲；MA：5.1歲以下）	2秒至10秒之正確反應的遲延提示，可促進要求語言、刺激的類化及對其他要求物之反應的類化作用。

	漸次制約的辨別法	Koegel and Schreibman (1977)	自閉症兒童4名（CA：4.0-10.10歲；IQ：不能施測）	僅同時呈現兩種刺激時之增強作用，可促進對新的多種刺激之辨別學習活動
增強統制	增強刺激的變化呈現	Egel(1980)	自閉症兒童10名（CA：4.0-13.6歲）	呈現不同的增強刺激，可表現較高水準的安定性正確反應。
	感覺刺激的增強效果；多種複合感覺增強	Rincover and New-som(1985)	自閉症兒童3名（CA：5-6歲；MA：2.5歲以下）	單一的感覺增強與多種增強現象，均比食物增強效果佳。尤其多種複合增強後常表現並維持正確反應。
	刺激限度增強	Litt and Williams (1980)	自閉症兒童3名（CA：5-13歲；MA：3.7歲以下）	針對某種特定的課題給予增強刺激，比對無關的行為給予多種刺激，更易形成迅速的增強效果。
	遊戲標記對自閉症狀之持續應用	Charlop, Kurt and Casey (1990)	自閉症兒童10名（CA：6.2-9.7歲；MA：4.2歲以下7名；IQ：67-100 3名）	在正確反應後，如容許3-5秒時間的認同行為，遲延性反響語言及固執行為，則無副作用之正確反應顯著增加。
	直接反應─增強刺激關係法	Koegel and Williams (1980)	自閉症兒童3名（CA：4-6歲；SA：1.4-4.6歲）	給予直接的增強，較能使兒童的學習速度加快。

自然教學法	偶然教學法	McGee, Krantz and McClannahan（1985）	自閉症兒童3名（CA：6-11歲；MA：3.5-5.7歲）	採語言反應方法，應用介系詞，如在……中，在……下，在……前，在……後等，可促進兒童使用介系詞。
	提供語言要求模式法	Yamamoto and Mochizuki（1988）	自閉症兒童3名（CA：10.7-11.11歲；IQ：35以下）	促使兒童用語言提出要求，提示正確的語言模式，能培養兒童自發性語言的要求行為，對其他事物的行為亦能產生類化功能。
	自然語言教學模式	Koegel, O'Dell and Koegel（1987）	自閉症兒童2名（CA：4.5-5.8歲；MA：推定1.7歲以下）	以兒童的喜好及自然環境為依據，選定語言刺激，在相互作用中，展開對語言刺激的反應。在應用與傳達自然的增強刺激的方式之下，能增多兒童適當的自發性語言及其他刺激的類化作用。

表二　有關消除自閉症兒童不良適應行為治療法的研究

行為的基礎過程	症狀	主要報告	改善技法	主要報告	對象	主要發現
不適當的刺激統制	對刺激的過度選擇性	Lovaas et al. (1971)	間歇增強、過度訓練、相等訓練	Schreib-man, Koegel, & Craig (1977)	自閉症兒童19名（CA：5.0～12.1歲；SA：約2-6歲）	應用間歇增強與過度訓練法，8名兒童對刺激引發的過度選擇性均消除。
未學習的反應策略	即時回響言語	Carr, Schreib-man and Lovaas (1975)	適當反應的形成	Carr, Schreib-man and Lovaas (1975)	自閉症兒童8名（CA：3.7～13.2歲；IQ：20～84）	經實物─實物─圖片─線畫呈現的四個過程，發現已有有意義的過多選擇性行為。
反應─增強間非依存關係之學習	學習無助想像	Churchill (1971)	反應─增強之間依存關係（成功經驗）之保障	Koegel and Egel (1979)	自閉症兒童3名（CA：6.1～12.3歲）	確認伴隨失敗經驗主要迴避行為後，可保障80％以上的正確反應率，呈現肯定的熱中狀態。

社會性負增強統制	攻擊、擾亂行為及自傷行為	Carr and Durand (1985)	以機能相等性為基礎，溝通行為的分化增強（DRC）	Carr and Durand (1985)	自閉症兒童1名（CA：13歲；MA：3歲）；非自閉症兒童3名	攻擊、擾亂及自傷行為，可於提供協助、形成語言的過程中消除。
	認同行為	Durand and Carr (1987)	DRC	Durand and Carr (1987)	自閉症兒童2名（CA：113～128歲；MA：3～35歲）；非自閉症兒童2名	認同行為可於提供協助、形成言語的過程中消除。
	與狀況無關的相同語文的反復現象	Durand and Crimmins (1987)	DRC	Durand and Crimmins (1987)	自閉症兒童1名（CA：9歲；IQ：62）	與狀況無關的相同語文反復現象，可於提供協助、形成言語的過程中消除。
	自閉症誘導行為	Carr and Kemp (1989)	DRC	Carr and Kemp (1989)	自閉症兒童4名（CA：3～5歲；MA：8個月～2.4歲）	在形成應用手指要求事物的行為後，又形成言語的命名行為，可形成適當的要求行為。

自然的感覺與知覺增強統制	遲延性的回響言語	Lovaas et al. (1977)				
	認同行為	Mincover (1978)	繼感覺消去之後，實施感覺增強	Rincover et al. (1979)	自閉症兒童4名(CA：8～10歲)	於與認同行為的感覺增強刺激相同的感覺事象產生中，形成適當的行為。
			反抗行為自然分化的增強	內田一成 (1987)	自閉症兒童4名(CA：4.1～5.11歲；IQ：31～49)	負面行為變為適當行為，行為得到類化作用。

介入自閉症者的偏異行為

◆王大延◆

　　自從凱那（L. Kanner, 1943）首次描述自閉症幼兒（infan-tile autism）的症狀以來，迄今雖然僅數十年的歷史，但是科學研究成果逐漸揭開自閉症者的面紗，人類了解自閉症可說進步神速。就目前研究發現，自閉症的症狀有：①認知缺陷問題，例如過度選擇（overselection）、偏窄視覺（tunnel vision）現象、零碎天賦（splinter skills）、以及缺乏轉換刺激（transient stimulus）能力等（Groden & Baron, 1991; Koegel, Rincover & Egel, 1982; Lovaas, 1987; Prizant & Schvler, 1987）；②生理異常問題，例如腦部器官失常引起青少年期間顯現的癲癇現象，先天性風疹（congenital rubella）、德國麻疹、痙攣、生化異常、新陳代謝失常等問題；③溝通困難問題，例如發啞音（mutism）、迴複音（echolalia）、錯用代名詞、口說暗喻語言，以及說出不具意義的字、句等（王大延，民 82）；④偏異的行為型態等。以上四種症狀，本文擬就偏異的行為特徵，以及如何介入自閉症者的偏異行為加以論述。

壹、偏異的行為特徵

　　自閉症者的偏異行為是一種經年累月反覆不停的行為，也

是自閉症者主要的特徵之一，根據美國精神醫學會（American Psychiatric Association, DSM-Ⅲ；DSM-Ⅲ-R, 1987）的診斷標準包括：①自我刺激（self-stimulus）；②自傷行為（self-injury）；③固持行為（stereotypes or rituals）等。一般而言，自閉症者至少會顯現上述行為一種或一種以上，因此，偏異的行為型態成為認證自閉症者的重要指標。以下分述其行為特徵。

一、自我刺激行為

　　自我刺激行為泛指個體不斷的搖晃、轉動、拍打軀體各部分器官，此行為不一定對個體產生傷害，卻足以妨害日常生活適應，是人類的怪異行為之一。自我刺激行為經常發生在自閉症或重度、極重度智障者的身上，他們反覆不停的動作對認知學習以及四周環境並無積極正面的作用，也不致於造成身體傷害。但是，過度自我刺激可能引發自傷行為，故宜設法消弱。就整個動作、行為而言，自我刺激行為不受時空限制，與文化背景無關，不同種族的自閉症者幾乎都表現相似的行為型態，因此，極易與異常行為區辨。

　　大部分的自我刺激行為都與知覺刺激或感官刺激有關（Baumeister, 1991; Kerr & Nelson, 1989），曾有研究者探討過去六十多個研究文獻，最後臚列出五十多種自我刺激行為（Lagrow & Repp,1984），筆者將之歸類如下：①頭部自我刺激：不斷的搖頭、點頭、轉頭、抓頭髮；②臉部自我刺激：盯視、對自己發笑、伸舌頭、舔物、牙齒發出聲音、扭曲嘴唇；③手部自我刺激：扭轉手指、部分手指不停晃動、將手指做成其他形態、擺動雙手；④身體自我刺激：身體向前、後不停搖晃、左右擺動身軀、擦揉身體、激烈的跳動、緊抱自己，以腳踢物、扭轉雙手置於耳後；⑤其他自我刺激：尖叫、聞自己身體的味道、

沖洗自己、輕摸自己、公然手淫等。上述行為僅列舉一、二，無法全部臚列，這些自我刺激行為也可能出現在幼兒或正常兒童身上，只是症狀在極短時間內即消失，故不應視為自我刺激行為，因此，認證時，以出現次數多寡（frequency），時間長短（duration）和行為的強弱程度（density）做為標準。

二、自傷行為

自我傷害行為、自我毀傷（self-mitilating）行為、自我毀滅（slf-destruction）行為等，均為描述個體刻意傷害自己的名詞。個體經歷一段長時間反覆不斷的，或習慣性的傷害自己，即是自我傷害行為，簡稱自傷行為。個體自傷行為的方式很多，研究這類行為至少應包括下列五種：

㈠毆打、撞擊行為

以拳頭、手掌擊打身體各部位，或以身體各部位撞擊牆壁等堅硬物體。

㈡吸吮行為

咬或沉溺性的吸吮身體各部位。

㈢拉扯行為

以手指拉扯、扭摔、刺、挖身體各部位。

㈣消化異常

不斷的嘔吐或反芻食物。

(五)吃食異物

吃食非食物的物品，例如鐵釘、煙蒂、排泄物等（王大延，民 81 ）。

三、固持行為（stereotypes or rituals）或強迫行為（obsessive behavior）

固持行為或強迫行為是偏異行為類型之一，幾乎所有的自閉症者或多或少有此行為特質，尤其青少年或接近成年時期的自閉症者更為明顯。伴隨有固持行為的自閉症者會強迫自己依照不變的行為方式活動，只要外力強制改變其行為，立即有焦慮或極端的情緒反應，這種固持行為至少包括：

(一)感官的固持行為

聽同一首歌曲，聽同樣的機器聲，目不轉睛的看壁紙的顏色或室內的電燈，不斷的注視旋轉的唱片或旋轉的事物（如碗盤），強迫自己觸摸某些物品等。

(二)動作的固持行為

反覆檢查某些事物，不斷的觀看手錶，依序排列撲克牌、銅板，離開或進入家門、教室。需依循某種固定儀式。

(三)學業方面的固持行為

此類行為大部分發生在具有語文能力的高功能的自閉症者身上，他的行為型態有強迫自己收集時刻表、日曆、天氣預報資料、星球運轉書籍、某些植物或動物的圖卡、圖片，丈量桌椅、教室的牆壁，甚至不斷的詢問他人相同的問題，強迫人回答相同

的答案等。

㈣戀物（attachment）的固持行為

自閉症者可能發展異常的戀物行為，對某些特殊物品如石頭、毛毯、皮帶、水管，某種顏色的衣物等堅持攜帶或穿著，他們對依附的物品並無特殊的興趣，也不是必需品，但是取走或失去這些物品，則反應出極度不安的情緒。（Howlin et al., 1987; Matson, Haras, 1989; Rutter, 1985）

上述四種固持行為也可能發生在正常兒童的身上，通常只是暫時性的強迫行為而已，不必掛心，如果長時間不斷的出現，則應考慮是否與精神問題有關。

以上列舉均屬於較特殊的偏異行為，其他的偏異行為如過度活動、擾亂、發怒、攻擊，不變的生活型態，興趣窄化，身體動作不合乎常態，用足尖走路，不知避開危險事物，不知抒解病痛或情緒等亦屬於自閉症者的行為特徵，均可做為認證時之參考。

綜合以上分析，部分學者認為自閉症者的自我刺激行為（刻板行為）、自傷行為、固持行為、強迫行為可能與病源（etiology）有關。他們堅信偏異行為係「同狀態機轉」（homostatic mechanism）功能缺陷所致，此機轉意指個體試圖以各種機械行為導引身體不停的動作，以補充個體活動不足的現象，究其原因，可能因為個體心動能力不足，轉而發展為反覆不停的節律（rhythmic）行為以替代原來身體功能缺陷（Guess & Carr, 1991）。此觀點與原本主張操作制約學習理論互異，後者相信偏異行為是個體習得的行為，或得之於自我增強（Lovaas & Smith, 1991; Mulick & Meinhold, 1991）。不管如何，同狀態機轉理論似乎也能合理的解釋自閉症的偏異行為。

貳、介入與處理偏異行為

有系統的介入自閉症者的偏異行為問題首推費思德（C.B. Ferster）。費氏於 1962 年實驗研究，成功的應用增強、消弱、區別學習與藥物處理自閉症者偏異的行為之後，有關這類研究質與量均急遽增加，雖然短短的數十年，人類已漸能駕御這方面的問題。

介入自閉症者的偏異行為，是消弱抑是完全袪除始終爭議不休。筆者認為介入他們的偏異行為似乎設定在消弱的目標為宜，理由在於完全根除問題行為可能較為困難，如非行為問題嚴重到足以影響認知或妨礙生活，達到完全袪除似無必要。其次，自閉症者比較能接受消弱行為而不致於有情緒反應，如果完全根除，可能引發激烈反抗致情緒長久無法平復。再者，偏異行為如自我刺激或固持行為可能具有補充平日活動不足的作用，因此，訂定介入目標之前宜先衡量得失慎重行事。因篇幅所限本文僅論述行為學派的介入偏異行為。

行為主義介入自閉症者的偏異行為的方法可歸納為三種：厭感刺激（aversive stimulus）、非厭感刺激（non-aversive stimulus）、逐步改變。厭感刺激指以懲罰的方式介入，應用負增強原理消弱問題行為，過去的研究曾使用的方法有：隔離（time-out）、抑制活動（physical restraint）、電擊身體部位、檸檬酸液注入口中、氨膠囊放入鼻中、冰水沖擊臉部、辣椒醬、煙草、食物分配、噪音等（Guess & Carr, 1991; Kerr, et al., 1989; LaGrow & Reep, 1984）。非厭感刺激（non-aversive stimulus）係指以增強物替代不良行為，避免引起個體痛苦的反應，過去的研究曾使用的方法有：區別增強不兩立行為（differential reinforcement of incompatable behavior, DRI)、區別增強其他行為（ differential reinforcement of other behavior, DRO)、區別增強替代行為（ differential reinforcement of alternative behavior, DRA)、感官消弱（ sensory extinction)、溫和教學（ gentle teaching)等。至於逐步改變（ graded change)係以細小的步驟一步步的改變問題行為，由於介入時，比較不易被察覺，較易被接受。除了上述三種介入方法之外，增進自閉症者的語言溝通能力，鼓勵參與遊戲等也是處理問題行為的方法，均可善加應用。

一、厭感制約

(一)隔離

隔離是以厭感制約介入自閉症者的偏異行為的方法之一，目的在於暫時的停止自閉症者的一切活動、藉著懲罰不良的行為，達到行為改變的目標。隔離的型態有三：①孤立隔離（ isolation time-out)；②排除隔離（ exclusion time-out)；③非排除隔離（ nonexclusive time-out)。孤立隔離是三種型態中最嚴酷的方法，偏異行為發生之後，教師強迫自閉症者進入隔離室一段時間，以消弱或冷卻偏異行為。排除式隔離比前者少受限，只是在偏異行為發生之後，強制要求自閉症者暫時離開資源教室一段時間，或安置於教室角落一並禁止一切活動。非排除式隔離，指限制行為偏異的自閉症者參與任何活動但允許以聽、看參與學習。有關這方面的正面研究結果有：①短時間的孤立隔離曾消弱重度的刻板行為；②非排除隔離曾減少頭部不停擺動的自我刺激行為；③非排斥隔離消弱拉扯頭髮的自傷行為（ Lagrow, et al., 1984)。雖然部分研究結果證明隔離方法能有效的制止偏

異行為，但是亦有研究指出以隔離懲罰自閉症者的偏異行為使之變本加厲（Solmick, Rincover, & Peterson, 1977），除非在隔離期間限制其四肢的活動，否則將增加自我刺激行為。其他類似研究亦指出以孤立隔離處理自我刺激行為是無效的，並且帶給他們更多自我刺激的機會，增強偏異行為。總之，以隔離介入偏異行為可能有其效用，唯應考慮個別差異及配合其他介入方法似乎較為可行。

(二)抑制策略

抑制策略是以厭感制約介入偏異行為的方法之一，抑制策略包括使用電擊、語言懲罰、限制活動、過度糾正、化學物品等方法以去除偏異行為。電擊方法被認為是消弱偏異行為最有效的方法，介入的偏異行為遍及自閉症者撞擊、拍打頭部或身體以及尖叫、哭泣等自傷行為，亦可消弱憤怒、攻擊等擾亂行為（Matson & Taras, 1989），經過介入後的自閉症者增加了生活自理能力行為，眼神與他人接觸的社會行為，以及消弱刻板行為和自傷行為。唯以電擊介入個案應以患有嚴重的偏異行為的自閉症者在試過許多介入方法無效之後，才改採用此種方法。電擊介入同時也產生了一些負面影響，例如接受過處理的學生明顯的減少社會行為，攻擊行為相對的增加，甚至於只對施予懲罰者產生行為改變的反應。另者，電擊處理也需考慮到道德問題及身體殘傷的程序以免引發其他問題。

(三)限制活動

限制活動的懲罰方法經常應用於消弱偏異行為，過去的研究曾利用此方法介入頭部自傷，吃食異物自傷，不停舞弄手指，前後搖動身體等自閉症怪異行為。研究設計大都採取限制身體各部分的活動，或直接抓握四肢等方法，除外，部分研究則配合使用

其他策略如 DRO、語言懲罰、體罰手心，以及過度糾正等方法。一般研究結果指出，單獨使用限制活動的方法，其效果尚佳，如配合其他介入策略則具有 93％的顯著成效（Matson & Taras, 1989）。限制活動的策略往往忽略積極的指導個體學習正確的行為，因此，應用此方法介入者似乎宜重視此問題。

㈣過度糾正

過度糾正是一種具有積極性及建設性的抑制策略，經由逐步塑造的步驟練習正確的行為，藉以消除自閉症者偏異的行為。過度糾正含有二種型態，一為償還的過度糾正（restitutional over-correction），意指要求學生在償還的活動中恢復受到破壞的事物或環境，以懲罰其過失行為。其二指正面練習，當偏異的行為發生時，立即要求學生練習正確的行為，以消弱不當行為（王大延，民 81）。過去的研究文獻應用過度糾正介入偏異行為有：毆打頭部、撞擊牆壁、吃食異物等自傷行為；口中念念有詞、搖頭、撥動手指、身體打轉等自我刺激或刻板行為。過度糾正常使用手或腳部位的過度糾正，藉著高舉手部然後放置在頭部、肩部、背部、臀部、膝蓋等五個部位，以消弱偏異行為。研究文獻大多指出過度糾正對消弱偏界行為效果顯著，如果與其他方法合併使用更佳，這些方法是隔離、DRI、DRO。不過，有些研究者認為使用過度糾正時，懲罰的意義大過於教育的意義，而且並非對所有的偏異行為都發生效用（LaGrow, et al., 1984; Lennox, Miltenberger, Spengler, & Erfavan, 1988）。

㈤語言懲罰

語言懲罰是以負增強抑制偏異行為的策略之一。利用此方法介入偏異行為，通常介入者顫抖的聲音吆喝，「不」、「不可」，迫令自閉症者停止偏異行為達到阻遏的目標。單獨以此方

法介入偏異行為效果有限，如能配合其他的介入策略，成效較為
顯著（LaGrow, et al. 1984,）。

二、非厭感刺激

　　以厭感制約刺激介入偏異行為雖然成效良好，但是面臨了二
個問題，其一，類化困難；其二，無法持久改變行為，故有研究
者主張以非厭感刺激介入偏異行為，不但可以避免負增強所衍發
的痛苦，而且可以學習新技能，達到完全改變偏異行為的目的。

　　非厭感刺激介入偏異行為應依循下列原則：①做決定原則：
依自閉症者的需要決定處理的方法，而不是專業人員依循自己的
專長選定方法；②個別化與責任化原則：依個案的需要設計介入
的策略，專業人員需要依原訂的服務計畫進行；③價值取向原
則：訂定有助於個案的課程，設計良好的環境，尊重個體；④活
動式目標原則：介入的目標不在於完全禁止個體的偏異行為，而
在於消弱偏異行為，或以其他活動替代；⑤重視生命本質原則：
未來個體能過有意義的生活是介入的終極目標；⑥尊重專業原
則：參與處理的人員，不應只談艱澀難懂的知識，而是能實際解
決問題的專家（Meyer & Evans, 1989）。經常使用的非厭感
刺激介入的方法有：DRI，DRO，溫和教學（gentle teaching）、
和感官消弱等，以下分別敘述。

㈠DRI 和 DRO

　　DRI 意指個體出現偏異行為時，立即以其他行為或事物替
代，使得個體無法同時對二種刺激加以反應，由於二種行為不能
同時並存的關係，終於達到阻斷偏異行為的目的。DRO 意指偏
異行為發生時，介入人員藉增強正確的行為以替代不良行為的機
會達到消弱目標行為的目的。過去研究文獻曾使用 DRI 和 DRO

消弱自閉症者的偏異行為的種類有：不停的擺動身軀、舞弄手指等刻板行為以及吸吮皮膚等自傷行為，但是一般研究結果認為單獨使用此方法效果並不顯著，尤其 DRO 的效果不如 DRI，如果配合過度糾正、拍打手部等負增強策略效果較佳。

(二)溫和教學

溫和教學是一非厭感刺激的介入策略，治療者藉著與個案之間產生情感交互作用，而達到逐次消弱偏異行為的目的。此方法自 70 年代中期後逐漸盛行，其後五年內曾成功的介入 650 個個案，平均處理時間為 28 天，經介入之後，成功的改善偏異的行為，這些行為包括自傷行為、攻擊行為、刻板行為、反社會行為（McGee, 1985），迄今仍被認為是有效的介入偏異行為的方法。治療的原則在於讓個案深深的體會到溫暖、獲得尊重，由於與介入者之間處於平等的地位，個案轉而願意與治療者合作，產生情感的聯結（bonding）。治療的過程當中，教師扮演著朋友的角色，採取人道與尊重的態度，故意忽略（ignore）個案的偏異行為，然後應用 DRI 和 DRO 的方法轉移注意（indirect），引導個案學習，只要學生積極反應，立即以碰觸與擁抱以酬賞（reward）他們正確的行為。當個案與治療者之間產生聯結作用，偏異行為便跟隨著消弱，最後終於達到行為改變的目的（Jordan, Singh, & Reep, 1989）。

(三)感官消弱

許多行為改變的方法介入偏異行為被認為無效且不切實際，例如隔離處理只會增強自我刺激，過度糾正介入方法耗時而且並非所有問題均適用此方法，DRO 的處理方法對重度自傷行為不能產生任何效果。感官消弱則被認為是一種不帶負增強的方法，介入偏異行為時較能被大家所接受。主張以感官消弱偏異行為的

學者堅信自閉症者的自我刺激行為是因為個體不斷反覆動作刺激
了感官，使得感覺器官不斷回饋而引起偏異行為。例如手部前後
不停的拍動的自我刺激行為可能是視覺的回饋作用而引起，自閉
症者發迴復音（ echolalia ），可能是聽覺的回饋作用，自傷行為
可能是觸覺與痛覺的回饋作用。據此而言，自閉症者的自我刺激
和自傷行為可能都與感官的回饋作用有關，因此，介入自我刺激
行為宜先確定感覺器官與行為之間是否相互影響，然後去除或掩
蓋受到回饋作用的感覺器官，個體終因得不到刺激而停止偏異行
為（ Koegel, 1982; Luiselli, 1988 ）。曾有學者雷卡瓦（ Rin-
cover, 1978 ）研究三位精神異常兒童的自我刺激行為，第一位
兒童的自我刺激行為是在桌上不停的旋轉盤子，第二位小朋友則
習慣性的在眼睛前面擦動手指發出聲音，第三位兒童則拿著各種
物品在眼前不停的晃動發出聲音。為了處理三個個案的自我刺激
小朋友，雷氏設計感官消弱法中斷他的感官刺激，首先消除聲音
來源以阻絕經由聽覺產生的自我刺激，其次替每個兒童戴上眼罩
以消除視覺的自我刺激，經過一段時間的介入，三個個案的偏異
行為隨之消除。其後，雷氏亦使用相同的方法成功的介入自閉症
者相似的感官自我刺激行為。總之，以感官消弱的處理方法確實
可以消弱自我刺激和自傷行為，而不會引起個體厭感制約，亦無
須考慮研究者的倫理道德問題，而且參與研究的工作人員不需接
受專業訓練，因此感官消弱策略可說是一個較理想的介入偏異行
為的方法。

三、逐步改變策略

　　逐步改變策略是消弱自閉症偏異行為的有效方法。使用此方
法消弱偏異行為範圍極廣，包括對事物、時間、例行事物、戀物
等固持行為等。介入的過程，介入者將原已設計好的若干個細小

步驟，逐次達到改變偏異行為的目標。豪霖等人（Howlin & Rutter, 1987）曾成功的處理一個自閉症者的刻板行為，介入之前，個案每天都要排列銅板從廚房、客廳、餐廳、浴室到臥房，只要排列的銅板受到破壞或拾起，就引起情緒反應，為消弱此行為，豪氏等人設計逐步改變的策略，第一個步驟，首先消除往浴室排列的銅板，但仍然允許在其他地方排列銅板，此步驟是藉個案喜愛洗澡的特點，要求個案取回往浴室的銅板，否則禁止洗澡。第二個步驟則利用個案喜歡吃點心的特性做為要介入的依據，如果個案要求食用點心，即相對的禁止個案在廚房擺放銅板，依次逐步改變，最後只允許個案在臥房擺放銅板的權利，而成功的消弱了刻板行為。接著豪氏等人使用逐步改變策略消弱第二個患有語言強迫症的自閉症兒童，這位學童每隔一段時間就不由自主的問母親相同的問題，要求母親每次都得回答相同的答案，如果回答有異，便大聲尖叫。處遇之初，介入者只允許個案在每天某些時段問問題，其餘時間則禁止發問問題，第二個步驟則逐次遞減，介入者只允許在三餐前後回答問題，其餘時間仍拒絕回答，最後研究者只允許個案在睡覺前回答，處理的過程至此結束，此自閉症兒童仍保有自己喜愛的活動，不過已經不妨害他人了。逐步改變的策略有許多特點，實施時應注意：①介入之初，應讓自閉症者幾乎察覺不到改變；②只要個案能忍受少許改變便鼓勵他接受更多改變；③年紀稍長的自閉症者只要能接受稍許的改變，就應該向他解釋未來可能會繼續改變；④如果逐步改變奏效，自閉症兒童將學到容忍更多事物。

叁、結語

以上本文論及自閉症者的行為特徵，包括了三種：自我刺

激、自傷行為、固持或強迫行為，凡屬於自閉症者均具有上述特徵至少一種以上。其次，本文談及介入自閉症者的偏異行為有三：行為主義介入策略、認知行為介入策略、醫藥介入策略等，每種介入方法各有其特點，學校教師對自閉症兒童實施介入以改善他們的行為時，宜依個案需要，慎選介入方法，以達到改善的目的。惟因篇幅所限，本文僅談及行為主義的介入偏異行為的策略，依據拉古羅等人（LaGrow, et al., 1984）研究指出：處遇自閉症者的偏異行為以電擊、過度糾正、軀體限制、軀體限制伴隨 DRO 或 DRI 成效最佳；其次是噪音、過度糾正、隔離、感官消弱、DRI、語言懲罰；成效最差的是安排社會環境提供交互作用。豪霖等人（Howlin, et al., 1987）則認為逐步改變效果最佳。總之，不論何種行為改變技術介入自閉症者的偏異行為均有其限制，學校教師介入之前應依個別需要慎重選擇，才能達成消弱偏異行為的目標。

參考文獻

王大延（民 81）：介入自傷行為。**特教季刊，45 期，**1-4 頁

洪儷瑜（民 81）：「非嫌惡行為處置」對智障者問題行為處理之運用。**特教季刊，45 期，**9-16 頁

American Psychiatric Association, (1980). *Diagnostic and statistical manual of mental disorders* (3rd ed.-revised). Washington, D.C.: Author.

American Psychiatric Association, (1980). *Diagnostic and statistical manual of mental disorders* (3rd ed.). Washington, D.C.: Author.

Bauimeister, A.A. (1991). Expanded theories of stereotype and self-injurious responding. Commentary on 「Emergence and maintance of stereotype and self-injury」. *American Journal on Mental Retardation, 96*(3), 321-323.

Groden, G., & Baron, G. (1991). *Autism strategies for change: A comprehensive approach to the education and treatment of children with autism and related disorders.* NY: Gardner Press Inc.

Guess, D., & Carr, E. (1991). Emergence and maintenance of stereotype and self-injury. *American Journal on Mental Retardation, 96*(3), 299-319.

Howlin, P., & Rutter, M. (1987). *Treatment of autistic children.* NY: John Wiley & Son.

Jordan, J., Singh, N.N., & Reep, A.C. (1989). An evaluation

of gentle teaching and visual screening in the reduction of stereotype. *Journal of Appline Behavior Analysis, 22*(1), 9-22.

Kerr, M.M., & Nelson, C.M. (1989). *Strategies for managing behavior problems in the classroom.* (2nd ed.) Columbus, OH: Merrill Publishing Company.

Koegel, R.L., Rincover, A., & Egel, A. L. (1982). *Educating and understanding autism children.* San Diago, CA: College-Hill Press.

LaGrow, S.J., & Reep, A.C. (1984). Stereotypic responding: A review of interventic research. *American Association on Mental Deficiency, 88*(6), 595-609.

Lennox, D.B., Miltenberger, R.G., Spengler, P., & Erfauan, N. (1988). Decelerative treatment practices with persons who have mental retardation: A review of five years of literature. *American Journal of Mental Ratardation, 92*(6), 492-501.

Lovaas, O.I. (1987). Behavioral treatment and normal educational and intellectual functioning in young autistic children. *Journal of Consulting and Clinical Psychology, 55,* 3-9.

Lovaas, O.I., & Smith, T. (1991). There is more to operate theory and practice: Comment of Gvess & Carr. *American Journal on Mental Retardation, 96*(3), 324.

Luiselli, J.K. (1988). Comparative analysis of sensory extinction treatments for self-injury. *Education and Treatment of Children, 11*(2), 149-156.

Meyer, L.H., & Evans, I.M. (1989). *Nonaversive interac-*

tion for behavior problem: A manual for home and community. Baltimore, Maryland: Paul, H. Brookes.

Mulick, J.A., & Meinhold, P. (1991). Evaluating models for the emergence & maintenance of stereotype & self-injury. *American Journal on Mental Retardation, 96*(3) , 327-333.

Prizant, B.M., & Schvler, A.L. (1987). Facilitating communication: Theoretical foundations. In D.J. Cohem., & A.M. Donnellan. (Eds.). *Handbook of autism & perversive developmental disorders.* NY: John Wiley & Sons.

Rutter, M. (1985). THe treatment of autistic children. *Journal of Child Psycho-psychiatric, 26*, 193-214.

Solnick, J.V., Reincover, A., & Peterson, C.R. (1977). Some determinations of the reinforcing and punishing effects of time-out. *Journal of Applied Behavior Analysis, 10*, 415-424.

Matson, J.L., & Taras, M.E. (1989). A 20 years review of punishment and alternative methods to treat problem behaviors in developmental delayed persons. *Research in Developmental Disabilities, 10*, 85-104.

智障兒童的性騷擾：預防與處理

◆杜正治◆

壹、性騷擾的意義

性騷擾意指對他人施以帶有「性」意味的行為，而使對方不悅、難堪或甚至造成對方身心的傷害。性騷擾依其類型，一般分為口語的、視覺的、手勢的和肢體的行為，其中包括性別歧視的描述、評論、提議，以及狹黠或強迫性的行為。

行政院勞工委員會為工作場所性騷擾作初步的定義，包括「言語」、「身體接觸」及「環境」三大類，且性騷擾不只限制於異性，同性也包括在內。

一、言語性騷擾：指使用隱含或直接帶有「性」意味的字眼，且令人感到不悅。

二、身體性騷擾：指不當的身體撫摸及接觸，令人感到含有性意味及不悅。

三、環境性騷擾：指在工作場所刻意展示有關「性」的聲音、圖案表徵等，令人產生不悅的氣氛（行政院勞工委員會，民81）。

貳、智障兒童常是性騷擾的受害者

　　根據 Chamberlain, A. et al.（1984）在美國辛辛那堤所作的研究發現，25％的智障女生有被強暴的經驗。其中輕度智障者佔⅓，為高危險群；其次為中度智障，而重度智障反而較少。另外，Chamberlain 等人也發現，智障女生中約 10％ 是亂倫受害者。Hard（1986）在一項報告中也指出，智障兒童常是性攻擊的主要目標，約有 83％ 的智障女生與 32％ 的智障男生曾是性攻擊的受害者。智障兒童之所以成為性騷擾的對象，主要原因包括：

一、錯誤的想法

　　㈠智障者因身心的缺陷，值得我們同情與關照，因此無人會加害於智障者。

　　㈡智障者比一般人更容易產生衝動行動，包括性衝動，因此任何性接觸將為智障者所接受，而不致引發不悅的反應。

　　㈢智障者在性方面也有缺陷，不致遭受侵害。

　　㈣在強暴或亂倫上的攻擊者，其行為動機通常主要是性的衝動。對象限於能引起其性衝動的刺激，而智障者多半長得「安全」。（Rousso, 1981）

二、智障者缺乏正常的社會生活

　　他們大量依賴家人與其他工作人員的協助，很少與自己所選擇的人接觸，無法發展正常的友誼與性關係，也限制有關自我保

護的知識與申訴管道，造成過度的依賴照顧者，並期許他們一味地順從與取悅他人。Carmody（1991）也說明，智障者比一般人更依賴成人，以尋求生理與心理的需求。加上威脅性的話，「不可告訴他人，否則我必須離開你，不再照顧你，留下你孤單一人。」常令受害者心生恐懼。其他比較委婉的慈惠，也會令受害者不得不就範，例如，「你要曉得是誰辛辛苦苦地照顧你，為你犧牲奉獻。」

三、口語能力不足

根據美國總統智能障礙委員會的報告（President's Committee on Mental Retardation, 1975），語言障礙是智障者的主要二度障礙（secondary handicaps）之一。事實上在障礙人口中，約有33％具有輕度的語言障礙，而重度語障也有22％。智障者可能因口語能力不足，無法有效地與他人溝通，不易為他人所了解，因而阻礙揭發性攻擊事件，無法遏止性攻擊事件的繼續發生。

四、智障者不願向警方報案

Carmody（1991）認為智障者遭受到性騷擾後，有不向警方報案的傾向。在美國西雅圖所進行的調查顯示，只有20％的智障性侵害有報案處理。其未能報案的原因除了困惑與內疚外，尚包括下列：

㈠由於先前的不好經驗或挫折感，智障者面對權威者常表現一種無力感。

㈡有些人甚至不知道自己是犯罪的受害者，而可以受到警方的保護。

㈢需要有第三者的解釋。在壓力下，智障者無法清楚地自我表達。

㈣有時也受到攻擊者的威脅，不得揭發。

㈤警方使用不當的語言偵訊。

㈥智障者不易理解慨念性的術語，以及記憶性的問題。

五、行為動機為外因導向

容易受到外在刺激的影響，重視他人對自己的看法，只要稱讚他一句，他就對你產生好感，幾乎可以控制他的行為。加上教育觀點的偏差，智障者一向被鼓勵並教導成為順從與被動，特別是順從照顧他們的人。因而往往被視為「容易下手的目標」。

六、缺乏認知與判斷能力

多數智障者缺乏良好的社會技巧與判斷力，容易受騙，落入陷阱。例如任何人告訴他：「你媽要我帶你到我家，她下班後會來接你。」智障者多半會信以為真。不良的社會判斷能力，加上缺乏適當的性教育，使兒童無法認清異常行為，也可能被誤導而覺得與對方有性行為是正常。有些智障者甚至不知道這就是強暴行為，因為他們不知道有保護自己身體的權利。

七、智障者常表現異常的社會行為

智障者常表現一些特殊的社會行為，包括過度熱情，例如在教室中擁抱客人。這在一般兒童可能視為不當行為，但在特殊兒童中則多半可被容忍，或勉強可接受，只要不致於帶來太大的困擾。然而，心懷不軌者可能就以此為藉口，而表現性騷擾行為。

叁、智障兒童性騷擾的預防

依 Carmody（1991）的調查，有 99％的性侵害者均為受害人的熟識或親人，因而性騷擾事件係有跡可循，可以有效地預防。對智障學生而言，比較常遭受騷擾的地方包括學校、自宅、街上以及車上。

一、一般原則

㈠穿著方面，講求適宜，不過分暴露。

㈡依規定時間作息，不早出晚歸，以免增加他人攻擊的機會。

㈢要見陌生人或到陌生地方時，須有人陪同。智障者在適應陌生的環境時，常遭遇困難。

㈣當他人對自己進行不當的觸摸時，應態度堅決，並大聲說「不要」。

㈤隨時隨身準備簡單自我防衛器具，例如噴霧器、催淚器以及哨子等。

二、在學校中

㈠選擇適當的教學場所，不要選擇太偏避或陰暗的地方。

㈡教師儘量不要求學生提早到校，或延後放學時間，以免落單。

㈢若為了特殊教育的需要，請他人提供特殊服務，必要時，得請專人護送。

　　㈣參加特定的社團活動時，須深入了解其社團的特性，包括社團負責人，社會性質，以及成員的背景等。
　　㈤隨時檢查學校有關的安全設施，包括門窗、門鎖，以及警衛。

三、在家中

　　㈠教師從家庭訪視中，了解學生家中的成員及一些常客。
　　㈡觀察其父母的婚姻關係。
　　㈢了解父母教育與對待子女的態度。
　　㈣認識家裡中的安全設備，包括門窗、門鎖，特別是浴室與臥室。
　　㈤知道學生在家裡的作息時間。
　　㈥學會打電話。若獨自在家，當別人來敲門時，一概不開門。

四、在街上

　　㈠若是步行上學與放學，選擇較為安全的路線。
　　㈡若是上街購物，須選擇安全可靠的商店。
　　㈢若是初次上街，或到陌生的地方，需要請人帶路。
　　㈣避免太挨近路邊停車，或私宅的門窗。
　　㈤若無人行道設備，避免與車流同向行走。
　　㈥若迷了路，立即打電話回家。
　　㈦避免獨自逛街。

五、搭車時

(一)避免搭計程車或任何他人的任何私用交通工具。

(二)選擇固定路線的公車。

(三)必要時，上車後向駕駛員交待要下車的站牌，以免錯過站牌。

(四)上車後，若有車位，儘量與同性旅客同坐。

(五)若太擁擠，選擇與同性旅客站在一起。

(六)每次搭車要將車號、駕駛姓名以筆抄下。

肆、智能障礙兒童性騷擾的處理

　　若是萬一發生了性騷擾事件，教師應協助學生以及其家長處理有關事宜。適當地處理不僅能將受害者身心創傷減至最低，且能提供適當的證據，揭發並提起控訴，期能對攻擊者施以適當的制裁，以避免類似行為之再發生。台北市「現代婦女基金會」提供下列處理原則：

一、一般處理原則

(一)自行走到一個安全的地方。

(二)立即更衣或丟棄身上的衣物，儘量保持原狀。

(三)暫時不要淋浴或沖洗身體，以保留更多的證物。

(四)立刻打電話給家人或值得信任的親友、師長。

(五)最好直接到附近大醫院接受醫療檢查。

二、發現智障兒童已受性騷擾

(一)經常缺課：無心上課，在外頭鬼混，流連不歸。

(二)步態異樣：嚴重的性侵害會造成生理的創傷。

(三)言詞閃爍：對於教師的問題常避而不答。

(四)情緒不定：身心遭受重大的衝擊後，情緒變化很大，時而大笑，時而大哭。

(五)懼怕碰觸：對於別人的碰觸特別敏感，或生恐懼。

(六)懷疑他人：不信任別人，不接納別人。

(七)零錢增加：零錢增多，或常有小禮物、新玩具。

三、輔導與重建智障兒童的心理

(一)保持自我：避免自暴自棄，自我放逐，因而墮落。

(二)錯不在己：應讓兒童了解，事件的發生不能怪罪自己，不必內疚、自責。

(三)消除敵意：消弱其對人的敵意與怨恨。

(四)重拾信心：評估自己，發掘長處，重建自己的信心。

(五)面對現實：忘記過去不愉快的經驗，面對現實環境。

四、與家長溝通協助解決

(一)事件發生後，教師應協助家長尋求社會資源，適當地處理善後。

(二)鼓勵家長舉證提出告訴，將歹徒繩之以法。

(三)請家長以理性的態度面對子女的不幸遭遇，不可怪罪子女，或施以責罰，造成二度傷害。

㈣加強學校與家庭的雙向溝通，強化防範措施。

五、尋求有效的社會資源

㈠在醫療就診方面，可到附近各公私立醫院，檢查是否受傷。幫助解除可能染上性病或因而懷孕的恐懼，並蒐集醫療證據，以備提出控訴之用。

㈡在法律保護方面，可在案發地點或住宅之區派出所報案，請女警陪同或製作筆錄，要求警員代為守密，不曝光給他人或媒體記者。

㈢在政府補助方面，可直接向各縣市之社會局、社會科申請補助。補助項目包括醫療、營養品、交通、日用品、以及心理治療門診與律師諮詢等。

伍、結論

智能障礙兒童由於本身的限制，加上社會環境的不利，常成為性騷擾的對象。然而，根據研究報告指出，性騷擾者絕大多數均為受害者的親人或熟識，包括父母、兄長、親戚以及師長等。因此，若能對智障者實施性教育，並作好防範工作，必能有效避免性騷擾事件的發生。其次萬一發生了性騷擾行為，教師應協助受害人及其家長處理有關事宜，並尋求有效的社會資源，減少可能的二度傷害，同時爭取有形與無形的支持，以彌補身心的創傷。

參考文獻

行政院勞工委員會（民 81）：**性騷擾初步定義**。民生報，民國 81 年 8 月 15 日，第 35 版。

Carmody, M. (1991). Invisible victims: Sexual assault of people with an intellectual disability. *Australia and New Zealand Journal of Developmental Disabilities, 17* (2), 229-236.

Chamberlain, A. et al. (1984). Issues in fertility control for mentally retarded female adolescents: 1. Sexual activity, seual abuse, and contraception. *Pediatrics, 73* (4), 445-450.

Hard, S. (1986). *Sexual abuse of the developmentally disabled: A case study.* Paper presented at the National Conference of Exccutives of Associations for Retarded Citizens, Omaha, Nebraska.

President's Committee on Mental Retardation. (1975). *MR-75.* Washington, D.C.: U.S. Government Printing Office.

Rousso, H. (1981). Disabled people are sexual, too. *The Exceptional Parent, Dec.*

39

智障者自我管理訓練方法初探

◆王明雯、林坤燦◆

壹、前言

　　據國內外智障者的臨床教學及有關研究成果，其中以行為改變技術的應用成效普獲肯定。惟行為改變策略的應用，雖然致力於類化效果的建立，但是多數智障者的行為反應仍受囿於外在線索之提供，是明顯易見的限制（Mickler, 1984; Kanfer & Karoly, 1982），所以，多數智障者經教育訓練後，仍傾向於依賴和被動。職是之故，教導智障者逐漸獨立自主學習的自我管理策略，漸受重視。在應用範圍上，包括職業技能、生活自理、社會技巧、學業行為等方面。另在應用對象上，包括輕度到重度智障者，也普遍有良好成效。亦即，智障者透過適切的自我管理訓練措施，能使其發揮自我指導能力、類化效果大而持久，更能趨進獨立生活的目標。

貳、自我管理的意義與技巧

　　自我管理（self management）是指由個體自己來管理自己

行為，並透過行為反應前或反應後線索的提供，以及行為後果控
制等方法來達成。

　　自我管理策略又可包含多項應用技巧，諸如：自我控制、自
我調整、自我訂約、自我監督、自我評量、自我教導、自我增強
等，惟這些技巧間或彼此牽涉或易相互混淆，試先分別說明於
下：

一、自我控制（self-control）

　　自我控制一詞常易與自我管理混淆，基本上自我控制應屬於
自我管理策略的應用技巧之一。若以反應結果的時間長短而言，
自我控制通常指對於較差的習慣性反應（habitual response）加
以抑制，常會導致短期的負向後果（即為個體所不喜歡的後
果），繼而引發較長期的正向結果（即是個體須改變先前的習慣
性行為）。諸如：抑住憂鬱情緒、強忍住脾氣不發、忍受緊張狀
態、減重者看到美食忍住不吃等，用以逐步改變其習慣性反應
（Kanfer, & Karoly, 1982; Litrowink, 1982; Robin, Schneider,
& Dolnick, 1976）。

二、自我調整（self-regulation）

　　指個體趨向自發和自導行動的能力（Karoly, 1982），通常
應用於行為的表現或維持。諸如：新的學習、解決較複雜的問題
等。自我調整通常整合了多項技巧，用以自我完成個人所欲之目
標，此等技巧包括有自我監督、自我訂約、自我評量、和自我增
強等等（Litrowink, 1982）。一般教導者可依受教者的需求，
選擇一種或組合多項技巧加以訓練。茲就自我調整所內含的多項
技巧說明如下：

(一)自我訂約（self-contracting）

訂定自我契約旨在確立目標，是自我改變的先決條件，也是進一步自我監督與評量的基礎。一份良好的自我契約，應包括若干重要內容如下（李咏吟，民76）：

1. 所要達成的行為改變目標或標準。
2. 收集行為資料的方法，即記錄自己行為的方式。
3. 自我獎勵和自我懲罰的規定，即結果的代價。
4. 執行各項行為次目標的起訖日期或進度。
5. 評量履行契約的情形及修改目標的日期。
6. 本人及見證者的簽名和履行契約的生效日期。

(二)自我監控（self-monitoring）

係指自我觀察及記錄自己的行為，通常可採觀察記錄自我行為問題的發生次數、持續時間、或發生強度等方式。自我監控是自我管理過程的重要關鍵，特別是自我某些不期望的行為與自我所監督行為不兩立時，使用自我監控可產生「相互抵制」效果，使不期望行為消失，同時也是為獲自我增強而舖路。

(三)自我評量（self-evaluation）

指個體根據所設定的標準，評定行為結果是正向或負向（Karoly, 1982）。自我評量的過程，必得包括先前對行為觀察記錄的自我監控和設定標準的步驟。過去行為訓練多由照顧者或訓練者代訂行為標準，但自我管理訓練則鼓勵由學習者自行訂定（Litrowink, 1982）。

(四)自我增強（self-reinforcement）

指個體進行自我監控與自我評量後，進一步依據行為後果的

正向或負向，自行決定是否給予增強。有關增強物的種類，可分為外顯或內隱增強物。外顯增強物即包括有：一般物質、活動、社會性增強物等；內隱增強物則指自我獎勵的自我對話，如：在工作（數學、烹飪、與朋友相處、問題解決等）方面，我表現不錯哦！（Karoly, & Kanfer, 1982）。自我增強又以正、負增強物的給予，可區分為自我獎賞和自我懲罰兩種。

三、自我教導（self-instruction）

指由個體自行提示行為反應的線索，藉以引導或維持其行為，尤其強調口語線索的提供。諸如：1989 年 Salend 與 Ellis 等人訓練四位重度智能不足成人包裝梳子，其訓練過程先由訓練者口述並實際示範操作步驟：拿梳子、放下梳子、把梳子放進袋子、把袋子放進盒子等動作，然後由學習者模仿操作一次，接著要求學習者先口述並再操作一次，最後才讓學習者同時口述並操作（陳榮華，民 81）。

歸結上述所提及之自我管理各項技巧，可得下列數項要點：

• 自我控制多數應用在負向行為之抑制。

• 自我教導則應用在建立正向行為較多。

• 自我調整亦以正向行為之建立或維持為主，兼涉負向行為之矯正。

叁、在智障者教育及訓練的應用

一、自我控制的訓練方法

在訓練智能不足者自我控制技巧時，常見的訓練方法有三：

㈠反應替代法

教導智障孩子利用海龜技術控制攻擊行為，訓練步驟為：①首先呈現海龜圖片並敘說海龜的故事，引起孩子對海龜的興趣；②然後教導孩子做海龜動作，即將手緊靠身體、把頭低下、放鬆肌肉想像自己是海龜。同時，訓練者需增強孩子的正確反應；③問題解決過程：利用角色扮演和討論的方式，教導孩子當被激怒時，能以海龜技術代替攻擊行為（Robin, Schneider & Dolnick, 1976; Cooper, Heron, & Haward, 1987）。

㈡系統減敏法

通常用於處理懼怕或焦慮的反應，智障者因經歷較多挫折，因而比一般人有較多的畏縮反應。由於系統減敏法比較不需要語言溝通和複雜的人際互動技巧法，因此被視為是智障者較適用的自我控制方法。另有鑑於智障者認知能力薄弱，應少用想像的系統減敏法，而多用直接接觸的減敏方式，亦即將真實刺激所引發的懼怕或焦慮程度高低排列，由低而高，逐步訓練接近焦慮最高的真實刺激。同時，訓練者並根據逐步完成情形，適時給予物質性或社會性增強物（Spragg, 1983）。

(三)認知策略

先了解導致壓力的自我對話，並加以改變，使自我表現出較適切、具建設性的反應。此種策略通常用於矯正易怒、好攻擊的反應。如 Spragg（1983）敎導 10 個智障成人控制發怒的行為。訓練步驟有三：敎導、建立技巧、類化應用等，說明於下：

1.敎導（認知準備）：①使學習者了解自我對話存在的事實；②試著去覺察發怒時的身心狀態，以免憤怒的情緒過於高張；③讓學習者在生氣時，說出內在的自我對話，若學習者表達有困難時，訓練者則加以示範或提示。

2.建立技巧：①訓練者先示範一種不發怒的自我對話型式。如：我並不笨！這種情形讓我生氣，但我不需要大喊大叫或打人！如果我保持冷靜就能應付；如果我懂得用好的方法表達感受，我就不會發脾氣了；②敎導利用某些動作抒解發怒情緒，如稍動嘴角微笑等；③學習者能自我控制後，再進行自我增強。如：做得很好！我沒有動手打他；我能表達自己的感受，讓我覺得很舒服；④將前述自我對話貫串起來，再由訓練者做完整的示範，並經由適切引導練習，使學習者逐漸由獨立的口語式自我指導（外顯口語），轉變為內隱的自我對話。

3.類化應用：待學習者於訓練情境能純熟應用上述自我控制技巧後，則建議進一步應用在生活或工作情境中。

二、自我調整的訓練方法

「自我調整」可採用一種或兩種以上技巧結合使用，所以以下分別舉例說明自我調整訓練中，經常使用的各種技巧如下：

㈠自我記錄訓練

Sugai 和 Rowe（1984）訓練輕度智能不足兒童自己記錄離座行為，訓練步驟是：

1. 先由老師負責記錄於卡片。

2. 然後逐次透過示範、提醒、協助等程序，教導智障兒童自行記錄。

3. 最後，由學生自行記錄並決定其得分。

4. 再由學生根據自己的得分，選擇增強物及享用時間。

結果顯示：訓練後，其離座行為由原來的 75％降至 10％以下，效果十分良好。

㈡自我監控訓練

Litrownik 教導中度智障學生依據完成的作業紙和保齡球遊戲得分等，進行自我監控訓練。訓練步驟如下：

1.設計記錄方式：如作業紙最上端附上不同圖形（如身體的各部分頭、腳、手臂等）、或不同圖案（三角、圓、方形等）的記錄袋，要求學生完成每份作業時，先選擇一份與作業紙上端相同的記錄袋，並投置紅色圈子；或於保齡球遊戲時，當每次投球得分於記分板上顯示時，學生須於相同得分的記錄袋上，掛上紅色圈子。

2.訓練者示範記錄方式：訓練者示範正確的自我監控步驟並令學生模仿，每天訓練 40 分鐘，持續至學生能獨立完成所有步驟。

此項訓練結果顯示：這些原先不懂得如何記錄的學生，經訓練後，全數學生均能夠習得正確的記錄方式。由是項研究可證實，中度智障者可透過適當的訓練過程，習得自我監控的技能，由此推廣至教室情境應無困難，如區辨及記錄正確或錯誤的作業

結果、評定高低分數和在特定時間內完成所要求的工作等（Lit-rownik, 1982）。

　　大體而言，對智障者的自我監控訓練，約可分為三個步驟：首先，是由訓練者設計記錄方式，其次教導學習者區辨不同的反應類型和適合的記錄方式；然後由訓練者示範正確的記錄方式，並逐步引導學習者能獨自完成正確的記錄。另於訓練過程需輔以增強措施，以提高學習動機。

㈢自我增強訓練

　　Helland, Paluck 與 Klein（1976）訓練十二位輕度智能不足者實施自我增強，其訓練步驟是先由訓練口語教導，再輔用示範、角色扮演等策略，教導如何根據固定比例增強時制，決定其完成工作量，應可得多少增強物，然後自行領取適量的增強物。例如：每疊好 10 張一份的紙堆，則可獲得一枚銅幣或一顆糖果；完成 10 疊後，則可自行領取 10 枚銅幣或糖果。

　　Kapadia 與 Fantuzzo（1988）指導三個輕中度智能不足兒童依據對課業的專心程度，進行自我增強訓練，其訓練步驟如下：

　　1.由教師給予增強：在規定時間內能專心於作業，則給 4 顆星星。

　　2.在教師的提示下自我增強：先由老師揭示給予增強的規定，在限定時間內完成作業，則指示學生自行領取 4 顆星星（貼紙），然後可兌換玩具。實施過程係在學生作業活動前、中、後期，分別配合計時器的運轉，以問句提示學生：「計時器的燈亮了，表示什麼？」學生應回答：「工作時間開始了！」提示：「燈仍亮著，表示什麼？」應答：「應該繼續專心工作！」提示：「計時器響了，表示什麼？」則應回答：「可以停止工作了！」提示：「在計時器亮的時間都專心作業，可以得到什麼獎

勵？」則答：「得到 4 顆星星，可以換其他物品」。如果學生回答錯誤，教師則給予回饋校正，所有訓練步驟進行至學生均能正確回答無誤為止。

3.學生自我增強：由學生自行操作計時器進行作業，並因為能夠專心作業活動，而自行領取 4 顆星星（貼紙），然後兌換所喜愛的玩具。

三、自我教導訓練方法

一般採用 Meichenbaum 的自我教導訓練模式為基礎加以發展，包括四個基本步驟：

㈠認知示範（cognitive modeling）

由訓練者示範工作項目的操作步驟，並同時高聲敘說步驟。

㈡外顯引導（Overt guidance）

在訓練者適當的提示協助下，漸漸改由學習者獨立操作並複誦操作步驟。

㈢消褪外顯的自我引導（faded self-guidance）

學習者操作時口語敘說的音量漸小，最後轉化為內在語言。

㈣內隱的自我教導（covert self-instruction）

學習者於執行作業時，能運用內隱的自我語言，來自我引導（Mickler, 1984）。

示範方式是經過結合其他策略應用在前述的自我教導訓練之中。

1.正增強：自我教導訓練常結合使用社會性增強和自我增

強，如微笑、點頭、回饋、來鼓勵自己。「繼續努力！非常賣力！非常好！」是學習者採用類似訓練者的口吻，來自我鼓勵。

2.反應代價：即先給予正增強物，當有不當行為則照規定收回增強物。使用反應代價的目的，在幫助學習者抑制不當的行為，行為反應前能停下思考，以促進自我教導的學習和應用。

3.家庭作業（homework）：家庭作業的目的在促進類化和維持效果。家庭作業的內容在訓練開始時較簡單，以後隨著練習次數的增加，內容的難度和複雜度漸增。

1980 年 Burgio 等人發展出一套適用於輕度智能不足學生自我教導（self-instruction）的內言架構。建議學生遵循以下六個步驟，逐步進行自我引導：

1. 老師要我做什麼？
2. 選擇特定的工作項目—我想做什麼？
3. 安排工作步驟的次序—我該如何進行？
4. 對成功經驗加以增強—我要如何獎勵自己？
5. 提示線索並忽略無關的刺激—我要如何提醒自己怎麼做？
6. 決定如何面對失敗—失敗了，我要怎麼給自己打氣？

這套訓練架構不僅對書寫和繪畫作業有直接的促進和類化效果之外，並且使分心行為也減少了（Micker, 1984）。

另 Bornstein 等人教導三個學前過動兒自我指導，以使其能從事教室學習活動，其所發展的自我指導有四個步驟：

1. 詢問自己該做什麼工作（如老師要我做什麼事？）
2. 回答前一個問題（如我應該描繪那張圖畫？）
3. 敘述工作程序（如我應該先在這裡畫線，然後……）
4. 自我增強（如我做得很不錯）（Cooper et al., 1987）

Agran, Fodor-Davis 和 Moore （ 1986 ）訓練四個中重度智能不足青少年自我指導，以能專心從事清潔工作。訓練步驟亦大致遵循 Meichenbaum 的模式：

1. 示範並大聲說出工作步驟；
2. 學習者模仿；
3. 回饋並增強；
4. 內隱式自我指導。

Agran 所建議的自我指導有三個步驟如下：

1. 我已經完成了什麼項目？
2. 下一步該做什麼？
3. 現在該做什麼？

Spragg （ 1983 ）則訓練智障成人能自我教導以控制發怒，所提五個訓練步驟：

1. 察覺被激怒：如我的心跳加快，手在顫抖，顯示我在生氣。

2. 客觀分析發怒的前因和後果：如這就是我發怒的原因嗎？如果我發脾氣了，那真是不值得，我想我必須保持冷靜。

3. 確認理想的因應方式：如讓我保持放鬆和冷靜，我是可以應付這種狀況的。

4. 面對發怒的先前事件：如不喜歡你在後面推我，請你不要再往前擠了，如果真有必要這樣做，先問問我的意見，好嗎？

5. 自我增強或慶賀：如我告訴他我不喜歡他這樣推我，同時我也沒有生氣或吼叫，這些我都做到了，真是不簡單！

肆、結語

依本文所述，可獲致以下結論：

㈠透過適切的訓練步驟，不同智能程度的智障者可以習得自我管理的技巧。

㈡智障者自我管理訓練的應用範圍，可包括生活自理技能、學業行為、社會行為、職業技能等，而且成效頗為良好。

㈢自我管理訓練過程中，依訓練目標的不同，有以單一技巧為主，有以結合多項技巧加以應用。但在訓練方法上，大多採用示範教學及適當的提示輔助時，並且經常輔用增強，以提高學習動機。

總之，使智障者有效的管理自我是可以被確認的，但須經過系統化訓練歷程，由訓練者示範、增強等適當的輔助過程，逐步引導智障者達獨立操作。亦即，必先以外導為開端，而後漸次發展達自導之程度。

參考文獻

李咏吟（民76）：**個案研究—以行為改變技術處理國小兒童的行為**。台北：五南圖書。

陳榮華（民81）：代幣增強方案對於增進中重度智能不足者職業技能之影響。國立師範大學，**教育心理學報，24期**，1-31頁。

Agran, M., Fodor-Davis, J., & Moore, S.（1986）. The Effects of Self-Instructional Training On Job-Task Sequencing: Suggesting A Problem-Solving Strategy. *Education and Training of the Mentally Retarded, Dec.* 273-281.

Cooper, J.O., Heron, T.E., & Haward W.L.（1987）. *Applied Behavior Analysis.* Columbus: A Bell & Howell Co.

Helland, C.D., Paluck, R.J., & Klein, M.（1976）. A Comparison of Self-And External Reinforcement with The Trainable Mentally Retarded. *Mental Retardation, Oct.,* 22-23.

Karoly, P.（1982）. Perspectives On Self-Management And Behavior Change. In P. Karoly & F.H. Kanfer（Eds.）, *Self Management And Behavior Change-From Theory To Practice.* New York: *Pergamon Press*, 3-31.

Kanfer, F.H., & Karoly, P.（1982）. The Psychology of Self Management: Abiding Issues And Tentative Directions.

In P. Karoly & F.H. Kanfer（Eds.）, *Self Management And Behavior Change -- From Theory To Practice.* New York: Pergamon Press, 571-599.

Litrownik, A.J.（1982）. Special Considerations In The Self-Management Training of The Developmentally Disabled. In P. Karoly & F.H. Kanfer（Eds.）, *Self Management And Behavior Change -- From Theory To Practice.* New York: Pergamon Press, 315-352.

Mickler, M.J.（1984）. Self-Management Skill Training For Educable Mentally Retarded Persons. *The Journal Of Special Education, 18*(2), 143-149.

Robin, A., Schneider, M., & Dolnick, M.（1976）. The Turtle Technique: An Extended Case Study Of Self-Control In The Classroom. *Psychology in the Schools, 13,* 449-453.

Spragg, P.A.（1983）. *Counseling Approaches With Retarded Persons: Current Status And An Attempt At Integration.* Paper Presented at the Region Ⅳ Conference of American Association on Mental Deficiency. Ed 282376.

Sugai, G., & Rowe P.（1984）. The Effect of Self-Recording On Out-of-Seat Behavior Of An EMR Student. *Education and Training of the Mentally Retarded, Feb.,* 23-28.

先天性聽障者電子耳蝸植入過程
與聽覺復健在其中的角色

◆陳小娟◆

　　今年（民 82）十月三十日澳洲的觀光暨資源部長葛瑞菲斯來華訪問，除了拜會外交部，也造訪了台北長庚醫院，因為澳洲為聽障者研發成功的高科技產品電子耳蝸系統在台灣有八位病人使用，其中有六位病例是在此醫院所做，另兩個病例則是在台南逢甲醫院所做。這項新聞立刻又把電子耳蝸（或稱人工電子耳）炒熱，一時間，許多聽障者或其家屬急切地想知道自己或其家人是不是可以成為這個系統的受惠者。筆者在十月中旬至月末走訪了澳洲一趟，其間參與墨爾本大學生化電子耳實驗室所舉辦為期四天的電子耳蝸研習會，參觀了雪梨市四處不同機構（包括教育與醫療機構）做聽覺復健的方法，也看了一些聽覺復健的錄影帶，還與數位聽覺復健師交談，其中有老師、聽力檢查師、也有語言治療師，對於電子耳蝸近幾年的發展與成效有了進一步的認識。因此，看到一些人士對電子耳蝸的關切，也想談談自己對電子耳蝸系統的認識，尤其是聽覺復健在先天性聽障者電子耳蝸植入的過程中所扮演的角色。

壹、電子耳蝸之簡介

　　首先，簡要地把這套系統的硬體及其理論說明於下。又名迷你系統 22 的電子耳蝸主要可分為體內與體外兩部分：體內的部分是耳蝸植入體（Cochlear implant，安裝在耳後乳狀突內，隱藏在皮膚下，肉眼看不到）；體外的部分由三個結構組成，第一個結構是麥克風，形狀像耳插式助聽器，但是內部的線路與助聽器不同，兩端分別以電線連接著另兩個結構：言語處理器與附有磁鐵的傳送器。當外界有信號時，掛在耳朵上的麥克風會將接收到的信號經由電線傳至言語處理器（目前的型號是 MSP），言語處理器是個微電腦，其中含有多種焠取語音要素的策略，其中最新、提取最多語音線索的策略是多峰策略（Multipeak Strategy）。這種策略會提取六種音響特質：

- 聲帶的基本頻率。
- 語音中的第一共振頻率（300HZ 與 1000HZ 之間音量最高的頻率數）。
- 語音中的第二共振頻率（800HZ 與 4000HZ 之間音量最高的頻率數）。
- 第三頻率帶（如果聲音能通過 2000 至 2800HZ 的頻率過濾波帶，會有信號送出）。
- 第四頻率帶（如果聲音能通過 2800 至 4000HZ 的頻率過濾波帶，會有信號送出）。
- 第五頻率帶（如果聲音能通過 4000 以上的頻率過濾波帶，會有信號送出）。

　　這六種音響要素沿著電線經過麥克風機體，送至形狀像駕駛盤的傳送器，電波在此處被轉換成電磁訊號，被埋在皮膚下的耳

蝸植入體接收。此植入體是個接收器兼刺激器，末稍有個 2.5 公分長的尾巴，其中有 22 個電極綑紮在內。有的電極長度與尾巴等長，有的則甚短。植入體除了接收體外的電磁訊號，同時也把所接收到的訊號刺激適當的電極。每一個電極所負責的頻率數值有不同的範圍（都已事先設定，但是也可以更改），由於電極延伸至耳蝸內的長度不同，因此刺激的部位也不同。究竟是哪個電極會被刺激，則由言語處理機所提取的音響要素決定，換句話說，如果第一共振頻率是 700HZ，第 17 號電極會被刺激，若第二共振頻率是 2000HZ，則第 6 號電極會被刺激，若第三頻率帶有聲音通過，第 7 號電極會被刺激，若第四頻率帶有聲音通過，第 4 號電極會被刺激，如果第五頻率有聲音通過，第 1 號電極會被刺激。當這些電極被刺激時，會有一波波微量的電流送入人體的耳蝸，至於驅送電流的速度則由聲帶的基本頻率來決定。植入體上細長的尾巴在手術中由圓窗被放進人體耳蝸內的鼓室階，電流由被刺激的電極送至耳蝸的不同部位，而這些電流會刺激鄰近的聽神經，聽神經被振動後就把信號向聽覺中樞傳遞。在聽力正常的耳朵內，聲音是由外耳傳入中耳，再傳入內耳的耳蝸，當耳蝸內的毛細胞由基底膜的振動與淋巴液的波動而感受到聲音時，會刺激聽神經，而後由聽神經把刺激傳向中樞。有時候，正常聽力的耳朵也會不經由外耳、中耳來傳送信號，直接由頭骨的振動引起內耳淋巴液的振動，毛細胞一樣會感受到信號，然後傳給聽神經並且繼續往下傳。但是植入迷你系統 22 的個體，他們所感受到的聲音不必經過外耳、中耳與內耳的毛細包，直接由受到電極刺激的聽神經把信號向中樞傳遞。因此，迷你系統 22 是目前一些毛細胞損壞，而聽神經仍有功能，並且不能從助聽器得到幫助的重度與極重度聽障者進入聽覺世界的一項選擇。

　　其次，我們來了解一下手術前後一些重要事件的流程。通常手術前會有三至六個月的評估期，以確定當事者是否是迷你系統

22 的候選人。如果評估後發現當事人是此植入系統的候選人，而且當事人或其家屬也同意進行電子耳蝸植入的過程，便可排定手術的時間。手術通常歷時二至三小時，手術後大約三至五週傷口會癒合。之後便可進行體外組件的啟動手續（switch on），所謂的啟動是指以特殊儀器測出個體在每一個電極中能感受聲音的最小電流量以及最大，但是仍覺得舒適的電流量，學名叫做製圖（mapping）。每位做了植入手術的聽障者者會有不同的圖，因為每個人對聲音的感受並不相同。製好的圖（一些數字）被放入言語處理機，個體所聽到的聲音都是以此圖為疆界，不會超出此範圍。製圖完成後，便是聽覺復健重點工作開始的時候了。

　　由名稱上來看，「電子耳蝸植入」讓我們聯想到是植入手術本身，雖然手術的成敗會直接影響聽障者所聽到的聲音，但是就時間而言，這只是整個電子耳蝸植入過程的一小段，仍有許多後續工作待完成，包括組件的啟動以及聽覺復健。很多人都以為讓聽障者戴上助聽器或把耳蝸植入體移植體內，他們就會自然學會聽聲音，這種想法就好像把汽車交給一個人，不教他開車與修車，但是卻希望他自動學會開車與修車。聽覺復健的主要目的是在結構化的教學中，訓練聽障者把聲音與意義聯結，使他們及早進入聽覺世界，並且有效地運用來自聽覺管道的線索。復健過程長短與聽障開始的時間有很大的關係，習語後才失去聽覺的人通常在較短的時間內就可做出較多且較高層次的聽覺反應（例如辨識詞或句子），而先天性或習語前便失聽的人則需要較多的時間才會做出察覺或分辨以外的聽覺反應。前者由於有聽覺經驗，因此較容易喚起舊經驗；後者則是每個聽覺經驗都是新經驗，以致要更多時間來使聲音意義化。

貳、電子耳蝸植入與聽覺復健

　　由前面的敘述，我們不難知道先天性的聽障幼兒與兒童若進入電子耳蝸植入過程，手術後的聽覺復健是重頭戲。筆者在澳洲的雪梨市所參觀的四個機構都是以幼兒或兒童為聽覺復健的對象。雖然這些機構內的幼兒或兒童們不見得都在耳朵內植入了電子耳蝸，但做聽覺訓練時，使用的方法卻都大同小異。這四個機構包括公立小學一所，私立小學兩所（其中一所有學前班），以及一個由醫院附設的電子耳蝸兒童復健中心。基本上，這些機構共通的聽覺復健方式有下列共通處：

　　一、聽覺訓練的過程有嚴謹的階段可依循，也就是說，聽覺訓練的起點是由個案的聽表現來決定，不同的聽覺程度會有不同的訓練活動。基本上，這些機構所使用的是類似於由 Sylvia Romanik 所寫的「聽覺技巧訓練」中的方式，書中對於不同聽覺反應層次（察覺、分辨、辨識、理解）的訓練活動有詳細的描述，而這四個機構也都根據這些活動收集了很多適合不同年齡層的玩具、圖畫故事、連環畫片與故事書等。這些聽覺訓練中都包含了擴展後的 Ling 音素察覺訓練（原本是三個母音，兩個子音，擴展後為四個母音，三個子音），音節不同數目的字詞辨識訓練，聽故事回答問句訓練，語調辨識訓練，電話會話及日常會話練習等。

　　二、訓練是以單一管道方式（unisensory approach）進行，換句話說，聽覺訓練進行中，個案只有聽覺線索而沒有視覺線索。這一點，我們在國內較不易觀察到。或許國內有些啟聰班老師或聽覺復健師在聽覺復健的某些時候會想到把口部遮住，但是有多少人會整個過程中都像雪梨這些老師一樣遮住口部？如果

學生看不到口形，是否上課效果就大打折扣？如果學生聽不到一些聲音，整個過程都遮住口部不是太冒險了？這些問題我一一請教了他們，他們承認在剛開始用這種方法時，心中也是惴慄不安，但是從學生訓練一段時間後的表現，他們獲得了信心，也因而掃除了疑慮。

　　三、無論是學前班的幼兒或國小的兒童，他們家裡都要有親人全神投注於其子弟的聽覺復健，他們採用的方式是每週家裡都要有人去學校或中心觀摩老師（或復健師）做聽覺復健，並且帶回一份教學目標，回家後依著目標與從老師（或復健師）處所觀察到的聽覺復健活動進行，第二週再去與老師（或復健師）討教並取回另一份教學目標。筆者在雪梨的電子耳蝸兒童復健中心看到數位家長帶著自己的孩子去上課，趁機問了他們平均每天在家中教孩子幾小時（這些兒童年齡都在四歲以下）。家長們的回答令人驚訝與佩服，幾乎每個母親都是從孩子睜開眼就開始教，直到晚飯後才停止。也難怪這些小朋友根本不必讀話，便可以聽覺方式做出理解別人句子並回答反應。

　　四、隨時根據個案聽覺的表現來推斷是否言語處理器要重新製圖？或者是助聽器有問題？若有需要立刻轉介。這些老師（或復健師）的主要職責是做聽覺訓練，有關言語處理器的製圖或助聽器的配置另有專人負責，而雙方隨時保持密切聯繫，以確保助聽系統的功能健全。

　　由上述機構訓練出來的幼兒與兒童，聽覺表現遠勝於未戴助聽器時的表現，而這種訓練的最佳成效便是個案們依自己的進度在不同的年段回歸主流。

　　多重電極電子耳蝸植入先天性聽障者的成效已在不同的研究中多次被報導，筆者對於迷你系統22終將用在國內聽障幼兒身上深表樂觀，但是此種系統之所以能在澳洲雪梨市獲得成功，健全的聽覺復健應當是重要功臣之一。回顧國內，不但尚未發展出

一套嚴謹且完整的聽覺訓練教材，老師們與復健師們對單一管道式的聽覺訓練也不熟悉，聽障兒的家人們或許並不十分明瞭電子耳蝸植入後，他們將肩負起比老師及復健師還重大的責任，並且醫院、學校系統與家庭之間將如何做完善的搭配（包括製圖、教材的選用、聽覺訓練方法的研習等），這些我們都應該在聽障兒接受電子耳蝸植入過程之前加以深思並且應之以良方，以免措手不及。有意要讓聽障子女做此手術的家長尤其要把這些事項查清楚，以免事後因人力或知識不足而遭致失敗。

叁、對先天性聽障兒之建議

對於國內尚未為先天性聽障兒做好聽覺復健的妥善準備一事，筆者認為因應之道如下：

一、儘速發展出適用於先天性聽障兒使用的階層式聽覺訓練教材。

二、為啟聽班的老師們舉辦電子耳蝸研習活動，以幫助他們了解迷你系統 22，並且舉辦聽覺訓練研習會，以協助他們對訓練方式多所了解。

三、將要進行兒童電子耳蝸植入的醫療小組要提早開始思考並探討如何有效地教會聽覺個案的家人做互動良好的聽覺訓練。

四、醫療小組同時要在手術前讓聽障兒的家屬知道他們負有極大的責任。

五、醫療小組要肩負起做為學校系統與家庭間的橋樑之責任。

六、如果學校系統不知如何為植入電子耳蝸的兒童做聽覺訓練，或是拒絕做，醫療小組與家庭可能都必須暫時接受此事實，因為目前國內尚無任何法律條文規範此事。

　　迷你系統 22 在澳洲不必由聽障者或其家人負擔費用，可從政府與保險公司得到給付。由於費用不貲，在國內，這項產品只有少數人付得起。根據推估台灣約有二萬多名聽障者，其中至少有十分之一無法透過助聽器聽懂聲音，而這二千多人或許可由電子耳蝸中得到幫助，如果因為經濟上的匱乏而失去進入有聲世界的機會，令人覺得十分遺憾。因此，盼望有關單位能撥款補助，讓這些聽障者也有機會聽一聽聲音。

五／職業與生涯

41

殘障者的生涯職業訓練與就業輔導

◆林宏熾◆

壹、前言

　　殘障者人力資源的開發一直是特殊教育和社會福利政策中一項重要的課題。雖言我國早於憲法第一五二條明定：「人民具有工作能力者，國家應予以適當之工作機會」，然此一課題隨著民國83年公布之「中華民國憲法增修條文」中第九條第六款的規定：「國家對於殘障者之保險與就醫、教育訓練與就業輔導、生活維護與救濟，應予保障，並扶助其自立與發展」，而更形受到重視和呼籲。也因而使得殘障者參與有關教育訓練與就業輔導的機會和條件，在憲法保障下，有更週延和落實的基礎。

　　尤其，我國先後於民國六十九年及民國七十九年修定和公布的「殘障福利法」更提供具體的服務措施以及有關「強制性的規定」，以期能使殘障福利措施漸告落實，並使得殘障者職業訓練與就業輔導制度能日益健全。殘障者職業訓練與就業輔導的基本目的，即在於冀望能藉由適當的教育與訓練，以求達到殘障者之「適才適所」以及「人盡其才」的效果。然而就目前而言，一般殘障者的教育程度普遍性地偏低、工作機會均較少、生活與發展條件也普遍性地低弱於一般社會的大眾。殘障者人力資源非但未

能充分開發，且僅處於潛在人力資源低度開發的階段。

目前我國社會高度的發展，個體生活的層次亦逐日的提昇，現今的生活目的已不再單純地僅以糊口謀生為主，而是在於如何全面提高個人與家庭的生活素質（quality of life）。就此觀點而言，就業方面的安定非僅只是維持個人與家庭經濟生活主要工作和活動，更是個體提高個人與家庭的生活素質的主要手段。是以就業方面的安定與發展非但可以滿足個體在食衣住行等方面生存的基本需求；更可以使個體發揮個人的特長，表現個人的才能，分擔家庭與社會的責任，進而肯定自我的價值與體會生命的意義。而此種透過相關的職業訓練與就業輔導，以獲致就業方面的安定發展，並進而肯定生命的價值與意義的訓練活動與措施，對於殘障者而言，更是迫切的需要。

因此本文擬就特殊教育的觀點，探討殘障者職業訓練與就業輔導的涵義，揭櫫殘障者的職業潛能及發展特性，說明殘障者生涯職業訓練與就業輔導的模式，並進而歸納規劃殘障者生涯職業訓練與就業輔導時宜有的基本原則，和進行職業訓練與就業輔導時宜注意的有關注意事項，以供改革發展殘障者生涯職業訓練與就業輔導之參考。

貳、殘障者生涯職業訓練與就業輔導的內涵

一、傳統上的觀點

一般而言，職業訓練（vocational training）係泛指各產業部門所屬企業機構自管理階層至領班以下人員，在各種經濟活動行業中為就業或升遷以及提昇技術水準所舉辦的各種訓練。其範

疇包含職業準備、新近就業、或在職中升遷、調職、轉業的個人
或群體所實施的各種有關職業認知領域、情意領域、技能領域
（psychomotor domain）或知覺領域等方面的訓練。而其訓練
的類別則因舉辦的目的、主辦的機構、受訓的對象、訓練的內
容、辦理的時間方式、受訓的進度等等而有不同的型式。至於就
業輔導或就業服務（employment service）則係指協助個人達成
其就業目標的一種歷程，其目的在於輔導幫助有工作能力又有工
作意願的個體獲得適當又如意的有酬工作（薛文郎，民 73）。

　　對於殘障者而言，職業訓練與就業輔導一般多係以職業復健
（vocational rehabilitation）為主，期使殘障者能獲得就業機會
與培養職業適應能力；也即職業復健的目的在為殘障者提供有關
職業方面的訓練與矯治性的服務，使殘障者能充份發揮其在職業
方面的潛能（Martin & Gandy, 1987; Pruitt, 1977; 何華國，民
80）。換言之，殘障者職業訓練與就業輔導係在透過職業有關方
面的專家，使用相關的輔助工具與設施，輔導和協助殘障者接受
持續與適當的訓練，以使殘障者能夠自立更生，並於生理、心
理、社會、和經濟上，都能獲致最高的滿足與自在（姚卓英，民
67; Bitter, 1979）。以美國而言，此種職業復健一般有如下四個
步驟：評量、規劃、處理和結案（Rubin & Roessler, 1983）。
而且職業復健的程序進行有其連貫性和系統性，得根據美國聯邦
政府與各州的法規實施。

二、生涯教育的觀點

　　廣義而言，生涯教育係指一個人終生經歷所有職位之整體歷
程的教育。其目的乃在透過系統性的教育（包含就業訓練、學徒
制的方案、生涯探索、及無酬的其他非職業性角色），以統攝個
體於家庭、學校、社區中所有的教育學習活動，期使個體能於經

濟、社會和身心上實現自我的潛能，並謀求個體在家庭、學校、社區、公民、經濟、休閒等各種不同的生活領域中取得平衡如意的發展。（Brolin, 1995; Brolin & Kokaska, 1979; Super, 1976）。據此，殘障者的職業訓練與就業輔導需至少包含下列各項：

(一)職業陶冶

如幫助殘障者獲致相關的職業常識，使其瞭解社區中的工作項目、內容、工作方法、以及這些工作對社會的重要性及可能貢獻等。

(二)職業指導

如依據殘障者的興趣、性向、能力、人格特質等為其建議合宜的工作機會，或提供有關就業市場的資訊。

(三)職業訓練

如提供殘障者職業生活領域中各種經濟活動行業中為就業或升遷以及提昇技術水準所舉辦的各種訓練，使殘障者獲致應有的工作技能、習慣、態度以及瞭解於工作世界中應盡的責任與可享之權利。

(四)職業安置

如安排殘障者至真實的工作世界中從事有酬的經濟活動，包含與企業的雇主取得聯繫並交換意見，使雇主瞭解殘障者的人格特性與優缺點等，並協助殘障者安置於合宜的工作崗位。

(五)社會安置

如持續的追蹤輔導，使殘障者能於就業後適應其新任務與社

交生活，並協助其適應新的社會生活，包含交通、居住、購物等
獨立生活的調適。

　　此外並按照生涯教育的四大發展方向依次進行生涯覺知、生
涯探索、生涯準備、和生涯同化（包括生涯安置、追蹤輔導與繼
續教育，一般係指個體離校後之轉銜至生活與工作或接受大專以
上教育的社會性同化過程）（Brolin, 1995）。

三、未來生活素質的觀點

　　此外，美國近年來隨著政治、工商企業及教育界等對「品
質」與「卓越」的重視與追求，於職業訓練與就業輔導的範疇
中，殘障人士「生活素質」（quality of life）的提昇，也成為
相關學者新的訴求。更有學者（譬如 Goode, 1994）呼籲相關研
究機構及研究人員重視殘障人士「全面性」的生活素質，而非如
同以往只「片面性」地重視傷殘人士之教育、職業，或僅只強調
家事技巧、娛樂休閒、或溝通技能等。轉銜（transition）、或
譯為「進路」的研究學者或專家（譬如 Halpern, 1993）也於近
來強調：在發展和規劃特殊需要人士之生涯進路時，應以「生活
素質」為其概念性的架構，以評鑑特殊需要人士生涯進路發展的
整體成效。顯而易見，「生活素質」一詞，已成為殘障者的職業
訓練與就業輔導的新趨勢。

　　因此，就未來的發展性而言，殘障者的職業訓練與就業輔導
得擴充到成年生活適應（adult adjustment）所有的領域，包含
個人的生活領域和支援領域（Polloway et al., 1989）。其中生
活領域涵蓋個體的社區參與、教育和職業、居家與家庭、休閒娛
樂。而支援領域又包括身心健康及個人的發展。

　　此外根據 Halpern（1993）的看法，殘障者在轉銜生涯階段
時所應涵蓋之生活領域和層面頗類似馬斯洛（Maslow, 1970）

的需求層次理論。Halpern 的生活素質理念包含有三個領域及十五個副層級。此三個大領域分別為：生理的和物質的福祉、成人角色的行為、個人的實現。而在生理的和物質的福祉項目下，有四個副層級；在成人角色的行為項目下，有八個副層級；在個人的實現項目下，也有三個副層級。然而如同 Halpern 本人所言，這些項目和層面並不足以完全涵蓋生活素質的概念，只是提供一項有文獻根據的理論性歸納。此外至目前為止，泰半的生活素質研究多係以生計和就業，或經濟的安定性為主要課題。至於公民權的行使和精神層次的活動等，則較少有研究去探討和涉及。表一即是 Halpern 所作的歸納，及這些副層級於有關的特殊教育研究中出現的頻率。

表一：Halpern　由四十一項研究中所歸納出之傷殘人士的生活素質領域和層面

生活素質的領域	生活素質的內涵	研究中使用的次數	研究中使用的百分比
生理的和物質的福祉	• 生理和心理的健康	6	15
	• 食、衣、住	10	24
	• 免於傷害的安全	2	5
	• 經濟上的穩定	31	76
成人角色的行為	• 行動力、社區的參與	9	22
	• 生計和就業	41	100
	• 休閒和娛樂	10	24
	• 人際關係、社交網	18	44
	• 接受教育	23	56
	• 精神上的實現	0	0

	• 公民權的行使 （譬如投票）	0	0
	• 社會責任（譬 如不違法）	6	15
個人的實現	• 幸福感 • 滿意感 • 一般的福祉感	0 13 5	0 32 12

Note. From "Quality of life as a conceptual framework for evaluating transition outcomes" by A. S. Halpern (1993), **Exceptional Children, 59** (6), P.492.

叁、殘障者的職業潛能及發展特性

　　殘障者彼此之間的生理和心理的差異程度極大。不同殘障類型可能會有不同的行業別、就業方式與工作生態。根據美國職業分類典（Dictionary of Occupational Titles）所登錄的 12,175 種行業中，約有 6,033 種係較適合於輕度智能障礙者從事（Brolin, 1982）。然而儘管有數千種的工作行業適合殘障者去從事和開發，並不見得所有的殘障者均能勝任愉快並且應付自如。譬如殘障者本身的就業意願、殘障程度的輕重、殘障者本身的工作潛能等均會影響殘障者的就業內容和工作品質（吳武典，民 79；許天威，徐享良，民 83；Patton et al., 1990）。不過一般均深信殘障者皆具有相當程度的職業潛能及發展特性，而且其職業潛能及發展特性是可以開發運用和提昇的。

　　一般而言，殘障者的工作行為和職業潛能可藉由職能評估的程序加以評估和分類（Nadolsky, 1985）。譬如根據 Brolin（1982）早期的看法，若按智能不足的程度而分，則殘障者的職

業潛能的發展可歸納為如下數種：

　　一、輕度智障者大多數可習得半技術或非技術但具有競爭性的職業工作能力。

　　二、中度智障者大多數可習得半獨立的職業工作能力，或被加以訓練而具有從事競爭性職業的工作能力。

　　三、重度智障者大多數可習得於教養式的職業技藝發展中心或庇護工場中應有的職業工作能力。

　　四、極重度智障者則一般於養護機構中接受照顧。

　　然而目前，隨著世界各國對於殘障者之保險與就醫、教育訓練與就業輔導、生活維護與救濟等等的重視和呼籲，此種將重度及極重度障礙者排除於就業世界的職業潛能歸類已有所調整和改進。譬如具有聾盲及重度智障者經由支持性的就業協助可從事組裝複雜的電子零件板（Gold, 1976）；極重度的智能不足者可以從事生產性的電纜裝置組合（Hunter & Bellamy, 1977），和從事鏈鋸的組配（O'Neil & Bellamy, 1978）等工廠作業。此外與服務業有關的餐飲、清潔、洗衣等行業，重度智障者亦可經由支持性就業的輔導訓練而獲致相當於競爭性的職業工作能力（Wehman, 1988）。

　　因此有些學者（譬如 Fraser, 1991）就建議殘障者的職能評估過程應綜合應用醫學、心理、社會、職業、教育、經濟、和文化上的資料來加以評量，而非僅就單一的智能認知情形來認定殘障者的職業工作能力。而我國「殘障者職能評估辦法」亦明訂有關的執行細則以鑑別殘障者的職業潛能。其內容包含：①諮商晤談；②身心狀況；③心理評量；④教育評量；⑤社會評量；⑥工作能力評量和；⑦其他相關復健需求的評估等。

　　因此，雖然殘障者個別的差異性過大並且其個別的職業潛能亦不同，但只要經由正確與客觀的個別化職能評量過程，殘障者的身心發展特性與職業潛在能力仍可以明確地被界定與評估。如

能再配合適當的生涯規劃，輔之以職業生活相關的協助與訓練，
則殘障人力資源的高度開發與運用並非是不可能之事。

肆、殘障者的生涯職業訓練與就業輔導模式

目前較為一般大眾所熟悉之有關殘障者的生涯職業訓練與就
業輔導模式約有如下數種（Gajar, Goodman & McAfee, 1993）：

一、工作適應訓練

此種訓練的主要目的在於培養職業前（prevocational）和職
業外（extravocational）的工作適應技能。其訓練的內容多半以
服從上級的督導、守時、不缺席、避免意外事故的發生、確保工
作的品質、控制自我的情緒、成熟的工作態度、合宜的社交禮儀
和行為等等。訓練的方式多以模擬為主且無酬之訓練學習工作。
訓練的地點可於庇護工廠、教室、學校工場或實際的工作崗位上
進行。一般可利用寒暑假或打工等方式提供殘障者有關此種工作
適應訓練的學習機會。

二、生涯教育

此種形式的職業教育訓練發展模式係源於 1971 年由美國聯
邦教育總署 Marland 所提之生涯教育（或譯為生計教育），而
於近二十年來仍持續的蓬勃發展。受到此種生涯發展觀念和生涯
教育思潮的影響，於特殊教育界中亦有愈來愈多的學者（Brolin,
1978; Brolin & Kokaska, 1979; Clark & Kolstoe, 1990; Clark
& White, 1980; Council for Exceptional Children, 1992）據

此為殘障者規劃整體生涯的職業訓練與就業輔導。譬如 Brolin
（1976）即定義生涯教育為「教育的全部，其目的在有系統地統
合家庭、學校、與社區的生活學習要素，以激發並促進個體實現
於經濟、社會、與生活上所有的潛能」。其具體內涵則著眼於終
身提昇殘障者各生活層面的素質，包含家庭生活、學校生活、公
民生活、休閒生活、職業生活、社區生活等等。

三、工作經驗

此種訓練一般均於生涯的試探階段中進行。主要目的在於發
現及試探殘障者的生涯潛能及有關的生涯職業性向，為未來從事
職業訓練及就業輔導作準備。一般而言，工作經驗的訓練係不給
殘障者薪給。其訓練的方式有數種，一般均係於虛擬的工作環境
中進行。有時此種訓練亦會配合有關的生涯教育訓練及其他的專
業技能訓練而於真實的工作場所中實施。此種訓練為殘障者生涯
職業訓練及就業輔導中，一項非常重要且有效的學習過程和經
驗。Larson（1981）所提之以經驗為主的生計教育模式（Ex-
perience-based Career Education，簡稱 EBCE）即是此種訓練
模式中最具規模和代表性的職業訓練及就業輔導方式。

四、工作學習或工讀

大體而言，工讀（work study）有二種模式：一為半工半
學習的訓練及輔導模式，此種模式係以學習及職業訓練的功能為
導向，其特色為以工作為學習活動的核心，殘障者有部份的時間
在學校或社區中工作，有部份時間在學校從事與工作有關之學
科、社交、日常生活技能等相關的學習活動。另一為半工半讀型
之職業訓練及就業輔導模式，此種模式係以經濟的功能為導向，

強調學習者之賺取生活及教育費用的功能，而且其工作的內涵不見得需要和其未來的職業訓練和內涵有關。通常此二種工作學習模式均安排於中學畢業後的階段實施。

五、一般的技能訓練

一般的技能訓練（ generalized skills training ）是一般學校的職業技能學習課程。殘障者所習得之技能可類化至數種不同的職業。譬如美勞課、工藝課、科技教育課、電腦操作使用課、家事課、戶外之一般的參觀訪問等等，生涯職業認知和試探有關的技能學習活動。其實施的地點可為學校工場、教室、及校外有關的社區及機構等。由於此種課程多係以培養殘障者基本的工作態度和能力，並強調職業的認知和試探的功能，因此其並不能有效地提供殘障者應有的工作職能，必須輔以其他專門的職業技能學習課程方可成就。

六、特殊的技能訓練

特殊技能訓練（ specific skills training ）的學習方式多於職業學校或相關的職業訓練中心進行。其訓練的內涵多係以特殊的就業工作內容為主，譬如：會計統計、文書處理、家俱木工、醫療科技、電腦排版印刷、美工設計、機械或建築製圖、汽車或家電修護、按摩、蔬菜水果養植、食品加工處理等等。一般而言，此種訓練的師資和設備要較為完善，並且配合社會發展的需要。其訓練的方式多係以科學化的具體的分析方法，譬如工作分析法，將某一個職類所需擔任的工作內涵分解為若干個比較單純的技能項目，去除不必要的知識與理論，然後加以整理組合，據以實施訓練，期使受訓者能於較短的時間內學會一種簡單的操作技

能。一般而言，受訓者所習得的技能範疇較為狹窄，但速度與準確度頗高。此種方式非常適合接受職業復健的殘障人士，以便迅速獲得一技之長，方便立即就業或轉業（王典謨，民72）。不過由於此種應急式的訓練時間過於短促密集，且訓練內容易太過偏狹，比較缺乏轉移類化及發展性，因此較不適用於需要長時期培養陶冶與複雜多變的訓練類別。

七、工作崗位上訓練

工作崗位上訓練（employment site or on the job training）係指對受訓者實施工作現場實際崗位上的相關就業訓練，並以受訓者的實際工作為訓練的媒介和內容，藉以更新和提昇受訓者之職能以符合實際工作的需要。訓練的方式可為非正式的學徒制訓練、或正式的工作安置前訓練。通常係將殘障者安置於一般的工作世界中，一面工作一面接受技能訓練。如果殘障者學習及適應的情形良好，則其可能於結訓後成為正式的雇員，或被安置至其他的單位從事更專精的訓練學習。根據 Stainback, Stainback, Nietupski 和 Hamre Nietupski（1986）之看法，此種訓練模式具有下列數種優點：㈠殘障者可習得功能性的謀生技能；㈡殘障者可習得社交性的技能；㈢殘障者可習得相關的職業技能，諸如時間管理；㈣殘障者的同事可作為殘障者有效且真實的學習楷模；㈤非障礙同事可於真實的工作環境有更多的機會和殘障者交往；㈥訓練師可獲得更多工作世界的資訊以利整合於未來的教學課程中；㈦殘障者和其同事有相互依賴的機會；㈧可幫助殘障者學習及訓練成效的類化；㈨有利於工作環境的常態化；㈩可作為其他不樂於接受殘障者社區的參考和未來學習的借鏡；㈠有助於提昇殘障者獲致競爭性的就業。

八、庇護性工廠

此種模式有三種基本的形式：①為過渡性（transitional）的庇護工廠，其主要功能在提高殘障者的職業潛能或生產能力，以作為未來從事競爭性或支持性的就業準備並適應社區就業的需要；②為延續性（extended or longterm）的庇護工廠，此為長期性的庇護性工廠，多以中重度障礙者為訓練和就業的對象，這些人士以庇護性的工廠為其終生的就業場所；③為綜合性（comprehensive）的庇護性工廠，此種工廠同時具有過渡性和長期性庇護工廠的特色，兼具有職業試探和安置的功能。

九、支持性就業

基本上而言，支持性就業的發展係由專為重度殘障人士就業所規劃設計之多種不同職業訓練模式所逐漸演變而成（Rusch & Hughes, 1988）。根據美國「復健法案修正案」（The Rehabilitation Act Amendments of 1986，公法99—506）的定義及1987年聯邦註紀簿（Federal Register, August 14, 1987）所定之執行細則，支持性就業的內涵包含下列三個要素：①競爭性的工作；②一個整合式（integrated）的工作場所；③持續性協助的提供（見表二）。該執行細則定義「競爭性的工作」為以全時間工作為基準、或以平均每週至少工作20小時為基準之有酬工作。且其薪金的給付得符合「勞工公平基準法」（the Fair Labor Standards Act）的規定。該法允許僱主有適度的彈性給予傷殘者如下的薪資：①低於最低工資的薪金；②等同一般無傷殘工作者於相同的地點，從事相同類型、品質和量的工作的薪金；③和個人生產力相關的薪金。這些規定的目的係在確保重度

傷殘人士能於此方案中獲得公平和競爭性的薪資——而非許多重度傷殘人士於工作活動中心所獲得之「代幣式」的薪資。（Federal Register, August 14,1987）

表二：支持性就業的內涵歸納摘要

基本要素	定義言明
競爭性的工作	以全時間工作為基準、或以平均每週至少工作 20 小時為基準之有酬工作；且其薪金的給付得符合「勞工公平基準法」的規定。
整合式的工作場所	與一般非殘障工作者從事競爭性就業的工作場所相同；一起工作的殘障者不可超過八人；且殘障工作者與非殘障工作者有經常性互動的機會。
持續性協助的提供	連續或定期的工作崗位上的職業訓練；且每月不得少於二次（除非案主犯有慢性的精神病）。

資料來源：Supported empllyment: Models, methods, and issues. by Rusch, F.R., (1990). Sycamore. IL: Sycamore.

　　所謂整合式的工作場所，下列「兩種模式」是可以被法律允許和接受的：①殘障者的同仁絕大多數為非殘障的工作者，且殘障者不得和其他的殘障者事於同一工作組；②殘障者的同仁絕大多數為非殘障的工作者，且殘障者所組成的工作小組最多不可超過八人；且殘障工作者必須有機會與非殘障者（不包含提供持續性服務給殘障者的工作人員）經常性的接觸。至於界定殘障者所組成的工作小組人數不可超過八人的規定，主要係根據 1985 年「特殊教育與復健服務局」（The Office of Special Education and Rehabilitative Services, OSERS）所從事之「全州性支持性就業示範」方案的調查結果所獲致的實證數據（Federal

Register, August 14, 1987 ）。

　　至於持續性協助則為提供連續或定期的工作崗位上的職業復健，傳統上職業復健服務的提供有時間限制；但現已延伸為持續性的協助，此外並規定支持性的就業輔導人員必須提供殘障工作者每月不得少於二次的工作現場輔導，除非案主犯有慢性的精神病（chronic mental illness）。

　　常見的支持性就業的安置型態有如下四種（Rusch, 1990; Schutz, 1988）：

㈠個別安置模式

　　個別安置模式（the individual model）係採用「一對一」教導學習的就業安置模式，其進行的過程是由單一的就業指導員（job coach）針對單一的身心障礙者提供持續與漸進性的工作崗位上的訓練，直到該身心殘障者能夠熟練且獨立地於正常的工作場所中擔負某一指定的工作任務、或工作表現達到雇主接受的標準為止。其後該就業指導員給予該殘障者的協助，在程度上及時間上均會慢慢地遞減，惟仍維持每月至少兩次的現場訪視。至於爾後該殘障者之訓練與督導的職責則委由其雇主來負責。

　　此外，如若日後該身心殘障者之工作有所調整、更新或異動，則仍可採用此種模式，指派專任的就業指導員從事在職性的更新訓練（updating training）或晉升訓練（upgrading training）。一般而言，此種就業的安置模式較有助於提昇殘障人士由支持性的工作轉進至競爭性的工作的機會。

㈡群組式的安置模式

　　群組式的安置模式（the enclave model）又被稱為群集式的模式（the clustered model），係採用「一對多」教導學習的就業安置模式。基本上而言，該模式是由一位職業訓練師（job training specialist）於正常的工作場所中，針對一組殘障人士提供持續與漸進性的工作崗位上的訓練。其和個人安置模式最大的差異在於群組式的訓練學習過程係以殘障者為小組的方式進行。一般而言，該小組中的傷殘人士最多不可超過八人。於就業的初期，由一位職業訓練師對小組的殘障工作者提供密集性與經常性的就業訓練與輔導。於就業期間，仍給予持續性的職業輔導與訓練；必要時尚可由其雇主或服務的廠商指定其他的從業人員擔任協同職訓師，而由訓練師擔任雇主和該殘障小組的協調聯絡人，除了組訓和輔導該殘障小組從事現場工作外，並協助該工作群與其他非傷殘的同仁相互認識、交往與相處，以培養和增進其社交知能。

此外，enclave 一詞的涵義係指被包圍的領土，意即強調將小組性的傷殘人士統合安置於非傷殘的同事之中，使其能獲致一般工作世界中的常態工作技能與態度。此外，該小組的傷殘人士通常均被安置在社區中的公司行號中，以增進傷殘人士和非殘障人士有經常性互動的機會。

(三)機動工作小組式的安置模式

機動工作小組式的安置模式（the mobile work crew）係為「一對多機動性」教導學習的就業安置模式。基本上係由一位就業訓練師（督導師）和四到六位的殘障工作者（最多不超過八人）所組成的機動小組，在社區中從事長期契約性的服務工作。其工作內涵與性質通常為房屋清理、戶外庭園整修、或門房看管等的服務性的工作。一般而言，因為工作地點不固定，小組成員通常利用機動車輛往返各工作地點。至於殘障工作者職業技能的訓練及持續工作的督導亦是由一位專職的就業訓練師負責擔任。該就業訓練師除了督導分派任務給該殘障工作小組外，同時並陪同小組成員前往工作地點值勤，並且於該工作場所中訓練小組成

員應有工作能力，以及培養熟悉於該工作環境附近有關食、衣、
住、行等成人社會生活中必要的基本生活技能。

　　一般而言，機動工作小組式的安置模式較庇護工廠式的就業
安置容易獲致與社區融合的效果。殘障工作者能夠有更多的機會
與非障礙人士的交流互動，而較不易與正常的社會隔離。此外，
殘障工作者更可藉工作之便，應用學習食、衣、住、行等相關基
本生活上的技能。

㈣企業式的安置模式

　　企業式的安置模式（the entrepreneurial model）亦係為
「一對多」或「多對多」教導學習的就業安置模式。其和群組式
的安置模式有許多類似之處，其亦係由一位或多位職業訓練師於
正常的工作場所中，針對一組或多組殘障工作人士提供持續與漸
進性的工作崗位上的訓練。惟其通常是以分包方式，承包大型工
廠或公司行號部份的工作項目，進行加工製造或零組件的拼裝。
譬如美國奧瑞崗州立大學「特殊化訓練方案」（The Special-
ized Training Program）所發展出之「檯面工作模式」（benc-
hwork model）的就業安置方式就是該企業式安置模式的典範。
該模式的作法係由相關的殘障福利機構承包當地電子工廠的零組
件，從事零組件的組合加工，並訓練殘障人士從事相關的代工作
業。

　　一般而言，此種類似小企業模式的就業安置方式頗適合行動
能力不便且需要長期性訓練與監督的極重度殘障人士。準此以
觀，此種就業安置方式和庇護性工廠頗類似，唯一的不同點在於
該就業安置方式符合「支持性就業」所規定之三個要素：①競爭
性的工作；②一個整合式的工作場所；③持續性協助的提供。而
傳統式的隔離式的庇護性工廠僅具有支持性就業三要素中「持續
性協助」的功能而已。

伍、規劃殘障者職業訓練與就業輔導的原則 及應注意之事項

質言之，殘障者職業訓練與就業輔導模式和方案的選擇及開發，應以殘障者職業評量的結果、學校或相關訓練機構現有的師資及設備條件、以及其他有關可供利用之社會資源與社區現況等，配合殘障者個人的生涯發展程度和個人身心狀況，而作適當合理的規劃與安排。而其有關規劃殘障者職業訓練與就業輔導的原則及應注意之事項，約可歸納為如下數項：

一、生涯規劃的完整設計

一般而言，有效的職業訓練與就業輔導有賴於良好的生涯轉銜規劃（transition planning）。對於殘障者而言，由於受到身心發展方面部份的限制，其生涯職業潛能的開發與運用，更需要有合宜的生涯規劃和適當的支持輔助，方可盡其全功。根據 Super (1953, 1957) 生涯發展的觀點，人的生涯約略可分為五個階段：①成長階段的生涯認知發展時期；②試探階段的生涯學習奠基時期；③建立階段的生涯選擇與安置時期；④維持階段的生涯專精與升遷時期；以及⑤衰退階段的退休生涯時期。據此，殘障者的職業訓練與就業輔導模式也宜根據此種生涯發展的歷程作全盤統疇的規劃。

二、職能評估的有效落實

由於殘障者的個人職業能力與身心特性有極大的差異，因此

在規劃其整體生涯的職業訓練與就業輔導時，必須對殘障者有通盤的了解和評估，方能明瞭其潛在的能力、身心障礙的程度、以及有關學習行為的特徵等等。更重要的是，得於選擇和職業訓練與就業輔導模式時，考量到適切性與實用性，以避免造成學習及規劃的二度浪費、或造成曲高和寡及才非所用的現象。雖然我國已於民國 80 年公布「殘障者職能評估辦法」，以期能落實職能評估成效，然衡諸目前殘障者職能評估的實情，卻甚少見及有關單位以完整和系統的方法來實踐上述之項目（何華國，民 83）。其原因和改善之法均值得作進一步的探討。此外於美國，目前有學者（譬如 Chadsey Rusch & Rusch, 1989）強調生態性職業評量的使用以促進職能評估的成效。其方式著眼於對殘障者實施工作環境中的有關物理生態、社會生態和組織生態等的職業行為表現，進行有效的分析和評估。此種評量方式有助於提昇殘障者職能評估的有效性，是以於未來或可借助此種評量方式以提昇和落實現今的職能評估方式。

三、強調潛能的開發運用而非缺陷的補強

　　傳統的殘障者職業訓練與就業輔導係以強調殘障者的既有傷殘而進行復健為主要的內涵。然而此種觀點常缺乏考量和強調殘障者本身已具有之潛能的開發運用，如此之職業訓練與就業輔導容易導向「以事就人」的職業媒合，而較少考量到殘障者本人的興趣和就業性向，也因此常會造成殘障者本身就業意願的低落而不願意就業。根據勞委會職訓局於民國 83 年所完成的我國殘障者職業訓練適性職類之研究發現，殘障者本人的工作意願、動作能力、心智發展及社交能力等是殘障者就業困難的主要因素（許天威、徐享良，民 83）。因此未來的職業訓練與就業輔導宜多強調殘障者潛能的開發運用而非缺陷的補強，並以殘障者為主導

之「以人謀事」為規劃的重點。

四、訓練教材的發展與運用

　　教材一般係泛指各科教學的內容及教師用以幫助學生學習的教學媒體。優良合宜的教材可幫助殘障者從事有效的學習，也可協助訓練者進行有效的教育工作。然而教材的發展和運用得考慮到教學的原理、學習者的特性、教學目標、教學策略、以及學習成效的評估等因素，然後再以系統的方法按準備、發展、和改進三個階段進行編寫或開發。尤其重要的是得顧量到殘障者個別化教學方案（Individualized Education Program，簡稱 IEP）編寫及發展時的運用配合。因此良好訓練教材的發展和編寫並不容易。是以訓練師除了自行或集體開發編製教材外，更宜多加利用現行國內外已開發之職業訓練有關的教材。但如若欲自行或集體開發時，則最好亦要考量到上述有關教學的原理原則，以促進殘障者進行有效的職業訓練學習。

五、科技輔助器材的使用

　　電腦科技的應用一直是殘障者職業訓練與就業輔導的一項重點。科技輔助器材的使用可協助殘障者適應其所處環境和社會對其所造成的不便和障礙。然而目前對於殘障者而言，科技輔助器材的使用並不普遍且缺乏有效的規劃。雖然目前有不少配合殘障者的新科技產品已被開發，但一般而言，其生產的成本及購買的價格均過高，因此其生產和使用的比率並不高也不普遍。儘管如此，於未來提昇殘障者生活素質的訴求中，科技輔助器材的使用與發展將會是職業訓練與就業輔導一項重要的課題。

六、生活性與功能性技能課程的重視

　　規劃和發展殘障者職業訓練與就業輔導的課程時，應考慮以社區為導向並強調生活性與功能性技能為學習的主要內容。所謂生活性即是以生活技能的領域為其職業教育和訓練的內涵，而非以學科技能為主要的學習領域。其具體內容除了職業有關的技能外，尚包括生活自理技能、家事技能、溝通技能、社區生活技能、休閒娛樂技能、社交人際關係技能等等。而所謂功能性即是實用的意思。也即，所規劃的課程與所訓練的技能要讓殘障者可以馬上應用於現行的工作世界中或可能繼續地應用於未來的生活情境中，因此不只要能適用於目前的工作環境，還要考慮到未來可能的發展和限制。

七、有效教學策略的運用

　　教學是有目的、有步驟的工作。這些目的和步驟，都需要在教學之前，先行安排和設計，方能按部就班，如期完成教學活動，有效達成教學的目的。然而由於殘障者普遍均有心理認知和技能態度的學習方面的困難，因此對殘障人士而言，如何有效運用教學策略，使教學活動獲致事半功倍的成效，有更迫切的需要。是以有關增進教學效果的策略，諸如個別化的教學法的運用、行為改變技術的配合、工作分析法的系統分析、電腦輔助教學的輔助等之有效運用，將會非常有助於促進殘障者從事職業訓練與就業輔導。

八、師資的養成與經費的補助

職訓師資和經費方面的困難一直是職業訓練與就業輔導成效不彰的理由中一項重要的因素。根據前述勞委會職訓局於民國83年所完成的殘障者職業訓練適性職類之研究發現，職訓師資和經費的方面的困難為職業訓練機構在為殘障者辦理職業訓練時所較難克服的最主要因素（許天威、徐享良，民83）。此方面的問題將隨著科技的進步更新而逐日加遽。因此於未來如何透過立法的程序，藉由法律的保障，以提高職業訓練單位的經費，以及如何有效結合相關的大專院校及訓練機構以培育師資人員等，亦將是目前和未來規劃殘障者職業訓練與就業輔導的一項重點。

陸、結語

根據美國於 1990 年通過的傷殘人士教育法案中（Individuals with Disabilities Education Act, IDEA），強制規定學校機構對於年滿十六歲或十六歲以上之傷殘學生，必須於其個別化的教育方案（IEP）中陳述及記載學生有關的轉銜需求。該法案清楚的揭櫫學校機構有義務制定學生的轉銜規劃，及監督轉銜服務的執行。依據該法案的規定，所謂轉銜進路服務的內涵包括中學後的教育、職業訓練、整合式的就業（包含支持性就業）、持續及成人教育、成人服務、獨立生活和社區的參與。

顯而易見，職業的復健、訓練、安置、轉業、升遷等，已不再是生涯規劃中的唯一指標，學習、生活和休閒也是其中不可或缺的元素。在多元化、科技化、全球化、與現代化的社會裡，每一個體均有更多的可能性與選擇的機會去體驗生活與豐富生命。

對工作或事業的規劃也有更寬廣的選擇空間。從一而終的就業觀已不能適合於現代多元的社會。相反地，配合不同能力、不同年齡、不同個體內在需求與外在變化而不斷調整的階段性整體式生涯規劃觀點將會是未來學習世界的重點。因此殘障者職業訓練與就業輔導於未來更將扮演相當重要的角色，而針對有關的問題，吾人亦需早作規劃、速謀對策。

參考文獻

王典謨（民 72）：**職業訓練研究**。台北：工商教育。

何華國（民 80）：**傷殘職業復健**。高雄：復文。

何華國（民 83）：**智能不足國民職業教育**。高雄：復文。

吳武典（民 79）：**推展我國殘障者職業訓練及就業輔導之研究**。台北：行政院勞委會。

許天威、徐享良（民 83）：**殘障者職業訓練適性職類之研究**。台北：行政院勞委會職訓局。

姚卓英（民 67）：**傷殘復健概論**。台北：杏文。

薛文郎（民 73）：**就業輔導的理論與實際**。台北：台灣學生。

Bitter, J. A. (1979). *Introduction to rehabilitation.* St. Louis: C. V. Mosby.

Brolin, D. E. (1976). *Vocational preparation of retarded citizens.* Columbus, OH: Charles E. Merrill.

Brolin, D. E. (1978). *Life centered career education: A competency-based approach.* Reston, VA: Council for Exceptional Children.

Brolin, D. E. (1982). *Vocational preparation of persons with handicaps.* Columbus, OH: Charles E. Merrill.

Brolin, D. E. (1995). *Career education: A functional life skills approach* (3rd ed.). Columbus, OH: Prentice-Hall.

Brolin, D. E., & Kokaska, C. J. (1979). *Career education for handicapped children and youth.* Columbus, OH: Charles E. Merill.

Chadey-Rusch, J., & Rusch, F. R. (1989). Ecology of the

workplace. In R. Gaylork-Ross (Ed.), *Vocational education for persons with special needs* (pp. 234-256). Mountain View CA: Mayfield.

Clark, M. G., & Kolstoe, O. P. (1990). *Career development and transition education for adolescents with disabilities.* Boston: Allyn and Bacon.

Clark, M. G., & White, W. J. (1980). *Career education for the handicapped: Current perspectives for teachers.* Boothwyn, PA: Education Resources Center.

Council for Exceptional Children. (1992). *Life centered career education: Professional development activity book.* Reston, VA: Author.

Federal Register. (1987, August 14). Washington, DC: U. S. *Government Printing Office.*

Fraser, R. T. (1991). Vocational evaluation. *Journal of Head Trauma Rehabilitation, 6* (3), 46-58.

Gajar, A., Goodman, L., & McAfee, J. (1993). *Secondary schools and beyond: Transition of individuals with mild disabilities.* New York: Merrill.

Gold, M. W. (1976). Task analysis of a complex assembly task by the blind. *Exceptional Children, 43,* 78-84.

Goode, D. (1994). *Quality of life for persons with disabilities: International perspectives and issues.* Cambridge, MA: Brookline.

Halpern, A. S. (1993). Quality of life as a conceptual framework for evaluating transition outcomes. *Exceptional Children, 59,* 486-498.

Hunter, J., & Bellamy, G. T. (1977). Cable harness construction for severely retarded adults: A demonstration of training technique. *AAESPH Review, 1* (7), 2-13.

Larson, C. (1981). *EBEC state of Iowa dissemination model for MD and LD students.* Fort Dodge: Iowa Central Community College.

Martin, E. D., & Gandy, G. L. (1987). Philosophical and educational considerations: Foundations of the rehabilitation process. In G.L. Gandy, E. D. Martin, R. E. Hardy, & J. G. Cull (Eds.), *Rehabilitation counseling and services: Profession and process.* Springfield, IL: Charles C. Thomas.

Maslow, A. H. (1970). *Motivation and personality* (2nd ed.). New York: Harper and Row.

Nadolsky, J. (1985). Vocational evaluation: An experimental trend in assesment. In C. Smith & R. Fry (Eds.), *National forum on issue in vocational assessment: The issues papers.* Menomonie, WI: University of Wisconsin.

O'Neill, C., & Bellamy, G. T. (1978). Evaluation of a procedure for teaching chain saw assembly to a severely retarded woman. *Mental Retardation, 16* (1), 37-41.

Patton, J. R., Beirne-Smith, S., & Payne, J. S. (1990). *Mental retardation* (3rd ed.). Columbus, OH: Merrill.

Polloway, E. A., Patton, J. R., Payne, J. S., & Payne, R. A. (1989). *Strategies for teaching learners with special needs* (4th ed.). Columbus, OH: Merrill.

Pruittt, W. A. (1977). *Vocational evaluation.* Menomonie, WI: Walt Pruitt Associates.

Rubin, A. E., & Roessler, R. T. (1983). *Foundations of the vocational rehabilitation process.* Baltimore: University Park.

Rusch, F. R. (1990). *Supported employment: Models, methods, and issues.* Sycamore, IL: Sycamore.

Rusch, F. R., & Hughes, C. (1988). Supported employment: Promoting employee independence. *Mental Retardation, 26,* 351-355.

Schutz, R. P. (1988). New directions and strategies in-rehabilitation services: Toward meaningful employment outcomes. In L. W.Heal, J. I. Haney, & A. R. Novak Amado (Eds.), *Integration of developmentally disabled individual into the community* (2nd ed.)(pp. 193-210). Baltimore: Pual H. Brooks.

Stainback, W., Stainback, S., Nietupski, J., & Hamre-Nietupski, S. (1986). Establishing effective community-based training stations. In F. R. Rusch (Ed.), *Competitive employment issues and strategies* (pp. 103-113). Baltimore, MD: Brookes.

Super, D. E. (1953). A theory of vocational development. *American Psychologist, 8,* 185-190.

Super, D. E. (1957). *The psychology of careers.* New York: Harper & Row.

Super, D. E. (1976). *Career education and the meaning of, work: Mono graph on career education.* Washington, DC: The Office of Career Education, U. S. Office of Education.

Wehman, P. (1988). Supported employment: Toward zero

exclusion of persons with severe disabilites. In P. Wehman & M. S. Moon (Eds.), *Vocational rehabilitation and supported employment* (pp.3-16). Baltimore: Brookes.

支持性就業面面觀

◆孫淑柔◆

壹、支持性就業的意義

　　殘障者的就業訓練與安置，一向被認為須配合其身心發展的水準與需要而提供可加選擇的多樣化方案。例如競爭性就業（competitive employment）、在職訓練（on the job training）、工作學習方案（work study program）、庇護工場（sheltered workshop）、工作活動中心（work activity center）等皆是常被提及的可供選擇的方案。然而，對重度殘障者而言，庇護工場與工作活動中心卻是他們最常見的訓練與安置場所。雖然殘障者可以從這裡獲得較多的個別輔導，但卻與正常、開放性的工作環境隔閡，對於他們工作適應能力的養成有不利的影響。

　　近年來，由於受到正常化（normalization）、回歸主流（mainstreaming）、反機構化（deinstitutionalization）以及社區本位（community based）等思潮的衝擊，殘障者的職業訓練與就業安置的觀念也逐漸改變，於是有了支持性就業的興起（何華國，民 80）。

　　依據美國 1984 年發展障礙者法案（98-527 公法）的界定，

支持性就業是一種支付薪資的就業：①障礙者由於障礙的情況，必須在工作環境中獲得持續性的支持；②支持性就業是在許多不同的環境中實施，特別是在雇用非殘障者的工作環境中；③透過任何可以維持殘障者有酬工作的活動來達到支持的目的。包括督導、訓練及交通接送（Rusch & Hughes, 1989）。

我們可以看出支持性就業包括三個要點：①支持性就業是統合性的：指與非殘障者在同一工作環境中工作；②支持性就業是有薪資的就業：指殘障者可從工作中獲得應有的報酬；③是支持性的：包括督導、訓練及交通接送等。

1986 年通過的復健法案修正案（99-506 公法）則更進一步詳細的界定了支持性就業：①是一種競爭性工作：每星期至少提供 20 小時的有酬工作；②是一種統合的工作環境：指在工作場中一起工作的殘障者人數在 8 人以下，讓他們有和非殘障者接觸的機會；③持續性的支持服務：指至少每個月二次提供連續或定期的提供殘障者工作技巧訓練（Rusch & Hughes, 1989）。

由此可知，支持性就業是為了協助殘障者在統合的工作環境中從事有酬工作的一種持續性職業輔導方案。支持性就業的本質是先安置再訓練」（place and training）的，它與傳統「先訓練再安置」（training and place）的理念是大異其趣的（何華國，民 80）。

貳、支持性就業的重要性

在 1970 年以前，智能不足者總是被視為是一種長期衰弱且無工作能力的一群。但 1970 年以後，很多在教育情境或庇獲工場的研究顯示，智能不足者仍然可以獲得特定的工作技巧（Brown, & Pearce, 1970; Brown, Van Deventer, Jones, &

Sontag, 1872; Gold, 1972）。特別是 Gold（1972）以及 Bellamy, Peterson 和 Close（1975）的研究結果均提出有力証據顯示智能不足者能夠學習複雜的職業技巧。而 Bellamy, Horner 和 Inman（1979）更著手進行重度智能不足者在庇護工場的教導策略的發展。

70 年代結束後，將智能不足者安置在非庇護性的競爭性就業開始出現在應用性的文獻之中。這些研究報告也影響了智能不足者就業模式的發展，特別是 Rusch（1979）的研究探討了工作動機和工作產量之間的關係。Wehmna, Hill 和 Koehler（1979）則以個案研究的方式報告三位在餐飲業服務的發展障礙者如何學習花費更多的時間在他們的工作責任上。這篇研究也提供了在統合的工作環境中如何擬定殘障者的社會行為目標及評量標準，對後來的研究者有很重要的影響。

然而，在傳統的庇護工場中，由於工作人員缺乏如何訓練殘障者工作技巧，以及如何設計結構性方案來幫助殘障者走向非庇護、競爭性就業的能力。因此，Rusch 和 Schutz 在綜覽 80 年代對殘障工作行為和社會行為的研究報告後，指出在庇護工場的基本訓練方法是一種對工作任務較模糊的教導及應景似的提示。

因此，支持性就業的出現乃是由於我們對智能不足者就業服務體系的不滿意所致。雖然庇護工場、日間活動中心及成人日間照顧中心也提供了傳統的就業選擇模式，但卻限制了智能不足者朝向社區就業的目標移動。

總之，支持性就業的概念包含二個重點：①支持性就業是依據殘障者是否有足夠的支持系統來完成在實際工作情境中工作的目標；②支持性就業是以更多實用的方法來幫助殘障者發現工作並提供必須的支持，以促進他們在就業環境中的統合。

叁、支持性就業的安置模式

支持性就業的安置模式可分成以下四種（許天威，民83；Wehman, & Moon, 1988）：

一、個別的安置模式（The individual placement model）

個別的安置模式是指一位殘障者在正常的工作場所中獨立擔負一項職務，但必須有督導者在旁給予持續性的現場訓練（on-site training）一段時期，直到他熟習而能單獨勝任為止，其後即可將督導與訓練的職責轉移給雇主。這種就業型態下的障礙者若能繼續增進其工作能力，也常有機會可以從支持性質的工作轉進競爭性工作。

二、團體的安置模式（The clustered placement model or The enclavt model）

在正常的工作場所中有6-8位障礙者組成一個工作群，由一位職業訓練師負責經常性的督導工作，必要時還可由廠商指定其他的員工擔任協同職業訓練師，由訓練師充當廠商與這群工人之間的連絡者，並負責組訓這群人，安排其生產流程，提高其生產水準，並促進這個工作群與其他非殘障同事的交往與相處。

三、機動工作隊（The mobile crew）

機動工作隊也是一種團體的安置模式，通常由3-8個殘障者

配上 1-2 個指導員組成。由指導員負責經辦其工作機會的安排，通常是為客戶提供清潔工、門房之類的服務，然後由指導員分派任務給這一個工作隊伍，同時陪同前往工作處工作，並就地即時訓練該隊障礙者的工作能力。根據 Mank 等人（1986）的研究指出機動工作隊對於一些鄉村地區或小鎮的社區而言，是一種理想的就業方式。例如守衛、剷雪、道路維修、農場工作以及油漆房屋等工作皆可由此種機動工作隊來擔任。

四、小型企業（The entrepreneurial approach）

小型企業的安置模式相似，但較偏向提供管理員、清潔服務工作。通常是由不超過 8 人所組成，以提供製造業特定的產品或服務，例如在鄉村地區常見的電子裝配工作。一個小型企業通常只提供一種成品或服務，它和傳統的庇護工場有三點顯著的不同：①它的人數很少，通常不超過 8 人；②它的安置重點在於重度殘障者；③由於它長期和製造工場訂有合作契約，能減少過多的成本。

小型企業適合安置嚴重社會或行為困擾，以及生活自理能力有限的殘障者。而小型企業之所以成功必須依賴其產品對消費者的吸引力，故提供足夠的工作機會和訓練以增進其產量才是成功之道。

肆、支持性就業方案的實施程序

支持性就業方案的實施程序，大致可分為以下五個階段（Rusch, & Hughes, 1989; Trach, & Rusch, 1989；何華國，民 80）：

一、社區調查和工作分析

就業指導員透過電話訪問及親自拜訪雇主，以便進行社區調查和工作分析，界定工作環境的特質。接著，就業指導員必須實地觀察工作現場，以決定安置在該工作環境所需的職業和社會技巧。

二、工作配對和安置

工作配對和安置是指評估工作要求和工作者特質二者之間的相關。因此，就業指導員必須從社區調查和特定的工作分析所得的資料中了解工作的要求，並經由與工作者的接觸中了解工作者的特質，使這二者達到最適當的工作配對。而在職業選擇的過程中，就業指導員也鼓勵殘障者參與自己的安置選擇，以發揮才堪其用，職適其人的功能。

三、工作訓練

在安置後，就業指導員還必須協助支持性就業員工獲得工作技巧。為了要讓殘障者獲得工作技巧，就業指導員必須在實際的工作現場對工作者提供工作技能及相關工作行為的訓練。這種訓練常是一對一來進行的，其最終的目標即在協助殘障者得以獨立地從事某一職類的工作。

四、追蹤服務

在此階段，就業指導員在殘障者已獲得必須的工作技巧後，

仍須透過追蹤服務方式協助殘障者維持其工作。服務的方式或採定期親自造訪或是電話連繫，以期透過這種對雇主、家長或監護人、工作單位主管及工作者的持續接觸，可適時處理支持性就業安置方案所出現的問題，並確保殘障者能維持其工作。

五、機構間的協調

對影響到殘障者工作安置和維持的所有機構都應該保持聯繫和協調。這些協調活動包括安置後的訓練、工作安全、工作維持、發展工作外的技巧（例如社會技巧的訓練、交通的訓練、居住指導等）以便殘障者能維持其工作。

伍、支持性就業方案的實施成效

一、支持性就業對殘障者人際關係的增進

Storey 等人（1991）採用直接觀察法比較 7 個非殘障者和 8 個殘障者在支持性就業環境中社會互動的差異。研究者把互動分成三種：①工作的參與；②和誰發生互動（如監督者、指導員、同事）；③互動的種類（如接受、提供、要求協助等）。研究的結果顯示殘障員工和非殘障員工的互動類型非常相似，但殘障員工與工作指導員有較多的互動，而非殘障員工和同事在工作和個人生活上有較多的對話，互動的人數也較多。

同樣的 Parent 等人（1992）則比較智能不足者和他們的同事在支持性就業的環境中社會互動的異同。而這裡所指的社會互動包括互動的頻率、內容、型式、適當性以及互動地點的差異。

研究的結果也同樣顯示智能不足者和非殘障的同事在互動的次數
上並無顯著的不同。但非殘障者在工作及休息時間的互動發生率
較高，而智能不足者卻在不適當的互動上發生率較高。然而，這
篇研究也發現對支持性就業的智能不足者來說，在工作地點所建
立的友誼網路能提供他們強而有力的自我概念、內在的滿足並增
進其社會支持。

二、支持性就業對生活品質的提升

　　Glimer 等人（1991）曾比較安置於支持性就業、庇護工場
的智能不足者在生活品質上的不同。依研究的結果顯示在休閒活
動的次數、自尊、休閒時間的使用、活動的參與、行動能力、工
作技巧的理解以及收入改變的察覺上，支持性就業的智能不足者
的得分都顯著高於在庇護工場的受試者。Inge 等人（1988）也
同樣比較競爭性就業和庇護工場的智能不足者在生活品質上的差
異。研究的結果也發現安置在競爭性就業的智能不足者在經濟活
動、語言發展、數字及時間等分量表的得分顯著高於庇護工場的
智能不足者。

　　此外，Haring 和 Lovett（1990）則以追踪研究方式來探討
已從特殊班畢業的智能不足者在畢業後的就業率、居住狀況、社
區參與、社會和職業機會以及公民責任等。研究結果發現只有4
％的受試者在競爭性環境就業，38％則安置於庇護工場，而且只
有2％的人能在社區獨立生活。因此，研究者建議應提供智能不
足者在競爭性環境的支持性就業機會，以增進社區統合的機會。
而 Schalock, McGaughey 和 Klernan（1989）則更進一步比較
庇護工場、過渡性就業、支性就業以及競爭性就業等四種安置型
態對發展障礙者在工作種類、工作薪資、工作時數及統合層次上
的差異。研究的結果發現競爭性就業的工作薪資最高，工作時數

也最長，依次則為支持性就業、過渡性就業和庇護性就業。而且，就統合的程序來說，競爭性就業的統合程序最高，達到 97.7％，其次為支持性就業達 89.7％，再其次為過渡性就業只達 76.2％。

　　從以上這四篇的研究我們可以看出，支持性就業比庇護性就業更能增進殘障者的社區統合，而且支持性就業的工作薪資、工作時數也比安置在庇護工場者多。由此可知，支持性就業比庇護性就業更能全面提升殘障者的生活品質。

三、支持性就業的成本效益分析

　　Tines 等人（1990）從社會、納稅人及支持性就業人員三方面的觀點來分析支持性就業的成本與效益。參與本研究的受試者共有 394 位，其中採個別安置模式有 193 位，佔 50％，團體安置模式有 171 位，佔 43％，機動工作隊則有 30 人，佔 8％。研究的結果顯示如下：

　　• 就社會的觀點而言，在第一年的支持性就業計畫中，每支出一元，可回收 0.75 元；就納稅人的觀點而言，每支出一元，可回收 0.66 元。雖然支持性就業在第一年的實施，其成本遠較利益為高，但研究者預估在第二年、第三年其利益會超過成本。

　　• 就支持性就業人員的觀點而言，他們在 87 會計年度的收入淨利為 154.817 元，平均每一位工作者在工作 7 個月後收入增加 393 元。

　　• 根據研究者的追蹤發現，仍在工作的員工由於工作時數的增加及每小時工作薪資的增加，使得他們的年收入增加。

陸、結語

　　本文從支持性就業的意義、重要性談起，並介紹支持性就業的安置模式及方案的實施過程，最後再以國外多位研究者的研究成果來探討支持性就業對殘障者人際關係、生活品質等方面的提升。從這些研究報告中，我們可以簡單的歸納出以下幾點結論：

　　1. 支持性就業的工作者每星期的工作時數、工作薪資均較庇護工場的工作者高出許多。

　　2. 支持性就業的工作者能在工作或休息時間與非殘障的同事進行互動，對彼此友誼的增進、自我觀念的提升以及工作滿意度均有莫大的助益。

　　3. 雖然就社會及納稅人的觀點而言，辦理支持性就業的第一年，投資的成本較利益為高，但仍有回收，而且預計第二、三年以後利益會超過成本，因此仍然值得大力推廣。

　　4. 支持性就業工作者在休閒活動的參與、休閒時間的使用以及社區的行動能力都比庇護工場的工作者主動而且頻繁。由此可以得知支持性就業能促進殘障者的社區統合。

　　由以上的結論得知，對殘障者而言，支持性就業是一種較為理想的就業方式。目前國內也由行政院勞委會職訓局於82年提出「殘障者支持性就業服務計畫」並委託何華國教授針對已就業的殘障者進行職業適應評估。相信，在研究報告發表後，必能提供決策者對實施支持性就業計畫的參考，並進而增加殘障者在統合的環境中就業的機會，提升殘障者的自我概念及生活品質。

參考文獻

何華國（民 80）：殘障者支持性就業之實施。載於行政院勞委
　會職訓局（編），**八十年度促進殘障者支持性就業與訓練
　研討的會議實錄**，19-38。

許天威（民 83）：特殊青少年的進路方案。載於特教園丁雜誌
　社（編），**特殊教育通論一特殊兒童的心理及教育**，473-
　515。台北：五南。

Bellamy, G. T., Horner, R. H., & Inman, D.P. (1979). *Vaca-
　tional habilitation of severely retarded adults: A
　direct service technology.* Baltimore: Univeristy Park
　Press.

Bellamy, G. T., Peterson, L., & Close, D. (1975). Habilita-
　tion of the severely and profoundly retarded: Illustra-
　tions of competence. *Education and Training of the
　Mentally Retarded, 10,* 174-186.

Brown, L., & Pearce, E. (1970). Increasing the production
　rate of trainable retarded students in a public school
　simulated workshop. *Education and Training of the
　Mentally Retarded, 5,* 15-22.

Brown, L., Van Deventer, P., Perlmutter, L., Jones, S., &
　Sontag, E. (1972). Effects of consequences on produc-
　tion rates of trainable retarded and severely emotional-
　ly disturbed students in a public school workshop.
　Education and Training of the Mentally Retarded, 7,
　74-81.

Gliner, J. A., Sinnott-Oswald, M., & Spencer, K.C. (1991). Supported and sheltered employment: Quality of life issues among workers with disabilities. *Education and Training in Mental Retardation, 26,* 388-397.

Gold, M. (1972). Stimulus factors in skill training of the retarded on a complex assembly task: Acquisition, transfer, and retention. *American Journal of Mental Deficiency, 76,* 517-526.

Haring, K., & Lovett, D. (1990). A study of the social and vocational adjustment of young adults with mental retardation. *Education and Training in Mental Retardation, 25,* 52-61.

Inge, K. J., Banks, P. D., Wehman, P., Hill, J. W., & Shafer, M. S. (1988). Quality of life for individuals who are labeled mentally retarded: Evaluating competitive employment versus sheltered workshop employment. *Education and Training in Mental Retardation, 23,* 97-104.

Mank, D. M., Rhodes, L. E., & Bellamy, G. T. (1986). Four supported employment alternatives. In W. E. Kiernan & J. A. Stark (Eds.), *Pathways to employment for adults with developmental disabilities* (pp. 139-153). Baltimore: Paul H. Brookes.

Parent, W. S., Kregel, J., Metzler, H. M. D., & Twardzik, G. (1992). Social integration in the workplace: An analysis of the interaction activities of workers with mental retardation and their co-workers. *Education and Training in Mental Retardation, 27,* 28-38.

Rusch, F. R. (1979). A functional analysis of the relation-
ship between attending and producing in a vacational
training program. *The Journal of Special Education,
13*(4), 399-411.

Rusch, F. R., & Hughes, C. (1989). Overview of supported
employment. *Journal of Applied Behavior Analysis,
22,* 351-363.

Schalock, R. L., Mc Gaughey, M. J., & Kiernan, W. E. (1989).
Placement into nonsheltered employment: Findings from
national employment surveys. *American Journal on
Mental Retardation, 94*(1), 80-87.

Storey, K., Rhodes, L., Sandow, D., Loewinger, H., &
Petherbridge, R. (1991). Direct observation of social
interactions in a supported employment setting. *Educa-
tion and Training in Mental Retardation, 27,* 53-63.

Tines, J., Rusch, F. R., McCaughrin, W. B. & conley, R. W.
(1990). Benefit-cost analysis of supported employment in
Illinois: A statewide evaluation. *American Journal on
Mental Retardation, 95*(1), 44-54.

Track, J. S., & Rusch, F. R. (1989). Supported employment
program evaluation: Evaluating degree of implementa-
tion and selected outcomes. *American Journal on Men-
tal Retardation, 94*(2), 134-140.

Wehman, P., & Moon, M. S. (1988). *Vocational rehabilita-
tion and supported employment.* Baltimore: Paul H.
Brookes.

Wehman, P., Hill, J. W., & Koehler, F. (1979). Placement of
developmentally disabled individuals into competitive

employment: Three case studies. *Education and Training of the Mentally Retarded, 14,* 269-276.

動力取向觀運用在殘障者職業評量上之探討

◆張英鵬◆

壹、前言

　　職業評量是特殊教育和復健諮商對輕、中度障礙者的服務重點，主要在評定身心障礙者工作表現的可能限制，而確定其所需之特殊服務，盡量減少來自障礙所帶來的雇用問題。發展出個別化教育或復健方案所得到的資料（Scarpati, 1982）。

　　在所有的評量領域中，職業評量應該具有未來觀，除了確定其目前狀況外，也應讓施測者預測未來的行為和結果（Sattler, 1982）。因此職業評量者，往往是經由謹慎的介入策略之設計與實施，以達到預測的目標。職業評量若經由施測者和受試之間在時間的量上、資料的詳細程度等指標之努力，或許不難達成此目標。不過，目前的職業評量方法，並不足以做到此地步，時間上很匆促、工具不足、合作亦不夠，使預測力大為降低。本文之目的，試圖從文獻中找出可適用之職業評量方法，以達到：

　　1.評定在特定職業情境成功受雇所需之能力。

　　2.評量受試目前的表現水準。

　　3.最重要的是評量受試在職業情境中可改變的潛能。

貳、傳統職業評量方法長處與限制

一、正式工具

正式或常模參照工具的主要特徵是拿個別的表現和代表性樣本的分數做比較。常模參照評量強調先前的學習，並假定未來工作表現的成功，是由於性向及興趣的功能所致。通常，包括了五個部份的評量：認知功能、成就、人格特質、興趣和態度、心理動作能力（Sarkees & Scott, 1985）。

通常常模參照工具皆是標準化、容易實施與計分的。不過，下述一些缺點限制了它用在輕、中度障礙者的職業評量上（Sarkees, & Scott, 1985）。

- 常模樣本可能未包括這些類別的特殊學生。
- 個別和團體比較，忽視了個別的表現及方案目的。
- 結果對介入方案的設計上，缺乏診斷的價值。
- 以目前的行為預測未來的行為，但任何發生在評量後的教育或職業經驗，皆可能影響這些預測。

因為這些限制，產生了一些非正式的評量工具，做為職業評量的一部分。

二、非正式工具

和正式工具最大的差異是強調個別表現的自我比較，而不重視和團體的比較。Sarkees 和 Scott（1985）指出許多非正式評量的方式，可適用於輕、中度障礙者的職業評量上，摘要說明如

下：

㈠教師自編工具（teacher made probes）

由教師或施測者，根據獨特或單一的情境，而自編的評量方式，以適用於障礙者所處的工作環境。

㈡非正式的工作樣本（informal work sample）

一種模擬工作，接近真實的工作情境。工具來自適當的工作表現，並考慮接受表現的最小水準，以提供施測者，看到學生表現的能力，而不做過多的傳統紙筆評量。

㈢情境評量（situational assessment）

在特定的工作中，記錄學習者的職業行為及工作習慣的表現（Sarkee & Scott,1985）。可在實際或模擬的團體情境中評量，並可做人際關係及社會行為能力的觀察。

㈣職業分析（job analysis）

施測者要分析工作中所有的要求，包括基本工作、生產品及服務、重要生理特質、設備、工作情境，可接受表現的標準。將學生安置在工作中，觀察其表現，將之和所要求的做比較。職業分析中強調工作分析（task analysis）及細步化的順序，以逐步成功的完成工作。Bijou、Peterson、Harris、Allen 及 Johnson（1969）、Browning 和 Irvin（1981）、及 Miller 和 Schloss（1982）皆主張使用工作分析，做為評量障礙者職業行為的方式。

在職業工作分析中，施測者首先要從有正常工作能力者的工作表現中，假定為一位殘障受雇者時，需要那些要求及能力。接著，要發展出一套這些工作要求的表現能力檢核表。再由受測者

表現這些工作，以找出他在能力上的長處及短處。

以非正式方法評量職業行為，可增加實用的診斷資料，和正式評量的資料結合，可提供評量者詳盡的參考資料。但是，非正式方法所提供的，仍只是目前的表現水準，無法學習到在競爭性環境中所要的能力。一種可變動，可修正的方法，方可運用在先前的職業行為，與實際安置在競爭性工作環境後的表現，以產生所要求的改變。

叁、動力式標準參照職業評量

根據 Feuerstein、Rand 及 Hoffman 1979 ）的觀點，將工作分析（ task analysis ）融合入職業分析（ Job analysis ），以一種動力取向，在特定的學習情境中，評量一個人可變動性的潛能。將動力評量的觀點用在職業中，其目標及定義為：

1. 評量個人的可變性（ modifiability ）。

2. 評量表現可變性的重要。

3. 確定要改變行為，所需投入教學的量。

4. 找出個人的長處，以彌補其短處，使其在工作環境中發揮出來。

動力評量和傳統評量技術並不相同，傳統評量在本質上是靜止的，評量個體固定的特質，而忽略了變動的可能性。動力評量不在乎一個人的能力是否很低，只關心經由適當的技術，改變一個人目前職業行為的可能性。Feuerstein 等人（ 179 ）指出其步驟包括了：工作地點確定、工作分析、工作活動的模擬、學生表現的觀察和評量、學得比率的評定：

一、工作地點之確定

　　施測者先評定出受試者可能進入的職種（也許是離家近的，或工作性質符合能力的），包括工作中要求能力需要教導的速度，並指出學生表現此技能的目前能力。若工作要求能正確評估出，是最有效的評量資料。

二、工作分析

　　由受試的職能評估中，列出不同順序表現的技能及知識，由施測者依據個別標準，檢核那一項能力是前一項的下一個能力。評量中可用暗示方式評量學生的能力。Schloss 及 Sedlak（1986）指出五個暗示的層次，可協助學生去表現出下一個能力：

- 自我主動：自己獨自的表現出工作順序。
- 手勢：只有在手勢暗示後，才表現出此能力。
- 口頭提示：在口語提示後，才表現下一工作技能。
- 模仿：評量者實際做示範，受試跟著一起做。
- 手操作：從活動中引導受試實作。

　　評量進步的記錄方法，除了可用「獨自完成次一能力的次數或量」外，也可用「協助次數」的減少為依據。訓練後，也許學生只比原來多表現了二個次能力，但不再由模仿來暗示，只需用口頭提示，這些都是一種進步。

三、學生表現的觀察和評量

　　可在教室的一角或單獨房間模擬真實工作環境進行評量。施

測者先在模擬環境中示範工作後，再由受試跟著做，此時可用記錄表或檢核表加以記錄。若能獨自完成，則檢視每一個能力的次能力為何。若 3 秒內不能完成，則予以「手勢」提示次一能力，依此類推，若連引導其操作皆無法做到，表示此一技能並不具備。

當表現一個不正確的次能力，或非目標行為時，就要即時中止，並提出更強制性的提示。為使觀察的可信度增加，最好在實際或模擬情境中，多觀察幾次。

四、習得率的評定

應給予學生有系統的學習嘗試機會（約 10 次）。依每一工作分析提示的程度，在每次嘗試中收集其資料。嘗試中，暗示的強制性及等級次數由多到少，顯示受試者有效的獲得了新的職業技能。

肆、環境的考慮

一些因素如耐性、速度、安全、變通性等皆可能影響工作的成功性，施測者應對這些因素保持敏銳性，環境中也許應包括這些因素在內：

一、耐性：評量時，增加工作的時間、長度，以考驗其耐力。

二、速度：可做非巔峰時間的生產量比較。

三、噪音：使用工作中不同的機器噪音，或其它聲音充斥在情境中。

四、安全性：模擬安全有問題或有危險意外時的情形，以評

量學生的反應及準備度。

五、工作變化：給予學生不同要求時，做能力適應的比較。

六、指示的變化：同一工作，用不同指示說出，看學生的反應是否一致。

七、監督者的變換：不同人員監督下，是否表現一致。

八、同事的不同：安排不同的伙伴工作，觀察其調適能力。

伍、結語

以動力評量方式，進行職業評量，包括了下述優點：

一、可在競爭性雇用環境中，繼續評量學習者的長處和短處。

二、強調學習者有能力去學習，而不受過去學習經驗的限制。

三、雖然它很耗費時間，但卻是值得的，學生學習及施測者訓練的時間，不花在和競爭性環境中無關的技能上，不做不適當之安置，長久來看是值得的。

四、安置在競爭性環境前，先評量學習者行為，學習者工作失敗率及將不當安置的自信心喪失減至最少。

天生我才必有用，殘障者也有工作能力，如何評量出其真正之能力，安置在最適當的工作上，本文所述為一值得參考的方法。唯以國內殘障者就業環境，仍有待改善的現在，動力式職業評量效果如何仍有待評估。不過，有識者，以此設計一適當模式，進行實證研究，不失為可行之道。

參考文獻

Bijou, S., Peterson, R. F., Harris, F. R., Allen, K. E., & Johnson,M. S. (1969). Methodology for experimental studies of young children in natural settings. *Psychological Record,* **19;** 177-210.

Browning, P., & Irvin, L. K. (1981). Vocational evaluation,training, and placement of mentally retarded persons. *Rohabilitation Counseling Bulletin,* **24,** 374-408.

Feuerstein, R., Rand, Y., & Hoffman, M. B. (1979). *The dynamic assessment of retarded performers: The learning potential assessment device, theory, instruments, and technigues.* Baltimore: University Park Press.

Miller, S. R., & Schloss. P. J. (1982). *Career-vocational education for handicapped youth* Rockville, MD: Aspen DC: Author.

New York State Commission on Quality of Care for the Mentally Disabled. (1987), *Child Abuse and Neglect in New York Mental Hygiene Faclities.* New York: Author.

O'Day, B. (1983). *Preventing sexual abuse of persons with disabilities:* A curriculum for hearing impaired, physically disabled, blind, mentally retarded students. Santa Cruz, CA: Network Publications.

Peters, S. D., Wyatt, G. E., & Finkelhor, D. (1986). Prevalence.

In D. Finkelhor (Ed.), *A sourcebook on child sexual abuse.* New York: Sage Publications.

Risin, L., & Koss, M. (1987). The sexual abuse of boys: Prevalence and descriptive characteristics of childhood victimizations. *Journal of Interpersonal Viol- ence, 2,* 309-323.

Sandgrund, H., Gaines, R., & Green, A. (1974). Child abuse and mental retardation: A problem of cause and effect. *American Journal of Mental Deficiency, 79,* 327-330.

Senn, C. Y. (1988). *Vulnerability: Sexual abuse and people with intellectual handicap.* Downsview, Ontario: G. Allan Roeher Institute.

Sobsey, D., & Varnhagen C. (1991). Sexual abuse and exploitation of disabled individuals. In C. Bagley & R. Thomlison (Eds), *Child sexual abuse: Critical pers- pectives on prevention, intervention and treatment.* Toronto: Wall & Emerson.

Tharinger, D., Horton, C. B., & Millea, S. (1990). Sexual abuse and exploitation of children and adults with mental retardation and other handicaps. *Child Abuse and Neg- lect, 14,* 301-312.

Watson, G. (1980). Sex education. *Special Education: For- ward Trends, 7,* 11-14.

Watson, J. D. (1984). Talking about the best kept secret: Sexual abuse and children with disabilities. *Excep- tional Parent, September,* 15-20.

Zirpoli, T. J. (1986). Child abuse and children with han- dicaps. *Remedial and Special Education, 7,* 39-48.

自我教導訓練在中、重度智障者職業技能訓練之應用

◆胡雅各◆

壹、前言

　　智能不足教育的目標，是以培養自理個人生活、參與社會生活，及從事職業活動的能力為主。其中職業生活的適應，尤應視為智能不足教育的終極目標；而職業教育更應成為其整個教育的目標趨向。此乃由於職業教育具有下列的重要性（何華國，民77，p 16-17）：

　　一、職業教育的實施，有助於匡正智能不足教育可能的偏態，使教育人員不只消極地從事讀、寫、算等一般學科的教學，更體認到培養智障者職業能力的積極意義。

　　二、職業能力應可涵蓋個人與社會適應的能力。職業活動使個人學得的各種技能，有實際應用的機會。職業教育具有統整智能不足各領域學習活動的功能，而使其課程的發展，更有明確的方向。

　　三、工作權為國民應享的受益權之一。這項權利的運用，應以職業能力的具備為前提。而職業能力的培養，則有賴實施適當

的職業教育。

　　四、智能不足者在接受職業教育後，可以發揮職業潛能，因工作成就的獲得，可以增強其自我觀念，使個人有更好的生活適應。從而，社會大眾對智能不足者的觀感也會為之改變。

　　五、職業教育的實施，使智能不足者更有能力回歸到社會主流，實現特殊教育的理想。

　　六、智能不足國民職業教育的實施，不僅可使智能不足國民達到生活的自主獨立，也可充份發揮人力資源，增進國家的總體生產力。

貳、造成智障者職業教育成效不彰的原因

　　智障者之生理發展、學習能力，以及職業能力是互相呼應的。由於中、重度智障者的生理發展與語言發展有明顯緩慢的現象，在學習上必待適當安排之特殊教育措施，方可習得某些基本的技能，進而養成若干半獨立性質的生產能力，以便在成人的監督與輔助之下發揮其謀生能力，否則其低下的學習能力，勢必影響其職業方面的發展（許天威，民 78）。

　　近年來，雖然透過行為分析技術（behavioral analytic approach）的運用，殘障者接受職業技能的績效已顯著地獲得改善，然依就業狀況分析，發現智障者仍是眾多殘障就業人口中情況最差者，造成智障者就業狀況不佳的原因不外下列三點（蔡宏昭，民 75）：

　　•職業技能養成速度緩慢：一般對智障者的職業技能訓練，多由訓練者將目標技能略分為若干工作步驟，再以示範之方式執行教學，但在這樣的方式下，往往不能針對智障者特殊的學習困難設計教學策略，因此使得智障者職業技能之養成速度至為緩

慢。

　　•已習得之職業技能無法長期保留及類化：研究指出，智障者無法有效維持良好工作品質與表現，以及無法將已習得之技能類化至相關情境，是造成智障者就業不良的致命傷。

　　•缺乏後續追蹤輔導：一般對智障者的就業輔導著重在短期密集訓練，對於就業安置之後的個別後續追蹤輔導，或因人力之不足，或因制度之不夠健全而明顯地欠缺。

　　由此看來，中、重度智障者由於其低下的學習與工作能力，使其既無生產能力，又得處處依賴他人的協助，縱使施予訓練，也常無法將在實驗情境所學的技能類化至工作情境，無法獨立地從事工作，更無法立身於競爭性的工作情境；另一方面，僱主先入為主的排斥觀念，也嚴重地影響重度智障者的職業安置，如此情況與前面所提欲充分發揮人力資源的智障職訓政策大相逕庭。

叁、自我教導訓練對中、重度智障者職業訓練的重要性

　　雖然中、重度智障者的學習能力十分低下，其身心發展也異於常人，並可能伴隨著某方面的障礙，但這並不意謂著中、重度智障者完全沒有工作潛能，只要給予適當的職業教育、訓練方案、工作經驗及充分利用特別的服務措施，他們可以在競爭性工作環境中就業，改善未充分就業情況，得到更適合的工作及更好的工作適應（許天威，民78）。因此，中、重度智障者的職業訓練，必須加速其職業技能之養成，更須強調技能養成之後的長期保留。

　　在有關智能不足者的職業技能訓練研究中，學者指出，傳統上的研究皆使用外在管理系統（如金錢獎勵或其他的增強物）的

訓練方法來增加極重度智障者的工作速率，然而 Cole 與 Gordner（1984）指出，這些外在的管理技巧儘管依恃著外在的增強物，其效果卻未能促進工作的表現、類化與工作的獨立（引自 Salend, Ellis & Reynold, 1989）。根據研究顯示，自我教導訓練（self-instruction training）不僅能夠促進工作技能的養成、類化；更能促進個體獨立地工作表現（Agran Fodor-Davie & Moore, 1986; Burigo Whitman & Johnson, 1980; Davis & Hajieck, 1985）。且 Agran 與 Martin 兩位學者也提出，自我教導訓練對障礙者員工在職業訓練情境或支持性的工作環境，已被視為一有效的自我管理策略（self-management strategy）（引自 Haughes & Peterson, 1989）。

　　Wehman（1975）的研究指出，智障青年由於其低下的學習能力，無法長久保留已習得之工作技能，也無法將之類化至新的情境，這種種因素，都限制重度智障者的就業安置，國家與當事人家庭的負擔也愈形沈重。因此，應以何種策略來訓練中、重度智障者的職業技能，並能由之獲得最佳的效果，實為解決中、重度智障職業方面問題的關鍵所在。目前，國外已有許多研究皆有效地應用自我教導訓練在各類特教對象的教學上，例如 Stokes 與 Baer（1977）兩位學者在討論各種促進技能維持與類化的技巧時，便曾大力推薦自我教導訓練。Mank 與 Horner（1987）兩位學者都極肯定自我教導訓練在殘障者職業訓練上的可行性。而 Rusch, McKee, Chadsey-Rusch 與 Renzaglia（1988）四位學者曾對重度障礙者進行自我教導訓練，結果證明自我教導訓練能成功地教導受試者確認情境，並表現出合乎要求的行為（如服務技能），受試者並能主動評鑑及增強或懲罰自己的行為反應。最後，如 Rusch, Martin 與 White（1985）三位學者所說的，自我教導訓練的教學時數，較傳統行為改變術的教學時數少（因每一個步驟的訓練時間約兩週左右）。

肆、自我教導訓練的內涵、實施程序與注意事項

由上述得知，自我教導訓練對中、重度智障者的職業訓練，其不僅可以促成職業技能的保留，也可促使其類化至不同的情境，然而什麼是自我教導訓練呢？其實施流程為何？並且其實施時應考慮那些事項？茲分述如下：

一、自我教導訓練的內涵

自我教導訓練是一種注重認知重建（cognitive restruction）的認知行為改變術（cognitive behavior modification）（Mahoney & Arnkoff, 1978）。其基本理念乃是協助受試者使用適當語言媒介（mediation），由訓練者的自我陳述（self-statement）並配合動作的示範（modeling）演練，以協助受試者將注意力集中在所欲訓練的技能上，並進而協助受試者能產生適當的自我陳述，運用正向的自我語言（positive self-verbalization）及自我增強（self-reinforcement）等技術，以達到學習新的行為技能（Higa, 1978）。根據 Bryant & Budd（1982）指出：「自我教導乃是經由提示，引導並維持（maintain）非語言行動的語言陳述設計。」換言之，它乃是以口述語言為媒介，來引導學習者自己完成工作。其與行為改變技術最大的分野在於，自我教導是屬於認知治療，其最主要的目的是藉由自我陳述、自我說話、內化語言來達成認知的改變；而行為改變技術乃是藉由外物的操弄以達行為的改變，即試著以非語言的手段來改變行為。

二、自我教導訓練的實施程序

根據 Bryant & Budd（1982）所使用之自我教導程序乃是由訓練者的認知示範、語言陳述等方式來提示（prompt），引導（guide）受試者，進而使受試者在訓練者的引導下，漸漸形成外顯的自我引導（overt self-guidance），最後將其內化成為內隱的自我引導（covert self-guidance）。一般所使用的自我教導訓練，其程序有六，分述如下：

㈠研究者大聲地重複陳述自我教導內容之際，同時示範所欲執行的目標技能，此時，受試者則被要求仔細地觀察研究者所執行的各項步驟。

㈡研究者大聲地陳述自我教導內容之際，受試者也跟著研究者同時執行此目標技能。

㈢受試者執行此工作任務之際，並且大聲地陳述自我教導的內容，同時研究者則輕聲地陳述自我教導的內容。

㈣受試者執行此目標技能之際，同時輕聲地陳述自我教導的內容，這個時候，研究者只有唇動，但卻沒有發出聲音。

㈤受試者執行此目標技能之際，雖然唇動但卻沒有發出聲音，這時研究者僅提供必要的協助。

㈥受試者執行此目標技能時，被要求自己對自己敘說自我教導內容。

茲以流程圖 1-1 標示出訓練者與受試者在自我教導訓練過程中的主要任務。

在每個階段的學習過程中，受試者若做出正確反應，研究者便給予適當的獎勵（如口頭的稱讚或物質的酬賞）；若是受試者反應錯誤時，研究者則立即提示，以指導其正確的反應，並要求其再一次重複口語陳述或任務的執行，直到受試者做出正確的反

應為止。

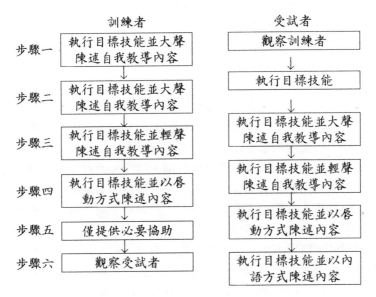

圖 1-1　自我教導訓練訓練者與受試者的角色任務

三、實施自我教導訓練時所應注意的事項

　　儘管自我教導訓練在中、重度智障者職業訓練上有其優點所在，但是並非漫無限制的，因為這些技術可能與個體的成熟因素、個體的本質及問題的嚴重性產生交互作用。並且個體在認知和語言成熟上的差異性，也影響著認知訓練處遇的適切性與有效性。Keogh 與 Glover（1980）兩位學者認為，當教師和臨床治療師在建立認知訓練時，應注意下列事項：

　　㈠學生的實足年齡，更重要的是他們認知，語言技巧的成熟度與適切性，這些都可能與方案技術產生交互作用。因此方案的

本質與個體的特質都應加以考慮。

　　㈡訓練本身的程度與內容也影響著結果。從實際與理論的觀點而言，訓練時間的長短，所使用的特定程序、數目與頻率等，都應加以考慮。認知訓練計劃很明顯地不同於這些變數，而這些因素都決定著計劃的成功與否。

　　㈢對於辨別技巧發展與技巧利用間的不同是極其重要的。許多介入方案乃建基在個體必備的技巧來解決任務的基礎上，而此介入處理的角色乃是提供使用這些技巧的策略。從這個觀點發現，介入方案對於已存在的能力給予組織起來。相反地，有些認知訓練方案在技巧的出現及發展時期，給予個體直接地引導。因此，所提供方案的適切性，可能成為個體能力領域的一部份。

　　㈣目標或結果可能因處理方案的不同而不同。有一些處理方案已被證實在如下的領域顯出其效果：個人——社會，心理與教育的領域。處理方案的先決條件應該決定他們想要增加或改變的為何；再者，處理方案的效果是立即的亦或是遲緩的（如處理方案可能包括長程或短程的追蹤）。有些效果可能是立即的，但卻極為短暫；有些可能歷時甚久，或者需要長時間始能顯出其效果。什麼樣的與什麼時候的結果需要予以特定化，猶如良好定義的目標需要考量其方案效果的概括性與穩定性。

　　因此，教育工作者與其他人在選擇自我教導訓練程序和決定如何實行之前，必須考慮下列諸事宜（O'Leary, 1980）：

　　1. 此個體所表現的行為是最終的標的行為嗎？假如不是，應教予這樣的技巧或是同時給予認知的訓練。

　　2. 任務的困難度與複雜度如何？認知訓練對於簡單的任務，其效果更佳。任務包含許多成分，因此需要多成分的認知訓練方法就簡單的任務而言，更多的個別行為將會向簡單的程序反應，如自我監察（self-monitor）。

　　3. 標的行為的發生是特定的或一般的？假如任務是特殊的，

則訓練程序也將採取特殊的訓練流程，如能獲得跨情境（crosssituatitonal）的效果，則自我教導訓練也應該包含更多的任務。

4. 個體的認知技巧為何？假如個體不能預測情境，將會遭遇到較大的挫折，他／她將無法有效地運用問題解決策略至自己的行為情境中，譬如：個體無法回憶 15 分鐘前發生的事情。因此，完整的自我評鑑對於特定行為的監察將是有效的且具體的。

5. 個體自身的特質（如醫學或臨床狀態）會與處理效果發生交互作用嗎？一位非常輕度的自傷小孩能在自我評鑑的訓練中獲得益處。一位從事藥物治療的小孩有著歸因上的困難，可能無法對認知訓練產生反應，除非他在先前具有高度的可預測性，得以知道其結果為何。

6. 教導認知技巧時，可資運用的資源有那些？愈詳實羅列的（comprehensive）訓練方案，則需更多的時間投諸其中。

伍、結論

雖然自我教導訓練在國外已行之有年，並從許多的研究中也證明其對於中、重度智障者職業訓練上的適切性與有效性。它提供我們新的技巧來教導智障者的職業技能，並且使其在此學習過程中學得更主動的方法來從事自我教導；進而主動地去確認情境，由之表現出適當且所欲的行為。唯在現有的文獻資料中，以重度智障者為對象，透過自我教導所做的職業訓練並不多見，即使是對智障者所從事的自我教導訓練，大部份的對象也是以輕、中度智障者為主，至於重度智障者能否經由類似的自我教導訓練而習得技能，實有待進一步加以研究，以供智障者在進行職業訓練時的參考依據。

參考文獻

何華國（民 77）：**智能不足國民職業教育**。高雄市：復文書局。

許天威（民 78）：**智能不足者之教育與復健**。高雄：復文書局。

蔡宏昭（民 75）：**台灣地區殘障者職業重建與就業問題之研究**。台市：明德基金會。

Agran, M., Fodor-Davis, J., & Moore, S. (1986). The effects of self-instruction training on job-task. sequencing: suggesting a problem-solving strategy. *Education and Training of the Mentally Retarded, 21,* 273-281.

Bryant, L. E., & Budd, K. S. (1982). Self-instructional training to increase independent work performance in preschoolers. *Journal of Applied Behavior Analysis, 15* (2), 259-271.

Davis, R. W., & Hajieck, J. O. (1985). Effects of self-instructional training and strategy training on a mathematics task with severely behaviorally disordered students. *Behavioral Disorders, 20,* 211-218.

Haughes, C., & Peterson, D. L. (1989). Utilizing a self-instructional training package to increase on-task behavior and work performance. *Education and Training of the Mentally Retarded, June,* 114-120.

Higa, W. R. (1978). Developmental verbal control of behavior: Implications for self-instructional training. *Journal of*

Experiment Child Psychology, 26, 489-497.

Keogh, B. K. & Glover, A. T. (1980). The generality and durability of cognitive training effects. *Exceptioxnal Education Quarterly, 1*(1), 75-82.

Mahoney, M. J., & Arnkoff, D. B. (1978). Cognitive and self-control therapies. In S. Garfield., & A E. Bergin (Eds). *Handbook of Psychotherapy and behavior change: An empirical analysis* (2nd ed.). New York: Wiley.

Mank, D. M. & Horner, R. H. (1987). Self-recruited feedback: A cost effective procedure for maintaining behavior. *Research in Developmental Disabilities, 8,* 91-112.

O'Leary, S. G. (1980). A response to cognitive training. *Exceptional Education Quarterly, 1*(1), 9-15.

Rusch, F. R., Martin, M. E., & White, D. M. (1985). Competitive employment: teaching mentally retarded employees to maintain their work behavior. *Education and Training of the Mentally Retarded, 20,* 182-189.

Rusch, F. R., McKee, M., Chadsey-Rusch, J., & Renzaglia, A. (1988). Teaching a student with severe handicaps to self-instruct: a brief report. *Education and Training in Mental Retardation, March,* 51-58.

Salend, S. J., Ellis, L. L., & Reynolds, C. J. (1989). Using self-instruction to teach vocational skills to individuals who are severely retarded. *Education and Training in Mental Retardation, September,* 248-254.

Stokes, T. F. & Baer, D. M. (1977). An implicit technology of generalization. *Journal of Applied Behavior Analysis,*

10, 349-367.

Wehman, P. (1975). Behavioral self-control with the mentally retarded. *Journal of Applied Rehabilitation counseling, 6,* 27-34.

45

英國殘障者轉銜計畫相關措施之探討

◆李翠玲◆

壹、前言

　　我國自民國七十三年制定特殊教育法以來，特殊教育的發展即進入一個新紀元，學齡階段的特殊兒童大抵能得到教育安置的機會。然而隨著特殊兒童的長大，則面臨離校後的出路問題，如果沒有一套完整的轉銜計畫來規畫他們離校後的生活，這些特殊兒童畢業後很可能仍回到家中，造成家人及社會的負擔，形成教育投資的浪費，更何況特殊教育的成本遠較普通教育高得多。因此目前「轉銜」（transition）實已成為特殊教育發展上相當重要且迫切的課題。然而我國在這方面的相關資料及服務措施仍相當缺乏，極需吸取別國經驗，以加速為完成義務教育階段，即將步出校門的特殊兒童作轉銜之準備。

　　筆者對英國有關特殊學生的轉銜有深入研究，茲不惴淺陋，將部份相關經驗與國人共享。

貳、轉銜理念的發展

根據 McGinty 和 Fish（1992）的定義，轉銜是指一時間階段和一個過程而言，亦即：

㈠它是指介於十幾到二十幾歲，以教育及行政手段劃分開來的一個階段或一段時間。在這個階段中發生許多變化，包括責任歸屬由兒童轉移到成人，從學校轉移到擴充教育及高等教育，從兒童的依賴性轉變為成人的責任感。

㈡它是一個過程，在這過程中，個體由青少年成為獨立生活的成人。

雖然轉銜的相關服務似乎是由於特殊教育發展到一個程度所面臨的新課題，然而從特教發展歷史來看，轉銜理念實有久遠的基礎。

在轉銜的觀念中，工作能力是最主要的要素，英國早在1791年於利物浦成立第一所特殊學校，其目標則為使這些盲人對國家有用及去除其惰性。在 1841 年，由教會人士所成立的天主教盲人收容院（The Catholic Blind Asylum）即明白宣示：要使這些盲人能工作。其他為肢障及智能不足者所成立的服務機構，大多亦基於經濟的考量，而特別重視職業訓練。這其中就業目標、工作能力及職業訓練實已包含「轉銜」的準備。

叁、有關轉銜法令的制定

徒有理念不足以執行政策，根本之道乃在透過立法，執行時才能有所依據，增加效率。

　　溯及以往，對轉銜計畫提出具體建議，並為相關法令催生者，首推 1978 年公佈的瓦諾克報告（Warnock Report, 1978）。此報告除了針對英國當時的特殊教育作出系列的會診及調查報告外，並提出教育當局急須解決的特教三領域：師資教育、學前教育及義務教育階段後之教育。其中有關義務教育後之教育，對特殊學生如何轉銜至成人生活有詳細說明及具體建議，諸如：每五萬殘障人口中，須委派至少一位專職的特殊生涯輔導員（Specialists Careers Officer）；在擴充學院（類似我國的專科學校）與 6th form 學校（類似我國特殊學校高職部）間設計協同課程（link course）以供特殊學生提早認識擴充學院的型態，有助其離校時選擇出路之參考；並提出「無工作但有意義地生活」（significant living without work）的生活哲學觀。這些建議雖然沒有在其後 1981 年後頒佈的教育法案中實現，但從 1988 年開始的教育法案中卻有愈來愈多有關轉銜計畫的規定，且多以瓦諾克報告的建議為藍本。

　　茲將有關轉銜的法令敘述如下：

1988 年教育法案（The 1988 Education Reform Act）

　　在此法案中，地方教育局必須責成擴充學院發展十六歲（義務教育終止之年齡）後之特殊教育，並建議高等教育能充實讓特殊學生就讀的設備，以應殘障學生入學之所需。

　　此法為特殊教育的向上延伸提供法源基礎，從此英國的擴充教育學院紛紛成立特殊教育支援中心（Special Support），規劃特殊學生在學院就讀事宜與特殊學校間的協同課程。

1992 年擴充及高等教育法案（The Further and Higher Education Act 1992）

　　此法案乃是對擴充教育及高等教育的經費來源重新調整，使校方的經費運用更具自主性，也可能更寬裕。其調查內容乃指校方經費主要來自新成立的英國擴充教育經費委員會（Further

Education Funding Councils for Britain），而非以往的地方教育局。透過此委員會，可根據學生人數及校方需求要求撥款予校方，而不必像以往透過地方教育局時，可能因為政治考量，把較無法呈現出立即政績的教育經費壓得很低。此法案同時對特殊教育在擴充學院實施的細節有更明確的規定，並且明示擴充教育學院應為地方教育局及社會工作部門擔任轉銜的部會間合作之角色。

1993 年教育法案（The Education Act 1993）

在此法案中，可以看出英國的教育法是緊扣住社會的脈動及世界潮流的趨勢而適時修訂的，因此法可以很明顯地察覺到「融合教育」理念的強調及「轉銜計畫」的重視。在有關特殊教育的部分，第 166 節中提及地方醫療單位及社工部門有義務應地方教育局之要求，介入特殊學生的轉銜，以與地方教育局合作。此法另一重大的新義是規定每位特殊學生在面臨十六歲的前兩年內，就要為其擬好一份轉銜計畫，以幫助學生漸漸進入成人生活。

除有關教育的法案對特殊學生義務教育後之服務愈來愈重視外，其他亦有關於福利與就業保障的法案為特殊學生的轉銜提供這兩方面的服務，例如殘障定額雇用比率、福利津貼、醫療服務及社區照顧事項等等，均有法可循，以便轉銜責任之劃分及執行原則之參考。

肆、教育系統之轉銜措施

由於殘障人口的高失業率及就業低收入現象，因此促使瓦諾克報告建議在義務教育階段後，有必要為特殊學生在擴充教育學院中提供特殊教育，以加強其就業能力，增加就業機會。隨後加上法令的配合，如今在英國有一半以上的擴充教育學院中設有特殊教育部門，其數量是五年前的兩倍（Berliner, 1993）。

　　在擴充教育學院中，特殊學生有機會與普通學生接觸，這有助其步出校門後的社會生活適應。同時有配合學生殘障程度所設計多元化教育計畫供其選擇就讀，成效頗佳。Corrie（1985）研究發現，對輕度智障者而言，離開特殊學校，進入學院就讀確能幫助學生更能獨立生活及增加就業能力。而對重度殘障學生來說，擴充教育學院中亦有專門教授核心技能課程，以加強學生的生活自理及適應能力。

　　但特殊學生進入高等教育的比率至今仍相當低。Wilenious（1992）即發現只有 0.4％的高等教育學生中為殘障學生。儘管如此，空中大學的遠距教學方式，便利學生在家或在醫院求學進修，則吸引不少殘障學生。

伍、職訓機構的配合措施

　　一般完成義務教育的特殊學生，大致有三大出路供選擇：升學就業或參加青年訓練方案（Youth Training Scheme）。學生在此接受兩年或一年的一系列的職業訓練，這有助學生取得職業證照的資格，但這並不能保證未來一定能找到一份專職的穩定工作。

陸、就業方面的服務措施

　　在轉銜階段，下列人員擔負起就業輔導的工作（McGinty & Fish, 1992）：就業輔導員（employment office staff）、殘障就業安置員（disablement resettlement officers）、訓練及企業協會的人員（Training and Enterprise Councils）以及雇

主、雇員、獨立訓練機構職員。

　　當然能成功地就業是轉銜的最終目標，英國在提升殘障者就業率方面，投注了不少人力物力，然而成效仍相當有限，主要原因是英國這幾年來深為經濟不景氣所苦，一般人就業已屬不易，更遑論殘障者。因此殘障人士以往在就業市場上還能算是基本人力，而今卻是多餘的勞力。大多數的殘障人士面臨無法就業的窘境，或只能打打零工，做些兼差的工作，然而這種薪資卻不足以支付獨立生活之所需。為保障基本生活，社會工作服務便成了轉銜計畫中相當重要的部份。

柒、社會工作部門的服務措施

　　社工部門主要負責特殊兒童離校後殘障津貼之發放、日間教養院及居家服務等。對失業或收入太少的殘障者來說，社工部門所提供的財力協助就更顯重要。而英國是個典型的福利國，福利多而完美，人民對其依賴頗深，以殘障者言，就有四分之三的人主要的生活財源就是社會福利金。

　　今日隨著大英帝國的沒落，各殖民地紛紛獨立，英國的經濟優勢不再，而全球性的經濟不景氣，亦影響英國的就業市場，龐大的社會福利支出，造成國家極大的負擔，因此英國政府大幅削減社會福利，使得很多仰賴殘障福利金生活的殘障人士生活更困難。

捌、醫療服務措施

　　英國有全民健保（National Health Service, NHS）負責人民的醫療服務。在此制度下，大致來說，十六歲以下、六十歲以

上及銀行存款在三仟英鎊（約合十二萬台幣）以下者，皆可獲免
費醫療服務，否則以部份負擔或全額負擔的方式來獲得 NHS 的
醫療服務。

　　殘障者離校後所需的醫療介入人員，除醫生護士外，還包括
復健師及治療師等等。這整體的醫療服務很可能在他們離校後就
中斷。Hirst 和 Baldwin（1994）發現其研究樣本裡，有一半殘
障者離校後沒有維持經常性的醫療保健，其中，重度殘障者占三
分之一。

玖、轉銜相關服務之統整與關鍵課題

　　殘障者因本身的缺陷易造成工作能力競爭力的不足，或者即

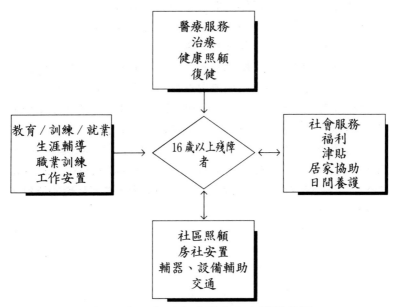

圖一：十六歲以上殘障者之支援服務網

使工作能力尚佳，很有可能遭受到雇主先入為主觀念的影響，而在求職過程中遭受歧視，不易謀職成功。這些因殘障而遭受的不平等待遇，則有待完善的轉銜服務措施予以補救。

　　除就業方面的轉銜服務是輔導特殊學生獨立生活的重點外，醫療、社會工作、教育／職訓／就業及社區照顧等四大領域各有其所屬部門單位負責服務項目，例如：醫療服務主要由全國健保服務局負責，社會工作服務由健康與社會保險部門，教育安置由地方教育局，職業訓練由青年職訓方案部門，就業安置有就業中心等單位來負責服務項目，另有民間團體及慈善機構，可提供經濟支援及協助社區生活。但唯有這四方面相互協調聯繫，形成一個服務網，才能確保殘障學生離校後轉銜到社會生活的品質保障。針對此點，即使有殘障人士法（Disabled Persons Services, Consultation and Representation）規定部會間須合作及互為通報，但仍有批評稱其間的協調不夠緊密。

　　各服務部門協調不足的最主要原因是制度上缺乏專人負責。雖然在教育部門有生涯輔導員的編制，負責職業輔導及離校後的追蹤工作，但所觸及的服務層面仍大多限於擴充教育學院的就學安置；至於就業安置，則顯得力不從心。而追蹤輔導工作，大多在離校後第一年實施，第二年以後殘障者的生活則不再是屬於生涯輔導員的工作，故所謂轉銜的持續性亦受到很多人的質疑。

　　值得欣慰的是在英格蘭北部的紐卡所（Newcastle upon Tyne）之地，即以團隊合作的方式提供轉銜的服務（Robson, 1982）。雖然這可能到目前為止是英國文獻上僅能發現的資料，但相當具有啟發性。

拾、結語

　　我們在強調人權時，常會提及特殊兒童的教育權，而一般社會大眾亦有此共識。既然認同他們有接受教育的權利，又怎能反對他們也有工作權，也有獨立生活，不用依賴父母一輩子的權利呢？在社會還無法在就業及成人角色認同殘障人士時，他們在就業市場或社區生活仍會受到歧視，此時轉銜的服務措施是協助殘障人士獨立生活的關鍵因素。謹此提供英國的經驗，以供我國在規劃轉銜時參考，相信他山之石，可以攻錯，對我國方興起的轉銜計畫設計，應有所助益。

參考文獻

Berliner, W. (1993). Further needs of the special student. *Observer, 31,* 49.

Corrie, M. (1985). Out of school, out of work: Issues for consideration. *Educare, 22,* 27-32.

Lee, T. L. (1995). *From school to adulthood: School leavers with special education needs and transition.* Ph. D. Thesis. University of Birmingham.

McGinty, J., & Fish, U. (1982). *Learning support for young people in transition-Leaving school for further education and work.* Open University.

Robson, J. (1982). *Report on the Newcastle Youth Adult Clinic for the Disabled.* Unpublished Report. Newcastle-upon-Type: Orthopaedic Department, Freeman Hospital.

Warnock Report. (1978). *Special education needs.* Report of the committee of enquiry into the education of handicapped children and young people. London: HRSO.

Wilenious, F. (1992). *Access to higher education for people with disabilities.* University of London, Institute of Education.

46

智障者生活品質之評量

◆張英鵬◆

壹、生活品質的觀念

近來從國外文獻中，經常可以看到以生活品質（quality of life）為主題的文章，顯然有愈來愈多的人對它感到興趣。生活品質為一種整合性的重要觀念，它融合了去機構化（deinstitutionalization），正常化（normalization）、社區適應（community adjustment）等概念，而為90年代服務智障者的主流趨勢（Rowitz, 1989）。重點涵蓋了：殘障人士社區安置的生活品質、社會環境對個人生活方式的影響、對複雜方案結果的評鑑、全人健康觀點的結合，及人們在世界快速變遷下，如何追求滿意的生活品質等。到目前為止，對生活品質的定義、評量、及所包含的正負向因素，主、客觀成份，皆仍含混不清，眾說紛云，缺乏較一致性的看法，實有必要進一步加以釐清。

Nisbet & Vincent（1986）探討智障者在庇護工廠與社區的工作環境中，對智障者不適應行為與工作互動上的影響，發現在社區的環境中，其不適應的工作行為顯著的減少；而在庇護工廠中，智障者與監督主管人員較少出現正向的互動行為。Matsob & Rusch（1986）從社區融合與接納的角度，強調任何人生

而平等，皆有權融合在社區環境中、接觸社區的服務及活動、就讀社區學校等。若一位殘障者能在不隔離的社區環境中勝任工作，代表他能為其他人所接納，並且具有生產能力，此種接納態度、對個人的生活品質，實具有直接的影響效果。

事實上，要界定生活品質的定義，實在是件不容易的事，但吾人也不難由一些學者的建議中找出方向。例如 Blunden（1988）建議生活品質應包含四個有關因素：①身體上：是指健康與身體一致的情形；②物質上：是指金錢的獲得與生活物質環境的各方面滿足情形；③社交上：指有滿意的人際關係與技能；④認知上：可能是最重要的部分，乃關於智障者對自己生活品質如何的體會了解。有關上述這些想法，在我們提供各種服務時，卻往往忽略了，或缺乏認真的思考。

智障者可以在競爭性的環境工作，而且會明顯的改善其經濟狀況，為一不爭的事實。不過，同樣重要的是，在競爭性工作的前後，對智障者個人的生活品質是否有所改變呢？若有的話，這些改變是什麼？又如何能評量出其變化呢？這是吾人所關心的主題——生活品質的評量。Landesman（1986）指出對生活品質加以界定，並發展出標準的方式去評量它，是有必要的。因此她認為吾人應探討不同的方案及環境，是如何影響智障者的生活層面，並根據評量的結果，設計適當的服務與環境，發揮增進生活品質的效果。

貳、生活品質的評量

一、相關研究

　　早在 1939 年，Thorndike 即提出生活品質的評量觀念，而 Campbell, Converse & Rogers（1976）與 Andrews & Whithey（1976）繼續針對美國人生活品質，做了基本的研究。在這些針對個人生活品質的評量中，使用的方式不外是客觀或主觀的方法。客觀的評量主要是外在客觀的社會指標，例如生活標準、健康、教育、安全、鄰居等；主觀方法則強調個人的看法及對生活經驗的評估，包括了生理及物質上的幸福感、與他人的關係、社區活動、個人發展、休閒等。針對智障者的生活品質評量，則著重於個人和環境的諸多因素，包括了獨立性、生產力、生活居住的環境、人際與社區關係、活動型態等。

　　針對特定領域的生活品質評量工具，應屬醫療財經專家在健康經費分配上的應用，例如：Euro Qol（1990）即是用以評量有關生活品質中健康方面的新工具。它運用了生活中有關健康方面的資料，計算生命的品質。此種純由經濟的觀點出發，評量生活品質，也是近年來討論的趨勢。

　　另一種較廣泛的應用，則是針對一般生活的滿意情形。其範圍可從單一項目的量表，到綜合性的問卷，前者如 Cantril（1965）的 The Pattern of Human Concerns；後者如 Andrews & Withey（1976）的 Social indicators of well-being: Americans' Perceptions of Life Quality。而界於特定領域到廣泛之範圍之間的生活品質量表也非常多，例如對健康的認識、

或對特定對象的生活品質評量等。尤其是針對智障者的生活品質評量，由於正常化、去機構化、社區安置、最少限制的環境等，一連串理念的提出與落實而漸受重視。其評定包含了客觀的個人環境標準、照顧者的意見、甚至本人的主觀感受等。

　　Schalock, Keith, & Hoffman（1990）曾編製一份 40 個項目的生活品質問卷（Quality of Life Questionaire），從個人與社會的角度，進行客觀與主觀的評估。針對發展性障礙的復健服務結果，進行四個向度的評估：

　　• 獨立性：反映在努力操控個人環境與個人生活選擇的機會上。

　　• 生產力：反映在工作上的收入情形，或工作對家庭與社區的貢獻。

　　• 社區融合：反映在能如同正常人般的參與社區活動，運用社區資源，發展與體驗正常社會的接觸與關係。

　　• 滿意情形：能實現需求，並因實現而感到快樂或滿足，此種滿意生活中，充滿樂趣、愉快有關，是對於個人生活、社會情形和體驗與感受。

　　其問卷之題例，列於表一，使用 Likert 三點量表作答。受試者若是口頭回答，要使他能對所有的字句充分了解，若受試者無法回答，則以最親近的二位人員（照顧者或監護人），獨自評量每一項目，再加以合計平均表示分數。四個生活品質因素皆是分開計分，每個因素分數範圍從 10 至 30 分間，再加總即為生活品質的分數。

　　Schalock, Conroy, Feinstein & Lemanowicz（1991）及 Schalock, Keith, & Hoffman（1990）曾針對生活經驗的組成部份與生活品質四個指標，進行相關性探討，受試者共 2660 名，其結果發現能顯著增進生活品質評量的因素是：適應行為、良好的健康情形、收入、活動的融合、積極的物理環境、社交情

形、當事人進步、對環境的操控、正向的同事態度等。而會妨礙生活品質的因素是：負向的行為、醫藥的需求、環境大小等。

　　Keith 等人於西元 1986 年曾針對內布加斯州社區本位智障服務系統的三個職業與居住模式的 419 位智障者，做生活品質指標的評估，發現方案愈接近正常社區生活，環境限制愈少者，其分數愈高（見表二）。

表一　生活品質因素的界定與例題

生活品質因素	定　義	例　題
獨立性	反映在努力操控自己環境、做決定、及理解選擇的機會上	22.是誰決定你如何花用自己的錢？ 24.你每天有多少事情是可以自行控制的，如就寢、用餐、休閒活動等？ 25.你有自己家裏的鑰匙嗎？
生產力	反映在工作上的收入情形、或工作對家庭與社區的貢獻上	11.你所受的教育與訓練方案，為你目前的工作做的準備程度如何？ 12.你覺得你的工作或其他日常活動對你自己或其他人有價值或有關嗎？ 13.你對目前的工作覺得有多好？
社區融合	反映在如同正常人般的參與社區活動、運用社區資源、發展與體驗正常社會的接觸與關係	35.你經常有朋友至你家拜訪嗎？ 38.是否有結婚或約會的機會呢？ 39.鄰居如何對待你呢？

滿意情形	生活在普通、有趣、愉快、個人可體驗、感受的一般社會情境有關	2.脫離生活時，你還會有多少樂趣與愉快？ 5.對你目前的家庭或生活安排，你有多滿意？ 10.你的家人如何？他們是否使你感覺 (1)自己是家中重要一份子 (2)有部份時間是家中一份子 (3)就像一位局外人？

表二　職業與居住層次的生活品質分數

層次／組別	人數	QOL 平均分數
職業		
競爭性或支持性	59	65.16
工作站或在職訓練	30	61.20
庇護性	322	54.86
居住		
獨立性	146	63.94
社區家園或公寓	163	54.63
大型機構	110	50.59

摘自 Keith, Schalock, & Hoffman （1986）

　　由此看來，對智障者而言，較成功的生活品質結果，仍是在較正常的環境中。一份針對 85 位原住在機構中的智障者，於 10

年前安置在自主性居住及競爭性雇用環境中的追蹤性研究，亦可看出此一趨勢。經由生活品質問卷的回答，結果指出繼續保持獨立生活及雇用的智障者，其生活品質較高，而在心理衛生機構及與父母住在一起的生活品質最差（Schalock & Lilley, 1986）。

二、生活品質評量的方向

對於在復健與社區服務領域的從業人員而言，案主生活品質是否提升，可做為復健方案結果的評量指標。1939 年，Thorndike 即嘗試從下述三個指標中的一個，評量生活品質：社會指標、心理指標、社會政策及滿意度上。簡述如下：

㈠社會指標

社會指標通常是指外在的環境情況，例如健康、社會福利、友誼、生活標準、教育、公共安全、住宅、鄰居及休閒等。這些指標可評量社區共同性的生活品質，但卻無法評量個人對生活品質的感受，及復健方案的結果（Campbell, Converse, Rogers, 1976）。

㈡心理指標

從受試者對生活經驗上的主觀反應，評量出個人的生活品質。對於這些主觀性的評量，著重在心理上的幸福感、個人的滿意度、快樂等。Flanagan （1978）首先提出「心理上幸福感」的取向，界定出生活品質包含 15 個因素，並將之歸類為五個一般性的領域：物質上的滿足感、和他人的關係、社區及公民的活動、個人的發展與實現、休閒。個人滿意度及快樂的評量，則是指對於生活種種層面的積極感受及態度。其基本假設，是認為一個人對資源若愈滿意，則對生活中的掌控感、幸福感會愈大，同

時也會對個人能力愈感滿意。

(三)適合度及社會政策

　　認為生活品質是社會政策施訂的一個重要標準，Land & Spilerman（ 1975 ），Liu（ 1976 ）及 Milbrath（ 1979 ）建議生活品質可衡量不同人的需求滿足，以因應需求的不同，做資源分配的決定。Murrell 與 Norris（ 1983 ）進一步界定生活品質可做為建立人和環境之間適合度的標準，適合度愈好，人的生活品質就愈高。此觀念既認為生活品質是人類服務方案的結果（ 因為應用額外的資源，就應促進人的生活品質 ），且是建立人和環境間適合情形的標準，轉變了前述社會或心理的指標方向。

三、評量工具上的建議

　　筆者認為生活品質評量工具的發展，理想上應朝向：①包含正常者的樣本資料；②可評量客觀與主觀的資料；③使用簡單的用語；④使用 Likert 四點量表；⑤涵蓋所有生活品質的範圍等，是一個綜合性的評量工具。針對第二與第五點，詳述如下：

(一)客觀性與主觀性

　　通常，首先會考慮使用主觀性，或客觀性的生活品質評量範圍，因為這兩種評量方式差異頗大，若都應用在同一變項上，可能會產生完全不一樣的結果。不過，客觀的生活品質指標，應該依據常模參照標準，其組成包含了各種變項、財產、健康因素等的量數，可以用數字加總，以提供常模參照的比較。不過如此獲得的客觀生活品質指標，也不能做過度的推論。

　　主觀的生活指標則包含了個體各種獨特的見解，可以使用常模參照，也可以不使用。不過若是使用常模參照的話，則推論在

任何單獨個體,解釋力非常薄弱。所以主觀的生活指標較適合解釋個體的看法。從這些推論來看,一個涵蓋面廣的生活品質量表,應該同時具客觀與主觀的部份。

(二)生活品質的領域

綜合而言,從目前文獻的歸納,在生活品質評量中,可分為7個領域,各領域內容均是各自獨立,每領域中再分主觀與客觀的生活品質部份,每一項都涵括了個人的生活範圍,回答者根據自己的生活情形,對每一領域提出綜合性的價值觀,進行反應。例如在「物質生活」這項領域,所包含的不只是房屋、汽車等,尚有生活情況、收入等。其領域名稱與主觀、客觀範圍詳列如表三:

表三　生活品質的領域貌義

	客觀的生活品質	主觀的生活品質
物質生活方面	不虞缺乏的物質生活情境 可自由處理的收入 社會經濟地位	富有 生活水準高 財務健全
身體生理健康方面	有健康的身體	認為自己很健康
生產力方面	生產力情形 工作情形 個人的成熟與發展	擁有工作 能自我實現 學習到新技能
社交方面	家庭 朋友	擁有家庭或朋友
安全方面	安全 隱私 控制	安全的感受 擁有隱私 能掌握事情
社會的地位方面	社會地位 教育程度	感覺是社區的一部份 在外能和人群相處

	工作職位 社區的融合 社區的參與	
情緒健康方面	一般性的快樂 休閒 精神狀況	追求快樂 精力充沛 使用休閒的時間追求 快樂

叁、結語

　　有愈來愈多的殘障人士，以新的思考方向表達其需求，尤其是在規劃自己的未來時，普遍重視人際關係的建立、在社區的積極角色、及對自我生活的主控能力等。但他們也擔心在社區生活中的種種不便與危機，由於常人對他們的歧視、拒絕與分類，使其沒有參與或融合到社區的機會。不過，生活品質的觀念，已逐漸成為當今重要議題，這是頗值得繼續探究的領域，它對殘障人士的影響，將是普遍而廣泛的。也許，從生活品質的觀念出發，能建立更有創意的服務設計、服務提供與服務評鑑。

參考文獻

Andrews, F. R. & Whithey, S. B. (1976). *Social indicators of well-being: Americans' perceptions of life quality.* New York: Plenum Press.

Blunden, R. (1988). Program features of quality services. In M. P. Janicki, M. M. Krauss, & M. Seltzer (Eds.), *Community residences for persons with developmental disabilities: Here to stay* (pp.117- 122). Baltimore, MD: Paul H. Brookes.

Campbell, A., Converse, P. E., & Rogers, W. L. (1976). *The quality of American life: Perceptions, evaluations, and satisfactions.* New York: Pussell Sage.

Flanagan, J. C. (1978). A research approach to improving our quality of life. *American Psychologist, 33,* 138-147.

Keith, K. D., Schalock, R. L., & Hoffman, K. (1986). *Quality of life: Measurement and programmatic implications.* Lincoln, NE: Region V Mental Retardation Services.

Land, K., & Spilerman, S. (Eds.). (1975). *Social indicator models.* New York: Russell Sage.

Landesman, S. (1986). Quality of life and personal life satisfaction: Definition and measurement issues. *Mental Retardation, 24,* 141-143.

Liu, B. C. (1976). *Quality of life indicators in U.S. metropolitan areas: A statisical analysis.* New York:

Praeger.

Matson, J. L., & Rusch, F. R. (1986). Quality of life: Does competitive employment make a difference? In F. R. Rusch (Ed.), *Competitive employment issues and strategies,* (pp.331-337). Baltimore: Paul H. Brookes.

Milbrath, L. W. (1979). Policy relevant quality of life research. *Annuals of the American Academy of Political and Social Science, 444,* 33-45.

Murrell, S. A., & Norris, F. H. (1983). Quality of life as the criterion of need assessment and community psychology. *Journal of community Psychology, 11,* 88-97.

Nisbet, J., & Vincent, L. (1986). The difference in inappropriate behavior and instructional interactions in sheltered and non-sheltered work environments. *The Journal of the Association for Persons with Severe Handicaps, 11* (1), 19-27.

Rowitz, L. (1989). Trends in mental retardation in the 1990's. *Mental Retardation, 27,* iii-V.

Schalock, R. L., Conroy, J. W., Feinstein, C. S. & Lemanowicz, J. A. (1991). *An investigative study of the correlates of quality of life.* Submitted for publication.

Schalock, R. L., Keith, K. D., & Hoffman, K. (1990). *1990 Quality of life questionnaire: Standardization Manual.* Hastings, NE: Mid-Nebraska Mental Retardation Services.

Schalock, R. L., & Lilley, M. A. (1986). Placement from community-based mental retardation programs: How well do clients do after 8-10 years? *American Journal of Mental Deficiency, 90,* 669-676.

Thorndike, E. L. (1939). *Your City.* New York: Harcourt, Brace.

從智能障礙者生活品質評量的趨勢
談質的研究的可行性

◆孫淑柔◆

前言

　　生活品質（Quality of life，簡稱 QOL）並非專業期刊雜誌上才有的名詞，舉凡公共政策、商業界、消費者、廣告界以及教育界經常可以發現許多人引用這個名詞（Dennis, Williams, Giangreco & Cloninger, 1993）。而且，早在 1939 年 Thondike 便曾針對美國都市的生活品質進行調查（引自林宏熾，民84），到了 1960 年代，艾森豪總統委員會更把生活品質的評量成果訂為國家的目標。當時所強調的生活品質涵蓋的範圍較廣，包括所有的環境和社會因素，例如：教育、個人福利、對自由世界的保護、健康以及經濟成長等（Weisgerber, 1991）。

　　就智障者而言，過去 10 年來，生活品質已經成為計畫和評估殘障者服務方案成效的重要概念（Goode, 1990）。亦即，所有提供給殘障者的服務方案，強調須符合殘障者的需求，增進社區參與，以確保其生活品質（Fabian, 1991）。因此，Schalock 和 Jensen（1986）認為生活品質的概念來自於正常化（Nor-

malization ）、去機構化（ Deinstitutionalization ）以及社區適應
（ Community adjustment ），而且還將取代去機構化、正常化
以及社區適應，成為 1990 年代的趨勢。

　　雖然，殘障者生活品質的提升已經成為世界各國政府、學者
專家、家長團體甚至殘障者本身所關注的話題。然而，至目前為
止，生活品質的定義仍然眾說紛紜，連帶的，其評量的向度及研
究方法也莫衷一是（ Hughes, Hwang, Kim, Eiseman & Kil-
lian, 1995 ）。因此，本文的目的在透過文獻的整理，期能釐清
生活品質的概念，並進一步分析其評量的架構及可行的研究方
法。

壹、生活品質的意義

　　雖然生活品質仍無一致的定義，但多數學者認為生活品質是
生活條件、個人滿意度以及價值觀三者交互作用的結果，也就是
說，個體的生活品質除了受到外在客觀生活條件以及個體對這些
生活條件滿意度的影響之外，也受到個人價值觀與期望的影響。
（ Borthwick-Duffy, 1990; Felce & Perry, 1995; Goode, 1990 ）。
相對的，也有學者強調生活品質是一種主觀的概念，沒有單一的
一種量表或一組標準可以掌握不同個體所經驗的生活品質，而且
內在的特質（ internal disposition ）比客觀的環境變項更能預測
個人生活品質的滿意度（ Edgerton, 1990; Taylor & Bogdan,
1990 ）。

　　總之，生活品質會受到不同個體、以及不同生活期間的事件
所影響（ Borthwick-Duffy, 1990 ）；也受到其所處環境的影響
（ Edgerton & Bercovici, 1976 ）。因此，瞭解個人及所處環境
的文化特質，並和個體長期的接觸，成為其生活中的一部分；或

是以人種誌法長期觀察個體生活的全貌，較能了解其生活品質。

貳、生活品質的概念性架構

一、主觀或客觀的觀點

大多數研究者都是從這個觀點來探討智障者的生活品質（Cummins, 1991; Rosen, Simon & McKinsey, 1995; Schalock, 1990; Schalock, Keith, Hoffman & Karan, 1989）。所謂客觀的指標是指從社會或群體的常模所取得的，包括一些共同的屬性；如健康、生活標準（經濟收入、社會福利、財產、居家環境、鄰居、朋友、休閒以及教育水準等，是可以量化的資料。相反的，所謂主觀的指標是指個人對其生活經驗的主觀經驗，包括心理的幸福感及個人的滿意度。例如：生理和物質的幸福感、與他人的關係、社區公民活動、個人的發展和實現、對壓力的察覺以及對居家、工作、朋友的滿意度等。

二、個人的需求或社會的期望

此種評量觀點以個體為中心，強調個人的需求和能力，以及環境的資源和要求。當個人的需求和環境提供的資源不適配、或環境的要求和個人的能力不適配時，都會影響個人在特定情境的滿意度，進而影響個人對其整體生活品質的評量（Goode, 1990; Halpern, 1993）。因此，在評量生活品質時應考慮幾個重要因素：①智障者個人的需求；②他人對智障者的期望；③行為的結果；④外在環境提供的資源；⑤重要他人的資源（Goode, 1990）。

三、個人的發展或社會政策

個人的發展強調從生命階段（ life-stage ）的觀點來評量不同發展階段的智障者生活品質（ Halpern, 1993; Stark & Goldbury, 1990; Weisgerber, 1991 ）。由於每個發展階段有不同的任務，如何協助智障者在每個階段的銜接以及發展其銜接的目標，是專業人員及服務提供者在擬訂其銜接計劃的過程中應考慮的重要因素。例如就學齡階段而言，個別化教育計畫的實施、社會技巧的發展、生涯準備和安置、家長的參與以及教育結果的評量等都是衡量其生活品質的重要因素（ Weisgerber, 1991 ）。

相對的，從社會政策的觀點而言，生活品質是社會政策發展的重要指標。而生活品質的研究在認定社會中不同群體需求的符合程度，作為決定資源分配的重要依據（ Dennis et al., 1993; Schalock, 1990; Schalock et al., 1989 ）。

叁、生活品質的評量向度及要素

由於每一位研究者在評量生活品質所依循的概念性架構不同，因而評量的向度和內容也有差異。例如，Flanagan（ 1978; 1982 ）試圖從每位受試者主觀的觀點來了解其心理的幸福感。因此，蒐集 3000 個不同年齡、種族、背景的人對其生活上重要事件的認定，結果得出生活品質的五個向度：①生理及物質的幸福感；②和他人的關係；③社交、社區和公民活動；④個人發展和實現；⑤休閒活動（ 引自 Schalock, 1990 ）。此外，Halpern（ 1993 ）則強調從銜接的過程來了解特殊學生的生活品質，其目的在建構及評量特殊學生的銜接方案。評量內容包括：①生理和

物質的幸福感；②成人角色的表現；③個人的實現等三個向度。

　　最近，較多的研究者嘗試從綜合性、融合主客觀的觀點評量生活品質。例如，Schalock，Keith 和 Hoffman（1990）曾編製一份 40 個項目的生活品質問卷，從個人與社會的角度，進行客觀與主觀四個向度的評估——①獨立性：操控自己環境、做決定與理解個人的選擇機會；②生產力：工作上的收入情形，或工作對家庭與社區的貢獻；③社區融合：參與社區活動、運用社區資源、發展與體驗正常社會的接觸與關係；④滿意情形：能實現需求，並因實現而感到快樂或滿足（引自張英鵬，民 83）。此外，Cummins（1991）也發展一綜合性的生活品質評量表，量表內容共有七個向度，每一個向度都可區分為主觀和客觀二種評量指標，包括：①物質條件；②生理幸福感；③生產力；④親密感；⑤安全；⑥社會參與；⑦情緒的幸福感。而 Hughes 等人（1995）則更進一步分析 1970-1993 年之間有關生活品質的文獻及實徵研究結果，歸納出十五個生活品質的評量向度：①社會關係和互動；②心理的幸福感和個人的滿意度；③就業；④自我決定、自主、個人選擇；⑤休閒活動；⑥個人能力、社會適應和獨立生活的技巧；⑦居住環境；⑧社會融合；⑨正常化；⑩接受的支持服務；⑪個人和社會的變項；⑫個人發展和實現；⑬社會接納、社會地位、生態適配；⑭生理和物質的幸福感；⑮公民責任。

　　總之，從這些文獻的探討不難看出，有越來越多的研究者在從事生活品質的評量時，強調綜合性的概念架構。而 Hughes 等人（1995）也指出生活品質的概念性架構漸漸朝向多元向度及互動的模式發展。

肆、生活品質的評量方法

由於生活品質的定義不一，導致評量的方法也很分歧。有些學者支持量的研究，主張從客觀的角度去評量生活品質，對於生活品質的主觀層面，堅持絕對量化。相反的，也有學者認為生活品質本身的認定與詮釋，是相當主觀與個人的，因此主張使用質的研究來了解生活品質（林宏熾，民 84 ）。以下擬比較這二種方法的優點及其限制，以供參考。

一、量的研究

由於研究者、政策制定者仍試圖以量化基礎建構生活品質，並據以計畫、評估服務方案的成效，因而產生許多以量化為基礎的智障者生活品質評量模式（Borthwick. Duffy, 1990; Goode, 1990; Stark & Goldsbury, 1990 ）。例如，Rosen、Simon 和 McKinsey（ 1995 ）便設計評量智障者主觀情感的量表，研究者採用訪談方法，求得其原始分數、平均數及標準差，從得分情形瞭解其生活品質。Hawkins、Kim 和 Eklud（ 1995 ）也從量化的觀點來探討生活滿意度，採用結構性訪談，求得全量表和五個分量表的平均數、標準差、全距以及信效度，並嘗試發展簡式版的生活滿意度量表。Jiranek 和 Kirby（ 1990 ）更透過問卷調查、訪談方式實施心理量表及工作滿意量表，其結果除了求得原始分數、平均數及標準差之外，並進一步以變異數分析來比較智障者和一般人的工作滿意度和心理幸福感。

然而，也有許多學者指出，在評量障礙學生的生活品質時，採用量化研究會有以下的限制（ Dennis et al., 1993; Felce &

Perry, 1995; Heal & Sigelman, 1990)：

　　㈠多數殘障學生有認知或溝通上的障礙，或是由於經驗的限制，無法判斷及描述自己的觀點，因此，在運用訪談以獲得資料有困難；若由熟悉的他人（例如家人、照顧者、朋友）來描述受試者的生活品質，雖然較能了解受試者所處的環境、經驗和喜好，卻仍與受試者本身對生活品質的覺察有所差異。

　　㈡Levine（1985）的研究發現，智障者無法回答 4 點量表，但對於是非題或 3 點量表較有能力回答，但也因此產生默許（acquiesce）及選擇最後一個答案的傾向。也就是說，如果問題的設計是要受試者回答是或否，大多數受試者常常未考慮題目的內涵就回答「是」，造成默許的偏差。

　　㈢受試者對生活滿意度的報告也會受到社會可欲性（Social desirability）的影響。換言之，受試者會有強烈的動機，以一種社會認為是積極的方式來表達自我，造成對試題反應的扭曲。

　　㈣生活品質評量的內容都是由研究者主觀的認定，然而由於每個研究者的個人經驗及文化背景的不同，所認定的評量內容並不足以代表殘障者的生活品質。

二、質的研究

　　質的研究關切情境脈絡，主張在自然的情境下進行研究，注重研究過程中研究者與研究對象的互動以及對意義的瞭解，而不僅是研究的最終結果。也就是說，質的研究者認為只有進入現場觀察人們的行為、聆聽他們的談話、並查看相關的文件資料，才能對現場的人們有整體的了解。而且，蒐集的資料是以文字或圖畫形式呈現而不是數字，最後則歸納所蒐集的資料，以發展概念、建立理論（張細富，民 80；黃瑞琴，民 80；劉駿州，民 81；Bogdn & Biklen, 1992; Lincoln & Guda, 1985）。因

此，Edgerton（1990）批評以量的方法評量生活品質，所獲得的資料只是暫時的現象，而且僅以生活品質量表上的得分就代表個體的生活品質，其結果是十分可笑的。他強調生活品質是相當具有文化性及個別性的，主張以質的研究深入個體所處情境，透過參與觀察、訪談以及文件的蒐集，並從不同來源的資料相互檢證其可靠性，較能確保對智障者的生活品質有全貌的了解。

以質的研究來進行智障者生活品質的評量有以下的優點：

(一)可避免有認知或溝通障礙的智障者因無法判斷及描述自己的觀點，導致由訪談所蒐集的資料可靠性降低。如，Edgerton（1975）以及 Edgerton 和 Langness（1978）的研究以參與的觀察來了解居住在社區的輕中度智障者的生活品質，研究人員和智障者一起住在這個社區中，參與他們每天的例行活動以及特別的慶祝活動（例如婚禮、生日宴會等）、協助他們解決生活上的問題，甚至跟他們成為好朋友。此外，研究人員也透過拍攝錄影帶以及蒐集其他的文件來了解智障者每天的生活以及他們對生活的感受。

(二)由智障者個人的觀點來認定其生活品質，可避免由研究者主觀的認定，導致評量內容無法代表智障者的生活品質。例如，Taylor（1984）曾長期觀察一位不會說話且有嚴重行為問題的智障者，並透過與機構的指導者、工作人員的訪談以及個案記錄等，以了解其對生活的感受（引自 Taylor & Bogdan, 1990）；Edgerton（1990）也長期觀察一位現年 58 歲居住在洛杉磯市區單身旅社的中度智障者，雖然他既不會讀也不會寫，工作待遇微薄，然而，他對目前這種生活方式非常滿意。

雖然，質的研究有上述的優點，但缺乏信度以及研究的結果較難類化是它主要的限制（Felce & Perry, 1995; Heal & Sigelman, 1990）。在信度方面可分為二部份：①外在信度：係指不同的研究者，透過相同或相似的方法，發現相同的現象或產生相

同的構念。質的研究因受研究情境的複雜性（獨特性以及研究者
所要表現的人格特質的影響，外在信度較其他研究法為低。然
而，如果研究者能妥善處理研究者的身份問題、謹慎選擇資料提
供者、詳細描述研究的情境、建立資料分析的構念和前提以及資
料蒐集和分析的方法，則能提高質的研究的外在信度；②內在信
度：係指不同的研究者，根據事先給予的研究架構，使用相同的
方法，達到相同研究結果的程度。質的研究因較少使用標準化的
程序步驟以及計量的觀點，內在信度較常受到批評。然而，如果
研究者在研究過程中儘可能蒐集第一手的資料、擴大參與研究的
人員、運用同儕檢證的方法以及藉助機器來蒐集各種資料，可提
高質的研究的內在信度（洪仁進，民 77; Silverman, 1993）。

　　由於質的研究者對特定的群體或情境作深入的探討，強調意
義與瞭解，而不是推論通則（劉駿州，民 81）。因此，在結果
的類化及推廣受到質疑。然而，如果研究者在研究設計能採用多
重情境研究（multisite studies），透過分析歸納（analytic in-
duction）和持續比較（constant comparison method），從不
同的研究對象及情境中尋求新的類別，直到建立理論（Bogdan
& Biklen, 1992），應能減少研究結果類化的限制。

　　雖然，應用量的方法或質的方法在評量智障者的生活品質，
仍持續受到爭論。然而，生活品質是生活條件、個人滿意度以及
價值觀三者交互作用的結果，僅以標準化量表的結果無法代表智
障者整體的生活品質。因此，研究者在選擇研究方法時，如能考
量每個智障者的個別差異、生活情境的脈絡以及其對整體生活的
價值判斷，運用質的研究來了解其生活品質是較為適切的。

伍、結語

　　國內自民國七十三年特殊教育法通過至今，特殊教育的發展已日漸蓬勃。然而，除了量的增加之餘，我們應該開始省思這樣的服務能否提升他們的生活品質。此外，由於生活品質強調個體主觀的價值判斷，再加上智障者大多具有溝通或認知能力上的障礙，因此，本文也建議研究者應嘗試以質的研究來進行智障者生活品質的評量。亦即，透過實際參與智障者的生活、訪談及蒐集其他相關文件，以了解智障者整體的生活品質。

參考文獻

林宏熾（民84）：特殊教育的新課題：傷殘人士生活素質之探討及展望。載於中華民國特殊教育學會年刊，**特殊教育的教學與研究**。彰化：中華民國特殊教育學會。

洪仁進（民77）：民族誌研究——信度及效度之探討與檢驗。載於陳伯璋主編，**教育研究方法的新取向**。台北：南宏。

黃瑞琴（民80）：**質的教育研究方法**。台北：心理。

張英鵬（民83）：智障者生活品質之評量。**特殊教育季刊，51**，29-33。

張鈿富（民80）：從方法論的省思談質的研究。**教育研究雙月刊，17**， 22-32。

劉駿州（民81）：辨而不辯——質量方法的初探。**新聞學研究，46**，95-109。

Bogdan, R. C., & Biklen, S. K. (1992). *Qualitative research for education: An introduction to theory and methods.* Needham Heights, MA: Allyn and Bacon.

Borthwick-Duffy, S. A. (1990). Quality of life of persons with severe or profound mental retardation. In R. L. Schalock (Ed.), *Quality of life: Perspectives and issues* (pp. 177-189). Washington, DC: American Association on Mental Retardation.

Cummins, R.A. (1991). The comprehensive quality of life scale-intellectual diability: An instrument under development. *Australia and New Zealand Journal of Developmental Diabilities, 17* (2), 259-264.

Dennis, R., Williams, W., Giangreco, M. F., & Cloninger, C. J. (1993). Quality of life as context for planning and evaluation of services for people with diabilities. *Exceptional Children, 59* (6), 499-512.

Edgerton, R.B. (1975). Issues relating to the quality of life among mentally retarded persons. In M. J. Begab & S. A. Richardson (Eds.), *The mentally retarded and society: A social science perspective.* Baltimore: University Park Press.

Edgerton, R. B. (1990). Quality of life from a longitudinal research perspective. In R. L. Schalock (Ed.), *Quality of life: Perspectives and issues* (pp. 149-160). Washington, DC: American Association on Mental Retardation.

Edgerton, R. B., & Bercovici, S. M. (1976). The cloak of competence: Years later. *American Journal of Mental Deficiency, 80,* 485-497.

Edgerton, R. B., & Langness, L. L. (1978). Observing mentally retarded persons in community settings: An anthropological perspective. In G. P. Sackett (Ed.), *Observing behavior: Theory and applications in mental retardation* (pp. 335-348). Baltimore: University Park Press.

Fabian, E. (1991). Using quality of life indicators in rehabilitation program evaluation. *Rehabilitation Counseling Bulletin, 34* (4), 334-356.

Felce, D., & Porry, J. (1995). Quality of life: its definition and measurement. *Research in Developmental Disa-*

bilities, 16 (1), 51-74.

Goode, D. A. (1990). Thinking about and discussing quality of life. In R. L. Schalock (Ed)., *Quality of life: Perspectives and issues* (pp. 41-57). Washington, DC: American Association on Mental Retardation.

Halpern, A. S. (1993). Quality of life as a conceptual framework for evaluating transition outcomes. *Exceptional Children, 59* (6), 486-498.

Hawkins, B. A., Kim, K., Eklund, S.J. (1995). Validity and reliability of a five dimensional life satisfaction index. *Mental Retardation, 33* (5), 295-303.

Heal, L. W., & Sigelman, C. K. (1990). Methodological issues in measuring the quality of individuals with mental retardation. In R. L. Schalock (Ed.), *Quality of life: Perspectives and issues* (pp.1.1-176). Washington, DC: American Association on Mental Retardation.

Hughes, C., Hwang, B., Kim, J., Eisenmsn, L. T., & Killian, D.J. (1995). Quality of life in applied research: A review and analysis of empirical measures. *American Journal on Mental Retardation, 99* (6), 623-641.

Jiranek, D., & Kirby, N. (1990). The job satisfaction and/or psychological well being of young adults with an intellectual disability and nondisabled young adults in sheltered employment, competitive employment or unemployment. *Australia and New Zealand Journal of Developmental Disabilities, 16* (2), 133-148.

Levine, H. G. (1985). Situational anxiety and everyday life experiences of mildly mentally retarded adults. *Amer-*

ican Journal of Mental Deficiency, 90, 27-33.

Lincoln, Y. S. & Guba, E. G. (1985). *Naturalistic inquiry.* Beverly Hills, CA: Sage.

Rosen, M., Simon, E. W., & McKinsey, L. (1995). Subjective measure of quality of life. *Mental Retardation, 33* (1), 31-34.8

Schalock, R. L. (1990). Attempts to conceptualize and measure quality of life. In R. L. Schalock (Ed.), *Quality of life: Perspectives and issues* (pp. 141-148). Washington, DC: American Association on Mental Retardation.

Schalock, R. L., & Jensen, C. M. (1986). Assessing the goodness-of-fit between persons and their enviornment. *Journal of the Association for Persons with Severe Handicaps, 11,* 103-109.

Schalock. L., Keith, K. D., Hoffman, K., & Karan, O. C. (1989). Quality of life: its measurement and use. *Mental Retardation, 27* (1), 25-31.

Silverman, D. (1993). *Interpreting qualitative date methods for analyzing talk, text and interaction.* London: Sage.

Stark, J. A., & Goldsbury, T. (1990). Quality of life from childhood to adulthood. In R. L. Schalock (Ed.), *Quality of life: Perspectives and issues* (pp. 71-83). Washington, DC: American Association on Mental Retardation.

Taylor, S., & Bogden, R. (1990). Quality of life and the iniividual's perspective. In R. L. Schalock (Ed.), *Quality of life: Perspectives and issues* (pp. 27-40). Washington, DC: American Association on Mental Retardation.

Weisgerber, R. A. (1991). *Quality of life for persons with disabilities.* Gaithersburg, MD: Aspen.

永然法律事務所聲明啟事

特殊教育系列 34

身心障礙教育的革新與展望—
開發潛能再創新機

主 編 者：中華民國特殊教育學會
出版主任：郭暖卿
發 行 人：許麗玉
出 版 者：心理出版社有限公司
社　　　址：台北市和平東路二段 163 號 4 樓
總　　　機：(02) 7069505
傳　　　眞：(02) 3254014
郵　　　撥：0141866-3
　E-mail：psychoco@ms15.hinet.net
法律顧問：李永然
駐美代表：Lisa Wu
　　Tel：973 546-5845　　Fax：973 546-7651
登 記 證：局版台業字第 1963 號
印 刷 者：翔勝印刷有限公司
初版一刷：1997 年 11 月

定價：新台幣 550 元

ISBN 957-702-246-4

 心理出版社有限公司

台北市106和平東路二段163號4樓

TEL/(02)7069505
FAX/(02)3254014

．．

沿線對折訂好後寄回

● 您對本出版品（書名 ―――――――――――――――― ）的意見
● 您認為本書優點：（可複選）
　1.□ 內容紮實、新穎實用 2.□ 文筆流暢
　3.□ 校對及內文編排得當 4.□ 其他―――――――――――
● 您認為本書需再加強處：（可複選）
　1.□ 內容之周延性 2.□ 內容之實用性 3.□ 文筆
　4.□ 校對及內文編排 5.□ 其他 ――――――――――――
● 您是否考慮採用本書做為教材？□ 是　　□ 否
　不考慮採用的原因：―――――――――――――――――――

―――――――――――――――――――――――――――――

● 感謝您的指教！

好書出自專業的心理 · 心理需要尊精的智慧

心理出版社

《任課老師/讀者回函卡》

> 很感謝您的提攜與愛護。為提昇我們的服務品質，
> 敬請惠填下列資料寄回本社（亦可傳眞至 02-3254014 ）
> 我們將隨時提供最新相關資訊。謝謝您！

姓名：＿＿＿＿＿＿＿＿＿＿　性別：男□　女□

地址：(O)＿＿＿＿＿＿＿＿＿＿＿＿＿＿＿＿＿＿

　　　(H)＿＿＿＿＿＿＿＿＿＿＿＿＿＿＿＿＿＿

電話：(O)＿＿＿＿＿＿＿　(H)＿＿＿＿＿＿＿

學校：＿＿＿＿＿＿＿　科系：＿＿＿＿年級：＿

● 您教授/修習課程：

　上學期：＿＿＿＿＿＿＿＿＿＿＿＿＿＿＿＿

　下學期：＿＿＿＿＿＿＿＿＿＿＿＿＿＿＿＿

　進修班：＿＿＿＿＿＿＿＿＿＿＿＿＿＿＿＿

　暑　假：＿＿＿＿＿＿＿＿＿＿＿＿＿＿＿＿

　寒　假：＿＿＿＿＿＿＿＿＿＿＿＿＿＿＿＿

● 如果您是老師，有否撰寫教科書的計劃？□有□否

　書名/課程：＿＿＿＿＿＿＿＿＿＿＿＿＿＿＿＿

● 如果您是讀者，您希望我們出版何種類型書籍？

＿＿＿＿＿＿＿＿＿＿＿＿＿＿＿＿＿＿＿＿＿＿